하나님의 비밀요원

하나님의
비밀요원

GOD'S DOUBLE AGENT

밥 푸
낸시 프렌치 ● 이용복 옮김

규장

밥 푸는 중국뿐만 아니라 다른 나라에서도 각계각층의 사람들에게 영향을 끼쳤고, 세례요한처럼 많은 이들이 회개하고 그리스도를 믿도록 인도했다. 중국과 중동에서 박해받는 하나님의 자녀에게 관심이 많은 사람이라면 누구나 이 책을 읽어야 할 것이다.

윈 형제 | 중국 가정교회 지도자, 《하늘에 속한 사람》(홍성사 간) 저자

밥 푸와 '차이나에이드'는 용기 있고 지칠 줄 모르며, 능률적으로 일하고 정확한 정보에 의해 움직인다. 이들은 우리가 위하여 기도하는, 더 정의롭고 더 개방적인 중국의 도래를 알리는 전조(前兆)이다.

오스 기니스 박사 | 《소명》(IVP 간)의 저자

밥 푸는 중국 국민의 종교의 자유를 위해 헌신해왔다. 믿음의 능력을 보여주는 그의 이야기는 압제에서 벗어나려고 싸우는 사람들에게 큰 힘을 준다.

로라 부시 | 조지 워커 부시(전 미국 대통령)의 영부인

당신은 첫 페이지부터 이 책에 빨려들어 가지 않을 수 없다. 밥 푸의 중국 탈출 그리고 중국의 인권운동가들을 위한 그의 영웅적 사역을 그린 감동적이고 손에 땀을 쥐게 하는 이 이야기는 고전이 될 것이다. 박해와 고난을

당하는 그리스도인들이 보여준 용기를 담은 이야기 가운데 이것만큼 감동적인 책도 별로 없을 것이다.

데이비드 에이크먼 | 전 《타임》 지 선임 특파원

텐안먼 광장 시위의 학생 지도자 중 하나이던 사람이 말 그대로 '그리스도의 포로'가 되었고 그 후 서방으로 탈출했다. 이 책은 한 번 손에 쥐면 결코 놓을 수 없는 책이다.

에릭 메택시스 | 《디트리히 본회퍼: 목사, 순교자, 예언자, 스파이》(포이에마 간)의 저자

용기와 인내를 보여주는 밥 푸의 이야기는 우리의 관심을 사로잡는 감동의 선물이다. 이 책은 민주주의와 종교의 자유, 그리고 언론의 자유와 인권의 신장을 향한 중국의 몸부림을 체험한 사람에 의해 쓰였기 때문에, 특히 중국의 강압적 출산통제를 몸소 체험한 사람에 의해 쓰였기 때문에 필독서가 되지 않을 수 없다. 중국과 중국 국민에게 매료된 사람들 그리고 중국의 개혁과 변화를 갈망하는 사람들은 특히 이 책을 읽어야 한다. 한 줄기 희망의 빛을 따라가는 밥 푸의 고난의 역정에서 내가 작은 단역(端役)이나마 한 것에 대해 영광스럽게 생각한다.

데이비드 앨튼 경(卿) | 영국 상원의원

이제까지 여러 해 동안 댈러스공항에서 많은 사람을 만났지만 나는 봅 푸와 하이디와 그들의 아기 다니엘을 그곳에서 만난 1997년 초의 그날 밤을 언제나 잊지 못할 것이다. 그때가 첫 만남이었지만 어렵지 않게 봅을 알아볼 수 있었다. 박해에 결코 무릎 꿇지 않았던 봅은 미국에 온 후 여러 해 동안 아주 많은 사람들에게 알려졌다. 믿음 때문에 베이징에서 고난을 당하고 홍콩에서 불안에 시달리며 생활한 경험이 있기 때문에 봅과 하이디는 신앙을 지키기 위해, 좀 더 넓게는 출판과 결사의 자유를 위해 고난당하는 사람들을 돕겠다는 헌신의 정신으로 충만하다. 봅과 하이디는 혹독한 대가를 치르며 수많은 역경과 우여곡절을 이겨냈다. 그리고 그런 과정 속에서 중국 국민에게 하나님의 복을 전하기 위해 여러 가지로 노력했다.

캐럴 리 햄린 박사 | 글로벌차이나센터의 공동대표, 조지 메이슨 대학교 연구교수

이 책은 공산주의라는 공허한 이데올로기를 이기는 기독교 신앙의 해방의 능력을 증언한다. 자유를 사랑하는 사람은 누구나 이 책을 읽어야 한다. 봅 푸는 영적, 정치적 해방을 위해 싸운 그의 이야기를 들려줌으로써 기독교와 자유세계에 큰 기여를 한 것이다. 그를 따르는 사람들이 무수히 생겨나기를 바란다.

리처드 랜드 박사 | 미국 남침례교총회 윤리종교자유위원회 명예위원장

이 책은 한 번 손에 쥐면 내려놓기 힘든 책이다! 공식적으로 무신론을 받아들이고 가혹한 박해를 자행하는 문화에서 기독교가 믿지 못할 속도로 성장해왔다. 밥 푸는 믿음의 싸움을 싸웠고 박해와 고난을 당했다. 그가 톈안먼 광장 시위에 참여할 때 중국 군대는 자기 나라의 대학생들을 총으로 쏘아 죽였다. 중국에서 일어난 일, 그리고 지금도 계속 일어나고 있는 일에 대한 그의 증언은 정말 놀랍다!

돈 아규 | 전미복음주의자협회 명예회장, 미국 국제종교자유위원회 위원

이 책은 중국의 박해받는 교회를 위해 일하는 차이나에이드의 설립자이며 회장인 밥 푸 목사의 놀라운 회고록이다. 이 책은 가혹한 공산당 정책 때문에 겪어야 했던 그의 부모의 고난에 대해, 그가 태어나면서부터 던져진 절망적 환경에 대해, 그리고 그의 성장기에 입은 쓰라린 상처에 대해 증언해준다. 그리고 이 책은 그가 기독교로 개종해서 상처를 극복하고 즉시 전도를 시작해 대학원 재학 시 '선교사'라는 별명을 얻은 다음 결국 미국으로 탈출한 과정을 흥미진진하게 그려준다. 친밀감과 활력 있는 문체로 쓰인 이 책에서 우리는 중국의 박해받는 교회를 위해 지칠 줄 모르고 뛰는 밥 푸라는 전사의 탄생 과정을 엿볼 수 있다. 뿐만 아니라 담대하고 재기 있는 그의 아내 하이디의 역할에 감동하게 된다.

레지 리틀존 | '국경 없는 여성권리'의 회장

이 책은 다윗과 골리앗의 싸움을 보여준다. 봅 푸가 신체적으로는 작은 사람일지 몰라도 사실 그는 거인이다. 믿음과 용기와 인내로 가득한 거인 말이다. 이 책은 그가 사랑하는 조국 중국의 안팎에서 자유와 정의를 위해 싸운 그의 삶의 놀라운 기록이다.

머빈 토머스 | 세계기독교연대 대표

———————

"중국에서 기독교는 박물관의 역사 코너에나 존재한다.
그것은 죽어서 묻혀버렸다."

- 쟝 칭, 마오쩌뚱 주석의 아내

"폭군에게 저항하는 것은 하나님께 복종하는 것이다."

- 벤자민 프랭클린, 미국의 정치가, 과학자

———————

차례

에필로그

GOD'S DOUBLE AGENT

1

오래 황폐하였던
땅에서 불러내시며

01
한밤중의 베이징 탈출

한밤중이었다. 손을 내밀어 창문의 맨 아랫부분을 잡았다. 그리고 창문을 열기 위해 부드럽고 조용하게 당겨보았다. 하지만 몇 년 전에 바른 페인트가 눌어붙어 열리지 않았다. 숨을 죽인 다음 확 잡아당겼다. 창문은 결국 열렸지만 기대한 바와 달리 소리가 조금 컸다. 나는 기도했다.

"경찰관들이 이 건물의 현관을 지키고 있습니다. 담배를 피우려고 건물을 한 바퀴 도는 경찰관이 없게 해주십시오. 이웃사람도 깨지 않게 해주십시오."

이웃사람이 깨어나지 않아야 내가 탈출에 성공해도 목격자가 없을 것이다.

내 아내 하이디는 평소와 다른 복장에 실크 스카프를 두르고 조금 전 아파트 6층에 있는 우리 집을 빠져나갔다. 경찰 감시요원들은 우리 부부가 함께 있는 걸 보곤 했었다. 따라서 아내가 혼자 나가면 들키지 않고 무사히 빠져나갈 가능성이 더 높았다.

아주 큰 우리 아파트에는 본래 출구가 세 개 있었지만, 정부가 우리를 감시하려고 출구 두 개를 막아버렸다. 하나 남은 출구 옆의 방에는 우리의 일거수일투족을 감시하는 감시요원들이 우글우글했다. 그들은 내가 건물을 나갈 때마다 경계태세에 들어갔고, 미행할 감시요원을 붙이곤 했다. 그 때문에 나는 집 밖에서 미행을 당하지 않고 마음껏 돌아다니는 게 어떤 건지를 잊어버린 지 오래 되었다.

만일 아내의 변장이 먹히지 않는다면 경찰이 나를 체포하려고 즉시 6층으로 뛰어올라올 게 뻔했다. 물론, 나는 그들이 도착하기 전에 건물을 빠져 나가야 했다.

우리가 아직 잠들지 않고 침대 앞에서 왔다 갔다 한다고 믿게끔 하기 위해 아내는 일부러 방의 불을 켜 놓았다. 사실 나는 이미 공중화장실이 있는 5층까지 내려와 있었다. 같은 층에 사는 사람들이 공중화장실을 함께 사용했기 때문에 화장실 문은 늘 열려 있었다. 창문으로 밖을 내다보았지만 아무 것도 보이지 않았다. 다른 사람도 나를 보지 못할 것 같았다. 들키지 않고 한 층 한 층 밑으로 내려갈 때마다 내가 탈출할 가능성은 높아질 것이다.

나는 조용히 화장실을 빠져나와 건물 뒤쪽에 붙은 계단통(階段桶)으로 들어가서 한 층 한 층 내려갔다. 4층, 3층, 2층, 드디어 2층에서 멈추었다. 1층에는 경찰이 있었기 때문에 1층까지 내려가면 다시 올라가기란 불가능했다.

계단통의 문을 조용히 열고 좌우를 살핀 다음 천천히 통로를 따라 2층 화장실로 들어갔다. 대변보는 칸으로 들어가 창문틀에 올라섰다. 다행히 창문은 열려 있었다. 베이징의 8월이었음에도 불구하고 창문을 통해 들어오는 미풍 때문에 몸이 으스스했다. 두 발을 최대한 모서리 가까이에 디뎠다. 내가 뛰어내릴 높이는 거의 6미터 정도였는데, 땅바닥이 눈에 보이지 않았다. 게다가 그 땅에는 초목이 자라고 있었기 때문에 착지에는 도움이 안 되었다. 아무튼 죽지 않고 몸의 중요한 뼈가 부러지지나 않으면 다행이었다.

이미 감옥생활과 가택연금을 경험한 아내와 나에게 죽음은 가장 큰 두려움이 아니었지만, 그럼에도 불구하고 살기 위해 싸워야 할 이유가 있었다. 아내가 임신 중이었다! 만일 임신 사실이 알려지면 중국 정부의 '1자녀 정책'은 정부의 특별허가를 받지 못한 우리 부부에게 낙태를 강요할 게 뻔했다. 따라서 우리는 베이비 샤워(출생을 앞둔 여성에게 선물을 주는 파티)를 열거나 신생아의 방을 마련하는 따위의 호사는 꿈도 꾸지 못했다. 심지어 부모님께 "기뻐하세요. 얼마 있으면 할아버지 할머니가 되실 겁니다!"라는 말씀을 드릴 입장도 못 되었다. 아니, 우리가 탈출에 성공하면 그 분들은 손자나 손녀는 물론이고 우리조차 다시는 보지 못하실 것이다. 하지만 다른 선택의 여지가 없었다.

창문틀 너머로 밖을 볼 때 안경이 흘러내려서 손으로 다시 밀어 올렸다. 왼손으로 창턱을 붙잡았다. 높이 때문에 현기증이 날 것 같았다. 두 다리가 후들거렸다. 내가 해낼 수 있을까? 내가 죽으면 아내와 뱃속의 아이는 어떻게 될까? 숨을 깊이 들이 쉬고 기도를 한 다음, 어둠 속으로 점프했다.

창문틀에서 두 발이 떨어지는 순간, 어떻게 하면 안전하게 뛰어내릴까 하는 생각이 머리에서 사라졌다. 얼굴 가득 찬바람이 느껴졌고 배는 쪼그라드는 것 같았다. 몸은 건물을 떠났지만 마음은 여전히 건물에 남아 있는 것 같았다. 마치 도리깨질을 하듯 두 팔을 휘둘렀다. 소리를 내지 않으려고 그토록 이를 악물었건만 내 안 깊은 곳에서 비명 같은 소리가 흘러나왔다. 그 소리는 마치 다른 사람 입에서 나는 소리 같았다.

안경이 날아갔다. 얼굴을 감싸 쥐려고 손을 뻗었다는 기억은 희미하게나마 남아 있다. 하지만 그 후의 기억은 없다.

02
눈 먼 당나귀도
하늘의 도움으로 집을 찾는다

내 인생의 여정은 내가 태어나기 전부터, 그러니까 내 어머니의 첫 번째 남편이 어머니에게 충격적인 요청을 할 때부터 시작된 것이다.

"당신과 아이들이 떠나줘야겠소."

사실, 그것은 요청이라기보다는 요구였고 절박한 간청이었다.

그들은 중국 남동부 지역의 산둥 성(省)에 있는 작은 집에서 살고 있었다. 황허 강 하류에 있는 산둥 성은 황해와 보하이 해(海)에 접하고 있지만, 진흙으로 만든 그들의 작은 집은 내지(內地)에 있었다. 그 집이 밀밭과 옥수수 밭 옆에 있었기 때문에 농사지은 것을 처리하고 보관하기는 수월했다. 어머니의 첫 남편은 인민공사(人民公社:중화인민공화국에서 1958년에 만들어진, 농촌의 행정과 경제의 기본단위) 소유의 작은 밭 하나를 경작했고, 거기에서 두 어린 아이와 함께 살고 있었다.

"날더러 어디로 가란 말입니까?" 질문했지만, 어머니는 남편의 대답을 기다리진 않았다. 답은 이미 알고 있었기 때문이다.

어머니는 집 주변을 돌며 가지고 갈 수 있는 것 몇 가지만을 챙겼다. 아기에 불과했던 둘째도 데리고 떠나야 했다.

어머니의 결혼생활은 그렇게 끝이 났다. 결혼생활이 그런 식으로 끝나는 건 서양에서는 상상하기 힘든 것이다. 어머니의 경우, 불륜의 문제나 이혼 소송 같은 것은 물론 없었다. 단지 마오쩌뚱이 이끄는 중국 정부가 그 마을 사람들을 국가권력으로 찍어 눌러 그들의 결혼생활을 압살(壓殺)시킨 것이다. 1958년 마오쩌뚱은 문화적, 사회적 실험을 단행하였고, 그것을 '대약진 운동'이라고 불렀다. 그렇게 부른 이유는 공산주의의 실현을 향해 크게 약진한다는 뜻을 강조하기 위함이었다. 이 운동 때문에 어머니의 남편과 마을의 다른 모든 사람은 사유재산을 포기하고 공동생활을 해야 했다. 토지의 개인소유가 허락되지 않으면 자기 땅에서 농사를 지을 수 없기 때문에 식량 문제를 스스로 해결할 수 없었다.

모든 사람은 "이 정책으로 무슨 일이든 해낼 수 있다"라고 떠들어대며 이 새로운 정책을 국가에 도입한 마오의 설득에 넘어갔다. 그들은 공산주의 정책에 의해 더 많은 식량을 생산할 수 있을 거라고 믿게 되었다. 정부는 마을 사람들을 위해 거대한 공동주방을 세웠고 사람들은 거기에 함께 모여 매 끼니를 해결했다. 첫 번째 농사철에는 날씨가 아주 좋았기 때문에 마을 사람들이 먹을 식량이 충분히 생산되었다. 그러나 그 후 몇 년 동안 가뭄과 홍수 때문에 곡물생산은 생계를 위협할 정도까지 줄어들었다. 그 시기에 어머니의 첫 남편은 다른 선택이 없다고 판단했던 것이다. 그는 두 아이들과 함께 우두커니 선 어머니에게 "그냥 가요! 더 이상 내가 먹여줄 수가 없소"라고 말했다.

어머니는 마지막으로 집안을 한 번 더 둘러보았다. 남편과 아이들과 함께 누워 잠을 자던 침대가 슬쩍 눈에 들어왔다. 그 침대에서 누렸던 편안함이 길거리에서는 더 이상 허락되지 않을 것이라는 생각이 스쳤다. 손으로 눈물을 훔쳤다. 하지만 그런 슬픔에 젖어 있는 것조차 허락되지 않았다. 집에 머물러 있는 것은 곧 굶어 죽는 것을 의미했다. 빵을 굽던 큰 냄비는 이미 오래전부터 텅 비어 있었다. 금속처럼 돈이 될 만한 것은 이미 집안에서 깨끗이 사라졌다.

금속은 국가의 힘을 의미했다. 적어도 마오의 생각으로는 그랬다. 그는 금속이 많은 국가가 배와 무기와 건물을 더 많이 만들 수 있다고 믿었다. 그가 모든 국민에게 금속을 국가에 헌납하라고 지시했을 때, 내 어머니는 충성스럽게도 집안을 샅샅이 뒤져 냄비와 프라이팬과 당시로서는 값진 농기구를 찾아냈다. 그리고 당시 시골지역에 우후죽순처럼 생긴 용광로 중 하나로 그것들을 가져갔다. 모든 마을 사람들이 가져온 금속은 산더미를 이루었고, 관리들은 그 무게를 재서 중앙정부에 자랑스럽게 보고했다.

그들은 자랑스럽게 보고했을지 몰라도, 그러나 그 금속으로 만들어낸 것은 한심했다. 우리 가족이 가져다 준 몇 가지 비싼 금속은 전함을 만드는 데 사용되지 않았다. 마을 사람들이 바친 금속은 그냥 방치되어 쓸모없는 쓰레기처럼 쌓여 있었다. 정부는 그 산더미 같은 흉물스런 금속이 국가의 힘의 상징이라고 떠들어댔지만, 사실 그것은 '대약진운동'의 고통과 좌절감과 비효율을 상징했다. 더구나 그것은 죽음을 상징하기에 이르렀다.

∽

내 어머니가 느꼈을 감정이 분노인지 상심인지 공포였는지 나는 모르겠다. 아마도 이 세 가지를 다 느꼈을 것이다. 아무튼 어머니는 내 큰누나의 손을 잡고 포대기로는 내 형을 등에 업고서 "걸으면서 바람 좀 쐬자"라고 말했다. 억지로 유쾌한 척하는 목소리였다.

거의 4년 동안 어머니는 이 마을 저 마을을 전전하면서 사람들에게 음식을 구걸했지만 그들도 여유가 없었다. 대약진운동 때 수백만 명의 사람이 죽어갔는데 일부의 주장에 의하면 거의 3천만 명이 죽었다고도 한다. 이 숫자는 나치의 대학살 때 죽임을 당한 사람의 두 배이다.

먹을 것이 없을 때 사람들은 나무껍질을 벗겨 먹었다. 물론 어머니도 그랬다. 하지만 결국 나무껍질조차 바닥났고, 한 때 푸르렀던 시골에는 껍질 벗겨진 나무들만 남았고 초목은 찾아볼 수 없었다. 겨울이 되면 사는 것이 훨씬 더 고통스러웠다. 특별히 추웠던 어느 겨울 오후에 어머니는 아들을 등에 업고 딸을 손으로 잡아끌면서 폭설 속에서 몇 킬로미터를 터벅터벅 걸었다.

얼어붙은 시골길을 한 걸음 한 걸음 내딛는 것은 마치 전쟁을 치르는 것 같았고, 그들 뒤에는 절망의 발자국이 길게 생겼다. 마침내 어머니의 눈에 저 멀리 마을이 보이자, 어머니는 작은 목소리로 중국 속담을 중얼거렸다.

"눈 먼 당나귀도 하늘의 도움으로 집을 찾아간다!"

무신론자였지만 어머니의 입에서는 종종 이 속담이 튀어나왔다. 마치 누군가 그녀와 두 자녀를 보살펴주고 있다는 듯이 말이다. 그때까지 모르는 사람들의 도움으로 연명했던 어머니는 눈앞에 보이는 마을에서도 누군가 자비를 베풀어 주기를 바랐다. 음식을 얻을지도 모른다는 실낱같은 희망 때문에 어머니는 수북이 쌓인 눈을 헤치며 발걸음을 재촉했다.

마을의 어떤 한 집을 찾아가 말문을 열었다. "혹시 남는 음식이라도 있으면…" 친절한 집주인은 쌀죽 한 사발을 내놓았고, 그의 집 안마당에 눈을 피할 곳을 마련해주었다. 세 사람에게는 그 쌀죽과 쉴 곳이 충분하지 못했지만 그래도 꽁꽁 언 몸을 녹이고 하룻밤을 버틸 수 있게 해주는 따뜻한 것이었다. 어머니는 먼저 딸과 어린 아기에게 죽을 먹이려고 했다. 단 한 방울도 떨어뜨리지 않으려고 신경을 썼다. 그러나 숟가락이 어린 아기의 입에 닿으려는 순간, 큰 수탉 한 마리가 갑자기 달려들었다. 어머니를 눈 속으로 쓰러뜨린 수탉은 어머니를 할퀴었고 어머니는 비명을 질렀다. 수탉은 낯선 사람들을 자기 마당에서 쫓아내려고 덤벼들었던 것이다. 한 바탕 난투극이 벌어진 후 승자는 수탉이었다. 어머니는 피를 뒤집어썼다. 더 나쁜 일은 그 귀한 쌀죽을 뒤집어쓴 것이다.

어머니와 어린 두 자녀가 날마다 살기 위해 싸웠지만 어떤 이들은 어머니보다 더 힘들게 살았다. 심지어 부드럽게 만들어 먹으려고 가죽을 삶는 사람들도 있었다. 그들 중 많은 이들이 삶은 가죽을 삼키다가 죽었고, 가죽을 목구멍으로 넘긴 사람들은 소화되지 않는 가죽을 몸 밖으로 꺼내기 위해 사람들에게 도움을 구했다. 진흙을 먹는 사람들도 있었다. 훨씬 더 충격적인 경우도 있었다. 자연적으로 죽었든 살해되었든 간에 이미 죽은 자녀나 나이 많은 친척의 시체를 먹는 자들도 있었다. 중국의 역사 교과서에서는 이 대약진운동의 시기가 '3년간의 자연재해' 기간으로 불리는데, 물론 이것은 국민을 굶겨 죽인 정부의 실책을 감추기 위함이다. 어머니는 자신과 자녀들이 역사적 통계에도 잡히지 않는 사망자 무리에 들지 않으려고 사력을 다했다.

그러나 어머니가 어느 날 기침을 시작했다. 영양실조와 비위생적인 환경 때문에 중병에 걸린 다른 수백만의 사람들처럼 말이다. 기침은 그치지 않았고 점점 더 심해졌다. 하루하루 시간이 가면서 숨 쉬는 것조차 힘들어졌고 가슴에 통증이 시작되었다. 그러던 어느 날, 기침에 피가 섞여 나왔다. 집 없이 떠돌면서 굶어죽지 않으려고 발버둥치는 두 어린 아이를 돌볼 수 있는 유일한 사람이던 나의 어머니는 자기가 폐병에 걸렸음을 알게 되었다.

"눈 먼 당나귀도 하늘의 도움으로 집을 찾아간다!" 기침을 하는 도중에도 어머니는 중얼거렸다. 그래도 그때까지 몇 년 동안 어머니는 두 아이와 함께 살아남았다. 상황이 급격히 나빠졌지만, 어머니는 그래도 무엇인가 자기를 인도할 것이라고 믿었다. 어딘가에 있는 그 누군가가 그때까지 그녀를 지켜주었다고 믿었다.

어머니는 포기하지 않았다. 그 후 몇 달 동안 계속 숨이 차고 기침을 하면서도 일정 지역 안을 계속 돌면서 모르는 사람들의 도움으로 연명했다. 그러던 중 마침내 쓰즈위엔이라고 불리는 작은 시골마을에 이르렀다. 쓰즈위엔은 '감나무 동산'이라는 뜻이다. 그런데 그곳에서 전혀 예기치 못한 일이 어머니의 인생을 바꾸어 놓게 되었다.

"혹시 남는 음식이 조금이라도 있으면…" 어머니가 어떤 작은 집을 찾아가 문을 두드리며 말문을 열었다. 그 집 안마당에는 좋은 냄새를 풍기는 감나무가 가득했다. 반응이 없자 발걸음을 돌려 옆집으로 가려던 순간 문이 열렸다. 곱사등의 키 작은 남자가 문을 열었다. 한 쪽 눈을 거의 실명한 남자는 다른 한 쪽 눈으로 집 앞 계단에 서 있는 방문객의 상태가 지극히 좋지 않다는 걸 알아챘다. 그는 그 마을의 부기계원 푸 위보였다.

"이것이 내게 있는 전부입니다." 그 남자는 어머니와 아이들에게 빵을 건네면서 말했다. 병든 몸으로 어린 아이 둘을 데리고 돌아다니는 여자를 불쌍히 여기는 마음이 표정에 역력했다. 그는 어머니에게 음식을 주었을 뿐 아니라 새 삶을 주게 되었다. 머지않아 어머니와 그 남자는 결혼을 했고 어머니는 몇 년에 걸친 떠돌이 생활에 종지부를 찍었다. 어머니와 그녀의 새 남편에게는 이내 자녀가 생겼다. 우선 칭화라는 여자아이가 태어났고 그 후 1968년 7월 12일에 내가 태어났다. 두 분은 나의 이름을 시치우(Xiqiu)라고 지었는데 그 뜻은 '희망의 가을'(hopeful autumn)이다. 중국의 달력에는 7월이 이미 가을이기 때문이다.

당시 내 부모님이 살던 마을에는 나름대로 풍습이 있었다. 악귀와 악인을 쫓아내기 위해 아이에게 별명을 지어주는 것이었다. 사람들은 어린아이를 따라다니며 괴롭히는 악귀가 어린아이를 찾으려고 마을을 떠돌아다닌다는 미신을 믿었다. 아이에게 귀에 듣기 좋은 이름을 지어주면 특히 악귀가 잘 달라붙을지 모른다고 두려워했기 때문에 사람들은 아이들에게 귀에 거슬리는 별명을 지어주곤 했다. 예를 들면 내 친구 두 명은 영적 존재들에게 최대한 매력 없게 보이도록 '못생긴 나뭇잎'과 '맹한 당나귀'라는 별명을 얻었다. 내 별명은 '싸구려'라는 뜻의 '피앤이'였다.

사람들은 아이들이 별명과는 정반대로 성장할 것이라고 믿었다. 어머니가 내게 '싸구려'라는 별명을 붙이신 것은 성장해서 많은 돈을 벌어 안락하게 살기를 바라는 마음 때문이었을 것이다. 몇 년 동안 구걸하면서 냉대를 당한 것이 가슴에 한이 된 어머니는 자녀들이 편한 삶을 살기를 간절히 바라셨다.

'싸구려'라는 내 별명이 효과를 발휘한 것일까? 어머니의 질병과 아버지의 장애에도 불구하고 우리의 삶은 훨씬 더 좋아졌다. 부모님과 누나들과 형은 나를 극진히 돌봐주었다. 우리 집에는 가족 모두가 함께 사용하는 안방이 있었다. 안방과 거실 사이에는 작은 주방이 있었다. 주방은 언제나 따뜻했다. 어머니는 쇠로 만든 화덕 둘레에 꽃을 놓으셨다. 밀가루로 빵을 만들어 먹고 야채도 먹었다. 식사 준비가 끝나면 코끝을 자극하는 갓 구운 빵 냄새가 작은 집안에 가득 퍼졌다. 집에는 감나무들에 빙 둘러싸인 작은 안마당도 있었다. 나는 갓 구운 빵 냄새도 좋아했지만 감나무 향기도 그만큼 좋아했다. 번들번들하고 커다란 감나무 잎과 악어가죽 같은 감나무 껍질이 인상적이었다.

꼬마 시절에 나는 감나무에 올라 아주 잘 익은 감을 고르곤 했다. 노란 감은 덜 익은 것이고 빨간 감이 먹기 좋은 것이었다. 나는 잘 익은 감들을 태양 쪽으로 향하게 해놓고 그 감들을 통해 태양을 바라보았다. 마치 만화경(萬華鏡)을 들여다보듯 말이다. 만지면 터질 것 같은 붉은 과실을 통해 하늘을 보니 하늘이 심홍색으로 보였다. 지금도 어린 시절을 생각하면 아주 달콤한 풍미가 느껴지고 큰 꿀벌을 유혹하는 봄꽃의 향기가 코를 찌르는 듯하다.

∞

아버지는 마을 전체를 위한 부기계원으로 일했다. 날마다 마치 큰 임무를 부여받은 사람처럼 뒷짐을 지고 일터로 출근했는데 걸음이 빨라서 내가 따라가지 못할 정도였다. 하루 종일 일하고 저녁에야 집으로 돌아오셨는데 일당은 미국 돈으로 환산하면 10센트 정도였다. 아버지는 주판을 매우 능숙하게 사용하셨다. 주판은 중국에서 수천 년 동안 계산할 때 사용된 도구였다. 주판알을 튕기는 아버지의 손은 마치 마술사의 손처럼 빨랐다. 덧셈과 뺄셈은 물론 나눗셈도 했다. 나눗셈은 아주 복잡했지만, 수확량을 계산하고 각 가정에게 배급되는 식량을 계산할 때 그 분의 손이 머뭇거리지 않았다. 비록 6년 교육을 받은 것이 전부였지만, 꽤 많이 받은 교육을 사람으로 대우받았다. 내가 잠들려고 할 때에는 책도 읽어주셨다.

추수기가 되면 모든 사람이 바쁘게 움직였다. 공산주의 법에 따라 농업이 집단적으로 이루어졌기 때문에 개인적 경작은 금지되고 모두가 정부를 위해 일했다. 농부들은 밀과 옥수수를 수확해서 정한 곳으로 운반했고 그곳에서는 분배를 위해 그 곡물을 처리했다. 각 가정의 식구 수와 생산량에 따라 식량을 분배하는 일을 책임 맡았던 아버지는 각 가정에게 종이를 한 장씩 주었다. 쿠폰 역할을 하는 이 종이를 가지고 사람들은 밀, 옥수수, 고구마, 감자 칩 같은 식량을 배급 받았다. 고된 일이 모두 끝났을 때 사람들은 밤에 회식자리를 마련했다. 사람들은 내 아버지를 존경했기 때문에 가끔 나를 그 회식자리에 끼워주었다.

나름대로 지위가 있었던 아버지는 다른 사람들이 눈치 채지 못하게 가난한 가정들에게 여분의 식량을 얹어주곤 했다. 우리 집도 가난했지만 우리보다 훨씬 더 가난한 사람들도 있었다.

공산당 지도자 마오쩌뚱은 특히 과거에 지주였던 사람들을 미워했다. 그들이 과거에 자본가로 살았기 때문이었다. 그들 중 수백 만 명이 완전히 경멸의 대상이 되어 도저히 견디지 못하고 자살하거나 살해되었다. 죽지 않고 살아남은 소수는 철저한 박해와 굴욕의 삶을 이어갔다. 우리 이웃의 어떤 사람은 정부에 의해 '민중의 원수'로 낙인 찍혔다.

그 당시에는 마을의 아이들이 친인척 관계가 전혀 없는 노인일지라도 존경심의 표시로 '할아버지'라고 부르는 것이 마을의 풍습이었다. 어린 나의 눈에도 과거에 지주였던 이웃 할아버지의 가족과 우리 가족 사이에 차이점은 없어보였다. 그 할아버지는 가혹한 대우를 받을 만큼 나쁜 사람 같지 않았다. 그러나 매일 아침 해가 뜨기 무섭게 우리 마을의 공산당 비서(중국 사회에서 '비서'란 직함은 주로 대표 또는 회장을 뜻한다. 역자 주)는 그 할아버지의 이름을 부르며 소리쳤다.

"일어나쇼! 길거리 청소할 때요!"

조금 후에는 그 할아버지 집의 문이 열렸다 닫히는 소리가 들렸다. 그 분을 비롯해서 과거에 지주였던 사람들은 매일 아침 마을을 구석구석 쓸어야 했다. 내 부모님은 그 분의 가족을 아주 불쌍히 여겼다. 매일 저녁 어머니는 여분의 음식을 보자기에 싸서 내게 건네주며 낮은 목소리로 "들키면 안 된다"라고 말하셨다.

나는 들키면 어떻게 되는지 잘 알고 있었다. 그 할아버지에게 음식을 준 사실이 알려지면 정부가 우리 가족도 가혹하게 핍박할 게 뻔했다. 하지만 나는 전혀 두려움 없이 사명을 감당했다. 밤중에 몰래 음식을 전하는 기술을 완벽하게 발전시켰다. 우선, 음식을 싼 보자기를 손에 꼭 쥐고 최대한 조용히 집을 빠져나갔다. 태연한 표정으로 좌우를 살피며 길을 걸었다. 가까이에 누군가 있으면 곧장 할아버지의 집으로 가지 않고 이곳저곳을 돌아다니다 그 집으로 갔다. 이런 과정이 빨리 끝날 때도 물론 있었지만 대부분은 그렇지 않았다. 대부분의 경우 나는 조심성을 발휘하여 주변에 아무도 없게 될 때까지 밤새도록 이곳저곳을 배회했다. 완전히 나 혼자 있다는 게 확인되면 그때 최대한 동작을 작게 하여 그 할아버지 집의 문 아래로 음식 보자기를 밀어 넣었다. 그리고 집으로 재빨리 뛰어왔다. 물론, 가슴이 쿵쾅거렸다. 한 번도 들킨 적은 없었다.

부모님은 마을의 많은 이들을 도왔는데 그 소문은 빨리 퍼졌다. 매일 아침 거지가 우리 집 문을 두드리곤 했다.

"피앤이야!" 어머니는 침대에서 내게 말씀하셨다. "제일 좋은 음식을 가져다주어라." 당시 나를 부를 때 내 별명을 쓸 수 있는 사람은 우리 부모님, 연세 지긋한 마을 사람들, 그리고 사회에서 존경받는 사람들뿐이었다. 만일 내 친구나 동갑내기가 "피앤이야!"라고 부르면 나는 크게 수치심을 느꼈을 것이다. 하지만 어머니가 나를 그렇게 부르는 것은 애정의 표시였다. 심지어는 소망의 표시였다. 내가 대문에서 구걸하는 거지들처럼 되지 않고 장차 크게 성공해 안락을 누리기를 바라는 소망 말이다.

사실 우리 가족이 먹기에도 식량이 조금 부족했지만, 우리는 항상 집 안마당으로 찾아오는 거지들에게 조금이라도 나누어주었다. 나는 거지들에게 우리 집의 가장 좋은 음식을 주었고, 그들이 먹으면서 들려주는 이야기에 귀를 기울였다. 그들이 자기의 불행한 이야기를 하면서 웃는 적도 있었지만 때로는 울었다. 나의 어머니도 거지생활을 했었기 때문에 그들의 가난에 대한 이야기는 내 마음 깊이 박혔다. 거기, 즉 우리 집 안마당에서 나는 자비가 무엇인지를 배웠다. 또한 저항이 무엇인지도 배웠다.

∽

슬프게도, 내 부모님의 선행은 많은 돈이 필요했다. 두 분은 가난한 사람들을 진심으로 도와주었지만 그 때문에 우리 가족이 먹을 것조차 없는 상황이 종종 생겼다. 재정적인 압박이 부부싸움의 가장 큰 원인 가운데 하나였다고 한다. 아버지의 장애와 정부의 폭압은 사정을 아주 어렵게 만들었다. 밤중에 누나 칭화와 내가 거실에 있으면 종종 부모님이 다투는 소리가 얇은 벽을 통해 들려왔다. 분노 가득한 날카로운 목소리는 나를 두렵게 했다. 그런데 밤에 싸움이 심해지면 단지 소리만 지르는 것으로 끝나지 않았다. 어머니는 누나와 나를 깨워 손을 잡고 "우리, 나가자!"라고 말씀하셨다.

누나와 나는 졸린 눈을 비비며 신발을 신고 터벅터벅 문밖으로 걸어 나갔다. 언덕을 몇 개 넘고 묘지를 몇 개 지나서 있는 외할머니 집까지 가곤 했다. 24킬로미터나 떨어진 외갓집은 부부싸움이 일어날 때마다 어머니의 피신처가 되어 주었다. 달빛을 받으며 걸을 때 종종 우리는 비틀거렸고 울지 않으려고 애를 썼다. 그런데 몇 킬로미터를 걸으면 어머니는 분노보다 피로감을 느꼈고 결국 털썩 주저앉아 울기 시작했다. 누나와 나도 울었다. 날이 밝기 전에 외할머니의 집에 도착한 적은 한 번도 없었다. 그 만큼 거리가 멀었고 우리의 다리는 너무 약했다.

때때로 어머니는 외할머니 집으로 가지 않고 한밤중에 전혀 모르는 사람의 집 문을 두드렸다. "저와 이 두 아이가 오늘밤 지낼 곳이 있겠습니까?" 어머니는 조금도 두려워하지 않았다. 몇 해 동안 구걸을 하며 살았던 경험 때문에 얼굴이 두꺼웠다. 나도 그랬을까? 나는 달랐다! 나는 온 가족이 화목한 가운데 집의 침대에 편히 있는 것이 좋았다. 하지만 그것이 그렇게 쉽지는 않았다. 아무튼 나는 집으로 그냥 돌아가면 아주 좋을 것 같았다. 얼마 정도 시간이 흐른 후 어머니의 마음이 가라앉으면 우리는 다시 집을 향해 먼 길을 걷기 시작하곤 했다.

부부싸움이 끝나도 집안 형편은 달라지지 않았고 어머니는 매우 힘들어했다. 몇 해 동안 길거리 구걸생활을 버티게 해준 끈질긴 생존본능이 어머니에게서 점차 사라진 것 같았다. 전에는 단호하고 강한 여자였지만 이제는 역경을 이기기 위해 싸울 의지가 사라져버린 것 같았다.

어머니가 자살을 시도한 적도 몇 번 있었다. 빨리 목숨을 끊을 수 있는 총도 없었고, 자면서 세상을 떠나게 해주는 수면제도 없었다. 언젠가 어머니가 마을의 식수로 사용되는 우물로 달려가 뛰어내리려고 할 때 우리가 겨우 만류했다. 또 언젠가 어머니가 몹시 괴로워할 때 누나와 나는 부엌의 서랍들을 모두 뒤져 칼들을 찾아내 뒤뜰에 묻었다.

어머니의 삶은 힘들었다. 폐병을 치료받지 못했기 때문에 호흡이 정상이 아니었다. 가장 힘든 것은 기침이었다. "마당에 가서 고구마 좀 가져와라." 메스꺼움을 느낄 때마다 내게 말씀하셨다. 제대로 된 약이 없었기 때문에 어머니는 어떻게든 찐 고구마가 목구멍을 진정시켜 줄 것이라고 생각하셨다. 하지만 기침이 잦아들 때에도 어머니는 침대에 누워 있어야만 했다. 캉(kang)이라고 불린 중국식 침대는 콘크리트와 구운 진흙으로 만든 것이었다. 침대는 주방의 화덕과 연결되어 있었다. 화덕의 열이 침대를 통해 전달되어 방을 따뜻하게 해주었기 때문에 방에서 따로 불을 피울 필요가 없었다. 어머니는 침대의 한쪽에 있었고 아버지는 침대의 다른 쪽에서 잠을 잤다. 우리는 두 분 사이에 끼어들었다. 믿지 못하겠지만 이렇게 하면 아주 기분이 좋았다. 주방 화덕의 열이 우리 모두를 따뜻하게 해주는 겨울에 특히 그랬다.

어머니의 고통은 계속 되었다. 폐병 때문에 생기는 점액을 하루 종일 방바닥에 토해냈다. 어머니의 기침이 시작될 때마다 나는 삽을 들고 침대 옆으로 급히 다가갔다. 내가 할 일은 방바닥에 떨어진 점액을 삽으로 떠서 밖으로 가지고 나가는 것이었다. 어머니의 병은 자꾸 악화되어 갔다.

그러던 어느 날 아침잠에서 깨어난 아버지는 소스라치게 놀랐다. 아버지의 몸이 마비돼 있던 것이다! 아버지는 꼬박 2년 동안 일을 하지 못하고 어머니와 함께 침대에 누워 있었다. 우리 집은 수입이 없게 되었다. 먹을 음식이 어느 정도 있었지만 온 가족이 조금씩 나누어 먹어야 했기 때문에 배불리 먹지 못했다.

어느 날 나는 추수꾼들을 위해 식사를 준비하는 마을 공동식당 옆을 지나가게 되었다. 아버지는 일을 하지 못했기 때문에 추수 회식에 참여할 수 없었다. 공동식당 옆을 지나갈 때 음식 냄새가 나를 사로잡았다. 프리터(가루반죽으로 만든 길쭉한 튀김)를 만드는 냄새였다. 튀겨진 프리터는 바삭바삭했고 안쪽이 비었기 때문에 공기가 잘 통했다. 프리터 냄새를 맡는 순간 먹고 싶다는 생각이 굴뚝같았다. 내가 꼬마라서 슬쩍 주방에 들어가도 들키지 않을 거라는 생각이 들었다.

일단 태연한 척하면서 주방 밖에 서 있었다. 가슴이 두근두근했지만 적당한 때가 왔다고 판단되었을 때 슬쩍 주방 안으로 들어갔다. 맛있는 프리터를 넣어둔 곳을 찾아낸 나는 들키지 않기를 바라면서 야수처럼 먹기 시작했다. 아무도 나를 보지 못했고 나는 아주 오랜만에 배를 가득 채운 채 집으로 걸어왔다.

～

정부는 몇 달에 한 번씩 영사기를 돌려 사람들에게 영화를 보여주곤 했다. 영화 상영은 매우 큰 행사였다. 그 관계자들은 중국의 모든 작은 마을들을 찾아가기 위해 험한 산을 넘고 깊은 강을 건너는 위험을 감수해야 했다. 가난한 우리 지역에 이르는 길은 아주 열악했기 때문에 자전거나 말을 타지 않으면 올 수 없었다. 내 기억에 어릴 적에는 승용차를 본 적이 없다. 사실 우리 지역을 찾아오는 외지인은 거의 없었다. 그런 곳에 살다보니까 특히 아이들은 영화 상영 관계자들이 도착하기를 학수고대했다. 영화는 대개 공산당 영웅들의 이야기였지만 그래도 우리는 재미있게 보았다. 영화 상영 몇 주 전부터 광고를 했기 때문에 아이들은 아침 일찍 일어나 제일 좋은 자리에 의자를 갖다 놓는 부지런을 떨곤 했다. 드디어 영화가 상영되는 날이 왔다. 나는 아침 일찍 일어나 영화 보기에 제일 좋은 맨 앞줄에 내 작은 의자를 갖다 놓았다.

영화를 상영할 수 있을 만큼 하늘이 어두워졌을 때 나는 아픈 부모님을 집에 남겨두고 상영장소로 갔다. 다른 아이들도 나처럼 부지런을 떨어 좋은 자리를 차지해놓고 즐거운 영화 상영을 기다렸다. 그런데 무슨 이유 때문인지는 잘 몰라도, 그날 밤 아이들이 나를 놀렸다. 아마도 내가 실이 보일 정도로 해진 누더기 옷을 입고 있었기 때문 같다. "시치우 옷 좀 봐라!" 영화가 시작될 때 친구들 가운데 한 아이가 나를 가리키며 웃었다. 우리 집은 새 옷을 입을 형편이 못 되었다. 이웃에서 헌 옷을 주면 천을 대고 기워서 입었는데, 기운 자국이 아주 선명했다. "저게 셔츠야 아니면 실을 몸에 감고 있는 거야?" 또 다른 아이가 끼어들었다.

나는 그들의 말을 무시하고 영화에 집중하기 위해 앞만 바라보았다. 그들의 조롱을 무시하고 겨우 영화에 집중할 수 있었을 때 갑자기 등이 뜨뜻해졌다. 아이들이 내 뒤로 와서 함께 오줌을 눈 것이다! 오줌에 젖은 옷이 몸에 달라붙는 불쾌감을 참으며 집으로 돌아올 때 마음이 너무 아팠다.

왜 사람들이 우리 가족을 그토록 무시했을까? 우리 가족은 이미 가난해졌고 사회적 지위도 없었다. 거기에다 사람들의 조롱까지 견뎌야 했다. 나는 그 모든 고통의 원인이 가난이라고 결론 내렸다. 내게 돈이 없는 한 사람들은 계속 나를 괴롭힐 것이었다. 영화를 보고 집으로 걸어오면서 나는 반드시 백만장자가 되겠다고 결심했다. 오줌을 뒤집어쓴 촌 꼬마라는 사실에 기가 죽으면 안 된다고 이를 악물었다.

중국에서 교육은 아주 중요시되었는데 특히 마오쩌둥의 집권 후에는 가난에서 탈출하는 좋은 수단이었다. 내가 열심히 공부하면 대학을 다니고 돈을 많이 벌어 가족을 충분히 부양할 수 있을 거라는 생각이 들었다.

여덟 살 때 나는 공산당에서 운영하는 학교에 입학해서 읽기와 쓰기와 무신론(無神論)을 배웠다. 나는 공부가 쉬운 편이었다. 문제를 이해하고 지식을 암기하는 재주가 있었기 때문이다. 또한 선생님들은 내게 지도자의 자질이 있음을 알고 나를 매년 학급의 반장으로 임명했다. 반장이라는 직책은 학급에서 가장 책임감 있는 학생에게 주어지는 명예로운 것이었다. 반장은 선생님이 없을 때 학급의 질서를 지키고, 선생님의 눈을 피해 규율을 어기는 학생의 이름을 보고하고, 급우들 모두가 열심히 공부를 하도록 분위기를 만들고, 경우에 따라서는 선생님의 역할을 대신했다.

나는 남들에게 주목을 받는 반장 노릇을 하는 게 아주 좋았다.

"시치우!" 4학년이 끝나갈 무렵 선생님은 나를 앞으로 불러내셨다. "너는 매우 훌륭한 학생이다. 아주 능력 있고 공부의 열정도 강하다." 나는 어깨에 힘을 주지 않으려고 애썼지만, 아무튼 선생님의 칭찬은 기분 좋았다. 그런데 그 다음에 이어지는 선생님의 말씀은 충격적이었다. "사실, 너를 5학년으로 올려 보내지 않고 1년 더 내 학급에 있게 할 생각이다. 4학년을 한 번 더 하거라." 우리는 선생님의 말씀에 의문을 제기하면 안 된다고 교육받았었다. 그날 오후에 교장 선생님이 우리 학급을 찾아오셨을 때 담임선생님은 교장선생님에게 진지하게 말했다. "시치우가 지독한 난청(難聽)이라 금년에 공부를 제대로 하지 못했습니다. 내년에도 4학년 공부를 다시 하도록 하면 좋을 것 같습니다." 나는 아무 말도 하지 않았다.

물론, 나는 결코 난청이 아니었다. 선생님이 나를 유급(留級)시키려는 것은 내가 심부름을 아주 잘 했기 때문이다. 친구들과 함께 5학년으로 올라가지 못하고 4학년을 1년 더 해야 하는 이유가 선생님 개인의 무급사환 노릇을 하기 위함이었다! 예를 들면, 그의 어머니에게 포도주가 필요하면 내가 읍내까지 가서 물물교환으로 포도주를 구해왔다. 선생님은 나를 이용해먹은 것이다. 심부름 잘하고 일 잘하는 나를 말이다! 하지만 그 당시 사람들의 사고방식으로 볼 때, 선생님과 선생님의 어머니를 위해 일한다는 건 특권이었기 때문에 나는 그 일을 즐겼다. 나처럼 읍내에 가서 물물교환을 하는 4학년 학생이 많지 않았기 때문에 일종의 자긍심도 느꼈다.

<hr/>

학교생활이 즐겁다고 해서 내 가정의 문제에서 완전히 벗어난 건 아니었다. 어느 날 오후에 집으로 돌아오니 어머니의 기침소리가 들렸다. 나는 평소에 하던 대로 방을 깨끗이 치우기 위해 삽을 들고 안으로 달려 들어갔다. 그런데 어머니의 기침소리가 전과는 달랐다. 도저히 참을 수 없는 극심한 기침이 계속되었다. 어머니가 고통에 못 이겨 몸을 구부리는 모습을 볼 때 내게 떠오른 한 가지 확신은, 그 분이 임종을 맞고 있다는 것이었다. 칭화가 집으로 돌아올 때까지 얼마나 기다렸는지 잘 생각나지 않지만, 아무튼 천년을 기다린 것 같았다. "엄마가 돌아가실 것 같아." 누나가 안마당에 들어서는 걸 본 나는 뛰어가 누나에게 나지막한 목소리로 말했다. "어떻게 하지?"

물론, 우리가 할 수 있는 것은 거의 없었다. 우리 지역까지 먼 길을 달려올 의사들은 없을 것이었다. 더욱이 우리에게는 군(郡) 병원까지 몇 시간을 갈 여유가 없었다. 우리가 의료적 도움을 청할 수 있는 유일한 사람들은 '맨발의 의사들' 뿐이었다. 그런데 그들은 사실 의사가 전혀 아니었다. 그들이 그런 이름으로 불린 이유는 논에서 신발을 신지 않고 일하는 농부였기 때문이다. 그들은 여가 시간에 나름대로의 방법으로 마을 사람들의 흔한 병을 고치려고 애쓴 사람들에 불과했다.

누나는 가방을 떨어뜨렸고, 나는 누나와 함께 가까운 '맨발의 의사'의 집으로 달려갔다. 그 집 안마당에 들어서자마자 누나는 "제발, 좀 도와주세요!"라고 소리쳤다. 그 집의 부부가 문을 열었고, 그들의 눈에 우리의 누더기 옷과 눈물로 얼룩진 얼굴이 들어왔다. 그들은 우리가 돈을 지불할 수 없다는 것을 한 눈에 알아보았다. 그 맨발의 의사는 일말의 감정적 동요나 동정도 없이 머리를 가로저으며 "안 돼!"라고 말했다. 나는 문 앞에 무릎을 꿇고 울었지만 그 의사는 문을 닫기 시작했다.

"나를 드릴게요!" 그때 누나가 말했다. 의사부부의 마음을 돌려놓기 위한 몸부림이었다. "추수 때에 아저씨의 논에서 돈을 받지 않고 일해 드릴게요!" 하지만 그들은 아무 반응도 보이지 않고 우리 면전에서 문을 꽝 닫았다. 어머니의 임박한 죽음은 다시 우리 두 남매만의 문제가 되었다.

"우리가 이렇게 함께 있어선 안 되겠다." 누나가 무릎의 먼지를 털고 일어나며 말했다. "내가 옆 마을로 가서 도움을 청해볼 테니까 너는 집으로 가서 엄마 상태를 확인해봐라. 혹시 옆 마을의 의사가 우리를 불쌍히 여길지도 모르잖니." 그곳에서 가장 가까이 사는 맨발의 의사는 5킬로미터 정도 떨어져 있었다. 그곳은 큰 누나가 살고 있는 마을이었다.

집을 향해 달리면서 나는 뒤를 돌아보았다. 누나가 있는 힘을 다해 뛰어가고 있었다. 한 걸음을 내디딜 때마다 내 가슴이 쿵쾅거렸다. 우리 집의 문을 열었을 때 나는 겨울용 건초를 쌓아둔 곳 옆에서 딱 멈추었다. 방안으로 들어가면 어떤 상황이 나를 기다리고 있을까? 어머니는 돌아가셨을까? 만일 살아 계시다면 "우리가 돈을 낼 수 없기 때문에 의사가 오지 않겠대요"라는 말을 어떻게 꺼내야 할까? 두렵고 착잡한 마음에 나는 꼼짝 않고 그 자리에 서 있었다.

산둥 지역은 공자(중국 춘추시대의 사상가)를 배출한 지역이다. 하지만 공자의 철학에는 내가 어려울 때 도움을 청할 수 있는 인격적 신(神)에 대한 가르침이 없다. 마오쩌둥의 공산주의는 도움을 주는 신적 존재들을 전혀 인정하지 않았다. 우리 마을의 유일한 신앙은 잡다한 미신적 방법들뿐이었는데 우리는 이미 그 방법을 다 사용해보았다.

예를 들어보자. 우리 부모님 모두가 침대에서 나올 수 없을 정도로 아팠을 때 그 분들의 말을 들은 누나는 유리병을 하나 가지고 16킬로미터 떨어진 산까지 걸어갔다. 거기서 병마개를 열고 물을 채운 다음 무릎을 꿇고 신들에게 빌었다. 그 자리에는 여러 가지 문제를 해결해달라고 신들에게 간절히 비는 수천 명의 다른 사람들도 있었다. 누나는 신들의 마음을 달래주기 위해 향을 피우거나 심지어 돈을 태웠다. 그런 다음 그 주변을 떠돌아다닐지도 모르는 '알지 못하는 초자연적 존재'에게 우리의 어려운 사정을 설명했다.

"어머니는 폐병에 걸리셨고 아버지는 걸을 수조차 없습니다." 이렇게 말하며 누나는 어떤 신이 자기의 기도소리를 듣고 표적을 보여주기를 바랐다. 누나가 원했던 표적은 그곳에 도착했을 때 병 안에 없었던 그 무엇이 병 안에 생기는 것이었다. 예를 들면 나뭇가지나 재 같은 것이 하늘에서 떨어져 물병 안으로 들어오는 것이었다. 누나는 아주 간절히 기도하고 눈을 떴다. 그런데 놀랍게도 기적이 일어났다. 병 안에 재가 떠다니고 있었다! 누나는 그 신비의 물이 훼손되지 않도록 얼른 마개를 닫고 집으로 뛰어왔다. 부모님께 물병을 들이밀며 "이 물을 마시세요!"라고 다급히 말했다.

물병 안에 재가 들어간 것이 신비의 힘을 발휘할 것처럼 생각되었지만, 우리가 원했던 치유는 물론 일어나지 않았다. 그런 식으로 어머니는 미신적 의식(儀式)을 여러 가지 시도해보았다. 방바닥에 얼굴이 닿을 정도로 일곱 번 절을 한 다음 일어나 일곱 발자국 앞으로 걷는 것도 있었다. 이 의식을 때로는 집에서 시작해 마을 거리에 이를 때까지 계속 반복했다. 다시 집에 돌아왔을 때에는 이마에서 피가 흐르는 적도 있었다. 이마를 땅에 찧을 정도로 너무 열심히 절을 했기 때문이었다. 신들이 그런 어머니의 깊은 신심(信心)에 고통으로 보답해준 것 같았다!

내가 보기에 그런 방법들은 약간 이상해보였다. 수천 명이 모여 향을 피워대는 장소에서 마개를 열어놓은 병 안으로 재가 날아드는 것은 현실적으로 가능한 일이었다. 하지만 나는 "임금님이 벌거벗었다!"라고 말하지 않았다. 나는 가족이 사용하는 미신적 방법이 효과를 발휘하기를 원했다. 무엇을 믿든지 간에 믿음은 약간이나마 도움이 될 것이라는 생각 때문이었다.

그러나 헐레벌떡 집으로 뛰어와 건초더미 옆에 서 있을 때 나는 미신이 아무짝에도 쓸모없다는 걸 깨달았다. 그와 동시에 내 머릿속에는 어머니께서 입버릇처럼 말씀하신 속담이 떠올랐다. "눈 먼 당나귀도 하늘의 도움으로 집을 찾아간다!" 어머니의 입에서 흘러나오는 이 속담을 여러 해 듣고 자랐던 나는 혹시라도, 혹시라도 하늘의 누군가 나를 인도하고 지켜줄지도 모른다고 생각했다.

그날 두 번째로 나는 무릎을 꿇었다. 물론, 이번에는 무정한 맨발의 의사에게 사정하기 위해서가 아니었다. 거기 그 건초더미 옆에서 나는 내 '티엔'('하늘'이라는 뜻)과 '라오예'('할아버지'라는 뜻)에게 소리쳤다. '라오예'라고 소리친 것은 노인들에 대한 공경을 표현하기 위해서였다. "하늘의 할아버지시여! 지금 너무 무섭습니다. 어머니가 죽지 않기를 바랍니다. 제발…."

뭐라고 기도해야 할지 몰랐지만 그래도 저 하늘에 있는 존재가 내 기도를 가상히 여겨 도와주기를 바랐다. "내 어머니를 살려주십시오." 이것이 내 첫 기도였다.

삽을 손으로 꼭 쥐고 어머니 방으로 들어갔다. 어머니의 상태는 내가 의사를 데리러 떠났을 때보다 훨씬 더 나빴다. 어머니 옆에서 방바닥의 침과 점액을 삽으로 치우고 있는데 누나가 돌아왔다. 누나 뒤에 따라온 맨발의 의사를 보고 안도하면서 나는 "누나!"라고 소리쳤다.

의사는 방안으로 달려 들어가 어머니께 약초를 주었고, 우리에게는 어머니를 돌봐드리는 방법을 일러주었다. 그가 우리에게 많은 방법을 말해주지는 않았지만 누나와 나는 그의 지시를 백 퍼센트 따랐다. 우리가 의지할 수 있는 사람은 그 의사뿐이었다. 어머니는 놀랍게도 회복되었고 어떻게든 그때의 고비를 넘겼다. 내가 은밀히 불렀던 '하늘의 할아버지'가 엄마의 회복을 도운 것 같다는 생각을 떨칠 수가 없었다.

03
미래의 땅에 심은 짙푸른 소명

"두 아이를 다 가르칠 순 없소." 엄마에게 건네는 아빠의 목소리에는 체념의 감정이 배어 있었다. 두 분은 한 시간 동안 우리의 교육문제를 의논했고 누나와 나는 옆방에서 엿들었다.

내가 초등학교를 졸업할 때 우리 지역은 교육제도를 바꾸었다. 총명한 학생들을 모두 한 곳에서 교육하기 위해 당국은 모든 마을들의 최상위 성적의 학생들을 중심지역에 모았다. 나는 우리 마을에서 유일하게 뽑히는 영광을 얻었다. 나는 이것이 부(富)를 얻겠다는 내 목표에 도움이 될 거라고 생각했다. 더구나 마을에서 나를 괴롭힌 거친 아이들보다 더 좋은 교육을 받게 된다는 것이 기뻤다. 하지만 문제는 우리 가정의 교육비 지출이 더 많아진다는 것이었다. 사실, 기숙사에서 먹고 잘 수 있는 돈이 우리에게 없었다.

"내가 여기 남을게요." 누나가 안방 문을 조금 열고 비집고 들어가며 말했다.

"누나, 지금 무슨 말을 하는 거야?" 내가 누나의 팔을 잡으며 말했다.

"네가 나보다 머리가 좋아. 그리고 나는 여자잖아. 네가 학교에 다니는 동안 난 들에 나가 돈을 좀 벌 수 있어."

이렇게 말할 때 누나는 목이 메는 듯 했다. 나는 누나의 통 큰 양보에 감사할 마음을 느낄 시간조차 가지지 못하고 즉시 물었다. "그래도 괜찮겠어?" 누나는 고개를 끄덕였다. 그날, 고개를 끄덕이는 누나의 작은 동작은 우리 온 가족의 미래를 내 두 어깨에 얹어놓았다! 나를 위한 누나의 희생에 나는 크게 감동했다.

나는 즉시 얼마 안 되는 내 짐을 꾸려서 가족에게 작별인사를 하고 학교를 향해 떠났다. 학교에 도착한 나는 부모님의 자긍심을 높여드리고 누나의 희생에 보답하려면 시험성적이 좋아야 한다는 것을 깨달았다.

집을 떠나 학교에서 생활하게 되자 내게는 새로운 세상이 보이기 시작했다. 전국 각지에서 모여든 40명의 급우들 중에는 아주 부자도 있었고 나보다 훨씬 더 가난한 집 출신도 있었다. 그들을 알게 되자 내 마을의 한계밖에 보지 못했던 과거의 좁은 시야를 탈피하게 되었다. 세상이 더 넓고 더 많은 가능성을 가지고 있다는 생각이 갑자기 나를 사로잡았다.

나는 우리 집에서 약 24킬로미터 떨어진 기숙사에서 생활했다. 주말을 뺀 다른 요일에 누나는 이복형(異腹兄)과 함께 들에서 일했다. 부모님은 누나에게 구두를 사줄 돈조차 없었기 때문에 누나는 고무신 같은 싸구려 물 신발(water shoes)을 신었다. 사람들에게 그 신발을 신은 모습을 보여주기 싫어했지만, 그럼에도 불구하고 매주 그 불편한 신을 신고 내 학교까지 걸어와 음식을 전해주곤 했다. 당시에는 전화가 없었기 때문에, 나는 가족의 소식을 듣기 위해 누나를 학수고대했다. '폐병으로 고생하는 엄마가 이번 주도 살아 계신가?' '너무 지쳐서 스스로 목숨을 끊으신 것은 아닌가?' 이런 궁금증이 생겼다. 교실에서 과학시간이나 수학시간에 선생님이 끊임없이 설명을 하시는 중에도 내 머릿속에서는 이런 걱정이 끊이지 않았다. 선생님의 설명에 집중하려고 해도 걱정스런 생각이 자꾸 나를 사로잡았다. 하지만 감사하게도 선생님들이 내가 다른 생각을 한다는 걸 알아채지 못했기 때문에, 나는 시험성적이 아주 좋았다.

나는 다시 한 번 더 반장에 임명되었기 때문에 다른 학생들을 잘 살펴보아야 했다. 우리 학교가 기숙학교였기 때문에 많은 학생들은 집을 떠나 생활하는 법을 처음 배우고 있었다. 집에서 아주 먼 곳에서 생활하는 것이 그들에게는 결코 쉽지 않았다. 대부분은 겉으로는 태연한 표정이었다. 하지만 어느 날 수업 도중에 한 아이가 울음을 터뜨렸다.

"우리 집 형편 때문에 난 더 이상 이 학교에 못 다녀!" 여학생이 울면서 말했다. 그 아이는 아주 어렵게 사는 가정의 일곱 남매 중 다섯째였다. "엄마가 나 학교 그만두래!"

내가 부잣집에 태어났다면 내 삶이 어떻게 되었을까? 지금 생각해도 상상이 잘 되지 않는다. 하지만 신체적 장애를 가진 농부의 아들로 성장한 나는 가난한 사람들의 이야기를 들으면 마음이 몹시 아팠다. 나는 가난이 중국의 큰 고통이라고 생각했다. 가난한 농촌생활에서 벗어날 수 있는 유일한 길이 교육이라고 믿었던 나는 급우가 가난에서 영원히 벗어날 수 없는 농촌으로 다시 돌아간다는 생각에 마음이 아팠다.

하지만 아직 학생에 불과한 내가 그 아이를 위해 무엇을 해줄 수 있겠는가? 누나가 나를 위해 큰 희생을 받아들이지 않았다면, 매주 음식을 갖다 주는 수고를 거부했다면 나는 아무것도 아니었다. 다른 학생에게 나누어줄 여분의 돈이나 음식은 내게 없었다. 그러나 나는 그 여학생을 위해 무엇인가해야 한다고 생각했다. 무엇을 어떻게 해야 할지는 몰랐지만….

다음 주에 나는 급우 몇 명을 모아서 그 여학생의 마을로 갔다. 그 아이가 학업을 계속하도록 도울 만한 좋은 계획은 내게 없었다. 사실, 우리가 그 아이의 부모님 집 문을 두드리고 그 분들이 우리를 맞아줄 때 내가 할 수 있는 일은 딱 하나였다. 그 분들에게 사정하는 것이었다!

"제발 저 아이가 학교를 계속 다닐 수 있게 해주세요!" 그 분들은 낡은 옷을 입은 소박한 모습이었다. 나는 그 분들을 보자마자 이렇게 말했다. "따님은 학교에서 공부를 잘하고 있습니다. 학업을 계속하는 것만이 따님의 미래를 위한 유일한 희망입니다." 그렇게 말하자 그 아이 어머니의 표정이 천천히 부드러워졌다. 우리가 하는 말이 조금 먹히는 것 같았기 때문에 나는 진지하게 약속했다. 그 약속을 어떻게 지킬 수 있을지 알지 못했지만 아무튼 약속을 했다.

"우리가 따님을 돌보아 주겠습니다." 나는 몸짓으로 옆에 서 있는 급우들을 가리키며 말했다. "따님을 학교로 보내시기만 하면 학비 걱정은 다시 하실 필요가 없습니다."

이것은 그 분들이 거절할 수 없는 제안이었다. 그 분들은 우리에게 고맙다고 했고 우리는 휘파람을 불며 자전거를 타고 학교로 돌아왔다. 그러나 자전거의 페달을 밟을 때마다 도대체 그 아이의 학비를 어떻게 마련할지 고민이 깊어졌다.

"이 여학생이 이번 학년을 마칠 수 있도록 식권 몇 장을 기부할 생각은 없니?" 학교로 돌아온 나는 만나는 학생마다 붙잡고 물었다. 놀랍게도 매주 식권 기부가 있었고, 그 아이는 식사 걱정을 하지 않아도 되었다. 그런데 이런 노력에 감동한 그 아이가 내게 홀딱 반했기 때문에 나는 그해 남은 기간 동안 그 아이를 피해 다녀야 했다. 이성적(異性的)으로 접근하는 그 아이 때문에 무척 신경이 쓰였기 때문이다.

내가 고등학교에 다닐 때 우리 학교에는 방금 이야기한 여학생보다 훨씬 더 어려운 형편에 있는 다른 여학생이 있었다. 그 아이는 고아였다. 부모님이 모두 돌아가셨기 때문에 수양부모(收養父母) 밑에서 크고 있었다. 그러나 수양부모는 그들의 친자식들만큼 그 아이를 대하지 않았다. 마치 신데렐라처럼 말이다. 그 아이는 외톨이였고 가족은 밥이나 축내는 아이 정도로 여겼다. 그 아이가 학교 기숙사로 온 후로 가족은 음식이나 기타 생필품을 전혀 보내지 않았다. 학교에서 집으로 돌아오면 아이를 들볶고 심지어 학대했다.

고등학교 졸업반이던 어느 날, 나는 그 아이가 빵부스러기가 든 작은 가방을 손에 든 채 울고 있는 걸 보았다.

"무슨 일이 있니?" 내가 물었다.

"양부모가 음식을 보내지 않아서 배가 고파. 게다가 내가 학교에 다니지 못하게 하겠대." 아이의 목소리가 기어들어갔다. 졸업이 코앞에 다가왔는데 학교를 그만두는 것은 너무나 가슴 아픈 일이었다. 집으로 돌아가고 싶지 않은 그 아이에게는 학교가 유일한 대안이었다. 끔찍한 환경 속에 떨어지지 않도록 그 아이가 두 손으로 꼭 붙든 것이 바로 학교였다.

"가서 가장 좋은 옷으로 갈아입고 집합해!" 나는 급우 몇 명에게 말했다. "모두 자전거를 타고 이 자리에 다시 모인다. 중요한 일이 있어."

그러나 내게 뾰족한 수가 있던 것은 아니다. 과거에 여학생의 집을 찾아가 사정하던 방법을 다시 쓸 수는 없을 것 같았다. 아무튼 나는 마음을 굳게 먹지 않으면 안 되었다. 그 아이의 마을을 향해 자전거 페달을 힘껏 밟으며 달렸다. 저 멀리 그 아이의 집이 보였을 때 내게 한 가지 아이디어가 떠올랐다.

우리는 그 집 근처에서 작전회의를 열었다. 다행히 우리 중에는 키가 크고 상대적으로 나이가 들어 보이는 아이가 있었다. 나는 그 아이를 손가락으로 가리키며 "네가 이제부터는 교장선생님이다"라고 말했고, 그 아이보다 키가 작으면서 듬직해 보이는 아이에게는 "너는 이제 학급반장이다"라고 말했다.

"뭐라고?" 그 아이가 이의를 제기했다. "난 반장 해본 적이 없는데."

"앞으로 한 시간 동안만 하면 돼!" 내가 웃으며 말했다.

그리고 나머지 아이들을 머리부터 발끝까지 재빨리 훑어보고 순간적인 판단을 내렸다. 모두 가장 좋은 옷을 입었지만 썩 그럴듯해 보이지는 않았다. 나는 한 아이에게 "너는 어깨를 쫙 펴고 가급적 키가 커 보이게 해. 그리고 학교 선생님으로 보여야 하니까 최대한 점잖은 표정을 지어!"라고 말했다. 그리고 마지막 남은 아이를 가리키며 "너는 부반장을 해!"라고 말했다.

각자 역할을 정한 다음 우리는 그 집 앞에 이르렀다. 대문을 힘껏 두드렸다. 그런대로 옷을 잘 빼입은 낯선 이들을 본 그 아이의 양부모는 눈이 휘둥그레졌다.

"우리는 따님이 다니는 학교에서 나왔습니다." 나는 최대한 권위 있는 목소리로 말했다. 과거에 지주였던 우리 이웃을 아침마다 불러내던 공산당 비서의 고함소리에 잠에서 깨어나곤 했던 몇 년 간의 경험이 그때 아주 톡톡한 도움이 되었다. "따님에 대해 학부형님과 중요한 이야기를 해야 할 것 같습니다."

내가 말할 때에 그 아이의 어머니가 나를 유심히 살펴보았다. 우리의 작전이 탄로 난 게 아닌가 하는 불안이 슬쩍 생겼다. 하지만 작전을 바꾸기에는 너무 늦었기 때문에 어금니를 꽉 깨물고 밀고 나갔다. "학부형님과 의논하려고 여기까지 동행한 관계자들을 소개하겠습니다. 이분들은 교장선생님, 교감선생님, 담임선생님, 그리고 학급반장입니다."

나는 그 아이의 부모가 상황의 심각성을 깨달을 수 있는 시간을 주기 위해 잠시 말을 멈추었다. '고위 교육관계자들이 이렇게 잔뜩 몰려온 걸 보니 내가 뭔 큰 잘못을 범한 건가?'라는 생각이 들도록 잠시 시간을 준 것이다.

"학부형님의 학생이 집에서 학대를 받아서 학교를 그만두려고 한다는 보고를 받았습니다." 농부였기 때문에 공산당 관계자를 어떻게 상대해야 좋을지 모르는 그들은 두려움에 사로잡혔다. 우리 급우를 그토록 혹독하게 다루던 양엄마는 갑자기 문기둥을 붙잡았다. 내 말에 크게 겁을 먹었던 것 같다. 나는 말을 이었다.

"우리 학생을 그토록 학대하는 것은 용납될 수 없습니다. 이 학생은 당신들의 딸이고 권리가 있습니다. 당신들에게는 이 학생에게 음식을 주지 않고 굶길 권리가 없습니다. 만일 형편이 어려우시다면 학교가 돕겠습니다." 나는 겁을 주기 위해 경고를 덧붙였다. "만일 이 학생을 자꾸 힘들게 하면 책임 추궁을 당하게 될 것입니다."

그로부터 며칠 후, 그 여학생의 집에서 기별이 왔다. 양부모가 마음을 바꾸어 그 아이를 졸업시키겠다는 소식이었다. 더 좋은 소식은 집에서 음식을 보냈기 때문에 그 아이는 허기에 시달리지 않고 공부를 할 수 있었다는 것이다. 나는 평생 가난의 구렁텅이에 빠질 뻔했던 친구를 구해냈다는 기쁨이 충만했다. 그 아이를 구한 무용담을 집에 돌아와 늘어놓을 때, 엄마와 누나는 웃으며 "다음 주에는 누구를 구해줄 거니?"라고 농담을 했다. 엄마는 "차오신런"이라고 말했는데 이 말에는 "네가 마음에 책임감을 느끼는구나"라는 뜻이 담겨 있었다. 말하자면, 엄마는 내가 다른 사람들의 슬픔 때문에 마음에 부담을 갖는다는 걸 아신 것이다. 엄마는 나를 '부담감 많은 남자'라고 부르며 놀리셨다.

나는 예민한 성격이었지만 내가 다닌 까오미 시(市) 고등학교는 군대식으로 운영되었다. 3년 동안 매일 우리는 아침 6시 30분에 일과를 시작했다. 운동복 차림으로 운동장을 몇 바퀴 돌았다. 이렇게 신체적 활동을 한 후에 비로소 공부를 시작할 수 있었다. 교장선생님은 규칙대로 철저히 학교를 운영하는 엄한 교육가로 알려진 분이었다. 하지만 그러면서도 나를 매우 존중해 주었고 내게 정부와 세계적 사건들에 대해 이야기해주기를 좋아했다.

우리 마을 전체에 확성기는 딱 하나 있었다. 높은 언덕에 있는 그 확성기에서 나오는 소리가 마을 전체에 울려 퍼지곤 했다. 그것은 공산당의 대변인 역할을 했는데 매일 아침 나는 아침식사도 거른 채 밖으로 뛰어나가 나무에 기대 확성기에서 흘러나오는 뉴스에 귀를 기울였다. 바람이 부는 날에는 소리가 잘 들리지 않았기 때문에 확성기 쪽으로 충분히 가까이 다가가서 들었다. 가까이서 들으면 무슨 말을 하는지 알아들으려고 정신을 집중할 필요가 없었다. 매일 아침 뉴스의 내용을 거의 외우다시피 해서 사람들에게 인기가 좋았다. 세상 돌아가는 이야기를 들려주는 내가 그들 마음에 들었던 것이다.

고등학교 교장선생님은 '찬카오 씨아오시'(참고 뉴스)라고 불리는 신문을 볼 수 있는 사람이었다. 이 신문은 특정 위치에 있는 정부 관료가 외국의 언론을 합법적으로 접할 수 있는 유일한 통로였다. 이 신문은 뉴욕타임스(New York Times), 미국의 세계적인 통신사들인 AP(Associated Press)와 UPI(United Press International)의 기사들을 엄선하여 요약한 것이었다. 중국 정부는 국민이 '민주주의'나 '자유' 같은 위험한 사상에 물들지 못하게 하려고 외국 언론의 기사를 못 읽게 했다.

어느 날 나는 교장선생님의 사무실에 있게 되었다(사무실은 그 분의 숙소로도 쓰였다). 사무실이 학교 한 복판에 있었기 때문에 학생들은 언제나 그의 철저한 관리 아래 있었다. 그 사무실에 있을 때 책상 위에 놓여 있는 찬카오 씨아오시가 내 눈에 들어왔다.

"저것이 무엇입니까?" 그 분은 찬카오 씨아오시를 쳐다보고 있는 나를 보았고, 나는 별 생각 없이 물었다. "아, 그거! 아무 것도 아냐." 교장선생님은 그걸 낚아채듯 집어 들어 침대 밑에 넣었다. 그 순간부터 그 신문에 대한 생각이 내 머리를 떠나지 않았다. '저 신문만 읽을 수 있다면 중국 밖의 세계가 어떻게 돌아가는지 알 수 있을 텐데. 공산당의 대변자 노릇을 하는 저 확성기에서 결코 들을 수 없는 생생한 뉴스를 접할 수 있을 텐데.' 교장선생님이 그 신문을 어디에 숨기는지 알았기 때문에 나는 그걸 손에 넣을 기회를 노렸다. 이틀 뒤, 나는 그 분이 사무실을 떠났다는 것을 알게 되었다.

"야, 나 좀 도와줄 수 있어?" 복도를 걸어가고 있던 친구를 붙잡고 물었다.

"물론!" 그가 대답했다.

"여기 서서 망을 좀 봐. 교장 선생님이 보이면 아주 큰소리로 기침을 해."

그 친구가 망설이는 표정이었다. 나는 친구의 등을 두드리며 "걱정 마! 아무 문제없어"라고 말했다.

그가 이의를 제기하기 전에 나는 얼른 교장선생님 방으로 들어가 버렸다. 그 분의 침대로 곧장 걸어가면서 가슴이 두근두근했다. 침대가 아주 잘 정리되어 있었기 때문에 나는 그 분이 돌아와서 누군가 침대에 손을 댔다는 것을 알아채지 못하기를 바랐다. 손을 매트리스 밑으로 넣고 이리저리 더듬거렸다. 마침내 손이 신문에 닿았다. 신문을 꺼냈다. 얼른 방에서 빠져나가야 한다는 생각 때문에 재빨리 제목들을 읽었다. 친구가 복도에서 계속 망을 보고 있는지도 확인할 수 없는 상황이었다. 하지만 여과되지 않은 세상 소식을 정확히 알 수 있는 기회를 정말 놓치고 싶지 않았다. 1면을 대충 훑어보고 신문을 말아서 재킷 아래에 넣고 살짝 방을 빠져나왔다. 나를 본 친구는 그때까지 참았던 숨을 내쉬며 안도했다.

"방 안에서 도대체 무얼 한 거야?"

"너는 모르면 모를수록 좋아!"

하지만 내 재킷 아래가 불룩한 것을 보고 그의 눈이 휘둥그레졌다. "무엇을 훔친 거야? 도둑질에 나를 끌어들인 거야?"

나는 재킷을 열어 그에게 신문을 보여주었다.

"그걸 가지려고 제적당할 위험을 무릅쓴 거야?"

이렇게 말한 친구는 눈알을 굴리더니 다른 쪽으로 걸어갔다. 하지만 나는 보물을 얻은 느낌이었다. 내 방으로 달려가 침대에 앉아 신문을 처음부터 끝까지 읽었다. 모든 기사를 외웠고 신문의 어떤 면도 더럽히거나 훼손하지 않으려고 조심했다. 교장선생님이 그 신문을 읽지 않았음이 분명했다. 신문의 접은 자국이 빳빳함을 완전히 유지하고 있었기 때문이다. 그 신문을 계속 가지고 있겠다는 생각은 하지 않았다. 그러다 발각되면 큰일이기 때문이었다.

다음날, 나는 복도를 태연히 걷다가 교장실 안으로 살짝 들어갔다. 교장선생님은 점심식사를 하러 나가 계시지 않았다. 나는 잘 정돈된 매트리스를 들어 올리고 어제의 신문을 밀어 넣었다. 그 신문이 계속 그곳에 있던 것처럼 꾸미기 위해서 말이다.

진짜 뉴스의 맛을 본 나는 공산당의 선전에 이용되는 가짜 뉴스에 만족하지 못했다. 학교에 있을 때에는 매주 교장실로 들어가 신문을 빼내와 암기하고 다시 갖다 놓았다. 세계의 지도자들이 누군지, 그들이 어느 나라를 통치하는지, 언제 중국을 방문하는지, 누구를 만나는지를 알게 되었다. 심지어 잉글랜드와 미국과 캄보디아에서 일어나는 일에 대한 기사를 입으로 줄줄 말할 수 있을 정도까지 되었다. 교장선생님이 신문을 전혀 읽지 않는다는 확신이 점점 강해졌고, 나는 점점 더 대담해졌다. 다른 나라들이 기업을 운영하는 방법을 상세히 다룬 기사들을 오려내기 시작했다. 나는 특히 식당에 흥미를 느꼈으며, 서양인들이 식당을 매우 청결하고 능률적으로 운영하는 것에 깊은 인상을 받았다. 어느 날은 장차 식당을 운영하는 것이 어떨까 하는 생각도 해보았다. 미국식 식당 말이다.

고등학교 2학년 어느 날, 어떤 기사가 정말로 내 눈길을 끌었다. 아침에 침대에 앉아 신문을 읽었는데 수만 명의 중국 학생이 허페이 시(市)의 중앙 광장에서 데모를 했다는 기사였다. 그들은 정부기관들의 사무실에서 '우리에게 자유를 달라!'나 '민주주의 만세!'라고 쓴 깃발을 들고 연좌시위를 벌였다. 중국 정부는 시위 학생들을 탄압할지 아니면 그대로 두어야 할지를 결정하지 못했다.

나는 읽고 있던 신문을 재킷 안에 쑤셔 넣고 교실로 달려갔다. 교실 문을 박차고 들어가니 학생들이 영어단어를 외우고 있었다.

"신문을 읽어줄 테니 들어봐!" 교장선생님의 신문을 꺼내며 말했다. "상하이에서 시위가 일어났어!" 사설을 전부 읽어주었다. "이게 믿어져? 학생들이 길거리에서 자유와 민주주의를 요구하고 있어!"

그러나 교실 뒤쪽에 있는 여학생은 일어나서 연필을 깎았다. 맨 앞줄에 있는 다른 아이는 하품을 하더니 책을 펴서 다시 공부를 시작했다.

시위에 대한 뉴스가 내 머릿속에서 계속 맴돌았기 때문에 이런 궁리 저런 궁리를 했다. 그 중 어떤 궁리는 황당한 것이었다. 아무튼 시위에 대해 학교에서 어떤 식으로든 이야기를 하고 싶어 안달이 났다. 국제문제에 관심이 있어서 대화를 나눌 학생들 몇 명을 찾고 싶었다. 그해 한 해 동안 국제문제에 관심이 있는 것처럼 보이는 학생들이 몇 명 눈에 띄었다. 저학년부터 고학년까지 나와 생각이 비슷한 학생들의 모임을 만들 인원이 충분히 생겼다고 판단되었을 때 그들을 모아 제안을 하나 했다.

"비공인 학교신문을 만들고 싶은데 너희들은 기사를 쓰고 편집만 해주면 돼. 나머지는 내게 맡겨."

놀랍게도 그들은 내 말에 따랐다. 한 주가 지나가기 전에 질 좋은 기사 몇 개가 들어왔다. 물론, 그것을 발행할 방법은 전혀 없었다. 중국은 언론의 자유하고는 거리가 먼 나라였다. 공산당에서 운영하는 학교가 신문 발행을 허락할 리 없었다. 더구나 신문 발행에 협조한다는 것은 언감생심이었다. 하지만 그때, 초등학교 동창 두 명이 군구(郡區) 관청에서 일한다는 것이 생각났다. 중국의 각 군구에는 국가지도자의 메시지를 사람들에게 알리는 사업을 담당하는 비서의 사무실이 있었고 그 사무실마다 타자기가 있었다. 나는 내 기사 원고를 들고 거의 뛰다시피 군구 관청으로 갔다.

"이것 좀 봐! 이걸 발행하고 싶은데 도와줄 수 있어?" 옛 친구들에게 물었다. 그들은 내 기사를 신문으로 발행해주는 것이 자신들에게 좀 더 활력을 줄 수 있겠다 싶었는지 도와주기로 약속했다. 그리고 신문의 체재(體裁)를 정하고 내 기사를 타자로 치고, 심지어 아주 구식 종이에 인쇄까지 하도록 관구의 비서들을 설득하는 데 성공했다.

나는 그 비공인 학교신문의 이름을 〈녹엽〉(The Green Leaf)이라고 붙였다. 나는 전무이사, 고등학교 친구는 편집장, 초등학교 친구들은 발행인이 되었다. 나는 지금도 농담으로 "녹엽은 오로지 공산주의자들의 자금 협조를 받아 꾸려나간 내 최초의 비영리 단체였어"라고 말하곤 한다.

하지만 그 신문은 정치를 다루지는 않았다.

학교가 군청소재지에 있었기 때문에 우리는 영화관에서 영화를 볼 기회가 있었다. 한 가지 기억나는 영화는 로맨스 영화였다. 지금의 기준으로 말하면 아마 PG-13(13세 미만 관람불가) 등급 정도의 영화일 것이다. 교장선생님은 우리가 로맨스 같은 것에 신경 쓰는 것을 원치 않았기 때문에 그 영화의 관람을 철저히 금하셨다. 하지만 그 분이 금할수록 더 보고 싶은 묘한 심리가 발동했다. 역사 선생님이 매우 진보적이고 현대적인 여성이라는 인상을 받았던 우리는 그 분께 도움을 받을 수 있지 않을까 생각했다.

"이 영화를 보지 못하게 하는 것은 약간 강압적 조치다." 수업 시간에 나는 그 분이 듣도록 일부러 약간 큰소리로 중얼거렸다. 내 말을 듣고도 그 분이 나를 책망하지 않았기 때문에 나는 수업이 끝나자 그 분께 다가갔다.

"이 영화를 보고 싶어 하는 학생들이 몇 명 있습니다." 나는 나지막이 말했다. "선생님이 도움을 좀 주시면 좋겠습니다."

"다음 주 화요일 저녁에 교장선생님이 학교 밖에서 정찬 약속이 있으셔." 여선생님은 살짝 웃으며 나지막이 말씀하셨다. "그날은 학교로 다시 돌아오지 않으실 거야."

화요일 밤이 되었다. 우리는 검은색 옷을 입고 모였다. 교문에 이르니 잠겨 있었기 때문에 모두 담을 넘었다. 결국 영화를 보았고 다시 담을 넘어 학교 안으로 들어왔다. 물론 들키지 않았다.

과외활동 때문에 때로는 공부에 어려움이 있었지만 그럼에도 내 성적은 아주 좋았다. 가장 큰 과제는 졸업보고서를 제출하는 일이었는데 거기에 장래의 희망직업에 대해 구체적으로 언급해야 했다. 우주비행사가 될까, 공학자가 될까, 내과의사가 될까? 이런 생각들을 해보았다. 졸업보고서를 쓰는 과정에서 나는 다양한 분야를 조사하고 진로를 탐구하였고, 결국 진로를 결정하게 되었다. 자전거를 타고 몇몇 마을을 다니며 의사, 농부, 노동자 같은 다양한 사람들을 만나 이야기를 해보았다. 결국 나의 졸업보고서는 사람들이 어떤 형편에서 살아가는지에 대한 조사보고서가 되고 말았다. 예를 들면, 고향마을 사람들은 전기 문제로 어려움을 겪고 있었다. 전기가 필요한 낮에는 전기가 안 들어오고, 밤에 필요 없을 때에는 들어왔다. 이런 문제는 문서를 통해 문제제기가 되고, 더 나아가 개선되어야 한다는 게 내 생각이었다.

"전기에 무슨 문제가 있습니까?" 나는 몇몇 마을 사람들에게 물었다.

"전기가 수시로 들어왔다 나갔다 합니다." 전기 때문에 크게 실망한 어떤 농부가 대답했다. "그런데 춘절(春節)에는 거의 언제나 들어오지 않습니다." 춘절은 타향에 가서 사는 식구들이 설을 쇠기 위해 고향으로 돌아오는 때였다. 그때에는 많은 사람이 고향에서 명절을 보내기 위해 공항과 기차역과 버스터미널과 상점에 몰려들어 북적댔다.

"춘절에 전기가 나가면 지극히 곤란하겠네요." 내가 말했다.

"바로 그런 이유 때문에 전기가 나가는 것이지요." 농부가 말했다.

"다시 들어오려면 얼마나 기다려야 합니까?"

"아, 얼마 걸리지는 않는데 그게…." 그가 머리를 가로저으며 설명했다. "전기사업 관리들에게 뇌물을 주면 들어오는 거지요."

나는 깜짝 놀랐다. 국가가 운영하는 사업이 부패했다니! 그 농부의 말은 충격이었다. 정부의 권력을 휘두르는 사람들, 심지어 직급이 비교적 낮은 당비서나 전기사업 공무원까지 자기가 상류층이라는 착각에 빠져 국민 위에 군림했던 것이다. 자기보다 낮은 위치에 있다고 생각되는 사람들을 섬긴다는 자세가 그들에게 없었다.

"전기를 다시 들어오게 하려면 얼마나 돈을 주어야 합니까?" 믿기 힘들다는 표정을 지으며 내가 물었다.

"트랙터에 계란을 가득 실어서 줄 정도입니다."

어릴 적에 나는 사회적 신분이 나보다 높은 사람에게 무시당하는 것이 너무 싫었기 때문에 항상 평등을 추구했다. 농부와 대화하면서 뇌물에 대한 이야기를 들을 때 가난이 아니라 사회의 부패가 이 나라의 본질적 문제가 아닐까 하는 생각이 내 머리를 스쳤다.

농부를 통해 알게 된 새로운 사실이 내 졸업보고서의 훌륭한 소재가 될 것이 분명했지만 나는 단지 좋은 점수를 받는 것에 만족할 수 없었다. 잘못된 것을 바로잡아 이런 불의를 끝내기 원했다. 내가 확실히 알지는 못했지만 아무튼 당시 중국에는 뇌물이 만연했다. 인가나 허가를 내줄 수 있는 권한이 지방의 관료들에게 있었기 때문에 사람들은 현금이나 선물을 주어야 일처리가 빨라진다고 생각했다. 아직 순진한 고등학생이었던 나는 정부가 이런 부패상을 알게 되면 깜짝 놀랄 것이라고 생각했다.

나는 편지를 썼다. "당비서님, 안녕하세요. 우리 마을에 전기가 들어오지 않습니다. 내가 알아보니까, 마을에 전기가 가장 필요할 때 시립전기회사가 전기공급을 끊고 전기공급을 재개한다는 조건으로 마을 사람들에게 한 트랙터 분량의 계란을 요구한다고 합니다. 이런 잘못된 일을 하는 자를 찾아서 이 부패를 끝내주시면 좋겠습니다."

전기공급과 관련된 이런 문제는 내가 알아낸 것들 중 하나에 불과했다. 내 보고서를 학급에서 발표할 때까지 나는 여러 계층의 사람들과 대화를 나누었고 농업과 의료와 산업의 분야에서 고쳐야 할 것들을 정리했다. 나는 급우들 앞에 서서 많은 분량의 내 보고서를 읽어 내려갔다. 거기에는 문화적 변화를 위한 30개 정도의 내 제안이 들어 있었다.

"내가 제시하는 방법들이 당장 시행될 수 없다는 걸 나도 잘 압니다." 끝마무리를 하는 내 말은 지루해 하는 급우들에게 크게 반가운 것이었으리

라. "이런 것들은 점진적인 개혁을 통해 이루어질 수 있을 겁니다. 그런데 이런 계획이 성공적으로 시행되려면…." 나는 내 말에 극적 효과를 주기 위해 잠시 말을 멈추었다. "내가 민주적으로 선출되는 최초의 총리가 되어야 합니다."

내 황당한 야망에 친구들이 폭소를 터트렸다.

"아, 물론, 약20년 후에 그렇게 된다는 말입니다." 비웃음거리가 되지 않으려고 살짝 방호벽을 쳤다.

의사나 교사가 되겠다는 내용의 보고서를 쓴 급우들은 내 보고서 발표를 '일반교서'(一般教書)라고 불렀다.

"푸 총리께서 납신다!" 내가 교실에 들어가면 친구들이 이렇게 말하며 웃었다. 이것이 그들에게 특히 재미있었던 이유는 내 성(姓)이 '부통령'(副統領)이라고 할 때의 '부'(副)라는 뜻이었기 때문이다. '부'(副)는 최고의 자리에 있는 자는 못 되지만 서열 2위에 있는 자를 의미했다.

친구들이 웃을 때 나도 함께 웃었다. 하지만 어릴 적에 극단적 가난을 보고 또 겪은 자로서 나는 영향력 있는 중요한 존재가 되는 것만이 불평등의 문제를 해결할 수 있다고 믿었다. 내가 권력을 얻으면 구조적 부패를 척결해서 하층민의 삶을 개선해줄 수 있을 것이라고 생각했다. 백만장자가 되겠다는 내 꿈은 공산당의 고위관리가 되겠다는 꿈으로 바뀌었다. 지속적인 변화를 이루어 내려면 돈보다 권력이 더 효과적일 거라고 결론 내렸다. 사람들을 분류해서 계급화하는 것은 바로 권력자가 아닌가? 내가 중요한 자리에 오르면 가난한 자들을 도울 수 있을 것이다.

그러나 내 순진한 이상주의는 문제를 일으켰다.

내 '일반교서'를 학급에서 읽은 후 며칠 지났을 때 교장선생님이 나를 부르셨다. 그 분과 나 사이의 가까운 관계 때문에 평소에는 따뜻하게 맞이해 주신 분이 이번에는 굳은 표정이었다. 우리가 밤중에 몰래 빠져나가 영화를 본 것을 알게 되신 것일까? 그 분의 신문을 몰래 가져다 읽은 것을 눈치 채셨는가? 그런데 교장실에는 험상궂은 표정의 어떤 남자가 와 있었다.

"안녕?" 그는 아주 딱딱하게 손을 내밀었다. "나는 시립전기회사의 당비서이다."

나는 뜨끔했다. 일이 크게 터진 것이다!

그의 손에는 내가 손으로 써 보낸 편지가 들려 있었다. 물론, 거기에는 전기공급을 둘러싸고 벌어지는 부패의 문제를 내가 대략적으로 지적한 내용이 담겨 있었다. 나는 두려웠다.

"우리는 우리 관리들이 뇌물을 받고 전기를 공급한다고 고발한 네 편지를 받았다." 그의 말투는 차갑고 단조로웠다. "내가 여기에 온 목적은…."

그 다음에 무슨 말이 튀어나올지 내 머리를 스쳤다. 내게 벌을 주기 위해? 공산당 정부를 모함하는 거짓말을 더 이상 퍼뜨리지 말라고 경고하기 위해? 나를 정학시키기 위해?

"…네가 제기한 문제에 대해 이야기하기 위함이다." 순간, 교장선생님의 얼굴에 재미있다는 듯한 표정이 스쳤고 나는 그 표정에서 "이 말썽꾸러기!"라는 메시지를 읽었다. 나를 향한 그 분의 애정 어린 눈빛을 보니까 내가 그렇게 큰 어려움에 빠지지는 않겠구나 하는 생각이 들었다. 하지만 나는 여전히 긴장했고 당비서는 말을 이었다.

"춘절 즈음에 몇 가지 부정행위가 있었을지도 모른다고 나도 인정한다. 아마 전기회사의 어떤 부서에 문제가 있을 것이다. 하지만 분명히 말하건대 우리는 트랙터로 계란을 받은 적이 없다."

나는 믿을 수 없었다. 교장선생님 방에서, 내 앞에 서서 말하는 그 사람은 시(市)의 1인자, 즉 시의 당비서였다. 처벌을 받으면 어떡하나 하는 처음의 두려움이 사라지자 고등학생인 내 편지가 그토록 반향(反響)을 일으켰다는 것이 아주 뿌듯했다. 아무튼 그 당비서라는 사람은 꽤 기품 있고 존경스럽게 보였다. 심지어 그는 내 급우들에게 전기산업 종사자들의 성실함에 대해 이야기했다. 그러자 나는 늘 꿈 꿔왔던 중요한 사람이 된 것 같았고 스스로 자화자찬(自畵自讚)에 빠졌다. 고등학생인 나의 문제제기 때문에 공산당 관리가 학교에 찾아와 "우리는 힘없는 민중 앞에서 책임을 통감합니다"라는 식으로 해명을 했다니! 그때의 뿌듯함은 내 미래의 소명이 무엇인지를 결정해 주었다. 공산당에서 높은 지위에 올라 부패와 싸우는 것이 바로 내 소명이라고 생각했다. "높은 지위와 권력을 얻으면 불평등에 대항해 싸우리라!"라고 마음먹었다.

당비서는 학교를 떠나면서 내게 악수를 청했고 내 관심에 고마움을 표시했다. 그리고 나를 안심시키려는 듯 미소를 지었다. 그가 더 이상 말로는 표현하지 않았지만 그의 언행은 "너의 문제제기로 우리가 어쩔 수 없이 이 부패의 문제를 다루게 되었지만, 최고책임자가 누구인지를 네가 늘 의식한다면 너와 정부의 관계는 상호존중의 우호적 관계가 될 것이다"라는 메시지를 내게 던졌다.

물론 나는 최고책임자가 아니었다.

피앤이, 시치우, 그리고 봅 푸

"네 성적이 아주 좋아! 아주 좋아!" 급우 한 명이 급히 자전거 브레이크를 밟았고 자전거 주변에 뽀얗게 먼지가 피어올랐다. 자전거에서 펄쩍 뛰어내리더니 우리 집 안마당으로 뛰어 들어와 내게 서류 한 장을 내밀었다.

"너 이제 대학에 갈 수 있게 됐어!"

고등학교가 끝나는 6월에 졸업반 학생들은 그들의 미래를 좌우할 두려운 대학 입학시험, 즉 까오카오(高考)를 며칠에 걸쳐 치렀다.

"이게 네 점수야!" 친구가 내게 말했다.

낮은 점수는 마을을 떠나지 못하고 영원히 농사를 지으며 하층민으로 살아가야 한다는 걸 의미했다. 높은 점수는 대도시 대학에 진학하는 것을 의미했다. 나는 늘 대도시로 가겠다는 꿈을 키우며 살아왔었다. 대학 생활, 높은 건물, 부유한 대저택, 그리고 정치권력이 있는 베이징은 늘 동경의 대상이었다. 대학은 봉급, 즉각적인 신분상승, 그리고 정부 제공의 식권을 의미했다. 손에 서류를 잡고 훑어보다가 눈길이 한 숫자 위에 머물렀다. 40명의 급우 중 내가 13등이었다! 그렇게 나쁘진 않았다. 전국평균보다는 한참

높았다.

　종이를 내려놓고 이 점수가 내 미래에 어떤 의미를 가질지에 대해 생각했다. 급우들이 대학 입학시험을 위해 한 해 꼬박 주입식 공부에 매달릴 때, 나는 신문을 만들고 밤중에 몰래 빠져나가 영화를 보고 전기회사 문제로 씨름했었다. 내가 공부에 더 신경 썼으면 좋았을 거라는 생각이 들기도 했지만 아무튼 4년제 대학에 들어갈 점수는 땄다. 학생들은 희망하는 대학의 이름 세 개를 적어 제출해야 했다. 모호하고 불투명한 심사과정을 거쳐 정부는 학생에게 대학을 정해주었다. 학생의 일생의 운명을 결정지을 대학 말이다! 국제관계대학이 베이징에 있었기 때문에 나의 제1지망은 그 대학이었다.

　"아니, 아니, 아니!" 교장선생님은 연필을 잡고 그 대학 이름 위에 줄을 쭉 그으면서 말했다. "너는 말썽꾸러기 기질이 농후하기 때문에 그 대학에는 안 맞아. 교사가 되는 건 어떻겠니? 교사는 깔끔하고 안정적인 직업이야."

　나중에 깨달은 것이지만, 그 분은 나를 보호하려고 그렇게 말씀하셨던 것이다. 중국 정부의 국가안보부에서 운영하는 국제관계대학은 정보요원을 훈련하는 곳인 것 같았다. 다시 말해서, 공산당에서 운영하는 중앙정보부 학교 같은 곳이었다. 나는 그 대학에 대한 교장선생님의 충고를 존중했지만 그래도 교사는 되기 싫었다. 교사는 봉급도 적었고 존경받지도 못했다. 내가 원하는 것은 중요한 직책, 무게 있는 직함, 그리고 두둑한 봉급이었다. 결국 내 제1지망은 법과대학, 제2지망은 언론대학, 제3지망은 경영대학으로 결론이 났다.

　정부가 내 미래의 방향을 어떻게 결정했는지를 아는 데에는 몇 주가 걸렸다. 우리 반에서 4년제 대학교에 들어간 학생은 내가 유일했다. 이 사실 하나만 놓고 보자면 아주 큰 영광이었다. 하지만 흥분한 마음으로 서류를 읽어 내려가다 보니 내가 지망한 세 학교하고는 아무 상관없는 대학에 배정되었음을 알게 되었다!

　"어떻게 이럴 수가 있지요?" 울면서 어머니에게 말했다. 그동안 몇 해에 걸쳐 어머니의 건강이 지속적으로 나빠졌기 때문에 나의 대학진학은 그만큼 더 중요했다. "이 대학은 내가 지망조차 하지 않은 대학인데요."

"너를 영어교육과에 배정했구나." 어머니는 서류를 읽고 내가 왜 그토록 속상해 하는지 아셨다. 리아오청 사범대학이 내게 입학허가를 내준 것이었다. 정부는 내가 그토록 싫어하는 직업을 택하도록 강요한 것이다. "그래도 다른 과목들을 가르치는 선생보다는 영어선생이 더 나은 거 아니니?" 어머니가 물었다.

"나을 것도 없어요." 속이 너무 상한 나는 영어선생이 다른 과목의 선생들보다 좀 더 알아주는 직업이라는 것을 인정하기 싫었다. "영어선생이나 밭에 나가 일하는 거나 뭐가 다르겠어요?"

내 방으로 달려가 문을 걸어 잠그고 침대 위에 엎드렸다. 스스로 자청한 유배지에서 단식투쟁에 들어갔다.

'앞으로 어떻게 해야 하나? 고향에서 1년 더 머물며 기다렸다가 다시 시험을 쳐야 하나? 시험공부에 집중하면 다른 과외활동에 시간을 빼앗기지 않을 텐데.'

그날 오후 어머니와 누나가 마당에서 나누는 대화를 엿듣게 되었다. "시치우가 걱정된다." 어머니의 목소리에는 근심이 가득했다. 몇 년 전 일이 마치 어제 일처럼 기억에 떠올랐다. 아빠와 엄마가 누나와 나의 교육 문제로 의논하는 중에 누나가 자신의 미래를 희생하며 내게 양보했던 일이었다. 누나는 머리가 좋은 사람이었다. 나대신 학교에 다녔다면 대입시험에서 나보다 더 좋은 점수를 얻었을까? 부모님이 나를 학교에 보낸 것이 잘못된 투자였을지도 모른다. 상심에 빠져 하루를 꼬박 보낸 후 나는 단식투쟁 때문에 부모님이 너무 걱정하신다는 생각을 하게 되었다. 결국 마음을 다잡고 방에서 나왔다.

"사범대학에 갈게요. 하지만 거기서 끝내지는 않을 거예요. 대학원에 가서 학위를 더 높이고 돈을 많이 벌 거예요."

어머니는 내가 마음을 정리한 것을 보고 안도하는 표정이었다. 그리고 리아오청시(市)로 가기 위해 짐을 꾸리도록 도와주셨다.

"네가 결국은 베이징으로 가게 될 거야." 어머니는 나를 안심시켰다. "다만 리아오청시를 거쳐서 가는 것뿐이야."

"내가 베이징에 가면⋯." 옷을 접어 여행용가방에 가지런히 집어넣으며 말했다. "반드시 어머니에게 톈안먼 광장을 구경시켜 드릴게요."

"네 약속을 기억하고 있을게."

❧

그 대학은 아시아에서 제일 긴 강인 황허 강 북쪽에 있었다. 하지만 아무리 아름답다고 해봐야 그곳은 내가 그때까지 벗어나지 못한 산둥 성(省)의 테두리 안에 있었다.

"난 시치우야!" 첫 강의가 있던 날 나는 어떤 남학생에게 악수를 청했다. 그리고 교수님의 말을 충분히 들을 수 있으면서도 최대한 많은 것을 시야에 둘 수 있도록 강의실 가운데쯤에 앉았다. 새 급우들과 이야기를 나누다보니 그들이 산둥 성의 여러 지역에서 왔다는 걸 알게 되었다. 그 대학에 온 것에 대해 마음이 설레는 것 같은 학생들도 있었고 공부의 부담감 때문에 걱정하는 학생들도 있었다. 남학생들은 강의실 앞에 모인 여학생들을 관심 있게 살펴보고 있었다.

나는 여학생들을 상대하면 울렁증이 생기기 때문에 여학생들에게는 내 소개를 하지 않았다. 중국의 부모들은 자녀가 데이트보다는 공부에 집중하기를 바라기 때문에 학생들은 다른 나라들만큼 일찍 데이트를 시작하지 않는다. 그래서 고교시절은 드라마틱한 연애사건 없이 지나갔다. 여자들과 대화를 많이 나눈 적도 없었고, 그것이 오히려 편했다. 입학환영회가 끝나자마자 대학관리들은 즉시 남녀 간의 데이트를 허락하지 않는다고 경고했다. 남녀가 서로 단짝이 되면 공부에 방해가 된다는 것이 금지하는 이유였다. 그러나 남학생들은 이미 학급의 여학생들에 대한 탐색전에 들어갔다.

"저 여학생은 누구지?" 내가 옆 자리의 남학생이 물었다. 그는 두 번째 줄의 건강미 넘치는 검은 눈의 소녀를 가리켰다.

"아, 보춘 차이라는 아이야." 그의 친구가 대신 대답했다. "하지만 꿈 깨는 게 좋아. 들자니, 저 아이는 다른 대학교로 간 고향 남자에게 홀딱 빠져 있대."

나는 아이들의 연애작업에 관심을 두지 않는 대신 재빨리 교실을 탐색했다. 어떤 학생들은 바쁘게 자기소개를 했고 또 어떤 학생들은 배낭을 풀고서 조용히 앉아 교수가 들어오기를 기다렸다. 이미 고등학교 때부터 알고 지낸 사이처럼 보이는 어떤 학생들은 서로 웃으며 대화했다. 또 어떤 학생들은 생전 처음 보는 사람들과 한 공간에 있다는 부담감을 이겨내려고 상당한 자제력을 발휘하고 있었다. 다른 학과들과 달리 영어교육과는 강의를 함께 들어야 했기 때문에 그 교실의 학생들은 모두 친구가 될 운명이었다. 우리 과의 학생들이 모두 사이좋게 지냈으면 좋겠다는 생각을 하고 있을 때, 교수가 미소를 지으며 교실로 들어왔다.

"영문과에 온 것을 환영합니다." 그 교수는 정장이 아니라 평상복 차림이었는데 막 해변에서 온 사람 같았다. 조금 후에 듣고 보니 그가 실제로 해변에서 살다 온 것은 사실이었다. 그는 캘리포니아 출신의 미국인 브라이언 해리슨이었다. 키가 컸고 친절해보였다.

"제일 먼저 할 일은 여러분 각자가 영어 이름을 하나씩 짓는 것입니다." 그가 말문을 열었다. "이렇게 하면 여러분이 영어 이름에 익숙해질 것입니다. 또 내가 여러분을 기억하는 것도 수월해질 것입니다." 학생들이 웃었다.

"어렵더라도 해봅시다. 나로선 이렇게 교실을 가득 메운 중국 사람들의 이름을 전부 외운다는 게 결코 쉽지 않은 일입니다. '브라이언'이라는 이름이 여러분에게 낯설게 들리듯, 여러분의 중국식 이름이 내게는 매우 낯설게 들립니다."

학생들은 브라이언이라는 그의 이름을 듣고 모두 킥킥 웃었다. 우리는 그를 브라이언이라고 부르지 않을 작정이었다. 그가 우리에게 영어 이름을 지어주면 우리도 그에게 중국식 이름을 지어주려 했기 때문이었다.

가르치는 자들을 존경하는 의미에서 그들의 나이를 인정해주는 것이 중국의 사고방식이다. 얼마 정도 시간이 흘러 그 교수와 친해졌을 때 우리는 그를 놀려주려고 '라오 우'(Lao Wu)라는 그의 중국식 이름에서 '라오'('늙은'이라는 뜻)를 일부러 강하게 발음했다. 우리의 이런 짓궂은 장난은 남들에게 젊게 보이는 걸 너무 좋아하는 미국인들의 심리를 역이용한 것이다. 그가 아직 20대였기 때문에 우리는 애정이 깃들어 있으면서도 아주 익숙한 단어인 '라오'라는 중국어를 사용했다. 우리가 중국인 교수들에게 사용한 정중하면서도 딱딱한 표현과는 달리, 이 단어에는 "이봐요, 나이 먹은 친구!" 같은 의미가 담겨 있다고 보면 된다. 브라이언은 라오 우라는 그의 새 이름이 아주 마음에 든다고 말했고, 영어 이름을 적은 쪽지가 가득한 모자를 학생들에게 돌렸다. 이내 내게도 모자가 전달되어 쪽지 하나를 뽑았다.

"요-셉(Yo-seph)?" 내 입에서 서툰 발음이 나왔고, 나는 웃었다.

"조셉(Joseph)!" 교수가 내 발음을 고쳐주었다. 우리는 영어 알파벳 '제이'(J)와 관련된 발음에 대해 아직 잘 몰랐던 것이다.

"요-요스-요셉(Yo-yos-yoseph)." 내가 계속 더듬었다. "이 영어 이름은 참 웃긴다. 이런 이름은 발음을 못 할 것 같은데." 나는 모자를 옆에 앉은 학생에게 넘겼고 그가 쪽지 하나를 뽑았다.

"봅(Bob)?" 그가 발음하며 웃음을 터트렸다. 영어 이름들은 우리의 귀에 정말 이상하게 들렸다.

"봅(Bob)이라고?" 내가 말했다. "그건 발음이 쉬운데."

"그럼 나랑 바꿀까?" 그가 제안했다.

"네가 요셉이 된다고?"

"그래! 내가 조셉이 될게."

이렇게 해서 나는 시치우에서 조셉으로, 조셉에서 다시 봅이 되었다. 모자에서 뽑은 종이쪽지 한 장과 친구와의 막판 바꿔치기 때문에 결국 봅이 된 것이다! '시치우'라는 내 중국식 이름의 발음을 영어식으로 굳이 설명하자면, '시'는 '그녀'라는 뜻의 영어 '쉬'(She)와 가깝고 '치우'는 '구두'라는 뜻의 영어 '슈'(Shoe)에 가깝다. 내 이름이 시치우에서 봅으로 바뀌었으므로 영어 원어민이 나를 편하게 부를 것이라고 생각되었다. 물론, 그때는 영어 이름에 나름대로 어떤 뜻이 담겨 있다는 걸 알지 못했다. 두 번째 줄에 앉은 보춘이라는 여학생이 쪽지를 뽑더니 큰 소리로 "히-디"라고 발음했다. 모두가 킥킥 웃었다. "하이디(Heidi)!" 그녀가 발음을 고쳐 좀 더 분명하게 발음했다. 발음이 웃기는 새 이름들로 무장한 우리는 영어공부의 긴 여정을 시작했다.

　대학공부에 어느 정도 익숙해졌을 때 내게는 몇 가지 변화가 생겼다. 첫째, 내가 학과대표로 임명되었다. 대학의 과대표는 중고등학교의 반장보다 훨씬 명예로운 것이었다. 둘째, 나는 또한 중국공산당청년연맹의 지도를 받는 대학학생회의 부회장이 되었다. 부회장이 된 내게는 각종 학생활동을 조직하고 다른 학생들의 출석과 학점을 기록하는 일이 맡겨졌다.

　나는 고등학생 때처럼 신문 발행을 시작하기로 마음먹었다. 신문 발행은 나의 많은 생각을 전부 대화의 장(場)에 올릴 수 있을 뿐만 아니라 다른 사람들의 생각을 듣고 캠퍼스 전체를 그 대화에 끌어들이는 좋은 방법이었다. 나는 즉시 하이디에게 신문 발행 계획을 이야기하고 기사를 써 달라고 부탁했다.

　"그런데 신문 이름을 왜 〈못생긴 돌〉(Ugly Stone)이라고 했어?" 내가 제안한 명칭이 이해가 가지 않았다는 듯, 그녀가 물었다. 내가 그런 특이한 이름을 붙인 것은 사람들의 관심을 끌기 위해서였다. 그녀의 반응은 내가 제호(題號) 선택을 제대로 했다는 것을 말해주었다.

　"너 같은 사람의 글을 신문에 실으면 참 좋겠어." 당시 나는 그녀와 이성적으로 무슨 특별한 관계가 아니었다. 그녀는 아름다웠지만 나는 온갖 과외활동에 푹 빠져 있었기 때문에 연애 같은 것에 신경 쓸 겨를이 없었다.

　"기사를 써주면 얼마를 줄래?"

　"신문 한 부를 무료로 줄 수 있겠지."

　그녀의 첫 기사는 최근에 역경을 겪었지만 그래도 잠재력이 많은 어떤 나라에 대한 사회적 비평이었다. 그녀의 기사제목인 '굶어죽은 낙타가 말보다 훨씬 더 크다'는 다소 자극적이었다. 이런 제목을 붙인 것을 보고, 나는 그녀가 정치평론 기사를 쓸 수 있을 거라고 생각했다.

　많은 영어전공 학생들은 공부를 열심히 하지 않았다. 교사를 해봤자 큰돈을 버는 것이 아니기 때문에 도서관에 틀어박혀 있을 필요가 없다는 게 그들의 생각이었다. 그런데 그 대학은 매년 졸업반 학생 중 세 명을 선발해서 교사대신 정부 관리로 임명하곤 했다. 나는 그 세 명 중에 한 명이 되기를 원했기 때문에 높은 학점으로 학교 측의 인정을 받고 다양한 활동으로 새 친구들을 사귀려고 노력했다.

조셉은 내게 친구인 동시에 믿을 만한 협력자였다. 나는 과대표로서 여러 가지 일을 도와달라고 그에게 부탁했고, 그는 내 부탁대로 일을 제 때에 잘 처리해주었다. 그의 도움으로 시간 여유가 생긴 나는 체스대회, 댄스파티, 농구대회를 기획할 수 있었다.

라오 우 교수도 우리의 운동경기에 참가하곤 했다. 그는 농구와 야구를 좋아했고 학생들도 경기를 하면서 그와 친해지는 것이 좋았다. 그는 캠퍼스 안에 있는 외국인 전용건물에서 살았기 때문에 우리 활동에 쉽게 참여할 수 있었다. 우리도 그의 초청으로 그의 숙소를 종종 방문하곤 했다. 그는 말하자면 '문호개방정책'을 시행했는데, 우리는 그것을 '냉장고개방정책'이라고 불렀다. 학생들이 아무 때나 찾아와 냉장고에서 아무 것이나 꺼내 먹을 수 있도록 허락한 교수는 그가 처음이었다. 언젠가 우리는 그가 없을 때 그 집에 가 '식료품저장실'에서 이것저것을 실컷 먹었다. 특히 바나나를 다 먹어치웠는데, 다음날 그는 짐짓 화가 난 척했다. 그가 본래 느긋한 성격이었는지라, 우리는 그가 진짜로 화가 난 것이 아님을 알았다. 나에게 대학은 공부보다는 사람을 사귀는 곳이었다.

나는 대학에서는 그 무엇보다도, 심지어 공짜 음식보다도 더 관심을 둔 것은 국제문제였다. 나는 부모님께 교사자격증에 만족하지는 않을 거라고 이미 약속한 바 있었다. 이제 막 대학 생활을 시작한 입장이었지만 밤에는 기숙사 2층 침대에 앉아 국제관계에 대한 두꺼운 책들을 몇 시간씩 읽곤 했다. 대학원에 가기 위해서 말이다. 심지어 이마에 저 유명한 모반(母斑)이 있는 러시아 지도자 미하일 고르바초프(구 소련의 대통령)가 쓴 《페레스트로이카: 조국과 세계를 위한 새로운 사고》의 중국어 번역본을 손에 넣었다. 이 세계적 지도자의 체계적 개혁운동에 감동한 나는 그를 높이 평가하게 되었다. 그의 책은 그의 사상을 읽고 이해하고 사색할 수 있는 진귀한 기회를 제공했다. 그 책을 펼 때, 내 심정은 성탄절 선물을 뜯어보는 어린이처럼 설렘과 기대로 가득 찼다. 첫줄이 나를 사로잡았다. "우리를 이해해주기 바란다!"

그의 책을 읽어 내려갈 때 놀라움을 금치 못했다. 그는 소련사회를 비판했고, 삶의 의욕을 잃은 소련 국민의 모습을 그려냈다. 또 소련의 경제가 유용한 재화를 만들어내지 못하고 공산당이 역기능적 사회제도를 퍼뜨렸다고 지적했다.

화창한 가을의 어느 날 오후, 강의실을 향해 캠퍼스를 걷고 있는데 누군가 내 등을 툭 쳤다. 고개를 돌려보니 놀랍게도 쨩 밍 총장님이었다.

"그래, 자네는 페레스트로이카에 대해 어떻게 생각하나?" 내 손에 들린 책을 보고 그 분이 물었다. 발걸음을 멈춘 나는 두려워서 말도 못하고 움직이지도 못했다. 총장은 유명한 외교 전문가였다. 나보다 40년이나 더 살면서 그 분야를 깊이 연구한 분에게 내가 무슨 이야기를 깊게 할 수 있었겠는가?

"고르바초프가 레이건(당시 미국의 대통령)을 믿지 말아야 할 것 같습니다." 자신감 있는 목소리로 말하려고 애썼다. 중국이 강대국이 되는 것을 미국이 원치 않는다는 중국 선전부의 주장을 줄기차게 듣고 자란 나는, 그렇게 대답하는 것이 안전하다고 생각했다. 총장님은 살짝 눈살을 찌푸렸다.

"고르바초프의 민주사회주의가 성공할 것이라고 보나?" 보아하니, 총장님은 국제문제에 대한 다양한 견해에 대해 논문을 쓰고 계신 것 같았다. 그렇다면 그분의 생각을 다듬는 데 도움이 될 수도 있는 대화를 원하셨을 것이고, 그 대화상대의 적임자를 만나신 것이다. 몇 해 동안 신문기사를 오려서 암기해온 나로서는 여러 국제문제에 대해 나름대로 견해가 있었다. 우리는 보도에 서서 고르바초프에 대해 깊은 대화를 나누었고 내 손에서는 계속 땀이 났다. 대화를 마친 나는 발을 질질 끌며 강의실로 왔다. 총장님과의 대화를 다시 머리에 떠올렸다. 내가 제대로 말한 것인가? 총장님이 나를 무식하다고 생각하지 않으셨을까?

그 후 총장님과 캠퍼스에서 다시 마주쳤을 때 그 분이 나를 알아보셨다.

"시치우!" 소리쳐 나를 부르셨다. 어떻게 된 거지? 총장님이 내 이름을 아시다니? "나중에 내 사무실에 들르게. 아프가니스탄에 대한 자네 생각을 들고 싶네.”

“그렇게 하겠습니다.” 흥분을 억제하며 최대한 차분하게 대답했다. 그러나 그 분이 시야에서 사라지자마자 기숙사로 달려가 아프가니스탄에 대한 내용을 충분히 알기 위해 책을 훑어보았다. 그리고 다시 총장실로 달려가 노크를 했다. 방문자를 응대하는 곳에서 비서 몇 명이 바쁘게 일하고 있었다. 비서실장이 의심스런 눈초리로 나를 쳐다보았다.

“어떻게 오셨는지요?”

“총장님이 찾아오라고 해서 왔습니다.” 이렇게 말하는 나 자신도 말이 안 되는 이야기를 하고 있다는 생각이 들었다. 총장 같은 높은 분이 어찌 나 같은 사람과 마주 앉아 식견을 나눈단 말인가? 비서실장은 예약자 명단을 훑어본 다음 다시 나를 힐끔 보았다.

“당신이 찾아온다는 걸 총장님이 알고 계신가요?” 그는 홀을 가로질러 가서 총장님 방으로 들어갔다. 다시 나온 그의 표정에는 나를 환영한다는 의미의 미소가 번졌다.

“이쪽으로 오세요.” 그는 허리를 약간 구부리며 따라오라고 손짓했다. 우리 두 사람은 홀을 가로질러 완벽하게 장식된 방에 이르렀다.

“총장님을 찾아온 분이 왔습니다.” 총장님은 큰 책상 뒤에 앉아 계셨다.

“여기 앉게나.” 그 분이 소파를 가리키며 말씀하셨다. 체구가 크진 않았지만 그 분의 위엄이 온 방을 채웠다. 이마에 있는 깊은 주름은 평생을 외교 문제와 씨름했다는 걸 말해주었다. 내가 듣기로는, 그 분이 문화혁명(중국에서 1966년부터 1976년까지 일어난 사회정치적 운동) 때 심하게 두들겨 맞아 그 후 건강문제로 줄곧 고생해왔다고 했다.

느릅나무 목재로 만들어진 소파의 중앙에는 용(龍)이 새겨져 있었다. 나는 붉은색 실크 베개를 옆으로 치우고 그 분 바로 옆에 앉았다.

“차를 마시겠니?” 나는 긴장되어 몸이 굳었다. 대학총장이나 되는 분이 내 견해에 왜 관심을 가지실까? 아무튼 그 분의 특별대우는 기분 좋았다. 대학총장과 좋은 관계를 맺으면 내 미래가 더 밝아질 수도 있겠다고 생각했다. 대학 당국은 막강한 힘이 있었기 때문에 학생들의 삶과 미래에 영향을 끼칠 수 있었다. 예를 들어, 만일 내가 총장님과 좋은 관계를 유지한다면 그 분의 추천으로 내가 사는 성(省)의 중심 도시에서 일자리를 얻을 수도 있을 거라는 생각이 들었다.

"차를 좀 마시면 좋겠습니다." 그 분과 나는 이내 마음이 통했다. 그 분은 성격이 차분한 사람으로 알려져 있었지만 그날 우리의 대화에서는 자주 웃음이 터져 나왔다. 때로 그 분의 견해와 충돌할 때 내 견해를 굽히지 않는 내 모습에 나 스스로도 놀랐다. 그 분은 생각이 비슷한 대화 상대를 만나서 기뻐하시는 것 같았다. 그 분이 견해를 정리하는 데 내가 나름대로 도움을 주고 있다는 생각이 들었다. 하지만 그 분의 견해를 존중하고 따르는 겸손한 자세를 취하기로 했다. 결국 그 분이 전문가였기 때문이다.

그날 이후 나는 우리 대학에서 총장실을 찾아가 앉아서 대화를 나눌 수 있는 유일한 학생이 되었다. 매우 자랑스러웠고, 나는 봉급이 많은 정부의 관직을 더 꿈꾸게 되었다. 내 가족의 미래가 내 두 어깨 위에 있었다. 학교 당국의 마음에 들기 위해 최선을 다하겠다는 생각이 들었다. 무슨 짓을 해서라도 말이다.

∞

뇌물공여는 중국의 아주 오랜 관행이었다. 특히 중추절(중국에서 음력 8월 15일에 지키는 명절) 기간에 극심했다. 중국의 월력(月曆)으로 따지면, 8월 15일 아침은 달이 가장 둥근 때였다. 그날 아침 나는 일찍 일어나 캠퍼스를 가로질러 뛰었다. 내가 아는 사람과 마주치지 않기를 바랐다.

중국의 주요 공휴일 중 하나인 중추절 때에 가족은 함께 모여 보름달을 보며 선물을 주고받았는데 대개 보름달 케이크를 주고받았다. 보름달 케이크는 소금 친 오리알, 연씨(lotos seed), 깍지콩, 참깨, 견과류, 설탕, 햄 또는 오리알 노른자로 채워진 둥글게 생긴 맛있는 페이스트리(가루반죽을 구워서 만든 음식)였다. 그런데 묘하게도, 보름달 케이크는 정부 관리에게 뇌물을 주는 흔한 방법들 중 하나로도 이용되었다. 물론 뇌물용 케이크에는 일반적 재료가 사용되지 않았다. 어떤 이들은 도금하지 않은 순금을, 또 어떤 이들은 돈이나 은을 케이크의 재료로 사용했다! 나는 이 선물교환의 시기에 영어과 당부비서(黨副秘書)의 눈에 띄기 위해 다양한 뇌물용 보름달 케이크 중 하나를 구입했다.

기숙사에서 출발하기 전에 마지막으로 내 보름달 케이크를 한 번 더 보았다. 내가 고른 상자 안에 담긴 보름달 케이크는 맨 위에 연꽃무늬가 새겨져 있어 아주 멋있어 보였다. 조심스레 상자를 닫고 팔 아래 낀 다음 캠퍼스를 가로질러 걷기 시작했다. 졸업 전에 뇌물을 주는 것이 학생들의 흔한 관행이었기 때문에 학생들은 뇌물을 주러 가는 길에 서로 마주치는 어색한 상황이 벌어지지 않도록 일정을 조정했다. 다시 말해서, 기숙사 별로 뇌물공여의 시간을 정해놓았다. 나는 돈이 많지 않았지만 그래도 당부비서를 위해 준비한 내 보름달 케이크는 20달러 정도의 값어치가 있었다. 은행에서 훔친 돈을 넣은 가방을 두 손으로 꼭 쥐듯이 케이크 상자를 꼭 쥐고 걸었다. 아무튼, 뇌물공여는 내 평생 처음 해보는 일이었다. 대학의 행정건물 앞에 이르러 숨을 크게 쉰 다음 종종 걸음으로 계단을 올라갔다.

당부비서의 사무실은 긴 복도의 끝에 있었다. 힘들게 발걸음을 옮기며 홀을 가로질러 갈 때 바닥을 내려다보았다. 그 누구하고도 눈을 마주치고 싶지 않았기 때문이다. 그의 방 앞에 이르렀을 때 방문을 보며 잠시 서 있었다. 내가 정말 해낼 것인가? 정말 뇌물공여를 할 것인가?

어린 꼬마 시절부터 나는 마음이 불안할 때마다 내 자신에게 말을 하는 버릇이 있었다. 이번에도 무의식적으로 나 자신에게 말을 했다. 넌 본래 별 볼 일 없는 녀석 아니냐? 뇌물을 준다고 해서 남보다 앞서 가겠느냐? 넌 어차피 촌놈인데 그냥 촌놈으로 살면 어떠냐?

"밖에 누구 있어요?" 방 안의 누군가 소리쳤다! 당부비서의 조수가 내 중얼거림을 듣고 소리친 것 같았다. 방문을 열었을 때 나는 할 말이 생각나지 않았다. 본래의 내 계획은 당부비서에게 윙크를 하거나 모종(某種)의 암시성 표정을 지으며 보름달 떡을 건네는 것이었다. 물론 그럴 경우, 그가 내 보름달 떡이 단순한 떡이 아님을 알아주기를 바랐다.

그러나 그가 방안에 없었다! 내 계획은 빗나갔다. 그가 없는 상황에서 그의 조수에게 내가 누군지를 밝히고 뇌물을 건네고 그 방을 나와야 하는데 그렇게 할 자신이 없었다. "안녕하세요? 보름달 떡을 좀 가져왔습니다." 임기응변의 재주가 없는 내 입에서 나온 말이었다.

그런데 보름달 떡을 건네고 났을 때 나는 그가 당부비서의 조수가 아님을 알았다. 내가 볼 때, 그는 당부비서와 방을 함께 쓰고 있는 부학장이었다. 내 선물이 본래 자기에게 주려고 가져온 것이라고 생각한 그는 내 떡을 받고 감사했고 나는 그 방을 나왔다.

엉뚱한 사람에게 뇌물을 주다니 정말 기가 막힐 노릇이었다!

내 뇌물공여가 별 효과 없이 끝났지만 그래도 나는 학교 측이 때가 오면 내 편의를 봐줄 것이라고 생각했다.

정부가 아무리 강요한다고 해도 난 교사가 되고 싶은 마음이 없었다. 4학년이 되었을 때 정부가 나를 뽑아준다면 정부관리가 되어 돈을 많이 벌어 가족을 부양하고, 누나의 희생을 헛되이 하지 않고 어머니의 병을 치료해 드릴 수 있을 것이라고 생각했다.

❦

그러나 어느 날 학교 직원이 내 기숙사로 찾아왔고 그의 손에는 전보(電報)가 들려 있었다.

"시치우, 들어가도 되니?"

나는 천천히 문을 열었다. 그의 음성이 딱딱하지 않은 것을 볼 때 학교 문제 때문에 온 것이 아니라고 직감했다.

"네 어머니가 입원하셨고 현재 의식이 없다고 한다. 위독한 상태야."

나는 꼼짝도 않고 서 있었다. 내가 잘못 들은 것은 아닌가? 어머니의 죽음, 즉 내가 평생 두려워했던 일이 이제 임박한 것인가? 두려움과 슬픔이 엄습했지만 힘을 내서 일어나 배낭을 메고 밖으로 나갔다. 처음에는 버스를 타고, 다음에는 기차를 타고, 그 다음에는 다시 걸었다. 집까지 가는 데에는 열 네 시간이 걸렸는데, 매 순간마다 어머니가 죽기 전에 볼 수 있기를 간절히 바랐다.

"늦지 않았다!" 병원에 도착하자 아버지가 말씀하셨다. 일단 안심이 되었다. 하지만 아버지의 축 처진 어깨와 어두운 표정은 내게 시간이 많지 않다는 것을 말해주었다.

"네가 오고 있다고 엄마에게 말했다. 너를 보기 위해 지금 사력을 다해 버티고 있을 거다." 병실로 들어갔다. 어머니는 의식이 없었다.

"엄마! 내가 왔어. 엄마!" 어머니는 눈은 뜨지 않았지만, 어머니의 손이 아주 힘없이 내 손을 쥐었다.

"엄마?" 어머니의 손을 잡으며 말했다. "나야, 시치우라고. 내가 돌아왔어!" 나는 어머니가 내 말을 듣고 있다는 걸 알았다.

"이제까지 공부를 잘했어. 엄마를 톈안먼 광장에 데려가야 한단 말이야." 어머니는 반응이 없었다.

"엄마?" 어머니와 대화를 나누기에는 너무 늦었다. 나는 어찌 해야 좋을지 몰랐다. 어머니의 생명이 급속히 빠져 나가고 있었기 때문에 모자간에 마지막 정을 나눌 시간조차 허락되지 않는 것 같았다.

그런데 놀랍게도 어머니의 입이 조금 열렸다. 아주 힘들게! 그리고 마지막 남은 힘을 전부 긁어모은 그 분의 입에서 한 단어가 새어나왔다.

"피… 앤… 이." 내 어릴 적 별명이었다. 너무나 오랜만에 들어보는 별명이었다. 어머니가 감나무 곁에서 놀고 있던 내게 저녁 먹으라고 소리칠 때 부르던 이름이었다. 내 마음을 편하게 해주어 잠들도록 만들 때 사용했던 이름이었다. 나의 짓궂은 장난을 꾸짖을 때 부르던 이름이었다. '싸구려' 라는 뜻의 내 별명은 우리 가족을 그토록 오랜 세월 동안 괴롭힌 가난을 쫓아 버리기 위한 부적처럼 사용되었다. 그런 내 별명이 그때 엄마의 입에서 마지막으로 흘러나왔다. 그 별명을 간신히, 천천히 말한 다음 어머니는 마지막 숨을 쉬었다.

"엄마?" 내가 마지막으로 불렀지만 대답이 없었다. 어머니는 이 땅에서 57년을 살았다.

누나와 나는 어머니의 시신 앞에 있었고, 잠시 시간이 흘렀다. 조금 후에 밖에 있는 사람들에게 어머니의 죽음을 알렸다. 그 후 우리 모두는 병원을 나와 집으로 갔다.

조그마한 고향집은 어릴 적부터 기억해온 그 집 그대로였지만 어머니의 빈 공간 때문에 왠지 묘한 느낌이 들었다. 안마당과 거실이 그대로 있었고, 식사를 준비할 때 맛있는 냄새가 흘러나오던 화덕도 그대로였다. 무엇보다도, 어머니가 평생 많은 시간을 누워 지냈던 캉(침대)이 내 눈에 들어왔다. 어머니의 침대 옆에는 내가 자주 사용하던 삽이 세워져 있었다. 그 삽을 보자 눈물이 왈칵 쏟아졌다. 캉 옆의 바닥에는 구멍이 있었다. 그것은 엄마가 기침을 할 때마다 내가 조금씩 팠던 것이었다. 여러 해에 걸쳐 깊어진 그 구멍을 보고 나는 깜짝 놀랐다. 깊이가 무려 90센티미터였다.

05
실패한 개혁과 자유의 열기 속으로

"이 편지 좀 읽어봐." 중국어로 꽉 찬 종이 한 장을 내밀며 하이디가 내게 말했다. 그녀를 보니 어디에선가 울고 온 표정이었다.

"내게 온 편지야?" 내가 약간 당황해하며 물었다. 그녀와 좋은 친구가 되었고 우리 비공인 신문의 훌륭한 기고자가 된 것은 사실이지만, 그때까지 우리 사이에 개인적인 대화는 없었다. 그녀는 머리가 좋았고 남학생하고 논쟁이 붙어도 결코 밀리지 않았다.

"아니, 유감스럽게도 내게 온 편지야." 그녀는 고개를 다른 쪽으로 돌리며 말했다. 눈물로 가득한 자기 눈을 보여주기 싫었던 것이다. 그러는 모습을 보니 걱정이 되었다. 어떻게 해서든 그녀의 눈물을 멈추게 하고 싶었다.

"내가 좋아하는 남학생이 있었던 거 기억나? 그에게 내 속마음을 털어놓았어. 솔직한 감정을 이야기 한 거지."

"그럼, 이 편지는 그의 반응?" 그녀가 고개를 아주 살짝 끄덕였다.

"일단 읽어봐." 그런 편지를 내게 보여준 것은 나를 믿었기 때문이다. 두 사람의 관계가 지속되는 것이 불가능하다는 이유를 밝힌 그 편지를 읽을 때, 그녀에 대한 내 마음이 누그러지기 시작했다. 그날 이후, 강의실의 앞쪽에 앉은 여학생들 중에서 유독 그녀가 자꾸 내 눈에 들어오기 시작했다. 그 후로 몇 주 동안 우리 사이의 대화 시간은 점점 늘어났다.

"이제 보니 너 참 부드럽다." 그녀가 내게 말했다. "굉장히 부드러워."

학생들이 데이트하는 것은 학교 규정에 어긋났고 결혼하는 것은 국가의 법이 금하는 것이었다. 하지만 데이트는 갑자기 나의 주요 관심사가 되었다.

결혼 상대를 만날 때까지 이 사람 저 사람하고 두루 데이트하는 것은 원래 중국 사람들의 관행이 아니었다. 결혼하기 전에는 의미 있는 데이트를 두세 번 하는 것이 고작이었기 때문에 데이트란 아주 진지한 것이었다. 나는 하이디가 내 운명이라고 느끼기 시작했고, 그녀에 대한 애모의 정이 마음속 깊은 곳에서 점점 자랐다.

"산책하러 간다." 나는 아래층에서 나를 기다리는 하이디를 만나러 나갈 때 이렇게 말하곤 했다. 몇 주 동안 그녀와 나는 캠퍼스 이곳저곳에서 은밀히 만났다. 우리가 함께 있는 것을 아무도 보지 않기를 바랐다. 금지된 로맨스를 즐기는 것이 꽤나 기분 좋았다. 강의실에서 서로 눈길이 마주칠 때 우리 사이의 은밀한 관계를 느끼는 것이 즐거웠다. 하지만 우리의 관계를 단 한 사람에게는 털어놓았다. 아버지께 보낸 편지에서 나는 하이디라는 여학생에게 아주 관심이 많다고 말씀드렸다. 그로부터 두세 주 지났을 때 아버지가 짧은 편지를 보내셨다.

"시치우야, 네가 학교에서 어떻게 지내고 있는지를 계속 알려주니 참 고맙구나. 학업 이외의 활동에 신경 쓰느라고 공부에 집중하지 못하는 일이 없으면 좋겠다."

'학업 이외의 활동'이라는 표현은 데이트를 가리키는 아버지 나름대로의 완곡어법이었던 것으로 보였다. 나는 공부에 방해가 되지 않으면 데이트를 용납하겠다는 뜻으로 받아들였다.

그런데 가만히 보니까 은밀히 로맨스에 빠져 있는 사람들이 하이디와 나만은 아니었다. 학교운동장을 함께 돌고 있는 남녀가 때때로 눈에 띄곤 했다. 그들이 천천히 걸으면 진짜 운동을 하는 것이 아니라고 볼 수 있었다. 대학구내의 뜰에서 손을 잡고 있는 남녀들도 때로 보였다. 밤에는 어둠 속에서 도서관 계단에 서로 바짝 붙어 앉은 남녀들도 있었다. 그러던 어느 날, 영어과 당비서가 학생들을 집합시켰다.

"캠퍼스 안에서의 데이트를 금하는 학교 규정을 어기는 자들이 여러분 중에 있는 것 같다." 그의 음성은 딱딱했다. "최근 캠퍼스 경비원이 전등 몇 개가 깨져 있는 걸 발견했다. 가격이 비싼 전등을 캠퍼스에 설치한 것은 캠퍼스의 안전을 위해서다. 그런데 누군가 구내 뜰에서 키스를 하려고….' '키스'라는 말이 그의 입에서 튀어나올 때 마치 배변(排便)에 대해 언급할 때처럼 그의 얼굴에 혐오감이 스쳤다. "…감히 캠퍼스 전등을 깨버렸다." 잠시 말을 멈춘 그는 키스 한 범죄자들에게 겁을 주려는 듯이 방안 이쪽에서 저쪽을 한 번 쫙 훑어보았다.

"이 기회를 빌려 여러분 모두에게 분명히 말해두지만…." 그는 등을 쭉 폈고 목소리에는 분노가 배어 있었다. "데이트 하라고 이 대학을 세운 건 아니다!"

학교당국은 일주일 안에 새 전등을 달았고 캠퍼스 경비원이 손전등을 들고 순찰을 돌기 시작했다. 도서관 계단이나 캠퍼스 어두운 곳에서 타오르는 젊은 남녀의 애정에 찬물을 끼얹기 위해서 말이다. 그러나 결국 학생들은 자신들이 유리한 입장에 있음을 알게 되었다. 은밀히 데이트를 즐기는 학생들이 너무 많았기 때문에 학교가 그들을 일일이 다 처벌할 수는 없었다! 남들이 보는 데서 손을 잡고 가는 남녀 학생들이 점점 늘어나기 시작했다. 몇 주 후에는 자신들의 연인관계를 스스로 밝히는 학생들도 생겼다.

"정말야?" 방친구가 예쁜 중문과 여학생과 데이트를 했다고 밝혔을 때 내가 놀라서 물었다. "너 그동안 참 잘도 숨겼다!" 그런데 내가 놀란 가장 큰 이유는 그 여학생이 앞으로 내 방친구보다 더 멋진 남자친구를 만날 것 같다는 생각이 들었기 때문이었다. 물론, 나는 이런 생각을 그 친구에게 말하지 않았다.

하이디와 나 사이의 관계를 친구들에게 털어놓았을 때 그들도 입이 딱 벌어졌다.

"너희도?" 조섭이 말했다. "너희도 그런 사이야?"

사람들이 그토록 놀라는 것으로 보아 하이디와 내가 우리의 관계를 성공적으로 숨긴 것이 분명했다. 가장 놀란 사람은 하이디의 아버지였다. 그 분은 교사였지만 문화혁명 중에 억울한 누명을 쓰고 옥살이를 하셨다. 옥중에 있을 때 공립학교의 교사 자리를 잃었다. 문화혁명이 끝난 후에 누명을 다 벗었지만 너무 늦었다. 그 분의 명예는 이미 땅에 떨어졌고 돌이킬 수 없는 피해를 입었다. 중국에서는 자녀가 부모 부양의 책임을 지기 때문에 하이디 가족의 미래는 하이디의 두 어깨 위에 얹어졌다. 그녀의 아버지는 딸이 돈을 잘 벌 수 있는 남자와 결혼하기를 원했다.

"보춘아!" 그녀가 우리 사이의 관계를 편지로 집에 알린 다음 그녀의 아버지가 답장을 보내왔다. "네가 다른 남자를 만나면 정말 좋겠다. 우리 성의 성도(省都)에서 일하면서 돈을 많이 벌고 지역사회에서 존경받는 그런 사람 말이다." 하이디와 내가 강의를 들으러 걸어갈 때, 하이디가 아버지의 편지를 큰 소리로 읽어주었다. "그래야 우리 가족의 미래가 더 나아지지 않겠니?"

"네 아버지는 나를 신뢰하시지 않는구나." 물론 나는 그녀의 아버지가 왜 세상에서 인기 있는 사윗감을 원하시는지 잘 이해했다. "하지만 나는 대학원에 진학해 국제관계학을 공부하고 돈을 많이 벌 거야. 약속할 수 있어."

나는 미소를 지으며, 내가 해낼 수 있다고 그녀를 안심시켰다. 하지만 그런 식으로 내 어깨는 점점 더 무거워지고 있었다. 내 미래의 봉급에 의지해야 할 사람의 수가 점점 더 늘어가는 것이었다. 내 아버지, 누나, 하이디, 하이디의 부모, 그리고 어쩌면 하이디의 형제자매들까지 말이다. 물론 우리가 결혼해서 자녀를 가지면 내 어깨는 더 무거워질 것이었다.

그래서 나는 매일 영어전공 공부를 다 마친 후 국제관계학 공부에 힘을 쏟았다. 나는 중국문학을 전공한 브루스라는 학생과 친분을 쌓았는데 그의 아버지는 정치 지도자였다. 그런 아버지를 두었기 때문에 그는 정부와 관계된 일에 관심이 많았고, 그런 것들에 대해 다른 누구보다도 해박한 지식을 가지고 말했다. 나는 그와 어울리는 것이 즐거웠고 그에게 나의 대학원 진학 계획을 말해주었다. 우리는 국제문제들에 깊이 있는 이야기를 나누며 많은 시간을 보냈다.

∞

1988년, 중국에서는 몇 가지 정치적 사건들이 일어나고 있었다. 열악한 교사처우에 항의하는 목소리가 전국적으로 터져 나오기 시작했고, 학생들은 만연한 정부의 부패에 항의했다.

"왜 정부가 교사처우 개선에 나서지 않는 거니?" 어느 날 식당에서 식사할 때 내가 브루스에게 물었다. "교사들이야 말로 아이들의 심성 발달에 큰 영향을 주는 사람들이잖아!"

"왜 정부가 가만히 있는지 나도 모르겠어." 음식을 씹던 그가 마치 생각에 잠긴 것처럼 무심하게 대답했다. "교사처우 개선을 위한 재원이 없나봐. 교사 봉급이 너무 적다는 건 세상이 다 아는 사실이야. 심지어 당비서도 인정해. 그런데 넌 우리 대학에서 시위를 주도하려고 내게 이런 이야기를 꺼낸 거니?"

"너는 시위대가 어디로 행진할지를 계획해봐." 내가 제안했다. "나는 마음에 쏙 와 닿는 구호를 몇 개 생각해낼게."

밤늦도록 마주 앉아 우리는 지역사회에 우리의 주장을 효과적으로 알리고 기숙사 친구들의 도움을 받을 방법에 대해 의논했다. 다음날 아침, 나는 시위 허가를 받기 위해 학교 선전부를 찾아갔다.

"시위 계획서를 제출하러 왔습니다." 내가 접수대에서 말했다.

"무엇을 한다고?" 선전부 직원은 우리가 가지고 와서 벽에 기대어 놓은 시위용 피켓을 쳐다보며 말했다. "저런 피켓을 들고 돌아다녀서는 안 된다. 문제가 있다면 제도권 안에서 해결해야 한다." 그가 말하는 '제도권'은 물론 공산주의 제도를 의미했다. 나는 그때까지 공산당에 가입하지 않았지만 언젠가는 가입할 것이라고 생각하고 있었다. 학생들은 "당을 바꾸려면 당에 가입하라!"는 말을 자주 하곤 했었다.

"지금 우리는 제도권 안에서 시위를 하려는 것입니다." 내가 따지듯 말했다. "우리와 똑같은 생각을 하는 사람이 아주 많습니다. 우리 대학이 사범대학이 아닙니까? 우리가 교사들의 권익을 위해 싸우는 것이 당연하지 않습니까? 교수님들도 우리의 생각에 동의하시고 총장님도 마찬가지입니다."

"너희가 고집을 부려 시위를 한다면…." 직원은 목소리를 낮게 깔며 협박조로 말했다. "…정말 호되게 당할 거다."

브루스와 나는 깨진 꿈을 안고 축 처진 어깨로 천천히 걸어 기숙사로 돌아왔다.

"이럴 수가 있나?" 내가 말문을 열었다. "그토록 철저히 계획을 세웠는데…. 우리가 정부를 뒤집어엎으려는 것도 아닌데 왜 허락을 안 하는 거야?"

"아마도 우리가 해야 할 일은…." 브루스가 개구쟁이처럼 씩 웃으며 말했다. "그런데 넌 시위를 계속 밀고나가고 싶어?"

이것이 브루스와 나 사이의 마지막 대화였다. 며칠 후 브루스는 설득을 당해 다른 학교로 옮겼다. 학교 측은 정치 지도자인 그의 아버지에게 그가 통제불능이라고 말했고, 그의 아버지는 아들 때문에 정치적 미래가 위험에 빠질까 두려워했던 것이다. 그래서 그렇게, 그렇게 그는 사라졌다. 혼자 남은 나는 혼란스러웠다. 우리가 옳은 것을 위해 싸워야 하는가? 우리 모두는 장차 교사가 될 사람들인데, 이런 일에 왜 단결하지 못하는 것인가?

나는 선전부가 왜 시위에 대해 걱정하는지를 곰곰이 생각해보았다. 당의 관리가 소요를 어떻게 다루어야 할지에 대해 결정하지 못했기 때문에 그러는 것이라고 나름대로 결론을 내렸다. 시위는 얼마 동안 계속되었고, 나는 뉴스를 통해 그 경과를 지켜보았다. 그러던 중 1989년 4월 15일, 캠퍼스에서 학교 신문의 편집자가 나에게 급히 다가왔다.

"후 야오빵이 죽었대!" 후 야오빵은 1986년의 학생운동을 지지했던 전 공산당 비서였다. 편집자의 말을 듣는 순간 내 머릿속에는 고등학생 시절 몰래 훔친 신문에서 읽은 관련기사가 떠올랐다.

"왜 죽었대?" 내가 물었다.

"그건 베일에 싸여 있어." 그가 대답했다. "정확히 아는 사람은 없는데 그가 공산당 고위지도자 회의 도중에 죽었대."

"회의에서 무엇을 의논했대?"

"다른 것이 있겠나? 교육예산 문제였지."

"후 야오빵이 틀림없이 학생들 편을 들었을 거야." 나는 회의에 모인 사람들 앞에서 교사들의 권익을 역설하는 그의 모습을 상상해보았다. 그리고 나의 상상은 강경론자들이 그의 화려한 언변에 맞서 반론을 펴자 그가 갑자기 심장마비로 쓰러지는 장면으로 이어졌다.

그의 죽음 때문에 전국이 충격에 빠졌고 특히 학생들이 그랬다. 방심하고 있던 정부는 자발적 추모시위에 허를 찔렸다. 1986년의 학생운동 이후 실권을 잃은 후 야오빵은 '실패한 개혁의 상징'이 되었다.

친구와 헤어진 나는 큰 상실감을 안고 기숙사로 가서 혼자 틀어박혔다. 정적이 감도는 기숙사 방에서 나는 종이와 펜을 꺼낸 후 후 야오빵의 정치적 유산에 대해 깊이 생각했다. 끝없이 이어지는 내 생각은 종이에 그대로 옮겨졌고 어느덧 창밖은 어두워졌다. 밤이 점점 깊어져 결국 잠자리에 들려고 전등을 껐을 때, 내 책상 위에는 그토록 많은 중국 학생들에게 깊은 정치적 감동을 준 사람에게 바치는 통쾌한 찬사가 놓여 있었다.

"이건 내가 쓴 글인데…" 다음날 편집자를 다시 만난 나는 글을 건네며 말했다. "학교신문에 실을 수 있을지 한 번 검토해봐."

"완벽해!" 내 시를 받아 조용히 읽어본 그는 침을 꿀꺽 삼키며 말했다. 그가 복받치는 감정을 억누르려 노력하는 게 표정에 역력했다.

공인된 학교신문은 학교 밖에서도 널리 읽혔다. 추락한 정치지도자에게 바치는 내 찬사의 시가 많은 사람들에게 읽힐 것을 생각하니 나는 저절로 미소가 피어올랐다. 다음날 편집자가 내 기숙사로 찾아왔고, 그의 손에는 그 다음날 발행될 신문의 교정쇄가 들려 있었다. 교정쇄는 학교가 정식으로 신문을 찍어 배포하기 전에 오자를 잡아내기 위한 것이었다.

"이것 봐!" 그는 교정쇄를 내 눈앞에 내밀며 말했다. "네 시가 제1면 상단에 실릴 거야!" 교정쇄를 받아든 나는 내가 쓴 시가 1면 상단에 배치되었다는 것에 크게 고무되었다. 시를 다시 큰 소리로 읽을 때, 내 혀에서 굴러 나오는 시어(詩語)는 너무나 아름다웠다. 그 시는 교육에 대한 후 야오빵의 열정과 그의 죽음을 둘러싼 사건을 내 나름대로 상상해서 해석한 것이었다. 그 시는 "우리 모두는 더욱 전진해야 한다!"는 짧은 말로 끝을 맺는다.

그날 밤 잠자리에 누워 잠을 청하면서 나는 그 다음날 신문을 몇 부 얻어서 친구들과 가족에게 보여주겠다고 생각했다. 그런데 한밤중에 방문을 세게 두드리는 소리에 나는 잠을 깼다. 2층 침대에서 튀어나와 어둠 속에서 몇 발자국을 비틀비틀 걸어 문을 열었다. 편집자가 공포에 질린 얼굴로 문 앞에 서 있었다.

"너 때문에 난 큰일 났다!" 그가 말했다.

"무슨 소리야?"

"우린 큰일 났어. 신문을 인쇄해놓고 캠퍼스와 다른 도시들로 보낼 준비까지 마쳤는데 학교 직원이 읽어보더니 내보낼 수 없다는 거야! 오늘 신문을 다시 만들어야 한대!"

"내 시 때문에 말이야?"

"그래!" 그의 목소리에는 짜증이 섞여 있었다. "이유는 정확히 모르겠는데, 아마 후 야오빵을 그렇게 긍정적으로 평가하는 게 싫은가 봐."

나는 눈을 비벼 남아 있는 잠을 쫓아버렸다. 내가 꿈을 꾸고 있는 것인가? 사범대학이 교육 개혁가의 삶을 기리는 것을 싫어하다니? 사람들이 내 시를 읽지 못하도록 신문을 다시 만들게 하다니!

"네 시를 빼고 다시 편집해서 인쇄하려면 시간이 부족하니 나는 이만 가보겠다." 그의 마지막 말이었다.

그가 떠난 후 잠을 청했지만 불안해서 잠이 오지 않았다. 이불을 턱까지 끌어당기고 천정을 바라보았다. 학교당국이 왜 내 시를 그토록 위험하다고 여길까? 의문에 대한 답을 찾을 수 없었다. 나는 아침에 신문 한 부를 잽싸게 손에 넣어 총장님을 찾아가 조언을 구하겠다고 생각했다. 일이 이렇게 된 건 의사소통에 문제가 생겼거나 누군가 뭔가를 잘못 보았기 때문이라고 추측해보았다.

학생들에게 이상한 억압이 가해지는 것은 아닌가 하는 불안한 생각에 시달리며 밤새 누워 있었다. 아침이 되자 2층 침대에서 튀어내려 얼른 옷을 입고 신문판매대로 향했다. 조깅 복장을 한 어떤 학생이 텅 빈 신문판매대 옆에 서 있었다. 밤새 신문이 다 사라져 버린 것이었다.

"이것 봐!" 그가 입을 열었다. "왜 신문이 하나도 없는 거지?"

"나도 모르겠어." 대답을 할 때 내 목이 꽉 메었다. 그 후 나는 충격과 혼란에 빠졌고 적잖이 분노마저 느꼈다.

후 야오빵의 의문의 죽음 이후 일부 학생들은 톈안먼 광장에 모여 정부에게 그의 정치적 유산을 재평가하고 업적을 기릴 것을 요구했었다. 그가 죽은 지 일주일이 지났을 때 수십 만 명의 학생이 톈안먼 광장에서 그를 위한 추모집회를 열었다. 그런데 이 자발적 추모집회가 당의 부패 척결과 정치적 개혁을 요구하는 전국적 저항으로 발전했다. 학생들은 단식농성에 들어갔고 정부의 해명과 언론출판의 자유를 요구했다. 우리 대학의 미국인 교수 중 일부가 톈안먼의 소요에 대해 걱정했지만 다른 사람들은 크게 신경 쓰지 않는 것 같았다. 그들에게 중요한 것은 학점을 잘 따는 것이었다.

어느 날 저녁, 강당 안으로 들어선 나는 공부하는 학생들로 꽉 찬 것을 보고 절망감을 느낀 나머지 조금 성급한 행동에 나섰다. 전등 스위치를 찾아서 내려버린 것이다! 전등이 잠시 깜빡이더니 결국 완전히 꺼졌다. 놀라는 소리가 어둠 속에서 몇 번 들렸다.

"내 말에 귀를 좀 기울여 주십시오!" 나는 어두운 실내를 향해 소리쳤다. "여러분은 왜 그토록 무감각합니까?"

"전등을 다시 켜라!" 어떤 남학생이 소리 질렀다. "내 시험을 대신 쳐줄 것이 아니라면 불을 켜!"

몇몇 학생이 킥킥 웃었다.

"내 말을 끝까지 들으면 다시 켜주겠소." 내가 응수했다. "베이징에 모인 학생들이 이 나라의 미래를 위해 싸우고 있는 것을 여러분은 모릅니까? 그런데 여기 이러고들 앉아 있습니까? 세상에 아무 일도 없다는 듯이 책상에 책을 펴놓고 이렇게 한가하게 공부나 하고 있습니까?

아무도 말을 하지 않았다. 그 침묵은 학생들이 내 말에 귀를 기울이고 있다는 뜻이었다. 나는 스위치를 올려 불을 다시 켜고 소리쳤다. "여러분은 자신의 학점과 미래에 큰 관심을 쏟지만 그것을 위해 싸우지는 않는 것이오. 모두 싸웁시다! 나갑시다!"

놀랍게도 강당 뒤쪽에서 한 학생이 일어났다. 그 다음에 또 한 명이 일어났다. 그리고 또 다른 학생이 일어났다. 금세 큰 무리가 생겼고, 그들은 나를 따라 밖으로 나왔다. 이번에는 학교당국의 집회허가를 받는 것 따위는 신경 쓰지 않았다. 우리가 옳은 일을 위해 일어났는데 그깟 허가증 하나 없다고 포기할 순 없었다.

"부패척결! 부패척결!" 우리는 길거리를 걸으며 외쳤다. 앞으로 행진할수록 사람들이 시위대에 합류했다.

"시치우!" 골목에서 누군가 내게 소리쳤다. 돌아보니 선전부 직원이 나를 향해 달려오고 있었다. 나는 혹시나 하는 생각에서 마음속으로 방어자세를 취했다. 일전에 그가 협박조로 경고했었기 때문이었다. 두려움이 생겼지만 떨쳐버리려고 애썼다. 브루스처럼 학교당국에 무릎을 꿇지는 않겠다는 것이 내 생각이었다. 심지어 교수들도 우리와 함께 행동한다는 것이 힘을 주었다.

"이번에는 나를 막을 수 없습니다." 내가 먼저 방어적 자세를 취했다. "우리의 주장은 의롭고 선합니다."

"우리가 너를 막으려는 것이 아니다." 그가 약간 숨을 헐떡이며 말했다. 그 뒤에는 메가폰 두 개를 든 사람이 있었다. "우리도 합류하려고 온 거야!" 베이징의 평화시위가 국민의 마음속에 파고들어 그들을 움직인 것 같았다.

우리는 메가폰을 잡고 행진을 계속했고 학생들이 계속 기숙사와 교실에서 나와 우리와 합류했다. 학년과 학과의 구분 없이 모두 참여했고 교수들도 점점 더 합세했다.

"저것 봐!" 학교차가 시위대 뒤에서 천천히 따라오고 있는 것을 본 누군가 소리쳤다. "밍 총장님이시다!" 내 친구이자 내 편이 되어준 총장님이 차창 밖으로 손을 내밀어 나를 향해 흔들었다. 그 분을 보고 나는 더욱 빨리 걸으며 더 큰 소리로 외쳤다. 그 분이 내 편이라는 것을 알고 나니까 더 힘이 났던 것이다.

"교사들에게 더 좋은 대우를!" 우리는 힘껏 소리쳤다.

다음날 아침 캠퍼스는 시위의 열기로 가득 찼다. 학생들은 베이징에서의 학생시위에 동조한다는 뜻에서 수업을 거부했다. 아는 친구 중에 한 명은 자기의 피로 침대시트에 글을 써서 기숙사 창문 밖에 내걸었다. 개인의 이익을 초월하는 큰 대의를 위해 싸운다는 것이 가슴 설레는 의미 있는 일이었다.

"지금 체제에 신물이 난 사람들이 많아." 그로부터 며칠 후 학생자치회 간부들이 모여 다음 행동계획을 의논하는 자리에서 내가 입을 열었다. "우리 학생자치회가 변화를 위해 일조한 것이 사실이야." 이렇게 말할 때 내 마음 깊은 곳에는 내가 개혁운동의 촉매역할을 했다는 자부심이 있었다.

"앞으로 어떻게 해야 하지?" 간부 중 하나가 물었다. "다음 단계가 무엇이냐 하는 말이야."

"사실, 내 생각에는 우리가 자치회를 해체해야 한다고 봐." 내가 대답했다.

"미쳤어?" 자치회 비서가 소리쳤다. "우리 자치회 덕분에 리아오청사범대학이 이제 시위의 첫발을 내디뎠는데…."

"하지만 우리 자치회는 공산당에서 만든 학교가 인정한 자치회에 불과해." 내가 설명했다. "우리는 새 시대를 열고 있어. 우리의 자유를 주장해야 해!"

"그럼 시위를 그만하자는 거야?" 그가 물었다.

"아니, 시위를 해야지." 내가 말을 이었다. "하지만 우리가 공산당과 결별한 후에 해야지."

"그렇다면 … 나도 우리가 새로운 조직으로 바뀌는 것에 찬성해." 다른 간부가 끼어들었다. "그러기 위해서는 새 명칭부터 만들어야 할 것 같은데."

"그런데, 새 명칭 만드는 건 시치우에게 맡기면 안 될 것 같아." 또 다른 간부가 입을 열었다. "시치우야, 너를 무시해서 하는 말이 아니고 … 네가 지난번에 네 신문의 명칭을 '못생긴 돌'이라고 했기 때문에 하는 말이야."

이런 대화가 오고한 끝에 우리는 '민주주의를 지지하는 자유인들의 모임'이라는 명칭을 채택했다. 독창성 있는 이름은 아니지만 모임의 성격을 다소간 구체적으로 표현한 이 이름에 모두가 만족했다. 민주적 성격을 강하게 드러낸 조직으로 탈바꿈한 우리가 취한 첫 번째 조치는 확성기를 기숙사방에 두고 캠퍼스를 향해 우리의 메시지를 날리는 것이었다. 나는 언론접촉과 방송의 일을 책임 맡았다. 어떤 간부는 기부금 받는 일을 책임졌다. 학교 전체가 힘을 모았다. 그 구심점에 내가 있다는 것이 나는 기뻤다.

물론 우리 학교의 학생들이 당시 전국적으로 일어나고 있던 일에 대해 열정이 있었던 것은 기본적으로 사실이지만, 솔직히 그 열정의 중심에는 내가 있었다. 예를 들면, 점심시간에 그들은 내 식탁으로 모여들었고 캠퍼스에서 나와 마주친 학생들은 내게 따뜻하게 인사했다. 때로는 내게 몰려와 최신 소식을 듣기도 했다.

"시치우, 이제 시위가 어떻게 되어가고 있는 거야?" 누군가 이렇게 묻곤 했다. "톈안먼 광장으로 갈 거야?"

그 당시, 학교에서 돌아가는 일이나 전국적으로 돌아가는 일이나 모두 신이 났다. 공산당 당서기 짜오 쯔양은 베이징에서의 학생시위에 동조했고, 각 신문사에게 베이징 사태에 대해 사실대로 보도하라고 명령하는 역사적 조치를 취했다. 공산당 대변인은 정부의 공식적 메시지와는 다른 견해를 말하기 시작했다. 시위에 대한 학생들의 견해가 신문의 1면에 여과 없이 보도되었다. 어떤 기사들은 베이징 시위대의 용기를 칭송했다. 80년에 걸친 공산당 역사에서 유일하게 언론출판의 자유가 있었던 때가 바로 그때였다. 처음 맛보는 자유에 고무된 우리는 증오와 폭력과 부패와 두려움이 사라질 날이 언젠가 찾아올 것이라고 믿었다.

하루하루의 생활에 기쁨이 넘쳤다. 가게 주인들, 공사장 노동자들, 그리고 일반 시민들이 시위대에게 따뜻하게 인사했고 행진할 때에는 음식을 가져다주기도 했다. 아이스크림 가게주인은 무료로 아이스크림을 제공했다. 심지어 베이징에서는 도둑들이 시위대에게 지지를 보낸다는 의미로 일정 기간 동안 도둑질을 하지 않겠다고 결의했다. 경찰은 톈안먼 광장의 일로 바빴기 때문에 일반 시민이 나서서 교통정리를 하는 경우도 있었다. 놀랍게도, 차량 운전자들이 자진해서 속도를 낮추고 도로의 오른쪽 차선을 양보하고 최선을 다해 질서를 유지했다. 자전거 타는 사람들이 서로 충돌해도 욕하지 않는 것은 과거와 달라진 모습이었다. 신문보도에 따르면, 그들은 오히려 충돌사고를 계기로 서로 환하게 웃으며 인사를 한 후 논쟁이나 비난 없이 "괜찮습니다. 아무 문제없습니다"라고 말하며 자기의 길을 갔다고 한다.

이런 현상들은 우리의 팔을 꽉 잡고 있던 어떤 자에게서 갑자기 해방되어 자유를 만끽하는 것 같았다. 우리의 걸음걸이에는 더욱 자신감이 넘쳤고 우리의 입에서는 미소가 떠나지 않았다. 우리는 정직한 마음으로 논쟁을 벌이기도 했다. 공산당을 비판하는 사람들의 숫자가 과거의 그 어느 때보다도 더 많아졌다. 물론 공산당을 지지하는 사람들도 있었다. 심지어 무정부주의를 옹호하는 사람들도 있었다. 하지만 사람들은 누구의 견해라도 모두 존중해주고 논의의 대상으로 삼았다. 자유의 날개를 단 삶은 더욱 충만해지고 더욱 건강해졌다. 내 기억에 의하면, 정원의 꽃들을 생각해도 가슴이 설레이고 식사준비를 할 때 나는 구수한 냄새가 그토록 기분 좋았다. 자유가 삶의 모든 부분에 스며들기 시작했다.

그러나 슬프게도, 그토록 즐거운 삶은 2주를 넘기지 못했다.

"정부가 계엄령을 선포할 거라는 소문이 돌고 있어!" 조셉이 말했다.

그의 아버지가 정부의 관리이지만 나는 그의 말을 무시했다. 공산당이 평화롭게 시위하는 사람들을 상대로 계엄령을 선포하지는 않을 거라고 나는 믿었다. 나는 계엄령 선포가 황당한 일이라고 생각한 것이다. 하지만 소요사태를 어떻게 다루어야 할지 몰랐던 정부는 결국 언론을 통제하기 시작했다. 과거의 언론검열이 다시 시작되어 신문에는 정부의 입맛에 맞는 선전이 다시 등장하였고 사람들은 무기력과 무관심의 잿빛 삶으로 돌아갔다. 짜오쯔양은 여전히 학생들에게 공감했지만 정부는 그를 '말썽을 일으키는 정치인' 으로 낙인찍었다.

5월 말쯤 되자 시위는 우리 대학의 학생들에게 주요 관심사가 되지 못했다. 삶은 과거로 돌아가고 있었다. 여전히 수업거부를 주장했지만 일부 학생들은 수업에 참여했다. 새로 만들어진 민주적 학생회의 부회장으로서 나는 당시의 상황에 대해 의논하고자 회의를 소집하자고 했다.

"시위대에게 무관심한 이런 학생들은 잘못된 거야." 내가 입을 열었다.

"그럼 우리가 어떻게 하겠다는 거야?" 누군가 물었다. "메가폰을 들고 돌아다니며 학생들에게 다시 거리로 뛰쳐나오라고 소리치기라도 해야 하나? 그들은 이미 그렇게 했고 이제는 그들의 미래를 위해 일하고 공부하려고 해."

"그들의 미래는 자유와 민주화에 달려 있어." 내가 반박했다. "대학원에 진학하는 것만큼 그들의 삶에 영향을 끼치는 것이 바로 자유와 민주화야!"

우리의 논의가 조금 더 진행되었을 때, 내가 아이디어 하나가 떠올라 임원들에게 물었다. "혹시 테이프를 많이 구할 수 있는 사람이 있어?"

그날 오후 우리는 교실로 가서 문을 닫고 교실 문을 테이프로 봉했다.

"학생 여러분, 내 말을 들어보시오!" 내가 소리쳤다. "이것은 '양심의 봉인'이요. 감히 이 봉인을 뜯어내는 사람은 양심이 없는 것이오. 베이징의 시위대를 지지한다는 의사표시를 하기 위해서는 우리가 계속 수업거부를 해야 합니다."

우리는 다른 교실들도 찾아가 똑같이 봉인했고 영어과의 모든 강의는 봉쇄되었다. 이것은 자유를 위한 투쟁에서 또 하나의 승리를 기록한 것이었다.

하지만 진짜 큰 전쟁터는 우리 리아오청 사범대학이 아니라 베이징의 톈안먼 광장이었다. 베이징에서 멀리 떨어진 우리 학교의 총장과 교수들과 학생들은 베이징의 긴박함을 느끼기 힘들었지만, 그럼에도 불구하고 베이징 시위대의 주장에 깊이 공감했다. 그러나 베이징 시위대가 몇 주 동안 고온다습한 환경에서 지내다 보니 점점 지쳐간다는 소문이 들렸다. 단식투쟁으로 약해지고 대정부 투쟁에 지친 학생들도 생겨났다.

그러던 중 갑자기, 나는 우리 리아오청 시에서의 투쟁만으로는 부족하다고 생각하게 되었다. 나 같은 대학생들이 중국 역사상 최대의 평화시위를 전개하느라고 고생하고 있는데 나만 뒷짐 지고 있기 싫었다. 그리하여 다음 번 학생회 회의 때에 내가 동료들에게 물었다.

"나와 함께 베이징으로 올라갈 사람 있어?" 짧지만 삶을 바꾸어놓을 질문이었다!

06
"나는 중국 인민의 적입니다"

"차표 끊으세요." 차장이 나를 흘긋 보고 다시 시선을 살짝 돌려 하이디를 보며 말했다.

나는 지갑으로 손을 뻗었다. 베이징까지는 아주 먼 거리였지만 그곳에 이르기까지의 시간은 내 마음속에서 아주 빨리 지나갈 것 같았다. 갑작스럽게 시작된 우리의 베이징 행(行)에는 여행의 설렘과 대의를 위한다는 기쁨이 섞여 있었다. 나는 중국의 역사적 변화의 소용돌이에 능동적으로 뛰어들었다. 그것도 내가 깊은 관심을 쏟는 사람들과 함께 뛰어든 것이었다.

"차표 두 장을 사려는데요." 내가 말했다.

"목적지는요?" 차장은 그의 손에 든 차표 두루마리를 내려다보며 큰소리로 물었다.

"베이징이요." 나는 자리에 앉아 소곤소곤 이야기하는 내 친구들에게 고개를 끄덕이며 대답했다. 변화의 소용돌이에 뛰어들기 위해 편안한 기숙사를 떠난 우리 무리는 열두 명 정도 되었다. 버스를 타고 다섯 시간을 달린 후 우리는 약간 피로를 느껴 자세가 흐트러졌다. 하지만 기차로 갈아타고 나니

다시 기운이 났다.

"친구들과 나는 시위에 동참하러 갑니다." 내가 말했다.

"톈안먼으로 가는 거죠? 내 말이 맞죠?" 인생경험이 많기 때문에 웬만한 일에는 별로 놀랄 것 같지 않은 인상을 한 차장이 물었다. 시위가 절정에 달했을 때에는 50만 명까지 모였지만 많은 학생이 피로에 지쳐 톈안먼 광장을 떠날 때였다.

"우리는 자유와 민주주의를 믿습니다." 이렇게 말하면서, 나는 차장이 혹시 내게 두 배의 요금을 요구하는 것이 아닌가 하는 걱정이 살짝 생겼다. 하지만 미소를 짓는 그의 표정이 눈에 들어왔다. 내가 돈을 건네자 그는 손사래를 치더니 다음 열로 가면서 "차표 끊지 않아도 됩니다!"라고 말했다. 그 사람도 우리 편이었던 것이다!

기차가 여덟 시간을 달리는 동안 차창 밖에는 시골풍경이 살같이 지나갔고 나는 깊은 생각에 잠겼다. 내 생애 최초의 베이징 행이었다. 베이징에 있는 대학에 진학하지 못하는 것 때문에 토라져 어머니를 근심시키던 때가 생각나 혼자 살짝 웃었다. 원치 않는 사범대학에 다니는 것에 여전히 실망하고 있지만 그래도 과거에 어머니를 근심시킨 것이 후회되었다. 아무튼, 그때까지는 모든 것이 계획대로 진행되어왔다. 당분간은 학점을 잘 따고 인맥을 넓히고 매일 밤 두세 시간 국제관계학을 공부하는 것에 집중하면 되었다. 체제 안에서 생존하는 방법을, 아니 어쩌면 그 체제를 이길 수 있는 방법을 내 나름대로 터득했다고 생각되었다. 열차 안도 복잡했고 내 머릿속도 복잡했지만 리듬을 타는 기차의 흔들림에 몸을 맡기고 덜커덕거리는 소리를 자장가 삼아 나도 모르게 잠에 빠져들었다. 친구 샘이 몸을 내 쪽으로 기울여 팔꿈치로 나를 슬쩍 찔렀을 때, 나는 잠에서 깼다.

"시치우, 저게 뭐야?" 그가 물었다.

그가 자기 얼굴을 창문 유리에 갖다 대었고 나는 그가 무엇 때문에 그러는지 보려고 눈을 비볐다. 베이징 시 경계에 긴 열차가 서 있었는데 그 열차 안에는 위장복을 입고 중무장한 군인들이 가득했다. 그리고 열차 뒤에는 국방색 천으로 덮어놓은 탱크들이 있었다. 군인들이 공격명령을 기다리고 있는 것 같았다.

"저거 좋은 것 같지 않은데…." 친구가 낮은 목소리로 말했다. "계엄령이 선포될 것이라는 소문이 돌았잖아."

"아, 저건 단지 겁을 주려는 거야." 내가 말했다.

"우리, 다시 돌아가야 하는 거 아냐?" 그가 말했다.

"여기까지 왔는데 돌아갈 순 없어!" 나는 흔들리는 그의 마음을 잡아주려고 했다. "정부 당국자들은 시위에 참여하려는 학생들이 이 기차를 가득 채우고 있다는 것을 잘 알아. 우리가 톈안먼 광장에 가기도 전에 기를 죽여 포기하도록 만들려고 저러는 거야."

기차역에 도달할 즈음 우리의 두려움은 사라졌고 대신 낙관적인 생각이 충만해졌다. 장시간의 여행으로 뻣뻣해진 다리를 쭉 펴고 배낭을 손에 쥔 다음, 전 세계가 주목하고 있는 곳, 톈안먼으로 향했다.

마오쩌둥 덕분에 톈안먼 광장은 세계에서 가장 큰 도시 광장들 중 하나가 되었다. 대략 축구장 아홉 개 크기에 해당하는 넓은 광장에는 텐트가 가득했다. 그야말로 학생들의 마을이 생겨난 셈이었다. 사람들은 '생존을 위한 단식투쟁'이나 '민주주의'라고 쓴 피켓을 들고 돌아다녔다.

"저것 좀 봐." 샘이 거의 혼잣말로 말했다. 친구들과 하이디와 내가 눈길을 돌려 쳐다보니 인민영웅기념비와 광장입구 사이에 횃불을 손에 든 여인상(女人像)이 하나 서 있었다. '민주주의의 여신'을 상징하는 그 여인상은 공중으로 9미터 쯤 솟아올라 거대한 마오쩌둥 사진을 마주 보고 있었다.

"저 여인과 마오쩌둥이 침묵 속에서 기싸움을 벌이고 있는 것 같아." 내가 말했다. 여인상은 비록 석고로 만들어진 것이지만 우리는 여인상이 상징하는 영원한 자유를 갈망했다.

우리 일행은 잠시 서서 광장 전체를 살펴보았다. 그리고 우리 모두가 편하게 거할 수 있는 공간을 찾아냈다. 광장에는 텐트가 가득 찼는데 텐트 중 일부는 시위에 공감하는 어떤 컴퓨터회사가 기증한 것이라고 했다. 어떤 텐트들은 황록색으로서 실용적이고 단순하게 보였기 때문에 군대를 연상시켰다. 또 붉은색과 흰색과 청색의 줄무늬가 있는 비닐로 만들어진 어떤 텐트들이 한 군데 모여 있기도 했다. 모든 텐트들이 작은 줄을 이루어 정렬되어 있었고 질서가 유지되고 있었다. 우리는 짐을 텐트 안에 집어넣고 우리 학교의 교기를 세웠다. 광장의 분위기는 축제를 연상시킬 만큼 밝았다.

주변 정리를 마치자마자 우리는 즉시 여러 가지 구호를 외치며 걷기 시작했다. 광장의 들뜬 분위기와 에너지에 쉽게 압도되었다. 학생들은 목청을 높여 공산당 원로 지도자들의 이름을 부르며 조롱했다.

"부패척결! 자유! 민주주의!" 우리는 소리치며 행진하며 자유의 노래를 불렀다. 작은 바구니에 음식을 담아 시위대에게 건네주는 사람들도 있었다. "롤 케이크 좀 드실래요?" 베이징 사람들이 시위대에게 온갖 종류의 음식과 여타 필수품을 주었다. 노점상들은 단식투쟁을 하지 않는 사람들에게 요깃거리를 제공했다. 하지만 깨끗한 마실 물을 얻는 것은 좀 힘들었다. 우리는 응급상황에 대비해 만들어놓은 급수 시스템을 통해 땅에서 물을 끌어올려 마셨다.

"이 물맛이 이상한 것 같은데!" 하이디가 물 한 컵을 들이마신 후 얼굴을 찡그리며 말했다.

❦

며칠이 지나는 동안 기후가 바뀌었다. 왠지 불길한 느낌이 들기 시작했다. 엄청난 규모의 시위대가 땀을 흘리고, 뜨거운 태양열에 쓰레기가 푹푹 썩었기 때문에 공기가 더러워졌다. 이동식 화장실에서는 배설물이 넘쳐흘렀다. 사람들은 힘들어했다. 매일 밤, 잠자리에 들기 전에 톈안먼 광장의 확성기는 사람들에게 광장의 각 구석으로 오라고 부탁했다.

"저기 있는 탱크들을 저지하려면 30명의 학생이 필요합니다." 확성기에서 나오는 소리는 간절했다. 그러던 어느 날, 우리는 군대가 인민대회당(중국 정부가 입법과 의전을 위해 사용하는 장소) 근처에 집결하는 걸 보았다.

"무슨 일이 일어날 것 같은데…." 샘의 목소리에는 걱정이 가득했다. 하지만 정부가 군대의 힘을 사용할 거라고 믿는 사람은 우리 가운데 아무도 없었다. 물론 군부가 군사작전을 위해 최적의 기회를 엿보고 있다는 것은 우리도 잘 알고 있었다. 하지만 그때까지 학생들은 탱크와 군용차량을 성공적으로 저지하고 있었다.

"최악의 경우, 어떤 일이 벌어질까?" 또 다른 친구가 물었다.

"글쎄…, 군인들이 저지선을 뚫고 들어와 우리를 붙잡아가겠지." 내가 대답했다. "하지만 붙잡혀 간다 할지라도 자유를 지켜야 해!"

우리가 두려움을 쫓아버리려고 노력할 때에도 우리 가운데 어떤 학생들은 점점 더 걱정에 사로잡혔다.

"소문에 의하면, 공산당이 당의 보수파 원로 몇 명을 설득해 자기편으로 만들었다고 하던데…." 한 친구가 말했다. "이 시위가 언제까지나 지속될 순 없어. 만일 우리의 패배로 끝난다면 우리에게는 아주 안 좋은 일이 일어날 거야."

"걱정하지 마!" 친구들의 마음이 흔들린다고 느꼈기 때문에 내가 나섰다. "지금 우리는 악한 일을 하는 게 아니라 선한 일을 하는 거야. 우리는 폭력을 부채질하는 게 아니라 평화롭게 시위하는 거야. 이렇게 기회가 왔을 때 밀고나가야 해!"

하이디는 좀 이상한 물을 마시고 상태가 좋지 않았지만 내 입장에 동조했다. 하지만 불안을 느끼기는 그녀도 마찬가지였다. 규정이나 법을 잘 지키는 성격인 그녀는 군사작전이 임박한 것 같은 징후들 때문에 불안해했다. 그러나 우리와 뜻을 같이하는 정의감과 열정으로 충만한 사람들이 주변에 무수히 포진하고 있는 것을 보면 기쁨과 희망도 생겼다. 나는 진정한 변화가 오직 민주주의를 통해 가능하다고 믿을 만큼 나이를 먹은 사람이었다. 군대가 아무리 위협을 가한다 해도 이번이야 말로 중국이 변할 수 있는 절호의 기회라고 느꼈다. 중국은 변해야 했다! 톈안먼 광장의 여건이 썩 좋은 편은 아니었지만 나는 언제까지라도 시위를 계속할 것 같은 마음이었다. 그러나 5월 29일 아침에 눈을 떴을 때, 하이디의 힘없고 창백한 얼굴을 보아야 했다.

"너를 여기에 계속 두면 안 되겠다!" 내가 다급히 말했다. 그녀는 내 말에 반응하는 것도 힘들어했다.

시위 현장을 떠난다는 것이 당혹스럽고 불안했지만 하이디를 향한 내 사랑과 관심은 그런 당혹감과 불안을 압도했다. 하이디와 나는 친구들에게 인사를 하고 병원을 향해 먼 길을 떠났다. "마음 약해지면 안 돼!" 떠날 때 친구들에게 소리쳤다.

"마음 굳게 먹어!" 하이디를 도와 기차역을 향해 함께 걸으면서 속삭였다. 그녀가 치료를 받을 수 있는 유일한 방법은 기차와 버스를 계속 갈아타서 우리 대학 근처의 병원으로 가는 것이었다. 오염된 물을 마신 것 같다는 걱정을 하면서 그녀를 부축했다. 하이디는 갈증을 엄청 느끼면서도 무엇을 마시면 토해버렸다. 나는 그녀의 손을 잡고 교통편을 모색했고, 마침내 병원에 도착하여 입원시켰다. 그녀가 그토록 아픈 것이 너무 마음이 아팠고, 죽을지도 모른다는 두려움이 생겼다. 의사들의 진찰이 끝났 무렵, 나는 그녀의 상태가 아주 좋지 않다고 생각했다.

그러나 결과적으로 말하면, 톈안먼 광장을 떠나 병원으로 온 것은 아주 잘 한 일이었다. 의사들은 그녀가 광장의 비위생적인 물을 마셔 장(腸)에 큰 문제가 생겼다고 확인해주었다. 투쟁 중인 친구들을 떠난 것이 마음에 걸렸지만 그래도 그녀가 치료를 받게 된 것은 다행이었다. 하이디는 불과 이삼일 후에 퇴원했고 다시 체력을 회복했다. 톈안먼 시위대에 다시 합류할 시간이 있을까 하는 생각이 들었다.

톈안먼 광장을 떠난 지 6일 후, 즉 6월 4일에 우리는 캠퍼스 한 가운데 있었고, 옆에는 자율적으로 구성된 학생회 간부들이 세워놓은 확성기가 있었다. 날씨가 맑고 화창한 그날 학생들이 주변에서 스포츠를 즐기고 있었다. 점심을 싸 가지고 와서 즐겁게 먹는 학생들도 있었다. '미국의 소리'라고 불리는 해외 라디오방송이 확성기에서 흘러나왔다.

"속보를 말씀드리겠습니다." 라디오 진행자의 음성이었다. "중국의 군대가 시위대로 돌진해서 많은 사람이 죽었습니다."

"저 말을 믿을 수 없어!" 내가 하이디에게 말했다. "군대가 자기 인민에게 총을 쏜다는 것은 말이 안 돼."

"내가 듣기로는, 시위대가 군인들을 공격했대. 저 미국의 선전을 믿지 마." 어떤 학생이 확성기를 가리키며 말했다. "정부가 무고한 학생들을 죽일리 없어!"

몇 시간 동안 우리에게는 이런저런 소문이 들렸다. 우리는 정말로 무슨 일이 일어났는지 알아보려고 필사적으로 노력했다. 그런데 갑자기 친구 샘이 모습을 드러냈다. 몹시 숨을 헐떡이고 있었다. 맨발이었고 헝클어진 머리는 얼굴을 가릴 정도였다. 학생들이 모여 있는 운동장 한 가운데 이르자 땅바닥에 털썩 주저앉아 두 손으로 얼굴을 감쌌다.

"무슨 일이야?" 우리가 놀라 물었다. "무슨 일이 일어난 거야?"

우리는 민주주의의 가치를 믿기 원했다. 중국을 믿기 원했다. 더 나은 미래를 요구하는 학생들을 정부가 보호해주기를 원했다. 그러나 두려움과 슬픔으로 탈진상태에 빠진 샘을 보았을 때 사태가 결코 심상치 않다고 직감했다. '미국의 소리'의 보도가 옳다는 것을 말해준 것은 그의 셔츠를 뒤덮고 있는 것, 바로 피였다!

"정말로 군대가 학생들을 죽였어!" 그가 울먹이며, 숨을 헐떡이며 말했다. "정말이야!"

하이디와 내가 톈안먼 광장을 떠난 후 정부가 시위대를 '반혁명분자'로 규정한 것이 틀림없었다.

"어떻게 된 건지 자세히 말해봐." 내가 잔디에 묻힌 그의 머리를 손으로 떠받쳐 천천히 위로 올리며 말했다.

"나도 죽을 뻔했어. 시체들 위를 기어서 겨우 빠져나왔어." 그가 흐느끼며 말했다. "군인들이 사방으로 총을 쏴댔어. 난 어떻게 해야 좋을지 몰라서 무조건 도망쳤어. 신발이 벗겨지는 줄도 모르고."

"그 이야기는 정부의 발표하고는 다른데…" 학생들 가운데 누군가 말했다. "정부는 반혁명분자들이 가만히 있는 군인들을 공격했다고 하던데."

그의 말에 샘은 기가 막히다는 표정을 지었다. 그리고 자기가 본 것을 거듭 이야기했다. 그의 말에 관심이 있는 학생들은 모두 귀를 기울였다. "군대가 학생들을 죽였어! 정말로 죽였다고!"

탱크들이 무기도 없는 학생들을 위압하는 영상이 전 세계로 방송되자 중국 정부는 언론에 재갈을 물렸다. 언론이 비교적 자유를 누리던 때는 지나갔고 정보통제는 전보다 더 강화되었다. 톈안먼 대학살을 보도할 때 국영언론이 처음에는 학생 시위대에게 우호적이었지만 정부가 재빨리 끼어들어 국영언론의 보도를 수정했다. 시위대에게 동조적인 방송을 한 책임자들은 제거되었다. 톈안먼 광장의 학살을 보도할 때 목이 메어 말을 잇지 못한 중국중앙텔레비전의 뉴스 앵커 두 명처럼 말이다. 학생들에게 동조적인 몇몇 신문 편집자는 체포되었고 언론계 종사자들이 해고되었다. 해외에서 온 특파원들은 추방되고 입국자 블랙리스트에 올려졌다.

대학살은 대학 캠퍼스를 완전히 충격으로 몰아넣었다. 이삼 일 동안 사망자 수가 점점 늘어나자 학생들은 몇 명씩 무리를 지어 캠퍼스를 배회하며 정보를 나누고 서로를 위로했다. 공식적으로 확정된 사망자 집계는 없었고, 수백 명 내지 수천 명이 죽었다는 소문이 돌았다. 중국의 학생들이 받은 충격이 엄청났기 때문에 우리는 톈안먼 대학살의 역사적 의미를 나타내기 위해 모든 것을 '6월 4일 사태 이전'과 '6월 4일 사태 이후'로 나누어 표현했다. 대학살의 충격에서 벗어나지 못한 학생들이 학교에 틀어박혀 있었지만 그들의 수업거부나 대학살의 충격 때문에 강의는 취소되었다. 며칠이 지났자 학생들은 대부분 짐을 꾸려 각자의 고향으로 돌아갔다. 학사일정을 진행하기가 더 이상 불가능했기 때문이다. 캠퍼스는 점점 유령의 도시처럼 변해 갔고 나는 집으로 가서 아버지에게 그동안의 일을 말씀드리고 싶은 심정이 간절해졌다. 마음을 정리할 수 있도록 아버지가 도움을 주실지도 모른다는 생각이 들었다.

❧

집을 향해 떠나려고 할 때 미국인 교수 한 명이 내 눈에 들어왔다. 샌프란시스코에서 온 댄(Dan)이라는 교수가 캠퍼스 안뜰에 앉아 있었다. 이역만리 타향에서 가르칠 학생조차 없이 시간을 보내는 것이 그를 무기력하게 만든 것 같았다.

"왜 그렇게 앉아 계세요?" 내가 물었다.

"학생들이 서둘러 고향으로 떠나는 걸 보고 있어." 그가 미소 지으며 대답했다.

"나랑 같이 가지 않을래요? 내 고향을 구경시켜 드릴 수 있어요. 그리고 그곳 고등학생들을 위한 여름 영어캠프를 함께 구상해볼 수도 있을 것 같고…."

그를 설득하는 데에는 오랜 시간이 걸리지 않았다. 그는 옷을 대충 가방에 챙겼고 우리는 결국 기차에 몸을 실었다. 그러나 고향에 도착한 우리는 큰 소동의 한복판에 서게 되었다.

"양 꾸이즈!" 마을 사람들이 소리쳤다. 중국인들이 모든 외국인에 대해 사용하는 이 별칭에는 애정과 빈정거림이 섞여 있었다. 그 의미는 '외국놈'(또는, 외국 요괴) 정도로 보면 될 것이다. 키가 크고 머리털이 갈색이고 눈이 파랗고 피부가 하얀 댄은 누가 봐도 중국 사람이 아니었다. 내 고향 시골 마을 사람들이 처음 보는 '양 꾸이즈'였던 그는 동물원의 판다처럼 취급을 당했다. 어디를 가든지 마을 사람들에게 둘러싸여 세 가지 질문을 받았다.

"어디서 왔소?"

"몇 살이요?"

"결혼했소?"

이런 패턴이 반복되는 것을 간파한 나는 그에게 조용히 "내가 가르쳐주는 요령대로 하면 재미있을 것입니다"라고 말했다.

"오! 학생이 갑자기 선생이 되셨네." 그가 농담을 했다.

내가 요령을 좀 가르쳐준 후 그는 마을 사람들을 감탄시켰다. 그들이 물어보기도 전에 그들의 궁금증을 중국말로 풀어주었기 때문이다. 누군가 자기에게 다가올 때마다 그가 먼저 입을 열었다.

"워 쓰 메이구어 런"(나는 미국사람입니다).

"싼 쓰 쑤이"(나는 서른 한 살입니다).

"꽝 꾼"(나는 독신입니다).

그런데 사실 이 세 표현 중 마지막 것은 '혼자 있는 나뭇가지' 라는 뜻의 그 지역 은어(隱語)였다. 아무튼, 이렇게 말해도 우리 마을 사람들은 그가 결혼 상대 없는 총각이라는 뜻으로 이해했다. 그런데 이것은 큰 동요를 일으켰다. 중국어를 유창하게 말하며 자기들의 마음을 꿰뚫어보는 '독신 외국

놈'이 사람들의 눈에 너무 신기하게 보였기 때문이다. 톈안먼 대학살의 충격과 슬픔을 안고 낙향했지만 우리 마을에서의 댄의 존재가 일시적이나마 위로와 재미를 주었다.

그러나 고향에 내려온 지 일주일이 지났을 때 경찰차 한 대가 뽀얀 먼지를 일으키며 내 집 앞에 급정거했다.

"밖에 무슨 일이 있는 거야?" 굳은 표정의 경찰이 대문을 두드리자 아버지가 창문으로 내다보며 물으셨다.

나는 땀을 뻘뻘 흘리는 댄을 쳐다본 후 대문으로 달려갔다. 경찰이 집을 잘못 찾아온 것이면 좋겠다는 마음이 간절했다.

"무슨 일입니까?" 대문을 열자 보인 경찰의 몹시 굳은 표정에 놀라서 내가 물었다.

"당신!" 경찰 한 명이 내 뒤에 서 있는 댄을 가리키며 말했다. "당신은 이 지역에서 자발적으로 떠나야 하오!"

"나를 강제로 내쫓으면서 '자발적으로' 라는 말은 웬 말이요?" 댄이 항의했다.

"양자택일을 하시오. 지금 제 발로 걸어 나가든지 아니면 버티다가 험한 꼴을 보든지…"

"이삼 일만 여유를 주면 안 되겠습니까?" 내가 따지듯 물었다. 댄과 내가 학교에서 우리 마을까지 오기 위해 투자한 시간과 돈과 수고는 결코 작은 것이 아니었다. 더욱이, 아무도 없는 유령도시 같은 대학 캠퍼스로 돌아가는 것이 쉬운 일은 아니었다.

"안 돼요!" 경찰 한 명이 당시의 살벌한 정치 상황에 대해 설명하려는 듯 입을 열었다가 생각을 바꾸어 차갑고 매몰차게 내뱉었다.

"당신은 지체하지 말고 지금 떠나야 하오. 까오미 군(郡)의 정거장까지 태워다 줄 수는 있소."

"거기는 여기서 얼마나 멉니까?"

"80킬로미터 떨어져 있소. 갑시다!" 그들은 우리가 짐을 챙길 시간을 약 3분 주었다. 놀랍게도 그들은 우리를 범죄인을 태우는 뒤 칸에 태웠다. 댄이 우리 마을에 있었기 때문에 무슨 불미스런 일이 일어난 것은 아니지만 마을이 소란스러워진 것이 사실이었다. 우리가 마치 상습적 범죄자처럼 끌려갈 때 마을 사람들이 큰 도로로 나와 겁먹은 표정으로 구경했다. 그들은 우리가 무슨 짓을 저질렀는지 궁금해 했다. 내 가족은 댄과 내가 감옥으로 끌려간다고 믿었지만 경찰은 우리를 기차역으로 데려갔다.

"다시는 돌아오지 마시오." 우리가 대학으로 돌아가기 위해 기차에 올라타려고 하자 경찰이 말했다.

∽

대학으로 돌아온 우리는 약간 의기소침한 채 캠퍼스를 걸었다. 그때까지 나는 조국의 발전에 기여하는 삶을 살기를 원했었다. 처음에는 큰 부(富)를 얻으면 의미 있는 변화를 일으킬 수 있을 것이라고 믿었다. 그 다음에는 오직 정부의 권력으로만 개혁이 가능하다고 믿었다. 내가 공산당 지도자 가운데 하나가 되면 평등과 공정을 이룰 정책을 만들어낼 수 있을 것이라고 생각했다. 그러나 공산주의의 부패를 목격한 후에는 민주주의만이 유일한 개혁의 희망으로 떠올랐다. 그러나 조국의 정부가 탱크로 인민을 공격했다면 무슨 희망이 있겠는가?

댄과 내가 보도를 걷던 중에 그가 내 팔을 잡아 멈추게 했다. 고개를 돌려 옆을 보니 학교 게시판이 있었다.

"이거 좋지 않은데…." 그가 최근에 붙인 흰색 게시물을 가리키며 말했다.

"공산당은 반혁명분자들을 색출하기로 결정했다." 내가 큰소리로 읽었다. "우리는 불법적 조직의 주동자들에게 자수를 촉구한다."

"네 이야기를 하는 거 아냐?" 그가 말했다. "네가 가장 큰 주동자잖아. 너를 체포하겠다는 이야기네!" 고향에서 경찰에 의해 강제 추방된 후 댄과 나는 마음이 편치 않았는데 그런 게시물까지 보게 된 것이었다.

"속단하지는 마요." 내가 안심시켰다. "단지 자수를 권하는 거예요. 체포할 마음이 있었으면 벌써 고향에서 그렇게 했을 거예요."

나는 서둘러 다른 학생지도자들을 찾아보았다. 그들이 학교에 남아 있는

지 아니면 고향으로 갔는지 궁금했다. 찾아보니 여섯 명 정도가 남아 있었다. 그들과 함께 경찰서를 향해 천천히 걸어가면서 우리가 어떻게 될 것인지를 생각했다. 우리는 체포될 것인가? 신문을 받을 것인가? 경찰은 우리중 일부가 톈안먼에서 눈으로 본 사실을 부인할 것인가?

"그래, 너희가 톈안먼 광장에서 본 것이 정확히 뭐야?" 나는 사건의 핵심을 정리하려고 친구들에게 물었다.

내가 톈안먼 광장에 있을 때처럼 학생들은 탱크가 광장 안으로 들어오지 못하게 하려고 바리케이드를 쳤다고 한다. 그런데 6월 3일 밤 10시 30분쯤 군인들이 시위대를 향해 총을 난사하기 시작했다. 조금 후 자정이 지나자 탱크와 장갑차가 바리케이드를 뚫고 광장 안으로 들어왔다. 무수한 사람들이 죽임을 당했다. 정부는 사상자가 없다고 발표했지만 거짓말이었다. 내가분명히 아는 사실도 한 가지 있었다. 하이디의 대학원 지도교수의 열여덟살짜리 아들이 시위대 속에 있다가 그의 어머니의 생일에 총에 맞아 죽었다. 탱크가 '민주주의의 여신'을 상징하는 여인상으로 돌진해 그 상의 손과횃불이 땅바닥에 부딪혀 부서진 것도 나는 알고 있었다. 군대가 시위대를감시하고 있는 것은 알았지만 그렇게 무력진압에 나설 줄은 몰랐다. 군대가대학살을 자행할 줄은 결코 예상하지 못했다!

"경찰이 우리의 자수에 대비하고 있는 것 같은데…." 친구 중 하나가 경찰서 게시판을 고갯짓으로 가리키며 말했다. 게시판에는 '불법조직 주동자들은 여기의 안내에 따라 자수하라'라고 쓰여 있었다. 심각한 상황이었지만우리는 낄낄 웃었다. 물론 그 웃음 속에는 불안이 스며 있었다. 그런 게시판안내문은 평소에 볼 수 없었던 것이었다.

안내표지를 따라 걸어갈 때 나는 침착하려고 노력했다. 따지고 보면 나는친구들보다 걱정을 덜 해도 될 입장이었다. 우선, 나는 대학살이 일어났을때 톈안먼 광장에 없었다. 둘째, 나는 우리 대학 당국과 학생회의 테두리 안에서 행동했다. 지역의 법을 어기지 않았고 어떤 잘못도 범하지 않았다. 진실의 편에 서서 싸웠을 뿐이다.

"앉아!" 건물 안으로 들어서자 경찰이 말했다. "너희가 무슨 짓을 한 거야?" 그는 우리 전체에게 물었지만 대답을 기다리지는 않았다. 건물 안으로 들어설 때 나는 내 논리를 충분히 주장하겠다고 마음먹었지만 경찰은 시비를 가리는 데에는 관심이 없는 것 같았다.

"너희 모두는 반혁명분자로 분류될 것이다." 경찰이 말했다. 그가 우리의 지문을 떴을 때 나는 범죄자가 된 기분이었다.

"이 서류를 작성해!" 그가 우리 각 사람 앞에 서류를 떨어뜨렸다.

나는 펜을 들어 빈칸을 채우기 시작했다. 성명, 나이, 고향, 부모님의 이름을 써 넣었다. 어머니가 돌아가신 후 처음으로 작성하는 서류에 어머니의 이름을 쓰자니 울컥 마음이 아팠다. 어머니가 살아 계시다면 이런 일을 어떻게 생각하실까 하는 생각이 들었다. 침묵이 흐르는 몇 시간 동안 우리는 각자 앞에 놓인 서류를 쳐다보며 앉아 있었다. 우리는 어떻게 톈안먼 시위에 참여하게 되었는지, 언제 톈안먼을 향해 떠났는지, 그리고 왜 시위에 참여했는지에 대해 적어야 했다. 마침내 경찰이 방 안으로 들어와 서류를 걷더니 우리에게 일어나라고 말했다.

"너희 학교로 돌아가!" 그가 이렇게 말했지만 나는 그것으로 모든 것이 끝난 것이 아니라고 느꼈다. "가서 너희 대학 당국의 지시에 따라!" 학교로 돌아가는 발걸음은 마치 장례행렬을 따라가는 느낌이었다.

"우리가 무슨 짓을 한 거지?" 한 친구가 한탄하듯 말했다.

"학교에서 제적되면 어떻게 하지?" 또 다른 친구가 물었다. 그의 말을 들을 때 나는 발을 헛디뎌 인도 밖으로 나갈 뻔했다. 나는 제적에 대해 생각조차 하지 않았었다. 만일 제적당하면 정말로 끔찍한 일이었다. 나를 위해 그토록 많이 희생한 내 가족은 내게 모든 희망을 걸고 있었다. 나의 시위 참가가 가족의 미래에 먹구름을 드리운 것인가?

대학의 행정건물에서 당 징계위원회의 부비서(副秘書)가 굳은 표정으로 나를 맞았다. "우린 너를 주시할 것이다." 그가 입을 열었다. "이 사람은 경찰청에서 나온 특별요원이다." 그가 옆에 서 있는 두 사람 중 한 사람을 가리키며 말했다. "그리고 이 사람은 사건조사 책임자이다." 또 다른 사람을 가리키며 말했다. 간소한 옷차림에 신장이 비슷한 그 두 사람은 검은 눈동자로 나를 뚫어지게 바라보는 듯 했다.

"우린 앞으로 네가 어떻게 변하는지 관찰할 것이다." 부비서가 말했다. 그다음날이 되어서야 비로소 나는 그가 말한 '관찰'이 무엇을 의미하는지를 알게 되었다. 다음날 아침 8시쯤 조사관이 기숙사에 모습을 드러냈다.

"가자!" 그가 내게 말했다. 나는 그가 나를 영어과로 데리고 가서 강의시간에 감시할 것이라고 생각했다. 내 활동이 제한되겠지만 그래도 대부분의 경우에는 과거처럼 정상적으로 생활하게 될 것이라는 생각이 들었다. 그러나 조사관은 나를 영어과로 데리고 가지 않았다.

"네가 있을 곳은 여기야!" 그가 교실 문을 열며 말했다. 텅 빈 교실에는 책상 하나가 있었고 그 위에 종이와 연필이 있었다.

"자술서를 써라."

"얼마나 오랫동안 써야 합니까?"

"저녁 6시까지." 그가 시계를 보며 대답했다.

"열 시간 동안 쓰라는 말입니까?"

"넌 쓸 게 많을 거야. 네가 한 짓을 모두 자세히 적어. 어디에 갔는지, 언제부터 반역을 시작했는지, 네 증인들이 누구인지, 네가 베이징에 갔을 때 무슨 일이 있었는지를 적어." 그는 이렇게 말하고 나를 향해 능글맞게 웃으며 문을 쾅 닫고 나갔다. 그러나 그는 사라지지 않고 문 반대편에 서 있었다.

종이를 집어 책상 위에 반듯이 놓은 나는 두려움에 빠지지 않으려고 애썼다. 왜 나를 강의에 못 들어가게 하는 걸까? 하이디는 내가 강의실에 나타나지 않는 것을 알면 어떻게 할까?

"내 이름은 푸 시치우입니다." 글을 써 내려가기 시작하자 두 눈 가득히 눈물이 고였다. "나는 중국 인민의 적입니다."

07
죽어 마땅한 반혁명분자의 나날

자명종의 버튼을 누른 후 이불을 발쪽으로 내리고 하품을 했다. 또 다른 하루가 시작된 것이었다. 보통 때 같으면 간단히 식사를 하고 양치를 하고 친구들을 보기 위해 영어과 강의실로 향했을 것이다. 그러나 반혁명분자로 분류된 내게 그런 호사는 허락되지 않았다. 내가 갈 곳은 혼자서 자술서를 쓰는 텅 빈 강의실이었다.

"넌 아직 모든 걸 털어놓지 않았어." 부비서가 나를 보고 말했다. 그의 옷은 완벽하게 다리미질이 되어 있었고 머리털의 빗질도 완벽했다. 모든 것이 완벽해보였기 때문에 마치 그는 공산당이 부비서들에게 지시를 내릴 때 사용하는 값 비싼 일람표에서 방금 막 튀어나온 것 같았다. 그에게서 발견된 완벽하지 못한 것은 그의 아랫니뿐이었다. 분노한 그가 언성을 높일 때 들쭉날쭉한 아랫니가 보였다. 그는 내 책상 위로 공책 한 권을 툭 밀어서 전달했고 그 공책이 연필을 쳐서 바닥에 떨어뜨렸다.

"안녕하세요." 내가 말했다.

"처음부터 완전히 다시 시작해야 돼! 이번에는 아무 것도 빼놓지 마!" 그가 소리쳤다. 나는 내 귀를 의심했지만 당혹감을 떨쳐버리려고 애썼다.

"오늘은 얼마 동안 써야 합니까?" 태연한 척하느라고 억지로 웃으며 물었다.

"네가 얼마나 오래 고생해야 사실을 털어놓을 거야?" 그는 내게 책상에서 점심식사를 하라고 말했다. 점심시간에 친구들과 함께 시간을 보낼 자유마저 허락되지 않았다. 나는 내게 일어난 일을 말해줄 기회조차 없기 때문에 친구들이 걱정할 거라고 생각했다.

"저녁식사도 혼자 합니까?" 내가 물었다.

"내가 네 보모처럼 보이냐? 네가 6시부터 8시까지 무엇을 하든 난 상관 안 해." 그가 방을 나가기 전에 말했다. "하지만 내가 네 자술서를 읽어볼 수 있도록 강의실의 뒤쪽에서 나를 만나고 가라."

나는 웃고 싶었지만 웃음을 참고 태연하게 고개를 끄덕였다. 그가 내게 선물을 주었다는 것을 알아차리지 못하도록 말이다. 경찰에 자수해서 반혁명분자로 분류되었기 때문에 나는 격리상태에 있었다. 저녁식사 시간에 친구들을 만나면 그들에게 내 이야기를 해주고 나 자신도 새 힘을 얻을 수 있을 거라는 생각이 들었다. 대학에서 친구들은 마치 가족 같은 사람들이었다. 나는 그들을 만나 톈안먼 대학살과 그 여파를 해석하고 정리하라고 말해주고 싶어 안달이 났다.

나는 바닥에 떨어진 연필을 주워 최대한 자세히 자술서를 써 내려가기 시작했다. 예를 들어, 베이징에 간 사실을 언급할 때에는 그 과정을 약간 더 구체적으로 묘사했다. "우리가 기차에 올라탔지만 차장이 요금을 받지 않았습니다. 그의 이름을 물어보지 않았고 그의 외모의 특징도 기억나지 않습니다." 잠시 쉬었다가 내 행적에 대해 종이 위에 휘갈겨 쓰는 일을 다시 시작했다. 펜을 놓은 채 어느 정도 시간이 흐른 후 다시 펜을 들어 자잘한 것들로 종이를 메웠다. 우리에게 음식을 준 사람들, 하이디가 마신 오염된 물, 그녀의 발병, 그리고 기차를 타고 고향에 간 것에 대해 적었다. 톈안먼 광장의 사태에 대한 이야기를 마치자 더 이상 세부적인 것이 생각나지 않았다. 슬쩍 시계를 보니 이제 12시 밖에 안 되었다. 종이를 더 많이 메우기 위해 글자를 약간 크게 해서 쓰기 시작했다. 그리고 당국이 관심을 가질 만한 세부사항을 기억해내려고 애썼다. 이틀 연속 그 강의실에 혼자 틀어박혀 있으려니 밀폐공포증이 약간 생겼다. 기어가듯 천천히 가는 시계의 시침이 드디어 6시에 도달하자마자 배낭을 들고 뛰다시피 식당으로 갔다.

∽

5분이면 걸어갈 수 있는 식당까지 가는 동안 얼굴에 스치는 공기가 무척 상쾌했다. 경찰의 위압적인 태도 때문에 감각이 예민해진 나는 그 감옥 같은 강의실에서 나와 화려한 캠퍼스 전경을 보는 것 자체가 감사하게 느껴졌다. 기숙사 옆을 지나 정원을 통해 걸어갔다. 보도를 따라 심긴 예쁜 꽃들로 장식된 정원이 몹시 아름다웠다. 진홍색과 노란색을 뽐내는 꽃들에 감탄을 연발하고 있던 가운데 내 시선이 화단 뒤로 향했고, 보도에서 약간 떨어진 곳에 서 있는 두 남자가 갑자기 내 눈에 들어왔다. 팔짱을 낀 그들은 두려움을 느끼게 하는 동상처럼 꼼짝도 않고 서 있었다. 그들이 경찰서에서 학교로 방금 온 감시원들임을 직감한 나는 등골이 서늘했다. 내가 감시를 당하게 될 것이라고 예상했지만 그렇게 노골적인 감시는 정말 뜻밖이었다. 내게 겁을 주려고 일부러 노골적으로 감시한다는 생각이 들었다. 나는 고개를 숙이고 식당 쪽으로 빠르게 계속 걸었다.

"너희는 내가 무슨 일을 겪었는지 모를 거야." 평소 즐겨 사용하던 식탁에서 이미 식사를 시작한 친구들에게 내가 말문을 열었다. 내가 왜 갑자기 강의실에 들어가지 못했는지를 설명하고, 그동안의 과정을 다 이야기하고, 내가 놓친 뉴스와 소문을 듣기 위해 말을 꺼낸 것이었다. 나는 조셉의 옆자리에 앉아 "내 말을 좀 들어봐"라고 말했다. 그런데 놀랍게도 그는 내가 옆자리에 앉자 마치 전염병 환자를 피하는 것처럼 몸을 뒤로 뺐다. 다른 친구들도 시선을 아래로 깔았다가 다시 자기들끼리 쳐다보았다. 내가 어디에 있었고 무슨 일이 있었는지를 아무도 묻지 않았다. 심지어 나와 시선을 마주치는 사람도 없었다. 오히려 거의 동시에 자리에서 일어나 음식을 챙기더니 식탁을 떠났다. 말 한 마디 없이 떠나는 그 신속한 움직임이 먹잇감 찾기에 쉬운 호수를 향해 무리 지어 떠나는 거위 떼를 연상시켰다.

"당국이 강압적으로 나를 반혁명분자로 등록했어." 친구들이 음식과 개인 물건을 챙기는 것을 보며 내가 말을 이었다. 그러나 그동안 무슨 일이 있었는지 천천히 깨달아졌다. 그들은 이미 알고 있었던 것이다. 이제 내가 '인민의 적'이었기 때문에 나는 함께 하기에는 너무 불편하고 심지어 위험한 친구가 되어버렸던 것이다! 음식을 가장 뒤늦게 챙긴 사람은 강의실 맨 앞줄에서 하이디와 함께 앉았던 영어과 여학생이었다. 그녀와 내가 잠깐 시선이 마주쳤다. 그녀는 말하지 않았고 미소조차 없었다. 하지만 눈빛만은 의미심장했다. 딱 한 번 마주친 그녀의 시선에는 "힘들어도 참아!"라는 메시지가 담겨 있는 것 같았다.

나는 생각을 정리하려고 애쓰면서 음료수를 들어 천천히 한 모금 마셨다. 어떻게 된 건지 생각을 정리할 필요도 있었지만 남들의 눈에 무언가를 하고 있는 것으로 보이기 원했기 때문이다. 굴욕을 당한 후 옆에 아무도 없이 혼자 있는 상황에서 아무 것도 하지 않고 앉아 있으면 정말로 이상하게 보일 것 같았기 때문이다. 내가 꿈을 꾸고 있는 것인가? 아니면 정말 식당 안의 사람들이 모두 나를 쳐다보고 있는 것인가? 태연한 척하느라고 음식을 한 숟가락 입에 넣었다. 내 감정이 표정에 나타나지 않기를 바라는 마음이 간절했다. 만일 어떻게든 한 방울이라도 눈물이 흘러나왔다면 나는 울음을 터뜨렸을 것이다. 친구들이 모두 보는 데서 울고 있는 꼴이 되었을 것이다. 태연하게 보이려고 이를 악물었다. 다시 음식을 입에 넣었다. 그리고 또 그랬다.

"이 자리 비었어?" 갑자기 귀에 익은 목소리가 들렸다. 하이디가 내 맞은 편에 앉으며 쟁반을 식탁에 내려놓았다.

"나와 어울리면 위험부담이 따르는데…." 나와 함께하는 사람이 있다는 것이 너무 반가웠지만 입에서는 이런 말이 튀어나왔다. 아무튼 나는 그녀의 미소에 크게 안도했다. 그녀가 음식을 먹는 동안 나는 그동안의 일을 전부 이야기해주었다. 내 말이 얼마나 길어졌는지 내가 다음 숟가락을 뜨기 전에 그녀가 식사를 다 마쳐버렸다.

"네가 이미 알고 있는지 모르겠는데 너에 대한 비판이 엄청 쏟아졌어."

그녀가 말했다.

"우리 친구들 사이에서?"

"텔레비전, 라디오, 그리고 신문에서 말이야. 너를 비롯한 시위 주동자들에 대한 비판이 마라톤처럼 길게 이어졌어. 심지어 네 교수도 나와서 네가 얼마나 위험한 인물인지에 대해 일장 연설을 했어. 네가 학과대표 자격이 없다는 말까지 덧붙이더라." 하이디의 말을 정리하기 위해 필요 이상으로 천천히 입안의 음식을 말없이 씹었다.

"이런 이야기 들으니까 힘들지?" 그녀가 말했다. "힘들어서 어떡하니…."

"내 대신 누가 과대표가 됐는지 궁금하군."

"못 들었어?" 그녀가 입으로 냅킨의 테두리를 더듬으며 말했다.

"벌써 후임자가 정해졌어? 그렇게 빨리?"

"후임자는 조셉이야." 나지막한 그녀의 음성이 내 귀를 스칠 때 나는 일이 어떻게 돌아갔는지 천천히 이해되기 시작했다. "그가 어제 과대표 제안을 받아들였어."

내 시선은 식당 한복판을 가로질러 조셉에게 향했다. 그가 내 옛 친구들에게 둘러싸여 말을 했고 그들이 웃었다. 나는 아랫입술을 깨물고 억지로 미소를 지으며 말했다. "저걸 보니 이해가 되는군."

"내가 보기에…." 그녀가 내 쪽으로 상체를 기울이며 말했다. "저 조셉은 맹한 아이야. 네 오른팔에 불과했던 아이가 지금 네 역할을 대신할 수 있다고 착각하는 거야."

"내 가장 큰 관심은…." 나는 관대한 마음을 가지려고 노력하며 말했다. "과대표가 되거나 학생회 간부가 되는 게 아니라 학위를 받는 거야." '학위'라는 단어를 말할 때 목이 약간 메었기 때문에 헛기침을 했다. 그때까지 나는 교사자격을 얻는 학위를 매우 경멸했고 단지 나의 진짜 꿈을 이루는 디딤돌 정도로 여겼었다. 하지만 그 학위를 취득하는 게 위험해지자 그것이 내 최고의 목표가 되었다. "내가 고향에 내려가 농부가 되면 내 가족은 참담하다고 느낄 거야." 이렇게 말했지만 나의 가장 큰 걱정은 말하지 않았다. 식탁을 사이에 두고 하이디와 마주앉은 나는 학위 없이 결혼하면 아내를 먹여 살릴 수 없다는 걸 잘 알았다.

"그리고 또…." 하이디가 입을 열더니 잠시 머뭇거렸다. 더 나쁜 소식을 말하는 게 부담스러운 눈치였다. "총장이 시위 주동학생들을 비난하는 연설을 했어. 그들이 사회불안의 씨앗을 뿌리는 선동자라고 비난하더라."

"하지만 그 분은 우리 편이야." 내가 반박했다. "무언가 오해가 있는 것 같은데."

식사를 마치고 나는 학생들이 모여 공부하는 영어과 강의실로 갔다. 내 책상을 보니 감정이 복받쳤다. 하이디는 평소처럼 앞줄에 앉았고 나는 평소처럼 뒤쪽으로 걸어갔다. 달라진 것이 있다면 키가 크고 위엄을 부리는 부비서가 구석에서 나를 기다리고 있는 것이었다. 그는 나를 보고 고개를 끄덕이더니 내게 강의실 제일 뒷줄에 앉으라고 손짓했다. 그것은 다른 학생들과 나 사이의 대화를 차단하기 위한 일종의 격리조치였지만, 사실 불필요한 것이었다.

불과 얼마 전까지만 해도 친구들이나 지인들이 나를 자주 찾았었다. 학생회의 한 간부로서 나는 캠퍼스에서 유명 인사였다. 학생들은 내게 조언을 구했고 나와 함께 시간을 보내기를 좋아했다. 하루의 강의가 다 끝나고 열리는 모든 파티에는 내가 단골 초대 손님이었다. 그룹 스터디가 생기면 내가 초청대상 1순위였다. 그러나 이제 학생들이 나를 모른 체하면서 피했다. 마치 문둥병자를 피하듯이 말이다.

"앉아!" 부비서가 말했다. 나는 말없이 앉아 있었고 그는 내 자술서에 평점(評點)을 매기며 문법적 오류를 바로잡았다. 오자에 일일이 표시를 한 다음 내게 자술서와 잉크를 건네며 지장을 찍으라고 했다. 나는 죄수도 아니면서 죄수 같은 기분이 들었다. 그가 내게 그렇게 한 이유는 나나 내 친구들이 정부에 위협이 되고 있는지를 판단하기 위한 증거를 찾기 위해서였다. 내가 당국의 구미에 맞는 결정적 증거를 기억해내거나 심지어 조작해서 자술서에 적을 때까지 나를 매일 강의실 맨 뒷줄에 앉히는 것이 그의 의도였다.

"반혁명분자의 하루가 또 시작되는구나!" 다음날 아침 나는 강요된 자술서 작성으로 하루를 때우기 위해 캠퍼스를 가로질러 천천히 걸어가면서 이렇게 혼자 중얼거렸다.

강의실 맨 뒷줄에 혼자 앉아 있는 것은 정말 싫었다. 사실, 내가 할 말은 이미 자술서에 다 썼다. 부비서가 끊임없이 자술서를 강요하는 것은 나를 지치게 만들고, 하지도 않은 일을 했다고 자백하게 하고, 죄 없는 친구들에게 누명을 씌우기 위함이었다.

강의실을 향해 발걸음을 옮기던 길에 신문판매대가 보였기 때문에 머리기사의 제목을 확인하려고 속도를 늦추었다. 징계를 당하고 있는 때였지만 뉴스에 대한 궁금증은 결코 줄어들지 않았기 때문이었다. 사실, 당시 상황에서 뉴스는 내 처지와 관련이 있는 매우 중요한 것이었다. 걸음을 멈추고 상자 하나를 열어 신문을 한 장 꺼냈다. 그런데 기사제목이 이상했다.

"혼란과 소요를 일으킨 자들은 죽어 마땅하다." 죽어 마땅하다고?

나는 신문을 내려놓고 혹시 누가 나를 보고 있지 않나 싶어서 주변을 살폈다. 이상하게도, 누군가의 편지에서 자신에 대한 잔인한 이야기를 우연히 읽게 된 사람처럼 죄의식이 느껴졌다. 다시 기사제목을 읽었다.

"혼란과 소요를 일으킨 자들은 죽어 마땅하다." 내가 잘못 본 것이 아니었다. 분명히 "죽어야 마땅하다"고 쓰여 있었다! 그 기사를 억지로 다 읽어 보았다. 대단한 내용도 없고 글을 잘 쓴 것도 아니었다. 신문 한 면의 위쪽 절반 전체를 차지했지만 상투적인 공산당 선전의 냄새를 물씬 풍겼다. 그 기사의 주장에 의하면 학생 시위대는 국가가 베푼 모든 은혜를 저버린 배은망덕한 자들이며, 공산주의만이 만인의 번영과 평화를 이룰 수 있는 유일한 길이며, 시위대는 이기적이고 폭력적이고 사회발전의 장애물이라는 것이었다.

나는 신문을 접어서 보도 옆에 있는 양철 쓰레기통에 던져 넣으려고 했다. 독자들은 그 기사를 쓴 사람이 나를 공격하는 논리가 참신하지 못하다고 느낄 거라는 생각이 머리를 스쳤다. 그 기사의 논리는 정말 진부하기 짝이 없었다!

그런데 신문을 쓰레기통에 던져 넣으려는 순간 그 기사의 바이라인(byline: 신문기사의 필자 이름)이 눈에 들어왔다. 나는 그 자리에 얼어붙은 듯 멈추어 섰다. '조셉이 이걸 썼어?'

신문을 팔 밑에 끼고 기숙사로 성큼성큼 걸었다. 내 친구가 어떻게 저렇게 돌변해 나를 공격할 수 있는가? 그는 내가 죽어야 한다고 믿을 뿐만 아니라 한 걸음 더 나아가 나의 사형을 지지하는 기사를 신문에 기고했다. 기숙사 방문을 열고 들어가 책상 옆에 있는 의자에 푹 잠기도록 앉았다. 조셉은 내가 이런저런 과외활동을 기획할 때 친구요 후원자였다. 그런데 친구들이 내 처형을 바란다면 원수들은 얼마나 더 무서운 계획을 짜고 있을까? 갑자기 나는 마치 몸 안에 산소가 부족한 사람처럼 숨을 몰아쉬기 시작했다. 의자에서 벌떡 일어나 창가로 달려가 블라인드를 내렸다. 내 방과 내 삶은 점점 더 어두워져갔다.

판에 박은 듯 똑같은 날이 반복되었다. 억지로 쓰는 자술서, 혼자 먹는 저녁식사, 그리고 방구석에 틀어박히기로 하루가 다 갔다. 한 주가 지나고 두 주가 갔다.

그리고 세 주가 갔다.

한 달이 지나자 날 수를 세는 것도 포기했다. 모든 날들이 고독과 절망과 무미건조로 충만한 웅덩이로 빠져들었다. 기억조차 하기 힘든 일들을 내가 저질렀다고 자백해야 했고, 내가 믿지도 않는 사상을 믿는다고 털어놓아야 했다. 있는 것 없는 것 다 끄집어내어 억지로 자술서를 채웠지만 당국은 만족하지 않고 오히려 나를 더욱 닦달했다. 감시요원 둘이 갑자기 보도에서 나타나 나를 따라오거나 저녁식사 때에 내 옆에 서 있거나, 빨래를 할 때 옆을 지나가는 일이 일주일에 몇 번씩 있었다. 나는 고개를 들고 다닐 수 없었고, 다른 이들이 내 마음의 깊은 상처를 보는 게 싫었다. 나는 감시요원들이 그냥 감시만 하려고 따라다니는지 아니면 언젠가 나를 붙잡아 감옥에 넣으려는 것인지 궁금했다. 나도 모르게 주변을 살피는 습관도 생겼다.

내 입장을 해명할 기회가 허락되었다면 그렇게까지 힘들지는 않을 것이라는 생각도 들었다. 사실, 나 혼자 시위를 한 게 아니라 모든 학생들이 시위에 참여했는데 왜 나만 책임을 져야 하느냐고 항변하고 싶었다.

"나는 사회에 해를 끼치려고 시위를 주도한 게 아닙니다." 어느 날 나는 부비서에게 최대한 차분한 목소리로 말했다. "그런데 이번 내 일에 대해 총장님께 말씀드렸습니까?"

"총장님이 너 같은 학생을 옹호해주실 것 같니?" 그가 비웃듯 말했다.

"총장님과 나는 친구입니다." '친구'라는 단어가 내 입에서 튀어나올 때 마음속에 희망이 싹트는 것 같았다. "부비서님이 그 분과 이야기를 해보면 필요한 모든 걸 다 알게 될 겁니다."

"내가 그 분을 만나는 동안 넌 자술서나 써." 그가 책상 위에 놓인 종이를 가리켰다.

"무엇 때문에 또 씁니까?" 나는 무의미한 자술서 쓰기에 반발했다. "내가 하지도 않은 일을 어떻게 했다고 자백합니까? 난 탱크에 불을 지르지도 않았고 아무도 해치지 않았습니다."

"아, 네 잘못은 아주 커. 네가 이제까지 쓴 것은 단지 기록에 불과해. 네가 행한 일에 대한 유감스러움의 표명이 없어!"

"뭐 때문에 그런 표명을 해야 합니까? 내가 정말 유감스러운 것은 이렇게 억울하게 범죄자 취급을 받는 겁니다!"

"네가 범죄자 취급을 받는 데에는 분명 이유가 있어!" 그가 소리칠 때 들쭉날쭉한 그의 아랫니가 잠깐 드러났다. "예를 들어, 넌 잘못된 사상에 빠져 국가에 해를 끼쳤다는 자백부터 자술서에 썼어야 했어!"

나는 콧마루를 비비고 다시 눈을 비볐다. 앞에 있는 부비서와 논쟁해봤자 아무 소용이 없었다. 내게 필요한 것은 내가 선한 사람이라고 증언해줄 누군가였다.

"총장님께 말씀드릴 겁니까?" 이렇게 묻고 잠깐 뜸을 들이다가 "부탁합니다"라고 덧붙였다.

"자술서나 써!" 이렇게 내뱉고 그는 나가버렸다.

"나는 잘못된 사상에 빠져…." 이렇게 시작했지만 내 손 안에 있는 펜이 앞으로 나아가기를 거부하는 것 같았다. "…국가에 해로운 일을 행하였습니다. 학교수업을 거부했습니다.”

이 말 다음에 마음속으로는 “이 나라의 다른 모든 이들과 함께, 그리고 총장님의 허락을 받아”라는 말을 덧붙였다.

그런데 이 ‘자술서’라는 것을 쓸 때 내게 희망이 느껴지기 시작했다. 나를 신문하는 자들이 총장님과 대화를 나누어보면 내가 ‘인민의 적’이 아님을 알게 될지도 모른다는 희망 말이다. 사실, 나는 그 누구보다도 인민의 행복을 원했던 사람이고 ‘인민의 친구’였다.

그 다음날 일어났을 때에도 똑같은 하루가 시작되었다. 하루 종일 자술서를 쓰기 위해 강의에는 들어갈 수 없었다. 알맹이 있는 내용을 쓰라고 닦달하는 감시요원의 구미에 맞는 내용을 찾기 위해 머릿속 구석구석을 뒤졌다. 그러나 아무리 머리를 짜내도 그를 만족시킬 수가 없었다. 이미 나는 인간으로 대접받지 못했고 단지 다른 학생들에게 “까불면 이 친구처럼 되니까 까불지 마!”라고 경고하기 위한 시범 케이스에 불과했다. 사망자가 발생한 교통사고 현장에 세워놓는 경고 푯말처럼 말이다.

또 한 주가 지났고 다시 한 주가 지났다. 두 달이 지나자 나는 완전히 자포자기에 빠졌고 결국 ‘눈에 보이지 않는 인간’이 되고 말았다. 사람들은 나에 대해 완전히 신경을 껐다. 그들의 생활에서 완전히 배제되었기 때문에 나에 대해 생각조차 할 필요가 없었다. 전에는 함께 웃으며 의기투합했던 친구들은 내가 옆을 지나쳐도 내 쪽으로 눈길도 돌리지 않았다. 나는 그들의 의식에 희미하게 존재하는 유령이요 허깨비였다. 그들은 차라리 내가 존재하지 않기를 바랐다. 그런데 나와 시선이 마주치는 사람이 생길 때가 가끔은 있었다. 평소 같으면 그것이 사소한 일이겠지만 그래도 당시엔 내게 큰 위로가 되었고 그나마 나를 지탱해주었다.

시간이 흐를수록 내 미래에는 절망의 그림자가 점점 더 깊이 드리워졌다. 강의에 빠지는 날이 늘어날수록 다른 학생들보다 자꾸 뒤쳐졌다. 물론 밤에는 국제관계학 대학원에 진학하기 위해 공부는 계속했다. 하지만 책장을 한 장 한 장 넘기며 공부할 때에도 미래에 대한 불안은 점점 더 커졌다.

그러던 어느 날 아침 부비서가 붉으락푸르락한 얼굴로 방 안으로 들어왔다.

"너 나한테 거짓말했어!" 소리치는 그의 이마에 핏발이 섰다. 너무 화가 났기 때문에 그의 아랫니 전체가 내 눈에 보였다. 아랫니는 내가 상상했던 것보다 더 들쭉날쭉했다. 같은 모양의 아랫니가 하나도 없었다.

"넌 아직도 사실을 말하지 않고 있어!"

"모든 걸 다 자세히 말했는데요…." 내가 항변했다. "왜 나를 비난합니까?" 그는 내가 쓴 모든 자술서가 담긴 공책을 폈다.

"이 날…." 그가 자술서 하나를 가리키며 말했다. "넌 반중국 뉴스매체의 방송을 확성기로 내보냈어!"

"그런 적 없는데요. 난 방송 내용을 선택하는 일을 하지 않았는데요. 나는 다른 일을 했고 그 일은 다른 학생들에게 맡겼는데요."

"네 친구의 말은 달라!"

"어떤 친구 말입니까?" 내가 언성을 높였다. 그가 그 친구의 이름을 밝혔을 때 나는 내 귀를 의심했다. 나를 모함한 사람은 침대시트에 '자유'라는 단어를 혈서로 쓸 정도로 시위에 적극 가담했던 친구였다! 그때 나는 하이디를 뺀 내 모든 친구들과 추종자들이 내게 등을 돌렸다는 걸 알게 되었다. 자기의 죄를 가볍게 하려고 나를 모함한 것이라고 생각되었다.

"나는 그걸 인정하지 않습니다." 최대한 차분한 목소리로 말했다. "정부에 거짓말하고 싶지 않기 때문입니다. 그런데 총장님과 이야기해보셨습니까?"

"물론이지!" 그가 대답했다. "빠른 시일 내에 네가 찾아와 차 한 잔 하기를 원하시더라." 내 눈이 갑자기 커졌다.

"너와 영국여왕이 함께 말이다." 나는 실망하는 표정을 그에게 보이지 않으려고 시선을 돌려 바닥을 보았고 마음을 진정시키려고 숨을 천천히 내쉬었다. 만일 내가 당국이 시키는 대로 한다면, 대학 생활을 다시 정상적으로 하고 더 이상 수모를 당하지 않을 거라는 생각이 머리를 스쳤다.

08
꿈꿔야 할 인생은 사라지고

어느 날 나는 저녁식사를 하려고 캠퍼스의 복잡한 길을 따라 식당으로 걸어가고 있었다. 그런데 윌리엄이라는 옛 친구가 나를 보았다. 그는 '못생긴 돌'이라는 대학신문에서 함께 일했지만 나만큼 시위에 적극적으로 가담하지 않았다. 나는 그가 다른 학생들처럼 나를 모른 체할 거라고 마음속으로 각오했다. 하지만 그는 살짝 고개를 움직여 내게 영어과 뒤에 있는 정원을 가리키더니 그쪽으로 성큼성큼 걸었다. '지금 윌리엄이 나더러 저쪽으로 오라고 신호를 보낸 건가' 하는 의문이 머리를 스쳤다.

사실 나는 아주 오랫동안 다른 사람들과의 교제가 단절된 상태에서 생활했기 때문에 상호소통의 기술조차 잃어버린 것 같았다. 저 친구가 지금 내게 먼저 소통을 제안한 건가? 걸음을 늦추면서 나는 혹시 감시요원이 나를 따라오는 건 아닌가 하고 주변을 살폈다. 그 즈음 이미 나는 감시요원이 뜻밖의 장소에서 불쑥 나타나 내 뒤를 쫓아오는 것에 상당히 익숙해져 있었다. 때로는 보도 옆에 서 있으면서 내가 지나가는 것을 쳐다보았고, 때로는 언제라도 체포할 수 있다는 듯이 내 뒤를 바짝 따라오기도 했다. 또 어떤 때에는 전혀 모습을 보이지 않았지만 나는 그가 숨어서 위협을 준다고 직감했다. 윌리엄의 고갯짓을 보고 정원 주변의 보도와 좁은 길을 몇 개 살펴보았지만 아무도 보이지 않았다. 혹시 윌리엄이 나를 가지고 장난치려고 저러는 건 아닌가 하는 생각도 들었지만 혹시라도 좋은 기회가 될까 싶었다.

대개 중국의 정원들은 정원의 돌 건축물과 아름다운 꽃을 한 자리에서 다 볼 수 없을 정도로 미로처럼 꾸며져 있었다. 따라서 그곳은 은밀한 대화를 나누기에 아주 좋은 곳이었다. 아무도 나를 따라오지 않는다고 확신한 나는 고불고불한 길을 따라 작은 연못을 돌아 다시 다리를 건넜다. 그랬더니 꽃이 핀 자두나무 뒤에, 핑크색 연꽃이 핀 담장 바로 옆에 윌리엄의 모습이 보였다. 그와 내가 맞닥뜨렸을 때 나는 마치 길모퉁이를 돌자마자 용(龍)과 맞닥뜨린 것처럼 놀랐다. 친구가 밖에서 내게 말을 건 것은 진정 기적이었기 때문이다.

"봅 푸!" 그가 먼저 입을 열었다. "네가 그동안 고생을 많이 한 건 나도 잘 안다. 내가 엿듣게 된 대화를 너한테 말해주고 싶어서 이러는 거야."

"그런데 왜 나 때문에 이런 모험을 하는 거니?" 내가 주변을 살피며 물었다.

"긴 이야기를 할 시간은 없고…. 오늘 내가 중국문학 교수님을 도와주려고 행정건물에서 일을 하고 있었어. 너도 알다시피 복사를 하고 서류정리를 하는 일 같은 거지. 그런데 내가 보니까 영어과 과장님이 총장실로 걸어 들어가더라."

그때까지 나는 총장님이 내 고난을 끝내거나 적어도 부당한 징계를 경감시킬 방법을 마련할 것이라고 믿고 있었다. 여러 주 동안 그토록 정신적으로 격리된 생활을 해온 나로서는 나의 진실성을 보증해줄 사람이 절실히 필요했다. 그 분이 내게 유일한 희망이었다.

"난 처음에 총장님과 과장님 사이의 대화에 관심이 없었어." 윌리엄이 말했다. "그런데 조금 들어보니까 대학원 추천서 문제로 이야기를 하더라."

당시 대학원에 진학하는 방법은 두 가지가 있었다. 하나는 학생이 일정수준 이상의 학점을 따는 것이고 다른 하나는 학부의 학과장과 총장의 추천서를 받는 것이었다. 나는 안도의 한 숨을 크게 내쉬었다. 대학원은 내가 제대로 된 직업을 얻을 수 있는 유일한 방법이었다. 하지만 왕따가 되어 하루하루를 보내면서 내 대학원 꿈이 물거품이 되는 건 아닌가 하는 두려움에 시달렸던 것이 사실이었다. 그런데 내 미래가 탄탄대로에 놓이게 된다면 왕따쯤은 참아낼 수 있다는 것이 내 심정이었다.

"그거 좋은 소식인데!" 내가 응수했다. "사실, 시위참여 문제 때문에 대학원 진학에 제동이 걸리는 게 아닌가 하고 걱정했는데."

"네게 좋은 소식이 아냐." 그가 목소리를 급격히 낮추었기 때문에 나는 그에게 귀를 바짝 갖다 대야 했다.

"그 두 분 사이의 대화가 고성(高聲)으로 변했어. 내가 복사지를 더 가지러 갈 때 총장님이 목소리를 높였어."

"나에 대해?"

"그래. 영어과 학과장님이 네 추천서를 써 가지고 갔는데 총장님이 못 마땅하게 여긴 거야."

"어떻게 그렇게 단정할 수 있어?"

"왜냐하면 총장님이 학과장님께 '이런 문제 학생을 어떻게 추천할 수 있습니까? 이 대학의 명예와 내 명예를 더럽힐 생각입니까?' 라고 소리쳤기 때문이야."

"문제 학생이라고?"

"그래! 총장님은 네가 온 나라에 해를 끼칠 사람이라고 말했어."

"하지만 그 분은 내 친구인데…." 내 말이 목구멍에서 나오는 게 무척 힘들었다. "나와 함께 시위에 참여하기도 했어."

"물론, 전에는 네 친구였지. 하지만 지금은 네 앞길을 막으려고 해."

"어떤 방법으로?"

"학과장님께 네 추천서를 철회하라고 말했어."

나는 마치 내가 듣지 못하도록 내 귀를 덮고 있는 그 무엇을 떨쳐버리려고 하듯이 머리를 좌우로 흔들었다. 내가 잘못 들은 것이 틀림없어…. 이제껏 그토록 고생하며 수고했는데 결국 시골 농사꾼으로 끝날 수는 없어 하는 생각이 머리를 스쳤다.

"그럴 리가 없어!" 내 목소리가 커졌다.

"내가 징계의 위험을 무릅쓰고 이런 이야기를 해주는 건데 네게 거짓말이나 하겠니?" 윌리엄은 엄숙히 말하며 내 팔에 그의 손을 얹었다. "밥! 마음을 굳게 먹어. 총장님이 네 편이 아니라고 말해주고 싶었어. 넌 그걸 알아야 해."

나는 아무 말도 할 수 없었다. 조금 후 윌리엄은 내 팔에 얹은 손을 거두더니 약간 미안하다는 듯이 "난 가야겠다. 따라오지 마"라고 말했다. 나는 그의 우정과 용기에 감사하다는 말조차 못한 채 우두커니 서서 그가 정원의 미로 속으로 사라지는 걸 지켜보았다. 그야말로 망연자실이었다.

연꽃 향기가 주변에 확 풍길 때 손으로 머리를 긁으며 생각해보았다. 내 인생의 남은 선택은 무엇인가? 운명을 바꾸어보려고 그토록 발버둥 쳤건만 결국 거지의 아들이고 촌놈에 불과한가? 학위가 없다면 하이디를 먹여 살릴 수도 없고 그 지긋지긋한 가난에서 가족을 구할 수도 없을 것이다. 결국 농사나 지을 것이고 자존감 없이 살아갈 것이다.

대학원 진학을 위해 그토록 고생한 시간들을 생각하니 속이 부글부글 끓어올랐다. 나는 여러 곳을 여행하고 문화를 개혁하고 부패와 싸우고 불평등을 해소하겠다는 포부를 가지고 살았었다. 그러나 그곳, 즉 자두나무 뒤에 서 있는 나는 잔인한 불의(不義)에 짓밟혀 신음하는 연약한 학생에 불과했다. 머리가 멍 했지만 한 가지만큼은 분명했다. 내가 꿈꿔왔던 인생이 더 이상 가능하지 않게 되었다는 것이다! 굴욕감이 엄습했다.

꿈이 산산조각 났다는 생각에 압도당하자 숨조차 쉬기 힘들었다. 그때까지 나는 자살하는 사람들의 심정을 잘 이해하지 못했었다. 무언가 잘못 생각하고 자포자기에 빠져 자살하는 거라고 생각했었다. 하지만 그날, 꽃이 핀 자두나무 뒤에서 나는 나뭇가지를 하나 꺾었다. 그리고 내 목숨을 끊겠다고 결심했다. 그러나 혼자 죽을 생각은 없었다.

～

나는 중대한 사명을 감당하려는 사람처럼 캠퍼스를 가로질러 걸어갔다. 한 발자국 한 발자국을 무겁게 내디디며 보도를 걸어갈 때 배낭을 멘 다른 학생들의 발걸음도 무겁게 보였다. 왼발, 오른발, 왼발, 오른발… 마치 행진하는 병사처럼 내 발걸음이 리듬을 탔다. 내가 병사는 아니었지만 분명 전쟁 중이었다. 나는 감각이 없는 것 같았고 정신이 몽롱했다. 어릴 적의 나는 벌레를 잡아 해부하는 성격의 소유자는 아니었다. 새에게 돌을 던지거나 작은 짐승을 죽인 적도 없었다. 죽이는 방법도 몰랐다. 그러나 정부는 나로 하여금 내 손을 움직이게 만들고 있었다. 죽이는 방법을 배우기로 마음먹으면 못 배울 것도 없었다. 내가 제일 먼저 무엇을 해야 할지는 분명했다. 그것은 총장의 사택으로 가서 그곳을 정탐하고 가장 좋은 실행방법을 찾는 것이었다. 그와 나의 죽음을 꼭 큰 구경거리로 만들겠다는 생각은 없었다. 다만 그를 마지막으로 보고 그의 배신을 지적하고, 그와 나의 인생을 동시에 끝낼 기회를 얻기 원했을 뿐이다.

그의 집은 생을 마감하기에 딱 좋은 장소 같았다. 대학 고위직 인사들의 사택단지 안에 푹 파묻혀 있었기 때문에 비교적 안전해보였다. 내가 그 집을 잘 알았던 이유는 전에 그의 초대로 그곳에 가보았기 때문이다. 그때는 우리가 서로 친구였기 때문에 차를 마시며 국내외 정치에 대해 이야기를 나누었고, 나는 그에게 강한 인상을 심어주어 내 미래를 탄탄대로에 올려놓고 있다고 생각했었다. 불과 몇 달 전만 하더라도 나는 누가 그를 비난하면 그에 대항해 싸웠을 것이다. 내 눈에는 그가 훌륭한 개혁가요 독립적 사상가요 사려 깊은 학자로 보였다. 그가 자기 생존을 위해 내 인생을 파멸로 몰아넣는 짓을 서슴지 않는 음흉한 공산주의자라고는 상상조차 못했다.

사택단지를 향해 걸어갔다. 붙잡히면 어떻게 하나 하는 두려움은 없었다. 내게는 무기도 없었고 그날 저녁이 거사일도 아니었다. 일단 사실을 확인하겠다는 것이 내 목적이었다. 내가 아는 한, 감시요원이 나를 따라오지는 않았다.

총장과 마주쳤을 때 해야 할 말을 머릿속으로 준비했다.

"당신은 존경할 수 없는 자야!" 나는 큰소리로 연습했다. "사기꾼이야! 솔직히 말해서, 내가 보기에 당신은 인간이 아냐!" 내 입에서 나오는 말을 스스로 들으니 힘이 좀 났다. 총장에게 이 말을 해주어야 속이 시원할 것 같았다. 나는 그에게 비난의 말을 쏟아내려고 가는 중이었다. 어쩌면 욕을 할지도 몰랐다.

다른 사택들보다 큰 총장의 멋진 대저택을 향해 갈 때 날은 이미 어두컴컴했다. 2층 내지 3층 높이의 총장 사택은 웅장했다. 보도를 따라 가다가 그의 집을 지나쳤기 때문에 다시 돌아왔다. 주변에 사람은 없었다. 아마도 모두가 집안에서 저녁식사를 막 끝내고 있는 것 같았다. 총장이 아직 사무실에 있는 것은 아닌가 하는 생각이 들었다. 감시요원은 아마 내가 8시까지 영어과 강의실로 돌아올 것으로 기대하고 있는 것 같았다.

총장의 사택 뒤로 가서 지형과 창문을 살펴보고 싶다는 생각이 들었다. 대개 중국의 건축물은 동일한 구조로 건축된다. 집의 중앙에는 신(神)이나 조상을 모시는 곳이 있고, 그것을 중심으로 한쪽에는 침실들이 있다. 그리고 다른 쪽에는 일종의 물림(wing)이 있어 거실, 식사하는 곳, 주방, 그리고 자녀들을 위한 공간으로 사용된다. 아무튼 나는 공연히 소동만 일으키고 총장 살해에 실패하는 꼴이 되고 싶지는 않았다. 만일 내가 자살폭탄을 설치한다면 조금도 실수하지 않고 완벽하게 성공하기를 원했다. 어차피 내게 주어진 기회는 단 한 번뿐이었기 때문에….

나는 시계를 슬쩍 본 다음 일단 집 뒤로 갔다. 집 뒤로 가는 것이 위험하다는 걸 어렴풋이 의식하면서도 그렇게 했다. 총장의 집 뒤로 살금살금 걸어가다가 누군가에게 붙잡히면 엄청난 곤경에 빠질 것이 분명했다. 학교에서 쫓겨날까? 학위를 받지 못할까? 내 미래는? 왠지 웃음이 터질 것 같았다. 정부가 나를 너무 코너로 몰아붙였다는 생각이 들었다. 공산당은 최소한의 삶의 희망을 내게 남겨놓았어야 했는데 그러지 않았다.

살금살금 걸어 집 뒤로 가보니 무늬가 새겨진 방충망이 달린 창문이 보였다. 숨을 깊이 쉬고 까치발로 창문을 통해 안을 들여다보았다. 우선 현관이 보였다. 바닥에는 붉은 카펫이 깔려 있었고 조그만 탁자 위에는 옥(玉)으로 만든 사발이 놓여 있었다. 집 안에 아무도 없는 것처럼 보였지만 그렇다고 내게 좋을 건 없었다. 창문에서 뒤로 한 걸음 물러서자 사택의 뒷문이 눈에 띄었다. 붉은 색의 뒷문에는 용의 무늬가 새겨진 쇠고리가 달려 있었다. 놋으로 된 손잡이에 손을 대니 차가웠고, 손잡이를 슬쩍 잡아당겨보니 놀랍게도 열렸다! 정적이 감도는 집안을 들여다본 후 다시 주변을 살폈다. 보는 사람은 없었다.

문안으로 발을 내딛는 순간, 이상하게도 강한 증오심과 강렬한 흥분이 뒤섞여 나를 엄습했다. 나는 너무나 오랫동안 감시요원에게 시달리며 자술서를 써 왔다. 자술서 쓰기의 출구는 보이지 않았다. 그런데 이제 죽기로 결심하니 오히려 생기가 났다. 현관의 짙은 청회색 타일 위로 첫발을 내디뎠다. 소리가 나서 잠시 멈칫했다. 집안에 아무도 없을 거라는 내 판단이 맞는 건가? 두 번째 발을 내딛고 또 멈칫하며 귀를 쫑긋했다. 아무 소리도 들리지 않았다. 다시 한 걸음을 내디뎠다. 마침내 현관을 벗어나 주방을 향해 걸었다. 한 걸음 한 걸음씩…. 만일 총장이 집안에 있다면 내가 타일을 밟을 때 나는 소리든 내 가슴이 쿵쾅쿵쾅 뛰는 소리든 간에 무슨 소리를 듣고, 내 발자국 소리는 틀림없이 들었을 것이다. 하지만 이 두 가지 소리 중 어느 것도 내 마음대로 통제할 수 없었다. 사실, 그 시절 나는 내가 통제할 수 있는 것이 거의 없다는 걸 이미 깨닫고 있었다.

현관을 통해 주방으로 갔더니 주방문이 열려 있었고 주방이 깨끗이 정리되어 있었다. 단지 흠을 잡자면 주방 한 가운데에 있는 조리용 식탁 위에 놓인 토마토들이었다. 토마토 한 개가 칼로 잘려 있었고 칼은 토마토와 더러운 접시 옆에 놓여 있었다.

그런데 갑자기 내 발이 바닥에 달라붙었다. 나 말고 누군가 그 집 안에 있는 것 같아 귀를 쫑긋 세웠다. 총장이 야근이라도 하니까 남편을 위한 식사 준비에서 해방된 부인이 간단한 식사를 하고 있는 걸까? 주방의 다른 부분을 살펴보았다. 빈 포도주 잔이 일주일 전에 버렸어야 마땅한 시든 국화가 담긴 구리 꽃병 옆에 놓여 있었다.

주방에서 나올 때 왠지 한편으로는 아무 생각 없이 멍하면서도 또 한편으로는 기운이 났다. 그러나 갑자기 무언가 바닥에 떨어지는 소리가 났다! 내 발이 다시 바닥에 얼어붙었다. 무엇을 잘못 건드려 바닥에 떨어진 것이 아닌가 하는 생각이 스쳤다. 하지만 그 소리는 내가 마치 석고상처럼 서 있는 곳에서 3미터 쯤 떨어진 거실에서 난 소리였다. 감시요원이 나를 따라온 건가?

다른 방에 숨어 나를 기다리고 있는 건가?

그런데 숨을 몰아쉬는 소리가 들렸고 다시 웃음소리가 들렸다. 남자였다. 틀림없이 총장이었다. 나는 그의 사무실에서 그와 여러 번 대화를 나누며 함께 웃은 적이 많았기 때문에 그의 웃음소리를 잘 알고 있었다. 목안 깊숙한 곳에서 나오는 듯한 그의 낮은 웃음소리는 내게 익숙한 것이었다. 총장의 웃음소리라는 걸 알자 두려움이나 걱정보다는 안심이 되었다. 그의 집으로 들어가 듣게 된 귀에 익은 웃음소리는 불과 몇 달 전에 듣던 소리였지만 마치 먼 과거에서 들려오는 듯 했다. 그 먼 과거는 그때만큼 힘들지 않았던 시절이었고, 살아온 날보다 앞으로 살아갈 날이 훨씬 더 많았던 시절이었다.

나는 총장 집에서 빠져나가 다시 감시요원의 감시 하에 놓이는 편을 택하지 않고 거실 문에 손을 대고 주변을 살폈다. 거실 안에 총장이 앉아 있었다. 그의 눈이 약간 감겨 있었고 한 바탕 크게 웃느라고 고개가 완전히 뒤로 젖혀져 있었다. 그의 두 다리 사이에 포도주 병이 있었고 바닥에는 산산조각 난 포도주잔이 있었다. 그를 향해 부글부글 끓던 마음이 잠시 누그러졌다. 킥킥 웃는 사람을 미워하는 게 쉽지 않기 때문이었다.

"푸 시치우." 그는 내 이름을 분명치 않게 발음했다. 내가 자기의 집 안으로 들어왔기 때문에 그가 놀란 것인지 나로서는 알 수 없었다. 아무튼 그의 입에서 나온 내 이름을 듣자, 나는 그가 캠퍼스에서 처음 나를 불렀던 때가 생각났다. 살얼음판을 걷듯 가슴이 두근두근하는 상황에서도 나는 이상하게 묘한 자긍심을 느꼈다. 아마도 대학의 총장이 내 이름을 알고 있었기 때문일 것이다.

"너 여기서 뭘 하고 있는 거니?" 그가 물었다. 나는 일단 거실 문 안쪽으로 들어가긴 했지만 여전히 문 가까이 서 있었다.

"잠깐…." 내가 대답하기 전에 그가 손가락 하나를 위를 향해 세우며 말했다. "내가 알아맞히지. 네가 여기에 온 건 … 항의하기 위해서야!" 이렇게 말하며 그는 웃음을 참지 못했다. 바닥의 깨어진 잔 옆에 빈 포도주 병이 하나 있는 게 보였다. 나는 다시 분노가 치밀었다.

"지금 나를 놀리시는 겁니까? 총장님은 전에 내 편이셨습니다!"

"그래? 하지만 네 편은 지금 패배의 고배를 마시고 있어." 그가 허리를 굽혀 깨진 유리잔 조각을 집으며 말했다. 그가 내 편이 되어 줄 거라는 착각에 빠져 있던 지난 몇 달 동안 내가 얼마나 어리석었는가!

그는 의자에서 일어나 내게 다가왔다. 그 순간, 주방의 조리용 식탁에 있는 칼이 생각났지만 내 몸은 전혀 움직이지 않았다. 내게 다가온 그는 내 얼굴 앞에 그의 손가락 하나를 갖다 대었다. 내 얼굴과 그의 손가락 사이는 불과 2,3센티미터였다.

"넌 정말 말썽꾸러기야!" 그의 침방울이 내 얼굴에 튀었다. "공산당은 너를 여러 해 키웠어. 그런데 네게 그토록 은혜를 베푼 국가에 왜 해를 끼치려는 거야?"

"당신은 나를 배반했어요!" 내가 소리쳤다. "내가 당신께 충성했지만 당신은 내 적으로 돌변했어요!"

"네가 충성에 대해 뭘 알아?" 조금 전 기분 좋은 모습은 싹 사라지고 언성이 높아졌다. 그의 이마에 땀방울이 송송 맺히기 시작했다.

"중국은 너를 자식처럼 돌보았는데 넌 이제 조국을 파괴하려고 해. 넌 국가의 적이고 인민의 선동가야. 반역에 대한 대가를 치르고 말거야."

나는 화가 머리끝까지 치밀었고 그곳에서 뛰쳐나오고 싶었다.

"아니, 당신이 대가를 치를 거요!" 나는 이렇게 소리치고 몸을 돌려 뒷문을 향해 뛰었다. 뒷문에 이르렀을 때 거실에서 소리가 들렸다.

"내가 대가를 치른다고?" 그가 껄껄 웃으며 소리쳤다. "내가 대가를 치른다고?"

종종걸음으로 급히 캠퍼스로 돌아갈 때 나는 굴욕감을 느끼지 않았고 바보가 되었다고 느끼지도 않았다. 내 친구요 동지라고 믿었던 사람에게 배신당했다고 느낄 뿐이었다. 내가 그에게 배신감을 느낀 이유는 사회의 많은 악을 바로잡기 원하는 내 열망을 알면서도 내 편이 되어주지 않았기 때문이다. 나는 이 세상에 더 살아봤자 사회의 여러 가지 악을 바로잡을 수는 없는 입장이 되었다. 하지만 죽으면서는 한 가지 악은 바로 잡을 수 있을 거라고 생각하였다.

GOD'S DOUBLE AGENT

2

아름다운 소식을
전하게 하시려고

09
덜 우울해지고 더 행복해지다!

　인터넷 사용이 일반화되기 전이었던 그 시절에 영어 전공자가 폭탄 제조법을 아는 것은 결코 쉬운 일이 아니었다. 만일 고등학생 시절에 화학수업을 좀 더 열심히 들었다면 화학물질을 섞어 완벽한 폭탄을 만들 수 있는 능력이 내게 있었을 것이다. 하지만 영어 전공자도 사람을 죽이는 방법에 대해 몇 가지 중요한 단서를 얻을 수는 있었다. 셰익스피어는 몇 가지 끔찍한 방법으로 그의 등장인물들을 죽였다. 질식시키거나 칼로 찌르거나 머리를 자르거나 밧줄로 목을 매달거나 전염병을 퍼뜨리는 방법을 사용했다. 하지만 이런 방법들은 너무 지저분했다. 내게 필요한 것은 총장과 나의 삶을 한순간에 깨끗이 끝낼 수 있는 방법이었다.

　나는 살인과 자살을 동시에 원했다. 낮에 감시요원이 어디에 있나 살핀 후 혼자 큰방에 착실히 앉아 소위 자술서라는 것을 쓰면서 복수를 꿈꾸었다. 한 시간이 지나갔지만 자술서를 내려다보면 아무 것도 쓴 것이 없는 적도 때때로 있었다. 그럴 때에는 자술서를 메우기 위해 허둥지둥 펜을 놀리지 않았고 다만 느긋하게 다시 쓰기를 시작했다. 자술서를 열심히 쓰기 위해 노력한다는 인상을 주겠다는 마음은 사라졌다. 대학 졸업과 대학원 진학이 불가능해진 상황에서 내가 부비서를 만족시킬 이유는 없었다. 사실, 내가 누군가의 마음에 들기 위해 노력한다는 것 자체가 무의미해졌다. 저녁에 내 자술서에 평점이 매겨지고 있는 동안 나는 교실 뒤에 앉아 머리를 책상에 대고 울었다.

그러던 어느 날, 역시 교실 뒤에 앉아 있는데 전혀 예상치 못한 일이 나를 찾아왔다. '잭'이라는 영어 이름을 가진 친구가 내 앞에 앉아 있다가 뒤를 돌아보더니 말을 걸었다. 누군가 내게 말을 건 것이 실로 오랜 만이었다!

"이것 좀 봐!" 그가 낮은 목소리로 말했다. "이게 네게 도움을 줄 것 같은데…." 그는 내 책상 위에 소책자 한 권을 올려놓았다. 그것은 중국의 어느 지식인의 전기(傳記)였다. 나는 표지를 본 다음 한 장을 넘겼다.

"이게 내게 왜 도움이 된다는 거야?"

"나도 몰라." 그의 목소리에 약간 짜증이 섞여 있었다. "라오 우가 내게 주었어."

"아무튼 고맙다." 그 소책자가 어떻게 도움이 될지 몰랐지만 그의 성의에 감동했다.

"어쩌면 네 눈물을 멈추게 하는 데 도움이 될지도 몰라."

별로 내키지 않았지만 그래도 그 책의 몇 쪽을 넘겨보았다. 그것은 산시 성 린펀 가까이 있는 쨩 마을에 사는, 서부지역 출신의 어떤 유학자(儒學者)에 대한 이야기였다. 그는 뛰어난 지혜로 유명해진 사람이었지만 혼자 있게 되면 아주 슬프고 우울했다. 책장을 넘길 때마다 그에게 공감하게 되었다. 새로운 책을 읽을 기분이 아니었지만 자술서의 평점이 매겨지고 있는 상황에서 딱히 할 일은 없었다. 더욱이, 그 책이 내 어려움을 덜어줄 거라는 잭의 말이 흥미를 자극했다. 의자에 앉은 자세를 고친 다음 나는 괴롭게 살았던 그 학자에 대한 글을 읽기 시작했다.

시 쯔즈(Xi Zizhi)라는 이름의 학자는 유교와 중국고전(古典)으로는 마음의 평안을 얻을 수가 없었다. 30세가 되었을 때 그의 슬픔이 극에 달해 건강이 나빠졌다. 심지어 그의 아내와 친구들은 그에게 가장 좋은 옷을 입혀 침대에 눕히고 그가 죽기를 기다렸다. 하지만 죽음은 그를 피했고 그는 죽지도 못하는 자신의 처지를 한탄했다. 그러던 어느 날 친구들은 아편이 그의 기분을 좋게 해줄 거라고 말했다. 아편은 즉시 효과를 나타냈지만 그 효과가 너무 짧았다. 그 후엔 전보다 더 심한 우울증이 찾아왔다.

"이건 너무 슬픈 이야기인데…." 나는 소책자로 잭의 등을 치며 말했다. "왜 이런 책을 내게 준거야? 내가 더 울기를 바라는 거야?"

"라오 우 교수의 말에 의하면, 그 책이 감동을 준다고 하던데…." 잭은 자기도 잘 모르겠다는 듯이 어깨를 으쓱했다. 나는 그 책을 다시 펴서 읽기 시작했다. 시 쯔즈는 아편이 문제해결의 근본적 방법이 아닌 걸 깨달았지만 이미 아편중독자가 되어 버렸다. 건강은 전보다 더 빠른 속도로 나빠졌다. 1877년 그의 성에 기근이 닥쳤을 때 허드슨 테일러(중국내지선교회의 창설자)의 사역팀은 생존을 위협받는 사람들에게 도움을 주려고 영국인 선교사 두 명을 그의 이웃 도시로 파견했다. 수천 명의 사람들이 기아나 자살이나 질병으로 죽었기 때문에 그 두 선교사가 음식과 돈과 새로운 종교를 가지고 찾아왔던 것이다. 결국 기근이 끝났을 때 두 선교사는 그 지역 사람들이 새로운 종교에 대해 생각해보는 계기를 마련해주려고 아주 영리한 방법을 생각해냈다. 그것은 '마약중독에서 벗어나는 가장 효과적인 방법'이라는 주제로 그들의 신문에 지상(紙上) 수필 콘테스트를 여는 것이었다. 시 쯔즈는 이 콘테스트에 관심이 생겼다. 마약에 대해서라면 나름대로 아는 것이 있었고, 또 마약을 더 사려면 돈이 필요했기 때문이었다. 그는 네 가지 다른 이름으로 그 콘테스트에 네 번 지원하기로 마음먹었고, 결국 네 번 중 세 번이나 당선되었다.

그는 선교사인 힐(Hill) 씨에게서 상금을 받기 위해 평양에 있는 힐의 집으로 처남과 함께 갔다. 하지만 가면서도 마음은 내키지 않았다. 선교사들과 그들의 종교에 관한 온갖 부정적 소문을 이미 들었기 때문이다.

"힐 씨와 마주 대하는 순간, 그에 관해 들었던 온갖 소문이 눈 녹듯이 사라졌다. 아침 햇살이 어둠을 쫓아내는 것 같았다." 그가 말했다. "두려움은 모두 사라지고 내 마음에 평안이 생겼다. 온화한 그의 눈빛을 보았을 때 '사람의 마음이 바르지 못하면 그것이 눈빛에 나타난다'라는 맹자의 말이 생각났다. 그의 얼굴을 보는 순간 나는 내가 선하고 진실한 사람 앞에 있다고 느꼈다."

나는 읽기를 잠시 멈추고 손으로 얼굴을 비볐다. 어릴 적에 나는 '예수교'를 믿는 사람들에 대해 아버지께 들은 말이 있었다. 사실, 우리 집에서 3킬로미터 정도 떨어진 이웃 마을에 낡고 버려진 교회 건물이 있었는데 그들이 그곳에서 모이곤 했었다. 이웃 마을을 지나가다가 그 건물을 처음 보고 내가 "어, 저게 뭐지?"라고 소리친 적도 있었다. 건물은 멋있었지만 버려진 상태였고 한쪽 벽이 내려앉았다. 그런 모습을 보고 내 친구들은 놀렸다. 나는 안으로 들어가 보진 않았다. 왠지 위험하고 으스스해보였기 때문이다.

"외국인들이 여기 살았었대." 친구들이 말했다. 나는 물론 외국인과 관련된 것이라면 무엇이든지 매력적으로 느껴졌다. 앞에서도 말했지만, 외국인을 뜻하는 중국어 '양 꾸이즈'의 문자적 의미는 '외국 놈'(또는 외국 요괴)이다. 그래서 그런지 나는 난생 처음 교회를 본 순간 요괴를 머리에 떠올렸다 (이렇게 된 데에는 교회가 미국인들을 연상시키는 것도 한 몫 했을 것이다). 친구들과 나는 교회건물 가까이 접근해 호기심어린 눈으로 쳐다보았다. 마치 외계에서 날아온 비행선을 보는 듯 했다. 이런 어릴 때의 사건을 머리에 떠올리자 내 얼굴에 미소가 피었다. 그 미소는 내 얼굴에 몇 달 만에 처음으로 피어난 '가식 없는 미소'였을 것이다.

책을 내려놓고 앞에 앉아 있는 급우들의 뒷모습을 보았다. 나는 마약중독자의 이야기를 읽고 있는데 그들은 열심히 공부하고 있었다. 내 학업이 그들보다 얼마나 많이 뒤쳐졌을까 하는 생각이 스쳤다. 하지만 어쨌든 책장을 넘기며 그 소책자를 계속 읽었다. 시 쯔즈는 상금을 받고 심지어 선교사들을 위해 일하기 시작했다. 신약성경을 중국어로 옮기는 일을 한 것이다. 그가 번역한 신약성경은 전도용 소책자의 형태로 만들어졌다. 그리스도의 십자가 사건에 대한 기록을 번역할 때 그는 무릎을 꿇고 울었다. 자기가 평생 찾아 헤맸던 진리를 발견했다고 느꼈다. 그 진리는 유교나 중국의 고전에서 발견되지 않았다. 이상하게도 그것은 자기가 범하지도 않은 죄 때문에 국가에 의해 죽임을 당한 예수라는 사람의 이야기에서 발견되었다!

시 쯔즈의 이야기를 여기까지 읽었을 때 나는 소름이 쫙 끼쳤다. 고개를 들었다. 그의 이야기가 특별히 나를 위해 쓰였다고 느껴졌다. 책장을 한 장 한 장 넘길 때마다 내게 깊은 진리를 속삭여주는 것 같았다. 그 책에는 아름다운 문장들이 아주 많았다. 그 책에 사용된 어떤 표현들은 내가 들어본 적이 없는 것이었다. 그리고 내가 생각해보지 못한 심오한 사상이 담겨 있었다.

나는 손을 뻗어 바닥에 놓인 배낭 안에서 공책을 집었다. 그것은 내가 영어를 공부할 때 사용한 공책이었다. 그 공책을 펴서 영어와 관련된 필기가 끝난 곳에 굵은 선을 긋고 그 바로 밑에 '시 쯔즈에 대한 책에서 뽑은 것들'이라고 썼다. 그리고 내가 읽은 멋진 문장들 중에서 일부를 그대로 옮겨 적었다. 그 책에서 두세 쪽에 달하는 인용문을 베껴 쓴 다음 다시 그 책을 읽었다. 시 쯔즈가 기독교로 개종한 다음 어떻게 되었는지 궁금해서 견딜 수 없었다. 본래 그는 마약중독자였다. 기독교가 그를 슬픔과 마약중독에서 건져줄 수 있는 종교인가?

"나는 중국의 전통 의약을 써서 마약을 끊으려고 했으나 실패했다. 외국에서 온 의약으로도 역시 실패했다." 나는 그의 고백을 읽어 내려갔다. "그러나 결국 신약성경을 읽다가 사람들을 도와주시는 성령이라는 분이 있다는 걸 알게 되었다. 그분은 사람이나 의약이 할 수 없는 것을 이루셨다. 그분의 능력으로 나는 마약을 끊었다!"

내 뺨을 타고 눈물이 흘러내렸다. 두세 줄 앞에 앉아 있던 한 학생이 내가 코를 훌쩍이는 소리를 듣고 뒤로 돌아보았다. 그녀는 나를 보고 눈알을 희번덕거리더니 다시 재빨리 몸을 돌렸다. 하기야 내가 강의실 뒤에서 우는 것이 급우들에게는 새로운 흥밋거리도 아니었다. 그런데 이번의 눈물은 그동안 지겹도록 나를 따라다녔던 절망감 때문에 흘린 눈물이 아니라 안도의 눈물이었다. 희망을 보았기 때문에 흘린 눈물이었다! 예수라는 분? 성령이라는 분? 그분이 내가 어릴 적에 기도의 대상으로 삼았던 '하늘의 할아버지'와 어떤 관계가 있는가? 나는 눈물이 공책 위에 떨어지지 않도록 눈물을 닦으며 그 소책자의 내용을 공책에 적었다. 감정이 복받치고 생각을 정리하기 힘들었기 때문에 필기의 속도가 느려졌고, 따라서 책을 읽어나가는 속도도 느려졌다.

믿음을 갖게 된 후 시 쯔즈는 완전히 변했기 때문에 자기의 이름까지 성모('귀신들을 정복한 자'라는 뜻)라고 바꾸었다. 마약을 끊고 기독교마약퇴치센터를 세워 수십 만 명을 마약에서 구하는 데 기여했다. 그의 이야기를 읽고 나는 감동의 물결에 압도되어 입이 딱 벌어졌다. 자기 자신을 영구적으로 바꾸었을 뿐만 아니라 다른 이들도 영구적으로 변화시켰기 때문이다. 그가 이룬 일은 내가 늘 꿈꿔왔던 인생의 목표였다.

초등학생으로서 다른 아이들에게 놀림을 당할 때 나는 평등과 상호존중을 원했고, 그걸 이룰 수 있는 유일한 길이 부(富)라고 믿었었다. 고등학생 때에는 모든 사람들을 위한 공평과 기회균등을 이루기 원했고, 그렇게 하려면 총리가 되는 길밖에 없다고 생각했었다. 대학생이 되어서는 민주주의와 자유를 갈망했다. 그리고 그 즈음 나는 내 강한 목표의식과 자질의 힘으로 내 학교를 개선할 수 있을 거라고 믿었다.

그러나 내 거창한 계획들 중에 실현된 것은 하나도 없었다. 내가 바꾸어 놓았다고 믿었던 사람들은 오히려 나를 배신했고 그것이 나를 절망의 나락으로 떨어뜨렸다. 결국, 내 절망은 총장을 죽이고 자살하겠다는 결심을 낳았다. 변한 건 아무 것도 없었다. 내 삶, 내 조국, 그리고 내 학교는 언제까지나 바뀌지 않고 그대로 굴러갈 것이 뻔했다. 내가 아무리 노력해도 소용이 없었다. 이 세상에 불평등과 불공정과 불의가 판쳐도 사람들은 신경 쓰지 않았다. 변화는 없었다. 변화를 바라는 것은 부질없는 짓이었다.

그때까지 나는 내가 중국을 이끌고 나갈 사람이라고 생각했었다. 내가 사람들을 더 좋은 방향으로 이끌 수 있는 선하고 의로운 사람이라고 믿었었다. 그러나 그날 읽은 소책자의 아름다운 문장들이 내 폐부(肺腑)를 찔렀다. 그리고 갑자기 내 마음의 어둠이 나를 무겁게 짓누르기 시작했다.

소책자를 덮어 공책 위에 올려놓고, 나는 여전히 내 자술서에 평점을 매기고 있는 부비서를 슬쩍 보았다. 공산당 관리인 그를 보자 내 마음이 찔렸다. 부패척결을 위해 싸우겠다고 입버릇처럼 말한 내가 부당비서에게 뇌물을 주려고 한 적이 있었다는 게 생각났다. 내가 자유를 위해 투쟁한다고 생각했지만 대학의 교실들을 봉인하여 다른 학생들에게 시위참여를 강요했다. 공정해야 한다고 주장했지만 아주 어릴 적에 음식을 훔친 적이 있었다. 자비를 외쳤지만 누군가를 살해하겠다고 마음먹었다. 그 소책자는 내 삶의 구석구석을 비추어 드러내는 강렬한 빛 같았다. '눈에 보이지 않는 인간'이 눈에 보이기 시작했고 나는 그렇게 드러난 내 모습이 싫었다. 나는 의로운 지도자도 아니었고 선한 사람도 아니었다. 사실, 며칠만 더 시간이 흘렀다면 살인자가 되었을 수도 있는 사람이었다. 화학물질을 섞어 완벽한 폭탄을 만드는 화학 지식이 있었다면 벌써 살인자가 되었을지도 모르는 사람이었다.

시계를 보니 내가 교실에 있어야 할 시간이 거의 다 끝나가고 있었다. 거기 있는 시간 내내 그 '아름다운 문장들'을 읽고 내 공책에 옮겨 적느라고 시간을 다 보냈다.

"이 소책자 돌려주어야 하니?" 잭의 등을 두드리며 물었다. "아니면 당분간 내가 가지고 있으면 좋겠다."

"돌려주지 않아도 돼." 그가 손을 가로저으며 대답했다. "나는 그런 거 안 믿어."

〰️

다음날 아침 나는 달리듯 캠퍼스를 가로질러갔다. 해가 뜬 지 벌써 한 시간이 지났지만 이슬은 마치 수정구슬처럼 풀잎에 여전히 달라붙어 있었다. 분수대 옆에 있는 광장에서 수십 명의 학생이 태극권과 기공으로 그들의 하루를 시작하고 있었다. 커피숍 주인이 하루의 장사를 위해 계단을 청소할 때 학생 둘이 무거운 배낭을 메고 커피숍 안으로 들어갔다.

"라오 우!" 나는 외국인 전용건물에 있는 그의 아파트 문을 두드렸다. 외국인 교수들은 대학 측으로부터 식사는 물론 의복세탁까지 제공받는 일종의 특권그룹이었다. 그들이 거주하는 건물은 다른 건물들보다 새것이었고 더 좋았고 더 많은 편의시설을 갖추고 있었다.

"무슨 일로 이렇게 일찍 일어난 거야?" 라오 우 교수가 문을 열며 미소 지었다. "내게 바나나가 더 있는지 보려고 온 거야?"

그는 옷은 입었지만 허리는 헝클어져 있었고 손에 들린 커피잔에서는 김이 모락모락 솟아올랐다.

"이렇게 이른 시간에 찾아와 미안합니다. 하지만 꼭 할 이야기가 있어서요."

그는 앉으라고 소파를 가리켰고 나는 털썩 앉았다.

"시 쯔즈의 전기에 대해 교수님께 이야기를 좀 해야겠어요."

"그래? 그 전기는 어디서 구했어?" 마치 도서관 안으로 들어온 것처럼 그가 목소리를 갑자기 낮추었다. 미국인으로서 중국의 대학에 교수로 올 때그는 학생들에게 기독교 복음을 전하지 않겠다고 각서를 쓴 사람이었다. 물론, 질문을 받으면 정직하게 대답하는 것은 허용되었다. 학생들이 미국의모든 것에 흥미를 느꼈으므로 그는 그들이 기독교에 대해 호기심을 느끼도록 분위기를 유도하곤 했다. 크리스마스나 부활절에는 학생들을 초대해 그들이 던지는 질문에 신중하게 대답해주었다.

"잭이 어젯밤에 내게 주었어요." 내가 말했다. "잭의 말에 의하면, 교수님이 그걸 잭에게 주셨다고 하던데요."

"맞아! 그에게 준 기억이 나네. 그런데 커피 좀 마시겠나? 방금 새로 끓였는데…." 그는 자리에서 일어나 주방으로 갔다. 나는 그와 함께 기독교에 대해 이야기한 적이 없었다. 평생 배워온 카를 마르크스(공산주의 혁명가)의 철학을 추종했기 때문이다. 잘 알려졌듯이, 카를 마르크스는 종교가 민중의아편이라고 말한 사람이다.

"잭은 시 쯔즈의 전기가 내게 도움이 될 거라고 말했어요."

"어떤 의미에서 도움이 될 거라 그랬어?" 라오 우 교수가 조심스레 물었다.

"내가 덜 우울해지고 더 행복해질 거라고 그랬어요."

"그렇다면 … 그의 말대로 효과를 본 거야?" 그의 음성에서 적극성이 느껴졌다.

"물론이죠! 난 빛을 보았어요!" 웃음을 터뜨리며 대답했다.

교수는 주방에서 나와 커피 한 잔을 건넸다. "이해하기 쉽게 좀 더 자세히 이야기해봐." 그가 자리에 다시 앉았다. "네가 본 빛에 대해 이야기해봐." 그는 커피를 한 모금 마셨다.

"나는 이제 예수님을 믿어요!" 내 입에서 이런 말이 터져 나왔다. "새들이 나만을 위해 노래하는 것 같아요! 하나님이 나를 안아주시는 것 같아요! 슬픔밖에 없었지만 지금은 기쁨이 넘쳐요!"

그가 눈을 가늘게 떴다. 그때까지 그와 내가 1년 이상 알아 왔지만 그가 본 내 모습은 그의 찬방(饌房)으로 들어가 바나나를 꺼내 먹거나 농구경기를 할 때 그럭저럭 수비를 잘해내는 것이 전부였었다. 내가 그에게 영적인 일에 관심을 보인 적은 한 번도 없었다.

"그래…. 그것 참 흥미로운 소식이군." 속마음을 쉽게 드러내지 않으려고 한다는 것이 그의 말투에서 느껴졌다. 지금 생각해보니까, 내가 정말로 기독교로 개종했는지 아니면 정부를 위해 염탐꾼 노릇을 하는지 확신이 서지 않았던 모양이다.

"기독교에 입문하려면 어떻게 해야 합니까?"

"지금 기독교인이 되겠다는 거야?" 교수의 입에서 자기도 모르게 웃음이 튀어나왔다.

"그렇죠. 정식으로 기독교인이 되려면 어떻게 해야 합니까?" 내가 진지하게 물었다. "공산주의자 연맹에 들어가려면 의식(儀式)들을 거칩니다. 우선 청년당에 가입하고 그 다음에 선서를 통해 공산당에 들어갑니다. 그리스도인이 되는 데에도 그런 식의 의식이 있습니까?"

"우리 너무 앞서가지 말자." 그가 여전히 차분한 표정으로 말했다. "네가 느끼는 걸 종이에 적어보면 어떻겠니? 그 책을 읽을 때 네게 일어난 일에 대해 깊이 생각하는 시간을 가져봐."

그의 얼굴에 미소가 번졌지만 나는 그가 왠지 주저하는 듯한 태도를 보인다는 걸 알아채지 못했다. 기독교에 대해 관심 없이 살았던 나는 중국에서 기독교인이 되는 것이 아주 위험한 일이라는 걸 잘 알지 못했다. 내가 아는 것은 원한과 슬픔으로 가득해서 남을 죽이려고 했던 내가 예수님을 믿은 후 완전히 바뀌었다는 것뿐이었다.

"좋은 생각이십니다!" 이렇게 말하고 나는 가방을 들고 자리에서 일어났다. 문을 향해 걸어가는데 조리대에 있는 바나나가 눈에 띄었다. 하나를 집어 껍질을 벗기고 한 입 문 다음 교수를 보았다.

"먹어도 되죠?" 이미 입 안에 바나나가 가득한 채 물었다. 내 고향에서는 바나나 같은 이국적 과일이 자라는 걸 본 적이 없었다.

"물론!" 그가 문을 열어주며 말했다.

"교수님이 말씀하신 걸 다하면 곧바로 다시 올 게요."

캠퍼스 안을 걸어갈 때 머릿속으로 내 새 신앙에 대해 여러 가지 생각을 했다. 전에 무수히 걸었던 길이지만 이번에는 느낌이 달랐다. 나 혼자 걷는 것이 아니었다. 사랑의 하나님이 나를 알고 계시기 때문이었다.

"좋은 아침입니다! 오늘은 어떠세요?" 나는 건물 옆 수풀에 숨어 있는 감시요원 둘을 보고 미소 지으며 인사했다. 그들은 나를 기다리고 있었다. 그들은 내가 밝게 인사하는 걸 보고 굉장히 놀랐다. 내게 두려움을 심어주어 꼼짝 못하게 하는 것이 본래 그들이 맡은 일이었다. 그러나 그날 이후 그들이 아무리 겁을 주어도 나는 더 이상 압도되지 않았다. 나 혼자 자술서를 쓰는 방 앞에 도착하니 이미 부비서가 와 있었다.

"네가 제 시간에 오기로 마음먹은 건 내 마음에 드는구먼." 그가 말했다. "앞으로도 늦지 말고…. 방에 들어가 자술서를 써!"

"물론이죠!" 내가 재빨리 동의하자 그는 이상하다는 듯이 고개를 갸우뚱했다. 나는 방으로 들어가 종이를 꺼내 자술서를 쓰기 시작했다. 학생으로서 시위에 참여한 것에 대해 반성문을 쓸 시간이 얼마든지 주어졌기 때문에 우선 다른 것을 먼저 쓰기로 마음먹었다.

"어젯밤 어떤 책을 읽는 중에 나는 하나님을 믿게 되었다." 이렇게 썼다. 이 한 줄을 쓸 때에도 마음속에서 벅찬 감동이 솟았다. 내 연필은 종이 위를 달리듯 빠르게 움직이면서 내 삶에 대한 많은 생각을 기록했다. 내 생각이 그토록 많아진 이유는 내 삶이 가슴 설레는 새로운 차원으로 들어갔기 때문이었다. 나는 갑자기 초자연적 능력이라는 것이 실제로 존재한다는 것을 깨달았으며, 이 깨달음은 내가 전에 그토록 많은 사람들을 향해 품고 있던 증오와 분노를 몰아냈다. 공산당의 감시요원이 내 방 문 밖에 서 있는 것이 생각나자 나는 빙그레 웃었다. 글을 써 내려갈 때 '저 사람은 예수님에 대해 알지 못하는 사람이지'라는 생각이 머리를 스쳤다. 총장을 향해 품었던 적의마저 사라졌다. 내가 죽임을 당해야 마땅하다고 공개적으로 주장한 과거의 친구 조섭에 대해서도 불쌍히 여기는 마음이 생겼다. 첫 번째 페이지를 다 채웠을 때에는 나도 모르게 콧노래를 부르고 있었다.

"지금 그 안에서 뭘 하고 있는 거야?" 감시요원이 문을 두드리며 소리 질렀다.

"미안합니다!" 이렇게 대답한 후에도 머리에 떠오르는 영적인 생각들을 계속 휘갈겨 썼다. 시간이 자꾸 지나갔기 때문에 조금 후면 자술서를 쓰기 시작해야 할 것 같았다. 부비서가 평점을 매길 수 있도록 말이다. 3개월 째 그의 감시 하에서 생활하고 있었지만 이제 어떤 감시도 내 마음의 기쁨의 샘을 막아버릴 수 없었다.

저녁식사 시간이 되자 나는 하이디를 보기 위해 식당을 향해 전속력으로 달렸다. 내 회심에 대해 이야기해주고 싶어 안달이 났다. 식당 문을 들어서자 그녀가 눈에 들어왔다. 우리가 평소에 함께 앉는 식탁에 그녀 혼자 앉아 있었다. 매일 저녁 거기서 나를 기다리는 것이 그녀에게는 일종의 즐거운 의식이 되어버렸다.

"안녕!" 옆에 앉으며 인사했다.

"무슨 일 있었어?" 축 처진 어깨로 고개를 숙이고 느린 걸음으로 캠퍼스를 돌아다니는 내 모습에 익숙해져 있던 그녀가 놀라서 물었다.

"놀라운 소식이 있어! 내가 예수님 추종자가 되었어!"

"그래?" 그녀가 멍한 눈으로 나를 쳐다보았다.

"그래! 내 가슴에 박혔던 바윗덩어리가 빠져나간 것 같아. 슬픔이 사라지고 이제 기쁨이 생겼어."

"기쁨이 생긴 게 아니라 몸에서 열이 나는 거 아냐?" 그녀가 웃으며 말했다. "네가 원하면 양호실로 데려다 줄 수 있어." 그녀의 빈정거리는 말투에는 차라리 다른 주제에 대해 이야기했으면 좋겠다는 뜻이 담겨 있었다.

"난 지금 인생 최고의 기쁨을 맛보고 있어." 나는 굽히지 않았다.

"종교라는 것은 약한 자들과 상처받기 쉬운 자들이나 믿는 거야." 그녀의 말투가 좀 더 진지해졌다. "넌 종교에 빠질 만큼 어리석은 사람이 아니잖아."

"난 이 책을 읽었어." 내가 시 쯔즈에 대한 소책자를 식탁 위에 놓아놓았다. "이건 삶이 완전히 바뀐 사람에 대한 이야기야. 이 사람도 나처럼 슬픔과 우울 속에 살다가 예수님을 믿었어."

"내 말 좀 들어 봐." 그녀는 최대한 의지력을 발휘해 부드럽게 말했다. "고민에 빠져 있는 사람은 마음이 약해져 있는 거야. 이 책자의 주인공은 마음이 약해졌기 때문에 이런 말도 안 되는 종교를 받아들인 거야." 나를 쳐다보는 그녀의 눈빛은 병원 침상에 누워 잘못된 '회복의 희망'을 붙드는 가련한 환자를 쳐다보는 사람의 눈빛 같았다. "네가 이 사람처럼 될 필요는 없어."

"하지만 지금 내 마음에는 사랑이 넘쳐." 나는 주장을 굽히지 않았다. "총장님이나 조셉에 대해 나쁜 감정이 이제 없어."

"그게 말이나 돼?" 그녀가 내뱉듯이 말했다. "그 사람들은 네 인생을 망쳤어!" 이 말에는 그들이 그녀의 인생까지 망쳤다는 뜻이 분명히 담겨 있었다. 지난 몇 달 동안 다른 친구들이 내게서 점점 멀어졌지만 그녀와 나는 점점 더 가까워졌다.

"총장은 비겁한 사람이고 조셉은 기회주의자야. 톈안먼 광장에서 연기가 사라지기도 전에 조셉은 너를 배반하고 네 과대표 자리를 차지하고, 심지어 네가 죽어야 한다고 신문에 썼어!"

"총장이나 조셉도 그리스도 안에서 새 생명을 얻어야 해. 하나님이 그들을 도와주실 수 있어. 그들을 구원하실 수 있다고."

"시치우, 내 말 좀 들어 봐!" 그녀가 손으로 식탁을 치자 내 잔의 물에 잔물결이 일었다. 그녀가 그 책을 집어 들고 말했다. "너는 배운 사람이니까

이 따위 것에 정신적으로 의지할 필요가 없어! 네가 죽기를 바라는 자들을 사랑할 필요도 없고!"

"그런데…, 지금 그 책을 읽을 생각으로 들고 있는 거야?" 장난기 있는 미소가 내 얼굴에 번졌다.

"어젯밤에 예수를 믿기 시작했는데 벌써 전도자로 나서겠다는 거야?" 내키지 않는다는 듯, 하이디는 그 책을 자기의 배낭 속으로 떨어뜨렸다.

"식사나 하자!" 그녀가 눈을 굴리며 말했고 우리는 아무 말 없이 식사를 했다.

그 다음날, 라오 우 교수가 한 시간의 수업을 끝냈을 때 나는 그의 아파트 현관문을 두드렸다. 그가 문을 열고 내게 들어오라고 손짓했다.

"네가 오길 기다렸어." 그가 웃으며 말했다.

"교수님이 말씀하신대로 내 느낌과 생각을 기록해보았습니다." 내가 적은 다섯 쪽의 종이를 그의 커피 테이블 위에 올려놓았다. "교수님이 말씀하신 대로 했습니다."

그는 숨을 깊이 쉬고 독서용 안경을 쓴 다음 테이블 위의 종이를 집어 들었다. 그가 첫째 쪽과 둘째 쪽을 넘길 때 나는 긴장되었다. 내가 느낀 것들을 읽고 교수님이 내 회심을 인정해줄까? 하이디가 주장했듯이 내가 너무 외로웠기 때문에 단지 어떤 감정에 사로잡혀 있는 것뿐인가? 그러나 내 글을 다 읽고 나를 쳐다본 교수의 눈에는 눈물이 맺혀 있었다.

"내가 기독교에 입문할 수 있는 겁니까?"

"물론이지!" 그가 바닥에 무릎을 꿇으며 말했다. "우선적으로 해야 할 것은 하나님의 도움과 인도를 구하는 거야."

"맞습니다. 그분의 '지령'을 구해야 합니다." 나는 무엇을 해야 할지를 알았지만 내 생각을 정확히 표현할 말을 생각해내지 못했기 때문에 '지령'이라는 단어를 사용했다. 내가 아는 단어를 사용해서 영적인 일을 표현하다 보니까 '지령'이라는 단어가 내 입에서 튀어나온 것이다. 중국 사람으로서

"공산당의 '지령'을 받는다"라는 표현에 익숙했기 때문에 나는 하나님에게서 지령을 받아야 한다고 생각했던 것이다. 나는 구원받기 원했다. 라오 우 교수의 아파트에서, 나는 그의 인도를 따라 기도했다.

"하나님, 예수님의 길이 제 생명의 길입니다. 저는 주님을 따르는 자가 되기 원합니다. 하나님의 자녀가 되기 원합니다."

시 쯔즈에 관한 책자에 나오는 '아름다운 문장' 들 중 하나가 생각났다.

"그런즉 누구든지 그리스도 안에 있으면 새로운 피조물이라 이전 것은 지나갔으니 보라 새 것이 되었도다"(고후 5:17).

여러 해 전에 내가 기도했던 '하늘의 할아버지' 가 바로 새로운 피조물을 만드는 분이셨다.

10
진리를 찾게 만든 톈안먼의 탱크

"결국, 인격이 평판보다 중요하다." 나는 내 일기에 이렇게 썼다. 나는 잭에게서 받은 소책자에 나오는 아름다운 문장들을 베껴 썼을 뿐만 아니라 내가 가진 경건서적들에서 발견한 참신한 말들을 적어 두었다. "사람의 인격이 좋지 않으면서도 그의 평판이 좋을 수 있다. 물론, 그 반대도 성립된다."

나는 내 새 신학(神學)을 칼처럼 사용했다. 아니, 내가 지식이 부족하기 때문에 젓가락처럼 사용했다. 어쩌면, 이쑤시개처럼 사용했는지도 모른다.

내게 성경책이 없었기 때문에 라오 우 교수의 영어 성경책에 의존해야 했다. 내가 아는 모든 이에게 복음을 전하기 원했지만 내가 오로지 영어로만 접한 이 새 종교에 대해 중국인 친구들에게 말해주는 것은 생각처럼 쉽지 않았다. 그렇다고 해서 내가 전도를 포기한 것은 아니다. 거의 누구나 이해할 수 있는 쉽고 기본적인 어휘를 사용해 예수님에 대해 이야기해주었다.

사람들이 내 영적인 이야기에 쉽게 귀를 기울인 것은 아니지만 내 태도와 행동의 변화는 감지했다. 전에는 옛날 친구들과 마주치면 고개를 숙이고 눈길을 피했었다. '눈에 보이지 않는 인간'으로 취급받으면 그냥 조용히 사라져 주었다. 그러나 이제 내 처지에 대해 더 이상 부끄러움을 느끼지 않기 때문에 어깨를 펴고 머리를 들고 걸어 다녔다.

"뭐가 좋아서 그렇게 웃어?" 영어과에 들어갔을 때 한 학생이 물었다. 부비서가 아직 도착하지 않았기 때문에 내게는 약간의 시간 여유가 있었다. 물론, 그가 도착해서 내 자술서에 평점을 매기기 시작하면 나는 아무 말 없이 앉아 있어야 했다.

"지난번 마지막으로 보았을 때 너는 책상에 머리를 대고 울고 있었어." 그 학생이 말했다.

"맞아! 네가 우는 소리 때문에 내가 집중을 못해서 시험에 떨어진 것 같아." 다른 학생이 끼어들었다.

나는 칠판으로 걸어가 분필통에서 분필을 하나 꺼내 칠판 한 가운데에 요한복음 3장 16절을 쓰고 말했다. "내가 예수님의 추종자가 된 걸 모두가 알아주었으면 좋겠어." 내가 분필로 칠판을 두드리자 분필가루가 날려 코끝이 간질간질했다. 학생들이 모이기에는 아직 이른 시간이라 교실 안에 열 명 정도만 있었지만 그들 모두가 멍한 표정으로 나를 쳐다보았다. 하지만 결국 다시 고개를 숙여 책을 보고 말없이 공부를 계속했다.

"나와 함께 교회에 가기 원하는 사람이 있으면…." 내 자리로 돌아가며 말을 이었다. "일요일에 함께 가자."

다른 모든 여학생들과 함께 맨 앞줄에 앉아 있던 하이디가 내 자리로 왔다. 그녀의 표정이 묘했기 때문에 혹시 절교선언을 하는 게 아닌가 하고 생각했다. 사실, 그동안 그녀와 사귀는 것이 순탄치만은 않았다.

"너랑 같이 교회에 갈게." 장난기 있는 미소가 그녀 얼굴에 번졌다.

"교회의 약점을 캐기 위한 조사를 하겠다는 거야?"

"꼭 그런 건 아냐." 그녀가 바닥을 내려다보며 대답했다. 그런 다음 다시 고개를 들고 미소 지으며 말했다. "나도 신자가 되었어!" 그리고 시 쯔즈의 전기를 내 책상 위에 살며시 내려놓더니 자기 자리로 돌아갔다. 그녀도 그 책을 읽은 것이 분명했다. 하이디가 자기 자리에 조용히 앉는 모습을 보면서 나는 기쁨의 환호성을 지르고 싶었다. 하나님은 그녀가 오랫동안 내 핍박자가 되는 걸 허락하지 않으셨다. 내가 그때까지 알고 지낸 그리스도인이 없었지만 갑자기 그리스도인을 데이트 상대로 갖게 된 것이었다! 물론 나 자신도 그리스도인이었다.

억지로 자술서를 쓰며 감시를 받는 생활이 계속되었지만 그것이 더 이상 고역으로 느껴지지 않았고 오히려 득의만만했다. 낮에는 라오 우 교수의 영어성경에 나오는 구절들을 외우려고 애썼고 밤에는 잠들기 전에 기도했다. 그러던 어느 날 밤 종이와 펜을 꺼냈다. 그동안 망설여왔던 일을 하기 위해서 말이다.

"아빠, 그동안 잘 지내셨어요?" 집으로 부칠 편지를 쓰기 시작했다. "제가 예수 그리스도의 추종자가 된 것을 알려 드리려고 이렇게 펜을 들었어요." 아버지가 어떻게 느끼거나 어떻게 말씀하실지 몰랐지만 내 신앙에 대한 이야기를 더 이상 미룰 수는 없었다. 정말 안타까운 것은 어머니께 말씀드릴 수 없다는 것이었다!

∽

다음날 아침, 편지를 부치고 캠퍼스 우편물을 가져오기 위해 구내 우편물 취급소 안으로 들어갔다. 휴지통을 향해 가다가 옆에 쌓여 있는 우편물을 대충 들추어보았다. 그런데 영어과에서 내게 보낸 캠퍼스 우편물이 눈에 띄어 손을 멈추었다. 손가락을 봉인지 아래에 넣어 뜯어보니 영어과 부학과장이 보낸 면담요청서가 들어 있었다. 우편물 취급소를 나와 행정 건물로 향했다. 무슨 일 때문에 면담을 요청한 것인지 궁금했다. 내가 다시 수업에 참여하도록 허락해주겠다는 것인가? 아니면 내가 또 다른 잘못을 범했다고 꼬투리를 잡으려고 부르는 것인가?

본래 부학과장을 만나려면 전화를 걸어 약속을 잡은 다음에 찾아가는 것이 정상적인 절차였다. 그러나 그의 면담요청서를 읽는 순간부터 내 마음이 뛰기 시작했기 때문에 정상적 절차를 밟을 마음의 여유가 없었다. 어차피 범죄자 취급을 당해 제재를 받는 입장이던 내가 나빠져야 얼마나 더 나빠지겠느냐 하는 생각이 들었다. 부학과장의 사무실에 이르러 노크를 했지만 노크에 대한 대답을 기다리지 않고 바로 안으로 들어갔다. 부학과장에게 그가 보낸 편지를 내보였다.

"이걸 받자마자 이렇게 찾아왔습니다."

"잘 왔어." 그가 안경 너머로 나를 뚫어지게 보며 말했다. "저 자리에 앉게나." 그가 벽과 나란히 있는 의자를 가리켰다. 나는 그 의자로 가서 말없이 앉았다. 지난 번 내가 그를 만났을 때 그는 학생 시위에 도움을 주었다. 그러나 지금 그는 내가 대학원에 진학하는 걸 막고 있다.

"솔직히 말해봐." 그가 염려스럽다는 듯이 말했다. "너 괜찮니?" 그가 나를 함정에 빠뜨리려고 한다는 느낌이 들었다. 갑자기 내 안부에 그토록 관심을 갖는 것이 도저히 이해되지 않았기 때문이다.

"물론, 괜찮습니다. 별 일 없습니다. 염려해주셔서 고맙습니다." 나는 아무 걱정 없다는 듯이 태연히 말했지만 속으로는 너무 긴장되었기 때문에 몸이 굳어지는 듯 했다.

"내가 이렇게 묻는 것은 네가 언제나 훌륭한 학생이었기 때문이야. 너는 이제까지 항상 학급반장이었어. 학생 지도자로서 일을 잘 해왔고, 학점도 아주 좋아." 그의 이런 칭찬 다음에 부정적 이야기가 이어질 것이라고 믿었기 때문에 나는 아무 반응도 보이지 않고 그냥 있었다. 내 머리를 망치로 후려치는 것 같은 이야기를 하기 전에 먼저 나를 약간 칭찬해주는 거라고 생각했다. 가슴이 쿵쾅쿵쾅 뛰었다. 부학과장이 이제 내게서 무엇을 더 빼앗아갈 것인가? 숨을 크게 내쉰 다음 마음을 진정시키려고 애썼다.

"그렇게 말씀해주시니 고맙습니다. 나는 내 학점에 만족했습니다." 이렇게 말할 때 '내게 학점 취득이 허락되었던 때도 있었구나'라는 생각이 머리를 스쳤다.

"내가 너를 부른 것은 학교가 앞으로 너를 너무 가혹하게 대하지 않을 거라는 이야기를 해주려는 거야." 그는 이렇게 말하고 미소를 짓더니 내가 앉은 의자 쪽으로 걸어왔다. "모든 게 잘 될 테니 마음 졸이지 마."

나는 마치 바지의 주름을 펴려는 것처럼 손으로 무릎을 문질렀다. 3개월 동안, 가끔 내게 동정의 시선을 보내는 급우는 있었지만 하이디를 제외하고는 아무도 내게 말을 걸지 않았었다. 그런데 이제 영어과 부학과장이 내게 관심을 가져주니까 사실 좀 당황스러웠다. 왠지 말이 되지 않는 것 같았다. 아무튼, 그는 내 등을 살짝 두드렸고 그것은 면담의 종료를 의미했다. 내게 악수를 청했고 문까지 나와 나를 배웅했다.

기숙사로 돌아오는 길에 면담의 의미를 곱씹어보았다. 만일 부학과장이 정말 나를 위한다면 감시요원이 감시를 좀 늦추었을 것 아닌가? 더 나아가 내게 수업 참여를 다시 허락했을 것 아닌가? 아무튼, 그가 나를 불러 이야기 한 것이 나를 조금 격려해주기 위한 것만은 아니었던 것 같았다. 이런 생각 에 잠겨 있는데 저쪽 건물 모퉁이에서 조셉과 그의 친구들이 나타났다. 조 셉은 마치 누군가의 멋진 농담을 들을 때처럼 웃고 있었다.

"조셉!" 내가 소리쳐 불렀다. 그가 깜짝 놀라 걸음을 멈추었다. 내가 몇 달 만에 처음으로 그에게 말을 건 것이었다.

"너 감시를 받고 있는 중 아니니?" 그가 웃으며 말했다. 함께 있는 친구 들은 웃음을 딱 멈추었다. "아니면 감시요원들이 네게 결국 넌더리가 난 거니?"

"내 말 들어 봐! 이상한 일이 있었어. 부학과장이 방금 전에 내게 격려의 말을 해주었어."

"이리 와 봐!" 주변의 친구들이 듣지 못하도록 그가 나를 옆으로 끌고 갔 다. 나는 그의 호기심을 자극하는 데 성공했다고 생각했다.

"부학과장이 나를 보자고 해서 만났어." 내가 설명을 했다. "그런데 가보 니까 나를 격려하며 공부 열심히 하라고 말하더라."

"너 모르니?" 조셉이 물었다.

톈안먼 사태가 터지기 전에 나는 지도자였고 그는 내 충실한 조력자이었 다. 그는 내가 계획을 세울 때 나를 도왔고, 내 계획을 집행해주었고, 심지어 발음하기 쉬운 영어 이름 '봅'(Bob)을 내게 양보하기도 했다. 그랬던 그가 이제 크게 생색을 내면서 내게 말했다. 다시 말하면, 나와 이야기하는 것이 너무 싫지만 그냥 참고 대화의 상대가 되어준다는 투였다. 그의 친구들, 아 니 몇 달 전만 해도 내 친구들이던 아이들은 우리가 이야기하는 동안 기다려주었다.

"지금 모두가 너에 대해 말하고 있어." 조셉이 말했다.

"뭐라고 말하는데?"

"네가 이상하다는 거야."

"그렇다면 내가 더 이상 '인민의 적'이 아니고 단지 이상하다는 거야?"

"사실, 이상한 정도가 아냐." 그가 힘주어 말했다. "네가 너무 빨리, 너무 많이 변했다는 거야. 그렇게 우울해 하던 네 얼굴에서 웃음꽃이 사라지지 않는다는 거야."

"맞아! 난 변했어." 내가 웃으며 말했다. "나는 그리스도인이 되었어."

"아니 그런데 사람들이 말하길…" 그는 말을 멈추고 고개를 돌려 친구들을 보더니 다시 말을 이었다. "학교 측이 네게 너무 스트레스를 주어서 네게 정신적 장애가 생겼다는 거야." 그는 손을 들어 손가락을 튕기며 말했다. "맞아! 그러니까 네가 맛이 갔다는 거야!"

그의 말을 듣는 순간, 옳은 일을 위해 앞장선 나를 캠퍼스 전체가 추종했던 때가 있었음을 상기시키기 위해, 그에게 엄하게 말하고 싶다는 생각이 들었다. 하지만 나에 대해 부정적인 말을 하는 그의 얼굴을 들여다볼 때 그가 단지 사람들의 말을 전한다는 생각이 들었다.

"내 말 들어봐. 부학장은 네가 자살하지 않도록 너와 면담한 거야. 다른 이유가 있겠어?" 조셉은 약간 낄낄거렸다. 그가 자살이라는 단어를 사용했을 때 내 이마에 땀방울이 맺혔다. 그가 저쪽으로 가버릴 때, 내가 정말로 자살할 뻔 했다는 것이 생각났다.

나는 방으로 돌아와 작은 공책을 꺼내 떠오른 생각을 적었다. "선한 사람들이 중상모략 때문에 고통을 당한 경우가 역사상 얼마나 많은가! 그들의 인격이 훌륭했지만 그들의 평판은 나빴다. 사실, 우리가 통제할 수 있는 것은 우리의 인격뿐이니 나는 무엇보다도 내 인격에 관심을 쏟아야 한다. 강한 증오, 적의, 그리고 단순한 오해가 내 평판을 더럽힐 수도 있다. 물론 나는 내 평판이 좋아지기를 원한다. 대개의 경우, 인격이 좋아지면 평판도 좋아지는 것 같다." 잠시 멈추고 내가 겪는 어려움에 대해 생각해보았다. "그러므로 항상 나는 내 인격에 가장 큰 관심을 쏟아야 한다. … 아무도 나를 보지 않을 때에도 내 인격을 살펴야한다."

주일이 되자 나는 내 학급의 학생들 절반에게 교회에 가자고 제안한 것이 생각났다. 제일 좋은 옷을 입고 정부 인가 교회로 갔다. 라오 우 교수와 몇몇 미국인 교수가 그 교회에서 예배를 드렸다. 나는 교회라는 곳이 어떻게 생겼는지 빨리 보고 싶어 안달이 났다.

"난 지금 교회에 간다." 학생식당 근처의 레스토랑에서 신문을 읽고 있는 몇몇 학생들에게 말했다. 그런데 놀랍게도, 서너 명이 조간신문을 내려놓고 나를 따라 나섰다. 그들과 함께 조금 가다 보니 다른 레스토랑이 보였고 거기에도 몇몇 친구가 있었다. 그들에게도 "나랑 교회에 가지 않을래? 예수님이 나를 바꾸어 놓으셨듯이 너희 삶도 바꾸어주실 수 있어"라고 말했다.

물론 당시 캠퍼스의 학생들은 나를 그다지 이야깃거리로 삼지 않았고, 나역시 그들의 관심 밖으로 밀려나 있는 것에 익숙해져 있었다. 우리가 정부 인가 교회에 도착해보니 약 열 명의 학생이 모여 있었다. 아마도 그들은 나를 그토록 단번에 바꾸어 놓은 '행복의 주문(呪文)'이 무엇인지 알아보려고 온 것 같았다.

중국의 학생들은 그들을 정치적으로나 감정적으로 방황하게 만든 톈안먼 대학살 이후 슬픔에 빠져 있었다. 그들은 마르크스주의(Marxism)가 평화와 번영에 이르는 유일한 길이라고 배웠지만 톈안먼 대학살 때문에 마르크스주의에 대한 믿음을 잃어버렸다. 정부가 탱크를 동원해 톈안먼에서 유혈진압을 자행했지만, 사회참여 의식이 높고 머리가 좋은 중국의 학생들은 정부의 강압적 획일화에 과거처럼 고분고분하지 않았다. 톈안먼의 탱크는 그들로 하여금 진리를 찾도록 만들었다.

정말 기쁘게도, 그날 아침 나와 함께 교회에 간 학생들 중 몇 명은 그리스도께 그들의 마음을 드렸다. 그들 중 많은 학생들이 지난 몇 달 동안 나를 모른 체했지만 이제는 하나님을 믿는 사람으로 바뀌었다는 것이 정말 놀라울 따름이었다. 나는 말로 표현할 수 없을 정도로 기뻤다. 이런 기쁨 때문에 나는 친구들에게 복음을 전하는 일에 더욱 열정을 품게 되었다. 다음 주간 평일 저녁에 나는 나름대로 계획을 세워 영어과 강의실로 갔다.

"잭!" 부비서가 저녁에 내 자술서에 평점을 매길 때, 나는 앞에 앉은 잭에게 말했다. "네가 나한테 그 책을 줘서 고맙게 생각한다."

"아무튼, 늘 울던 네가 더 이상 울지 않는 게 다행이다." 그가 뒤를 돌아다보는 둥 마는 둥 하면서 말했다.

"그 책을 돌려받고 싶니?" 내가 물었다.

"아니, 난 관심 없어." 그가 딱 잘라 말했다.

"그 책 내용을 좀 들려줄게. 정말 놀라운 소식이야!" 내 말을 듣고 잭도 결국 신자가 되었다. 나와 함께 교회에 갔던 학생들도 다른 학생들에게 예수님에 대해 이야기했다. 캠퍼스의 많은 학생이 그리스도를 믿었다. 사실, 다양한 전공의 학생들이 예수님의 추종자가 되었기 때문에 그 시기가 '리아오청 부흥'으로 불리게 되었다. 우리는 중국의 기독교 학생 제1세대 중 하나가 된 셈이었다.

∽

그날 밤 영어과 교실에서 기숙사로 걸어가면서 나는 복음이 얼마나 좋은 것인가에 대해 깊이 생각했다. 그런데 갑자기 누군가 내 팔을 붙잡아서 뒤를 홱 돌아보았다. 어두운 곳에서 나를 자주 놀라게 했던 감시요원에게 오랫동안 시달렸기 때문에 본능적으로 보인 반응이었다. 나 혼자 고립된 생활을 한 그 몇 달 동안 대학 측은 고향에 가서 가족을 만나는 것조차 허락하지 않았다. 그 기간은 정말로 두렵고 기가 죽은 기간이었다. 하지만 가을학기가 되자 학교 측이 나의 수업출석을 허락했기 때문에 약간 마음이 편해졌다. 감시요원을 살피거나 신경 쓰는 것도 많이 줄었다. 멀찍이 떨어진 곳에 있는 그들이 내 눈에 흘긋 보이는 경우가 아주 가끔 있었다. 그들은 마치 주인의 공격 명령을 기다리는 개처럼 단지 나를 뚫어지게 바라보기만 했다. 물론 그들이 두려웠지만 그렇다고 해서 내가 달리 어떻게 해볼 방법은 없었다. 하루하루 살아가는 것밖에 다른 뾰족한 수는 없었다. 그런데 감사하게도, 얼마 후에 그들이 사라진 것 같았다. 적어도 그때까지는 말이다! 갑자기 나타난 손이 내 팔을 꽉 붙잡았기 때문에 팔을 뺄 수가 없었다.

"그만해!" 소리치며 올려다보았더니 감시요원 중 한 명이었다. 그는 두 명 가운데 나이가 더 많고 더 비대한 사람이었다. 한 손으로도 내 척추를 부러뜨릴 수 있을 것처럼 보였다. 그 뒤에는 그의 동료가 능글맞게 웃으며 서 있었다. 그 웃음은 오랜 추격전 끝에 쥐를 잡은 고양이를 연상시켰다. 아무 죄를 범하지 않고도 체포되는 것으로 내 인생이 끝나는구나 하는 생각이 들었다. 그렇게 체포될까봐 두려워하며 지난 몇 달을 보냈던 것이 사실이다. 하지만 감시요원에게 붙잡혀 있는 상태에서도 마음은 무척 차분했다.

"시치우!" 둘 중 마른 사람이 엄하게 말했다. 그가 이미 높이 치켜 올린 바지를 더 치켜 올리자 너무 반짝반짝해서 눈에 거슬리는 그의 구두가 드러났다.

"네 최근 언행에 대해 이야기 좀 해야겠다."

"뭘 알고 싶으세요?" 이렇게 물으며 주변에 우리를 보는 사람이 있는지 살펴보았다. 우리는 기숙사로 가는 보도 옆의 나무 아래 서 있었다. 그들은 내가 기숙사로 들어가기 직전에 나를 붙잡은 것이었다.

"영어과 교실 칠판에 성경구절 몇 개를 쓴 사람이 너냐?" 이렇게 묻는 그의 입술을 보면서 '입술이 저렇게 얇을 수 있을까' 하는 생각이 들었다.

"맞아요. 나는 그리스도인이 되었어요."

"그게 불법인지 모르나?"

"국가에서 운영하는 교회도 있잖아요. 그런 교회에 나가는 게 왜 불법이죠?"

"그러니까 … 넌 대학생이야. 학생들의 개종을 허락하지 않는 게 공산당의 방침인 걸 모르나?"

나는 한숨을 쉬었다. 내 팔을 붙잡고 있던 요원은 내가 저항하지 않을 것 같다고 판단하고 놓아주었다. 당시 정부의 규제는 엄청나게 많았다. 그것들을 다 숙지하려면 베이징 시의 전화번호부만큼 큰 책이 필요했을 것이다. 그 많은 규제들이 있는데 왜 내가 유독 기독교에 대한 규제를 알고 있어야 하는가 하는 생각이 들었다. 그런 규제에 대해서는 신경 끄고 살았었다. 나는 호주머니에서 손수건을 꺼내 이마를 닦았다.

"기독교는 국가 안보에 위험해." 둘 중 나이 많은 요원이 말했다. "모든 대학생을 사회주의자로 만드는 게 당의 정책이다."

"하지만 기독교는 정치와 관계가 없어요. 영적 문제일 뿐이죠. 당신은 복음을 알아요?"

"몰라." 그가 손을 뻗어 잠깐 내 입을 막았다. "알고 싶지도 않아. 내게 전도하려고 하지 마. 다른 학생들에게도 전도하면 안 돼."

"솔직히 말해서…." 나는 호소하듯이 말했다. "나도 전에는 복음을 몰랐어요."

"종교와 정치는 서로 얽혀 있어." 그가 꾸짖듯 말했다. "넌 반혁명적 학생 지도자였다가 이제는 사람들에게 불법적 종교 활동에 참여하라고 충동질을 하며 돌아다니고 있어. 네가 무슨 짓을 하는지 알고나 있는 거야?"

나는 욱하는 마음을 참으며 평정을 유지하려고 애썼다.

"계속 그런 식으로 나가면 학생 신분을 잃을 수 있어." 그가 비웃듯 말했다. "평생 감자 농사나 지으며 살게 될 거란 말이야!"

그 둘은 돌아서서 저쪽으로 걸어가기 시작했다. 몇 발자국 가지 않아 두 사람 중에 마른 사람이 뒤를 돌아보며 덧붙였다. "불법적인 종교 활동을 멈추지 않으면 네게 무슨 일이 일어날지 아무도 장담할 수 없어!"

11
하늘의 도움으로 다시 베이징으로

"나는 감자 농사꾼이 되기 싫어요." 다음날 아침, 나는 처음 믿게 된 다른 그리스도인들과 함께 라오 우 교수의 집에 앉아 있을 때 이렇게 말했다. 뜨거운 차를 한 모금 마시다 혀를 데었지만 그것보다 더 고통스러운 것은 학위를 받지 못하고 낙향해야 할지도 모른다는 불안이었다.

"여러분은 예수님에 대해 말하는 게 불법인지 알았습니까?" 나는 이렇게 말하며, 머그잔을 커피 테이블에 올려놓고 소파에 털썩 앉았다. 마침 소파의 부드러운 방석이 나를 받쳐주었다. 좁은 거실을 가득 메운 학생들은 눈이 휘둥그레졌다. 거기에는 하이디와 잭을 비롯한 10여 명의 사람이 있었다. 우리는 매주 모여 성경공부를 해왔지만 그때의 모임은 그 전 모임과 분위기가 달랐다. 모두가 위험 부담을 느꼈기 때문이다.

"예수님에 대해 이야기하는 게 원칙적으로는 불법은 아냐." 라오 우 교수가 커다란 팝콘 사발을 치우고 그 밑에 있던 신문을 집어 들며 말했다. "당국은 단지 두려워할 뿐이야."

"나도 두려워요." 잭이 말했다.

라오 우 교수는 손가락으로 신문 기사들을 훑어 내려가다가 접힌 부분 바로 밑에 있는 기사에서 멈추었다. "이걸 들어봐." 그가 독서용 안경을 집어 들고 목소리를 가다듬고 그 기사를 읽었다. "베이징의 경우, 정부가 인가한 삼자애국운동교회(三自愛國運動教會)의 출석자 중 25퍼센트 이상이 학생들이다."

"우리가 전염병 같은 존재는 아닌데…." 하이디가 말했다. 그 순간 내 눈에 그녀가 확 들어왔다. 라오 우 교수의 아파트에 와서 교수의 말을 열심히 듣고 있는 그녀를 보자 감사하는 마음이 들었다. 그녀를 알게 된 것이 감사했고 더욱이 그녀가 주님을 알게 된 것이 더욱 더 감사했다. 그러면서도 내 마음속 깊은 곳에는 일말의 걱정도 있었다. 그녀를 편안히 살게 해줄 충분한 돈을 벌지 못하면 어떻게 하나 하는 걱정 말이다. 그녀는 나처럼 농촌 출신이지만 농촌 생활보다 더 나은 생활을 할 자격이 충분했다. 친절하고 아름답고 영리하고 용기가 있었다. 하지만 그녀를 볼 때마다 나는 여러 가지 문제를 안고 있는 내가 그녀의 남편이 될 수 있을까 하고 걱정했다.

"보고서들에 따르면, 중국에서 공산당에 가입하는 학생들보다 그리스도인이 되는 학생들이 더 많다." 교수가 계속 기사를 읽었다.

우리는 잠깐 동안 말없이 앉아 있었다. 중국인들에게 잘 알려지지 않은 기독교라는 외래 종교가 여러 캠퍼스에서 들불처럼 퍼지고 있는 것이 한편으로는 놀랍기도 하고 또 한편으로는 아주 자연스럽게 느껴졌다.

"그렇다면, 그리스도인이 되는 것은 합법이고 전도하는 것은 불법이라는 말입니까?" 내가 물었다.

"성경은 복음을 전하라고 가르치지 않습니까?" 하이디가 물었다. "잭이 봅에게 그랬듯이 말입니다."

"아니 뭐…." 잭이 항변했다. "난 봅이 더 이상 울지 않게 하려고 그랬던 거야."

"우리는 조심해야 해." 교수가 말했다. 그의 차분한 목소리가 온 방을 조용히 만들었다. 침묵이 흐르는 가운데 우리는 상황의 심각성을 느꼈고 한 사람 한 사람씩 고개를 숙였다.

"기도합시다." 교수가 말했다.

그 후 우리 대학의 그리스도인들은 지하로 들어갔다. 여전히 사람들에게 예수님에 대해 이야기했지만 그 전처럼 공개적으로 하지 않았다. 교회에 출석했지만 무리를 지어 가진 않았다. 주일 아침이 되면 우리 신자 그룹 중 한 명이 기숙사 복도를 다니며 그리스도인 학생의 방문을 두드렸다. 우리끼리 사용하는 암호 같은 노크 방법이 있었는데 그것은 '타당! 탕! 탕!'이었다. 이것은 '교회 갈 시간이다'라는 뜻이었다. 사람들이 많이 참석하는 늦은 시간의 예배들보다는 이른 아침의 예배에 참석했다. 방문을 세 번 두드리면 교회로 가지 않고 강가에서 모인다는 뜻이었다. 또한 우리는 다른 사람들이 있으면 '하나님'이나 '예수님' 같은 단어를 사용하지 않고 대신 '아버지'나 '형제' 같은 단어를 사용했다. 물론, '성경공부'라는 말도 더 이상 쓰지 않고 대신 세 글자로 우리의 성경공부모임을 가리켰다. 남자들의 성경공부모임은 함께 성경을 읽는 모임이었기 때문에 '성경'(Bible)의 첫째 글자를 세 번 반복해 '비비비'(BBB)로 불렸다. 여자들의 모임은 주로 기도 중심으로 진행되었으므로 '기도'(Prayer)의 첫째 글자를 세 번 반복해 '피피피'(PPP)로 불렸다. 성경공부를 하러 교수의 집으로 갈 때에는 곧장 가지 않고 뒤로 돌아 담을 넘어 외국인 전용구역 안으로 들어가 아무도 몰래 그의 집으로 들어갔다.

우리는 복음을 전하기 위해 우리의 최선을 다 했다. 언젠가 교회에 있을 때 우리는 친구 크레이그를 보았다. 그는 새로 믿은 사람들에게 좋은 교육과 신학과 지원이 제공될 수 있도록 우리를 다른 사람들과 연결시켜주려고 늘 애썼다.

"새로 믿기 시작한 그리스도인이 있는데 당신이나 하이디가 전화를 해주면 좋겠소." 이렇게 말하며 그는 내 손에 명함을 하나 쥐어주었다. "그는 여행사에서 일하는데 동료 직원들 중 그의 개종에 대해 아는 이는 하나도 없는 것 같습니다. 그러므로 신중히 접근하길 바랍니다."

"내가 신중하지 않은 때가 있었던 가요?" 내가 이렇게 말하자 그가 나를 보며 웃었다. 이런 식으로 우리는 한 사람 한 사람씩 접근하면서 자꾸 복음을 전했다. 비록 우리가 드러내놓고 믿음 생활을 하지는 못했지만 믿음 때문에 내 대학 생활은 기쁨이 넘쳤다.

나는 아버지가 내 신앙에 대해 어떻게 생각하실지 궁금했다. 그 분의 어떤 편지도 내 신앙에 대해 언급하지 않았기 때문이다. 내가 신앙인 그룹의 모든 활동에 대한 새로운 소식을 그 분께 늘 전해드렸지만, 그 분은 언제나 하이디에 대해 언급했을 때와 똑같은 반응을 보이셨다. 다시 말하면, "네가 가장 힘써야 할 것은 학교공부다"라는 다소 모호한 반응을 보이신 것이다. 나는 아버지의 이런 반응이 '무언의 불인정(不認定)'이라고 여겼지만 그래도 그 분에게 최선을 다했다.

졸업이 다가오고 있었다. 내 학점이 꽤 좋았지만 내게 문제가 되는 것은 학점이 아니었다. 우리 대학의 공산당이 나의 국제관계대학원 진학을 방해했기 때문이다. 내 미래는 불투명했다. 대학 생활이 거의 다 끝나가자 흥분과 불안이 캠퍼스를 지배했다. 학생들은 졸업 후 가장 좋은 지위를 얻기 위해 갖가지 방법을 동원했다. '음성적 경로'를 통해 고향에서 좋은 일자리를 얻으려는 자들도 있었다. 내가 제일 유감스러웠던 것은 새로 사귄 그리스도인 친구들과 라오 우 교수와의 돈독한 관계를 더 이상 유지할 수 없게 된다는 것이었다.

❧

"졸업하면 넌 뭘 할 거니?" 졸업을 얼마 남겨 놓지 않은 어느 날 한 친구가 내게 물었다. "좋은 자리를 얻으려면 누구에게 뇌물을 줘야 하는지 알지?"

"나는 뇌물 같은 거 안 줘." 내가 말했다. "내 삶을 그리스도에게 바치기 전에 뇌물을 주려고 시도한 적이 있었어. 하지만 그때에도 그것이 잘못된 거라고 느꼈어."

"내가 감자를 사야 할 필요가 생기면 네게 연락할게." 그가 웃으며 말했다.

"난 농부가 되기 싫지만 교사가 되기도 싫어." 내가 기억하는 한, 당시 내 목표는 아주 분명했다. 학위를 받고 대학원에 가서 돈을 벌어 고향의 가족에게 보내는 것이었다.

"그렇구나! 그런데 넌 문제 학생으로 찍혔기 때문에 대학원에 못 올라가니까 부지런히 일자리를 알아봐. 일자리를 위해 죽어라고 뛰어다니지 않으면 네 미래는 다른 아이들의 미래보다 더 암울할거야."

"내 미래는 뇌물을 주느냐 마느냐에 달려 있지 않아. 물론, 학교 측의 변덕스런 생각에도 달려 있지 않고." 내가 말했다.

나는 뇌물이라는 결정적 변수가 학생들의 평생 수입을 좌우한다는 걸 잘 알았지만 뇌물을 주기 위해 여기 기웃 저기 기웃하기 싫었다. 졸업을 코앞에 둔 몇 주 동안 내게 분명한 '지령'이 없었지만 마음은 굉장히 편했다.

"네 마음 이제 잘 알겠다." 그가 낄낄 웃으며 말했다. "아…, 난 오늘 오후에 5달러 상당의 뇌물을 전해주러 가야 해."

기숙사로 돌아오는 길에 마음이 무겁고 혼란스러웠다. 내게 하나님만 계시면 된다는 걸 잘 알았지만 그것이 코앞에 닥친 내 진로와 어떻게 연결되는지는 몰랐다. 내가 대학원 진학을 그토록 오랜 세월 갈망해왔지만 왜 하나님께서 그 길을 막으시는지 이해가 되지 않았다.

국제관계학에 대한 교과서들이 내 침대 위에 잔뜩 쌓여 있었다. 침대 위의 공간을 더 마련하려고 그 책들을 바닥에 털썩 떨어뜨렸다. 대학원 진학을 위해 일부러 시간을 내서 공부할 때 보던 책들이었다. 책들이 바닥에 떨어질 때, 누군가 그것들을 내게서 훔쳐간 것 같다는 느낌이 들었다.

"오, 주님!" 베개에 머리를 묻고 큰소리로 기도했다. "제가 어떻게 하는 것이 주님의 뜻입니까?" 귀를 기울였지만 들리는 것은 기숙사 방 밖에서 사람들이 웃는 소리뿐이었다. 멀리서 개 짖는 소리도 들렸다. 내 방 앞을 지나가는 친구들의 잡담소리도 들렸다. 다른 모든 사람들의 삶은 여느 때처럼 굴러가고 있었지만 내 삶은 정지해 있는 것 같았다. 침대에 앉아 창밖을 보니 다른 모든 사람들은 행복한 삶을 사는 것처럼 보였다. 그런데 멀리서 영어과 학과장이 서류 같은 것을 잔뜩 가지고 오고 있었다. 나는 정신을 집중해 다시 보았다. 분명히 그가 내 기숙사 쪽으로 오고 있었다.

나는 재빨리 신발을 신고 손을 빗 삼아 머리를 빗질하고 계단을 뛰어 내려갔다. 내가 가야 할 좋은 길이 어떤 길인지 아는 사람이 있었다면 그가 바로 그런 사람이었다. 그는 개방적 사고를 하는 사람으로서 학생운동을 지지했다. 하지만 톈안먼 대학살 이후 정부 정책에 따를 수밖에 없었다. 그는 남 몰래 나를 그의 집으로 불러서 내가 학생운동을 포기하도록 설득하려고 했었다. "우리가 고르바초프나 대처(당시 영국 총리)나 레이건(당시 미국 대통령)에게 중국 통치를 맡긴다 해도 그들이 우리 공산당만큼 잘 통치하겠니? 중국에서 선거를 한다 해도 그들이 당선되겠니? 중국은 중국 나름대로의 역사적 전통이 있으니 중국의 서구화를 꿈꾸지 말라고." 그는 그렇게 말했었다. 내가 너무 이상적이라는 것이 그의 생각이었지만 그래도 그는 나를 향한 학교 측의 핍박이 부당하다고 생각했다.

내가 한 번에 두 칸씩 뛰면서 계단을 급히 내려갔기 때문에 로비 바닥에 발을 디딜 때 쿵 소리가 났다. 하지만 그 다음부터는 숨을 천천히 쉬면서 그가 오고 있는 방향으로 침착하게 걸었다.

"아, 안녕하세요!" 그에게 가까이 갔을 때 인사를 하면서 놀란 척했다. "무슨 일로 여기 기숙사까지 오셨어요?"

"모든 교수가 막바지 추천서를 보내주느라고 정신이 없어. 나도 써 줄 게 많아 늦어졌기 때문에 일부는 이렇게 직접 다니며 전해주고 있는 거야." 그가 말했다. "너는 이제 어떻게 할 셈이니?"

"대학원 입학시험에 지원할 수 없어요." 내가 입을 열었다. "왜냐하면 내 … 문제 때문에…."

"시치우야, 미안하다. 네가 석사학위를 얼마나 원하는지 내가 잘 알지." 그가 안타까움이 묻어나는 미소를 살짝 짓고 내 어깨에 손을 얹으며 말했다.

"제가 듣기로는, 이중(二重) 학사학위라는 또 다른 과정이 있다고 하던데요. 제가 거기에 응시할 자격은 되나요?" 내가 이렇게 묻는 순간, 그의 눈에 자비와 동정의 빛이 가득했다.

"그게 … 중국인민대학이 너와 같은 학문적 배경을 가진 학생들을 모집하고 있지만 네가 경쟁에서 이길 순 없을 거야. 그 대학은 최고의 대학들 중 하나야." 그는 내 능력을 의심한다는 느낌이 그의 말에 실리지 않게 하려고 애를 썼다. "그러므로 입학하기 가장 어려운 대학 중 하나인 거지. 너는 일단 시험을 치르기 위해서라도 전국의 학생들과 경쟁해야 돼."

"그들과 경쟁하고 싶습니다."

"하고 싶다는 마음만으로는 안 돼." 그의 말투는 자녀가 비현실적인 기대에 빠지지 않게 하려는 부모의 말투 같았다. "넌 우선 네가 할 수 있는 것에 집중해야 돼."

"그렇다면…." 수줍은 듯 씩 웃으며 내가 말했다. "내가 경쟁에서 이기면 학과장님이 추천서를 써주실 수 있는 겁니까?"

교수가 큰소리로 웃었다.

"내 말 들어 봐." 그가 마음을 진정시킨 후 차분한 목소리로 말했다. "네가 여기서 부당한 대우를 받은 건 사실이야. 하지만 그렇다고 해서 앞으로 기적적으로 잘 풀린다는 보장은 없어. 이 시험을 치르기 위해 수년 간 공부해온 학생들이 전국에 많고, 중국인민대학은 소수만 뽑아."

"하지만 내가 경쟁에서 이기면…." 내가 미소를 지으며 말했다. 내 미소에는 학과장의 마음을 돌려놓으려는 의도가 배어 있었다.

"좋아, 그럼!" 그가 두 손을 위로 쳐들며 말했다. "그 대학 입학이 결코 만만한 게 아니라는 내 말을 명심해!"

마음을 다잡는 데에는 절박함만큼 좋은 약도 거의 없을 것이다. 학과장을 통해 실낱같은 희망을 본 나는 즉시 기숙사 방으로 올라가 짐을 꾸려 베이징으로 갔다. 베이징에 사는 한 친구의 도움으로 침상이 있는 조용한 기숙사 방에서 머물 수 있게 되었다. 내 목적을 이룰 가능성은 지극히 낮았지만 적어도 시도할 기회는 주어진 것이었다. 시험에서 좋은 점수를 얻기 위해 해야 할 모든 것은 영어와 중국문학과 국제관계학과 정치학을 마스터하는 것이었다. 4주 동안 말이다.

"걱정할 필요 없다!" 나 자신에게 말했다. 교육은 더 이상 내 인생에서 가장 중요한 것이 아니었다. 나는 하나님의 도움으로 해낼 수 있을 거라고 믿었다. 성공한다면 법학학사 학위를 받게 될 것이었다. 그렇게 되면 수년 간 독학해온 분야를 계속 공부하게 될 것이고, 중국의 정책 변화를 어떤 식으로든 이끌어내는 데 일조할 기회를 얻게 될 것이었다. 또한, 충분한 돈을 벌어 고향의 가족을 부양할 수 있을 것이었다.

1분을 천금처럼 아껴 써야 할 입장이었지만 그래도 매일 아침 침대에서 빠져나오면 무릎을 꿇고 두세 시간 기도했다. 하나님께 솔직하고 자유롭게 말씀드렸다. 나의 두려움을 그분 앞에 내려놓았고, 소책자를 통해 그분을 알게 해주신 것을 찬양했고, 내 미래의 꿈을 이루도록 자비를 베풀어 주시기를 기도했다.

기도를 마친 후에 비로소 공부를 시작했다. 다른 세 과목에는 이미 상당한 내공을 쌓았으므로 중국문학에 집중하기로 결정했다. 하지만 중국문학이 결코 만만한 게 아니었다. 중국의 산문과 시와 철학과 역사가 3천 년 이상 발전해왔기 때문이다. 그러나 '한 번에 한 걸음씩 내딛는 게 잘 걷는 것이다' 라는 중국 속담이 있다. 그래서 날마다 한 걸음 한 걸음씩 앞으로 나아갔고, 머리가 포화상태가 되어 폭발하기 직전이 되면 암기를 중단했다.

그러던 어느 날 오후, 몇 시간 동안 책을 읽다가 눈길을 옆으로 돌리고 책을 덮었다. 책 안의 글이 더 이상 눈에 들어오지 않았기 때문이다. 신선한 공기를 좀 마시고 싶어 자리에서 일어나 다리를 쭉 뻗고 창문을 조금 열었다. 이 분야를 몇 년 동안 전공해온 학생들과 내가 어떻게 경쟁할 수 있을까 하는 생각이 스쳤다. 내 아이큐(IQ)가 최고라고 생각하는 사람은 아무도 없었다. 나는 문제 학생이었고 순진한 이상주의자였지 학자가 아니었다. "하나님, 저를 도우소서!" 머리도 식힐 겸 우체통으로 걸어가면서 작은 목소리로 기도했다.

우체통에서 우편물 더미를 꺼내와 친구의 책상 위에 내려놓았다. 그런데 제일 위에 눈에 익은 편지 한 장이 있었다. 아버지가 친필로 쓰신 편지였다. 고향을 생각나게 하는 그 작은 편지 한 통을 보니 두 눈 가득 눈물이 고였다. 옷소매로 눈물을 닦고 겉봉을 뜯었다.

"시치우야!" 나는 내 책 더미에서 멀찍이 떨어진 안락의자에 털썩 주저앉으며 편지를 읽기 시작했다. "이 지역에서 여러 가지 일이 있었단다." 아버지는 고향의 날씨, 동네에 떠도는 소문, 그리고 이런저런 건설공사에 대해 언급하셨다. 그런 다음 "그런데 나는 쪼우를 우연히 만나 몇 가지 흥미로운 대화를 나누었다"라고 덧붙이셨다.

쪼우는 나이가 80 내지 90이 되는 중국의 전설적인 원로이었다. 그는 풍

수 점(占)과 중국식 점술로 사람들에게 조언을 주는 지혜롭고 신비로운 인물로 늘 인정받아 왔었다. 그런데 안락의자에 앉아 아버지의 편지를 읽을 때 나는 왜 쪼우가 그토록 유명한 사람이 되었는지를 깨닫게 되었다. 그는 신명기와 잠언 같은 구약성경을 사용해 사람들에게 건축이나 처세술에 대해 조언해주었기 때문에 유명해진 것이었다! 그가 사람들이 들은 적 없는 고래(古來)의 진리를 아는 사람으로 존경받았던 것은 성경을 잘 아는 사람이 그의 주변에 아무도 없었기 때문이다. 물론, 그가 구약을 인용해 사람들에게 말해준 지혜는 정말 진리였다.

그런데 아버지는 자신이 그리스도 안에서 내 형제가 되셨다고 말씀하시는 것은 아닌가 하는 생각이 머리를 스쳤다. 나는 편지를 접어 내 책들 가운데 하나에 끼워 넣었다. 기분이 우울해지면 편지를 다시 꺼내 읽어야겠다는 생각을 하며 다시 공부를 시작했다. 몇 분 전에 느꼈던 슬픔과 스트레스가 사라지고 대신 평안과 기쁨이 생겼다.

∽

드디어 시험 날이 찾아왔다. 내 머리가 멍한 것 같다고 느꼈다. 몇 주 동안 머릿속에 지식을 주입했는데 답을 쓸 때 제대로 생각날지 의심스러웠다. 연필을 꺼내고 시험지를 넘긴 다음 첫 번째 문제를 읽었다. 안도의 한숨이 나왔다. 답을 알았기 때문이다. 최대한 깨끗한 글씨로 답을 쓰고 다음 문제로 넘어갔다. 감사하게도 두 번째 문제의 답도 알았다. 또 그 다음 문제로 넘어갔다. 내 연필이 시험지 위를 바쁘게 달리면서 한 문제 한 문제 답을 써 내려갔다. 거의 초현실적이고 초자연적인 힘이 작용하는 것 같았다. 모든 문제에 대한 최고의 답이 머릿속에 떠올랐기 때문이다. 유교(儒敎)와 도교(道敎), 묵가(墨家)에 대해 읽은 것들이 마치 사진을 찍어서 보는 것처럼 기억에 떠올랐다. 그뿐만이 아니었다. 어릴 적부터 국제관계학에 대해 관심을 가지고 글을 읽었기 때문에 국제관계학 답안지는 쉽게 쓸 수 있었다. 답을 쓰면서 기쁨에 못 이겨 웃거나 안도의 눈물을 흘리지 않으려고 애썼다. 얼마 후 시험 결과가 통보되었을 때, 나는 하나님이 나를 도우셨음을 알게 되었다!

"합격했어요!" 학과장 사무실의 문을 박차고 들어가며 소리쳤다. "불과 18명만 합격했는데 내가 3등으로 들어갔어요."

의자에 앉아 있던 학과장은 못 믿겠다는 표정을 지으며 몸을 뒤로 세우고 고개도 뒤로 젖혔다.

"어떻게 한 거야?"

"주님의 은혜로 된 거죠." 이 설명 밖에는 다른 설명이 있을 수 없었다.

"아, 그래. 의심해서 미안하네. 그런데 우리 대학에서는 너 말고 합격한 학생이 없어. 다른 학생들은 몇 년씩 준비했다고 하던데…."

내가 그토록 많은 이가 선망하는 과정에 합격했다는 소식이 캠퍼스에 퍼지자 사람들은 놀라면서 기적이라고 말했다. 하이디에게 내 합격 소식을 전할 생각을 하니 가슴이 떨렸다. 그녀는 내가 시련을 겪을 때 내 곁에서 묵묵히 참고 기다려 주었다. 졸업을 못해 학위를 받지 못하면 어떻게 하나 하고 걱정할 때에도 내 곁에 있어주었다. 내 친구들이 모두 나를 배신했을 때에도 떠나지 않고 내게 충실했다.

"내가 해냈어!" 식당 안에 들어서자마자 저쪽에 앉아 있는 그녀를 향해 소리쳤다. 그녀에게 가까이 다가갈 때까지 기다릴 수 없었기 때문에, 또 식당 안의 모든 이들이 듣기를 원했기 때문에 소리친 것이다. "내가 합격했다고!"

하이디가 고개를 돌렸고 우리는 서로 시선이 마주쳤다. 그녀는 믿지 못하겠다는 듯이 눈을 약간 가늘게 떴다.

"정말야?" 그녀가 내 쪽으로 다가오면서 말했다. "벌써 결과가 나왔어?"

"그래, 이제 베이징으로 가게 될 거야."

"조셉이나 다른 아이들도 알게 될 거야. 성공이 최고의 복수야!" 그녀는 내가 교사의 일을 하지 않아도 된다는 것에 흥분하면서 말했다. 나는 소리 없이 웃었다. 하이디는 나를 배신한 친구들에 대해 나보다 더 많이 분개했었다. 많은 일을 함께 겪은 그녀와 내가 앞으로 멀리 떨어져 있게 되더라도 관계가 깨어지지 않기를 바라는 마음이 간절했다.

12
그분의 빛을 캠퍼스에 비추다

1991년 하이디와 내가 졸업할 때까지 나는 여러 번 어려움의 고비를 넘겼다. 대학 측이 내 학문적 진로를 막으려고 애썼지만 나는 법학사를 받을 수 있는 과정에 들어가게 되었다. 대학 측이 내 새 신앙에 대해 침묵하도록 만들려고 시도했지만 나는 그들의 감시망을 피해 평안히 예배를 드릴 수 있었다. 배우자를 부양할 능력을 얻지 못해 하이디와 결혼할 수 없으면 어떻게 하나 하는 걱정도 사라졌다. 나와 관계된 일들이 잘 풀리는 것에 대해 감사했지만, 그럼에도 불구하고 우리 사이에 불편함이 없었던 것은 아니다.

그녀와 나는 많이 싸웠다. 그녀는 내가 걷는 방식이나 음식을 씹는 방식을 좋아하지 않았다. 때로는 그녀가 나를 좋아하지 않는다고 느껴졌다. 물론, 내가 그녀에게 비난을 받아 마땅한 일을 하는 경우도 때로 있었다. 언젠가 남학생과 여학생 몇 명이 버스를 타고 공자의 고향으로 장거리 여행을 가기로 했다. 출발 전에 여자들이 기숙사에서 너무 꾸물거리자 기다리던 남자들은 그들을 두고 먼저 출발했다. 하이디는 우리가 자기를 두고 먼저 떠난 것에 분개했고 그녀와 그녀의 친구는 독자적으로 출발했다. 결국 그녀가 나를 다시 보게 된 곳은 공자의 고향이었다. 그런데 내가 그 지역에 살고 있는 고등학교 여자 동창하고 점심을 먹고 있는 중에 그녀가 나를 보았다. 여자 동창과 내가 이성관계로 만난 것이 아니지만 하이디는 화가 머리끝까지 치밀었다. 그녀는 아무 말도 하지 않았다. 아니, 할 필요가 없었다. 식당 저쪽에서 나를 쳐다보는 그녀의 눈빛이 많은 걸 말해주었고 나는 큰일 났다고 생각했다.

다른 경우도 있었다. 내가 그녀를 화나게 할 만한 일을 하지 않았음에도 불구하고 우리 사이가 불편해진 적도 가끔 있었다. 언젠가 우리 사이가 심하게 나빠졌기 때문에 나는 버스를 타고 성도(省都)로 가서 호텔에서 며칠 머물렀다. 학생자치회의 부회장으로서 청년절(중국에서 '오사운동'의 시작을 기리기 위해 1949년에 제정된 기념일) 시상식을 주관해야 할 입장이었지만 그녀와 싸운 탓에 마음을 진정시키느라 학교로 돌아오지 못했다. 시상식이 끝난 후 기숙사로 돌아와 보니 내 옷이 세탁되어 깔끔히 개켜 있었다. 나는 그것을 사과의 표시로 받아들였다. 그녀와 나 사이에 늘 싸움이 있었지만 우리가 관계단절을 생각해본 적은 없었다.

졸업 후 우리는 아쉬운 마음으로 떨어지지 않으면 안 되었다. 그녀는 고향으로 돌아가 하루에 1달러 미만의 돈을 받으면서 그 지역 고등학교에서 영어를 가르쳤다. 나는 어릴 적부터 꿈 꿔온 베이징으로 향했다. 베이징 행 열차를 타고 가면서 나는 우리 사이에 싸움이 없게 해달라고 기도했다. 그녀의 성격이 급했기 때문에 나는 대개 살얼음판을 걷는 기분이었다.

열차의 차창 밖에서 시골 풍경이 빠르게 스쳐 지나갈 때 나는 성경을 펴고 조용히 웃었다. 그 성경은 라오 우 교수가 홍콩에서 몰래 들여온 중국어 역본으로서 새것이었다. 그리스도인이 된 지 1년이 되었지만 그때까지 하나님의 말씀을 모국어로 읽지 못했다. 기독교적 개념을 중국어로 표현하기 힘드니까 중국인들에게 복음을 전하는 것이 힘들었다. 중국어 역본이 영어 역본만큼 세련되지는 못했지만 어떤 중국어 표현들은 낯이 익었다. 내가 이것들을 어디서 보았더라? 달리는 기차 안에 앉아 성경책을 넘기며 의문이 생겼다.

일기장을 폈다. 그 일기장은 영어과 교실 맨 뒤에서 중국 지식인의 전기를 읽은 다음부터 써 온 것이었다. 일기장의 처음 몇 페이지를 넘겼다. 그 지식인의 전기에 나오는 지극히 아름다운 문장들을 잊어버리지 않으려고 이 작은 책에 베껴 두었던 것이 생각났다.

중국어 성경을 읽어 내려가는데 어떤 한 문장이 눈에 확 들어왔기 때문에 손가락으로 짚고 다른 손으로 일기장을 넘겼다. 중국어 성경의 문장과 일기장에 적힌 문장이 아주 비슷한 것을 알고 나는 큰소리로 웃을 뻔했다. 그 지식인의 전기에 나오는 아름다운 문장들의 거의 전부가 성경구절이었던 것이다! 내가 하나님의 진리를 듣기 전에도 내 마음속에 그분의 말씀이 그토록 깊이 울려 퍼졌던 것이다. 성경책과 일기장을 모두 덮고 창밖을 응시할 때 깊은 평안이 몰려왔다. 내 영혼과 학업 그리고 나와 하이디의 관계를 배후에서 움직인 분은 하나님이셨던 것이다!

기차가 정거장에 멈추었다. 조금 있으면 나는 중국인민대학의 대학원생으로서의 삶을 공식적으로 시작하게 되었다. 빨리 학교에 도착하고 싶었다. 우선 내가 먼저 해야 할 것은 방친구들을 만나는 것이었다. 대학 측으로부터 합격통지서를 받을 때 함께 동봉된 서류를 보았다. 내 기숙사가 캠퍼스 한 가운데 있는 것 같아서 그쪽 방향으로 갔다. 방친구들이 모두 사이좋게 지냈으면 좋겠다고 생각했다. 방친구들이 나의 절친한 친구가 될 필요는 없겠지만 그들이 공간사용이나 개인물품 관리에서 깔끔하면…, 특히 코를 골지 않으면 좋겠다는 생각이 들었다.

"안녕!" 양손에 여행용 가방을 들고 방안에 들어서면서 인사했다. 다섯 명이 방안에서 짐을 정리하고 있었다. 판지(板紙) 상자들이 여기저기 널려 있었고 그들은 이미 공간사용 문제를 의논하고 있었다.

"나는 시치우라고 해." 내가 말했다. 그들도 한 사람 한 사람씩 자기소개를 했고 내가 사용할 공간을 정해주었다. 서랍장의 맨 아래 세 칸이 내게 할당되었다. 내 잠자리는 이층침대의 위층이었다. 기숙사 같은 층의 공용 샤

위장과 화장실은 복도 좌측에 있었다.

"이거는 뭐지?" 내가 방문 가까이에 있는 꽤 오래된 책장을 가리키며 물었다. "내가 한 칸을 써도 될까?"

"나는 괜찮아. 그런데 네 손에 있는 게 뭐야?" 티머시(Timothy)라는 이름의 방친구가 서랍 정리를 하다가 올려다보며 말했다. 내 손에는 성경책이 들려 있었다. 중국 사람들에게 성경책은 눈에 익숙하지 않은 것이었다. 문화혁명 기간에 중국 정부는 성경을 모두 태워버렸고 성경 소지자들을 투옥하거나 고문하거나 심지어 죽였다. 1976년에 마오쩌둥이 죽은 후에도 성경은 구하기 힘든 책이었다. 내가 대학이나 대학원에 다닐 때에도 그랬다. 성경을 소유하는 것이 합법이었지만 구입할 수는 없었다. 성경책과 기독교 서적은 대부분 용기 있는 미국인과 영국인의 여행용 가방에 담겨 몰래 중국으로 들어온 후에 가정교회(家庭教會, house church)의 지도자들에게 은밀히 전달되었다. 가정교회의 지도자들은 그토록 귀한 성경책과 기독교 서적을 꼭 필요한 사람들에게만 나누어주었다.

"아, 너 예수교를 믿는구나?" 내가 성경책을 책장에 올려놓을 때 티머시가 말했다.

"그래, 대학 다닐 때 그분에 대해 들었어." 내 간증이 시작되었다. 내 이야기가 다 끝날 즈음에 방친구들이 모두 복음에 대해 듣게 되었다. 그리고 내게는 즉시 '선교사'라는 별명이 붙게 되었다. 애정의 의미와 경멸의 의미가 뒤섞인 이 별명이 사실은 내게 딱 맞는 것이었다. 믿음을 갖게 된 지 얼마 안 되었지만 나는 내가 만나는 모든 이에게 복음을 들려주는 것을 좋아했다. 내가 새로 다니게 된 베이징의 대학 캠퍼스에는 그리스도를 만난 적이 없는 사람들이 너무 많았다.

"친구 티머시에게, 이 책이 네게 복이 되길 바란다. 이것은 주님의 말씀이다." 기숙사 방에 처음으로 들어간 날 밤에 나는 작은 사이즈의 중국어 성경책의 빈 첫 페이지에 이렇게 썼다. 그에게 그 책을 건네주자 처음 몇 페이지를 넘겨보더니 자기 서랍에 넣었다. 머리가 좋고 나보다 키가 훨씬 큰 이 조용한 방친구는 즉시 친한 친구가 되었다. 그가 나처럼 시사문제와 국제정세에 대해 이야기하기를 좋아했기 때문이다. 외국의 선거 같은 문제들에 대해 자기의 견해를 말하기 좋아하는 사람을 만난 것에 대해 나는 늘 감사했다. 비록 시골에서 성장했지만 그는 국제정치에 대해 별로 신경 쓰지 않는 시골 사람들과는 달리 국제정치에 해박했고 그것에 대해 이야기하기 좋아했다.

∽

나는 내 방친구들에게 감사하는 마음이 있었지만 캠퍼스의 다른 신자들을 만나고 싶어 안달이 났다. 그들이 누구이고 어디에 있는지 몰랐지만 찾아낼 작정이었다. 주일이 다가올 무렵, 나는 베이징의 많은 신자들이 삼자교회(三自教會)나 가정교회에 모인다는 것을 알게 되었다. 그들이 함께 모여 주님을 향해 손을 들고 찬송하고 말씀을 듣는 모습을 머릿속에 그려보았다.

자명종이 울리자 이층침대가 삐걱삐걱 소리를 내지 않도록 조용히 침대에서 나와 옷을 입었다. 신발을 신고 조심스럽게 문손잡이를 돌리자 문이 딱 소리를 내며 열렸다. 복도로 나가 다른 이들을 깨우지 않도록 조용히 문을 닫았다. 드디어 다른 신자들을 만나게 된다는 생각에 마음이 설레었다!

어디로 가야 할지 몰랐기 때문에 조그만 숲 사이로 난 고불고불한 보도를 따라 갔다. 지나가다 보니까 자전거 보관대에 묶여 있는 자전거들이 그날의 주인을 기다리고 있었다. 나보다 먼저 일어난 몇 명의 사람들이 거대한 스포츠센터 주변과 캠퍼스 중앙에 있는 트랙에서 조깅을 하고 있었다. 나는 아무도 없는 농구장과 꽃이 핀 나무들과 공자의 동상 옆을 지나갔다. 걸어가는 동안 내내 혹시라도 어떤 건물에서 노랫소리가 흘러나오지 않나 하고 귀를 쫑긋 세웠다. 처음에는 그리스도인 학생의 무리를 만나기를 원했지만, 한 시간을 걸어도 그런 무리를 만나지 못한다면 삼자교회라도 들어가야겠다고 생각했다. 기독교 교회가 중국 정부의 관리 아래에서 운영된다는 것이 잘 이해되지 않았지만, 신자들과의 교제를 원하는 내 갈망이 아주 컸기 때문에 삼자교회라도 가볼 셈이었다. 걷다가 보니 캠퍼스를 두른 담장이 눈앞에 나타났고, 문을 통해 베이징 시내로 나갔다.

오른쪽으로 가야 할까 아니면 왼쪽으로 가야 할까? 교차로가 나오자 약간 고민이 되었다. 결국 오른쪽으로 방향을 틀어 보도를 따라 걸으면서 건물들의 간판을 모두 읽었다. 난생 처음 베이징에 왔을 때, 즉 톈안먼 광장 시위에 참여했을 때가 생각났다. 무고한 사람들의 목숨을 앗아간 톈안먼의 비극이 생각나 몸이 떨렸지만 즉시 그 생각을 머리 밖으로 몰아냈다. 몇 킬로미터를 걸으며 주변 경관을 눈여겨보았다. 식료품이 가득한 바구니를 싣고 달리는 자전거들이 자동차의 흐름 속으로 들어갔다 나왔다 하면서 달리고 있었다. 창문 밖으로 빨래가 널린 아파트 건물들이 하늘 높은 줄 모르는 듯이 솟아 있었다. 베이징 시를 많이 구경했지만 날이 저물자 발도 아프고 마음도 무거웠다. 교회를 단 하나도 보지 못했다.

"오, 선교사께서 돌아오셨구면!" 기숙사 방문을 열고 내 붉은색 배낭을 바닥에 내려놓을 때 방친구가 말했다. 다른 방친구들은 집게손가락을 재빨리 입에 갖다 대고 서로에게 "쉬잇!" 하며 말을 멈추더니 결국 폭소를 터뜨렸다. 그리고 서로에게 "여자 이야기를 하면 안 돼!"라고 농담을 던졌다.

"너희가 여학생에 대한 이야기를 해도 나는 상관없어." 내가 웃으며 말했다. "내가 예수님에 대해 이야기를 해도 너희가 문제 삼지 않는다면…."

"아니, 아니, 아니." 티머시가 침대의 위층에서 내게 작은 베개를 던지며 말했다. "우리 농담이 기독교 신자인 네 감정에 상처를 줄 수 있다는 걸 우린 잘 알아." 그는 내 신앙이 마치 우유 알레르기인 것처럼 말했다. "그러니까 우린 상스러운 성적(性的) 농담을 최소한으로 줄일 테니 너도 우리한테 기독교에 대해 말하지 마!"

나는 바닥에 떨어진 베개를 집어 그에게 다시 던지며 말했다. "그래? … 둘 다 잘 안 될 것 같은데!"

"네게 온 편지가 있어." 다른 방친구가 편지를 건넸다. 하이디가 손으로 쓴 예쁜 글씨가 눈에 들어왔다. 나는 봉투를 뜯어 읽기 시작했다.

"나도 좀 보자!" 티머시가 그 편지를 낚아채려고 했다. 그에게 편지를 뺏길 뻔 했지만 용케 피하면서 편지를 내 눈에 더 가까이 갖다 대었다.

"중요한 사람에게서 온 편지임에 틀림없어." 편지를 뺏기지 않으려는 나의 필사적인 노력을 보고 누군가 웃으며 말했다.

"시치우, 안녕!" 편지를 낚아채려는 방친구들의 시도가 계속되었지만 나는 속으로 읽었다. "우리 사이의 물리적 거리가 너무 멀기 때문에 우리 관계가 지속될지 의문스럽다."

"무슨 문제가 있는 거야?" 티머시가 물었다. "네 표정이 마치 유령을 본 사람 같아."

나는 참담한 심정으로 배낭을 들고 도서관으로 향했다. 하이디가 내 운명이라는 걸 그녀에게 확신시키기 위해 내 수사적(修辭的) 기술을 총동원하려면 마음의 안정과 정신 집중이 필요했기 때문이었다. "거리 때문에 사람의 운명이 바뀔 수는 없어." 도서관의 책상에 앉자마자 일필휘지(一筆揮之)로 써내려가기 시작했다. 내 마음을 그녀에게 모두 쏟아놓았다. 다음날 아침 우편물취급소로 갔고, 그녀가 열린 마음으로 내 편지를 받게 해달라고 기도했다.

당시는 이메일이나 문자 메시지 같은 신속한 통신수단이 없었기 때문에 답장이 오려면 며칠이나 몇 주를 기다려야 했다. 하지만 편지를 우체통에 집어넣은 다음에는 학업에 집중하려고 노력했다. 내게는 그 어느 때보다도 '믿음의 형제자매들'이 더욱 더 필요했다.

~~~

어느 날 밖에 나갔다가 기숙사로 돌아왔을 때 나 혼자만 이성교제의 문제로 고민하는 게 아님을 알게 되었다. 티머시가 침대에 엎드려 베개에 머리를 파묻고 있었다.

"잠시 산책 좀 할까?" 팔꿈치로 그를 슬쩍 찌르며 말했다. "너 무슨 문제가 있는 게 분명해. 아무 문제없는 척해봤자 소용없어. 내가 너를 너무 잘 알거든…."

함께 산책하는 길에서 그는 속마음을 털어놓았다. 학부(學部)에 다닐 때부터 사귀던 여자가 관계를 끊었다는 것이었다. 그녀와 결혼할 계획이었지만, 그동안 다른 남자가 있었다고 편지에서 털어놓았던 것이다. 그의 상심에 대해 듣게 되자 나는 호주머니 안에 있던 붉은 색의 사영리(四靈理, 대학생선교회가 사용하는 전도방법) 소책자를 사용해서 그에게 복음을 증언하기 시작했다.

하나님의 사랑의 복된 소식을 전했다. 이내 그의 눈에서 눈물이 흘렀기 때문에 우리는 중앙행정빌딩 앞에 있는 돌담에 걸터앉았다. 그는 대학원에 들어오기 전에 복음에 대해 들어보았지만 그날 마음에 비통함을 느꼈을 때 비로소 복음을 받아들였다.

"결단할 준비가 되었니?" 내가 물었다.

"너도 알겠지만, 나는 전에 '기독교 사람들'(Christian people)에 대해 읽어 보았어." '기독교 사람들'이라고 말할 때 그는 중국어 대신 영어를 사용했다. 이것은 그 당시에는 선교사들이 주는 자료를 통해서만 기독교를 알 수 있었다는 것을 말해준다. "내가 그리스도인을 처음으로 직접 접해본 것은 너와 네 학부 친구들이었어. 이제 보니 너희 그리스도인들은 별난 사람들이더라."

그의 이 말에 나는 순간적으로 기가 죽었다. 내 부족함 때문에 복음을 멀리한다는 뜻이 담긴 이 말은 일종의 모욕이었기 때문이다.

"하지만⋯." 그의 말이 이어졌다. "그래도 나는 그리스도인이 되길 원해."

대학원에 들어와, 그것도 내 기숙사 방에서 믿음의 친구가 생긴 것에 가슴이 벅찼다. 그러나 실제로 교회에서 모이는 믿음의 교제를 향한 내 갈망은 전혀 수그러들지 않았다.

"어느 교회에 나가세요?" 어느 날 강의가 끝난 후 미국인 교수에게 물었다. 미국인 교수들 대부분이 그리스도인이라고 믿은 나는 다른 신자들과 연결될 수 있는 방법에 대해 그들에게서 조언을 얻을 수 있을 거라고 생각했다.

"아, 그러니까 ⋯ 캠퍼스에서 3킬로미터쯤 떨어진 곳에 정부 인가 교회가 있어." 그가 책상 위에 지도를 펴놓으면서 말했다. 그리고 지도에서 우리 대학교를 가리키며 "봐! 여기가 우리 학교이고 ⋯ 이렇게 가서 ⋯ 여기가 교회야." 그는 교차로에 둥근 원을 그렸다. 그렇다! 그곳이었다. 내가 전에 가보았던 곳에서 아주 가까운 곳에 교회가 있었다. 전에는 캠퍼스에서 나가서 잘못된 방향으로 걸어갔던 것이다!

그 다음 주일에 나는 어디로 가야 할지 정확히 알았다. 캠퍼스 가장자리까지 가서 왼쪽으로 방향을 틀었다. 다음 교차로에 이르러 시쓰난 가(街)를 따라가다 보니까 십자가가 달린 건물이 하나 보였다.

하디안 교회는 삼자교회의 일부였다. 기독교를 매개로 친미(親美) 정서가 확산될까봐 두려워한 중국 공산당은 그들의 교회가 '자치'(自治)와 '자양'(自養)과 '자전'(自傳)의 세 원리에 따라 운영되기를 원했다. 이 세 가지 원리가 삼자 라는 약자로 표현된 것이고, 그런 교회운동이 삼자애국운동으로 이름 붙여진 것이다. 하지만 삼자를 주장하는 중국 정부의 근본적 의도는 정부가 교회에서 일어나는 일을 정확히 파악하겠다는 것이다. 내가 믿기로는, 교회에서 반정부적 메시지가 전파되는 것을 막고 교회가 공산당에게 충성하도록 만들겠다는 것이 정부의 기본 입장이다.

교회 안으로 들어가자 마치 집에 온 것 같은 느낌이 들었다. 본당에 앉아 있는 사람들 중 많은 사람들이 학생이었는데 그들은 무릎 위에 성경책을 펴 놓고 기도하고 있었다. 그들 모두에게 다가가 내 소개를 하고 싶었지만 예배에 집중하기 위해 그냥 자리에 앉았다. 음악이 시작되었을 때 눈물이 날 것 같았다. 설교 시간에는 집중해서 들었다.

설교자로 나온 목회자 리(Li)는 70세 정도 되는 사람이었는데 청중은 그의 말 한 마디 한 마디에 귀를 기울였다. 중국에서는 나이 많은 그리스도인을 보는 게 쉽지 않았다. 시골 교회들에서는 20대만 되어도 원로 대접을 받았다. 그런데 공산당은 정부 인가 교회에 아주 나이 많은 목사들을 목회자로 세웠다. 그것은 젊은이들이 교회에 매력을 느끼지 못하도록 하기 위함이었다. 그러나 정부의 이런 정책이 지금 이 교회에서는 별로 효과를 거두지 못하고 있는 것으로 보였다. 젊은 학생들이 많았기 때문이다. 그 다음 주일 나는 천천히 걸어서 교회로 가서 본당의 중간쯤에 앉았다. 그것은 설교를 들은 사람들을 살펴보기 위함이기도 했다.

자리에 앉자마자 옆에 있는 다른 학생들이 목요일 밤에 열리는 성경공부에 대해 이야기하는 걸 듣게 되었다. 다른 그리스도인 학생들과 교제를 나눌 수 있다는 생각을 하니까 마음이 설레었다. 대학원 생활에서 외롭지 않도록 좋은 믿음의 친구들을 만나게 해달라고 기도했다. 드디어 목요일이 되었고 나는 좋은 결과가 기다리고 있기를 바라며 교회로 갔다. 문을 열고 들어가니 너무 놀라 말문이 막힐 지경이었다. 하나님을 예배하기 위해 수백 명의 학생이 모여 있었다! 거의 다 중국인이었고 몇몇 외국인 학생들이 여기저기 앉아 있었다. 그들은 서로 어울려 자기소개를 했고, 예배가 시작되려고 하자 자기 자리에 앉았다. 펑(Feng)이라는 젊은 목회자가 성경 낭독대로 가까이 갔다. 나는 그가 교회 측이 외부로부터 청빙하여 특별히 학생들을 위해 임명한 목회자라는 걸 즉시 알아챘다. 열정이 넘치는 그는 성경에 대해 강력한 메시지를 전했다. 비록 그 교회가 정부 인가 교회였지만 성경을 가르쳤고, 신실한 신자들로 가득한 것이 분명했다. 나는 그 성경공부 집회에 매주 참석하기 시작했고 이내 다른 젊은이들과 사귀게 되었다.

"나는 중국인민대학에 다녀." 누군가 옆 사람에게 말하는 것이 내 귀에 들렸다.

"어, 나도 그런데!" 내가 불쑥 끼어들었다. 말하고 나니 내가 너무 급히 끼어든 것이 아닌가 하는 생각이 들었다. 내 그룹 중 다른 몇 사람도 우리 학교에 다녔다. 우리는 서로 자기소개를 하고 자기의 고향과 현재의 연구 분야에 대해 이야기하기 시작했다.

"우린 캠퍼스에서도 모임을 가져야 하는 것 아닌가…?" 내가 제안했다. "각각의 기숙사에서 만난다면 여기에 오지 않을 때에도 함께 어울릴 수 있을 것 같은데…"

모두가 내 제안에 즉시 동의했다. 다른 많은 학생도 믿음의 교제를 갈망한다고 생각되었다. 즉시 나는 각 기숙사마다 교제 모임을 만들었다. 우리 모임의 소문이 퍼지자 더 많은 학생들이 참여했다. 그해 여름 우리는 대학생선교회가 제공한 훈련을 통해 사영리 사용법을 배웠고, 또 예수님을 믿기 원하는 사람들과 함께 기도하는 법도 배웠다. 이런 것이 너무 초보적인 것 같다는 느낌이 드는 것도 사실이지만 사실 당시 우리는 기독교에 들어온 지 얼마 안 되었고, 이런 전도 방법이 아주 큰 도움이 되었다. 8월에 하이디의 고향을 방문한 나는 그녀의 형제가 예수님을 주님과 구주로 영접하도록 기도를 인도했다. 그 후 9월에 사영리를 통해 또 다른 학생에게 전도해서 예수님을 영접하게 했다.

나는 나의 모든 전도활동을 공책에 적어 두었다. 그리스도 안에서 알게 된 새 형제자매에 대한 기록을 남기고 싶었기 때문이다. 물론 그들의 이름을 기록에 남기는 것이 어느 정도 위험스러운 것이었지만 그래도 다른 신자들과 계속 연락을 유지하기 원했기 때문에 그렇게 했다. 깨알같이 작은 글씨로 가득한 공책을 내 아파트의 은밀한 곳에 늘 보관하였다. 크리스마스가 되었을 즈음 그 공책에는 많은 이름들이 올라와 있었고 우리의 교제는 아주 탄탄했다. 우리는 만나서 기도하고 찬송을 부르고 성경을 공부하고 캠퍼스 복음화 방법을 의논했다.

~~~

"좋습니다, 여러분!" 12월의 어느 날 초저녁에 기숙사 모임에서 내가 말했다. "두세 주 지나면 우리 학교의 학생들이 기독교에 대해 잠깐이나마 관심을 갖게 될 것입니다. 크리스마스는 우리가 그들에게 예수님을 증언할 좋은 계기가 될 것입니다."

중국 사람들은 외국의 이색적인 문물에 관심이 많았기 때문에 호기심에 이끌려 크리스마스 예배에 참석하곤 했다. 기독교 신앙에 관심이 없어도 일시적이나마 영적 분위기에 휩쓸리는 사람들이 있었기 때문에 정부 인가 교회는 크리스마스이브 예배를 성대히 거행할 준비를 했다. 그리고 사람들에게 "'메리 크리스마스'라고 영어로 쓴 현수막이 걸려 있는 건물을 찾아오십시오"라고 알렸다.

"우리가 아는 모든 이를 크리스마스이브 예배에 초청해야 해." 앤드류라는 이름을 가진 한 친구가 말했다.

"그래 맞아. 그리고 그들이 예배에 오면 소책자를 나누어주자. 기독교에 대해 깊이 알기 원하는 사람이 있을지 모르니까…" 내가 덧붙였다.

"그런데 전도용 소책자를 구할 데가 이 부근에 있나?" 그가 물었다.

"내가 알아보면 알 수 있을 것 같기도 한데…" 내가 대답했다. 내가 아는 초로(初老)의 그리스도인 부부가 캠퍼스 가까이에 살고 있었다. 그들이 외국 학생들과 많이 연결되어 있었기 때문에 그들을 통해 정보와 소식과 무료 기독교 책자가 전달되곤 했다. 크리스마스이브에 사람들을 초청해 책자를 나누어줄 수 있을 거라고 생각되자 우리 모두는 가슴이 설레었다. 그날의 모임을 기도로 마무리하기 위해 앤드류가 기도했다.

"하나님, 주님의 빛을 이 캠퍼스에 비출 수 있도록 도우소서!"

다음날 나는 그 노부부의 집을 방문했다. 그들은 나를 따뜻이 맞이하고 집에서 만든 맛있는 음식을 차려주었다. 거기에 있을 때 나는 박해에 대한 이야기를 들을 수 있었다. 그 부인은 베이징의 유명한 설교자를 추종하다가 어려움을 겪었고, 그 설교자는 정부 인가 교회에 참여하지 않았기 때문에 18년간 옥고를 치렀다. 그 노부부는 미국에서 학교를 다녔기 때문에 외국 학생들과 접촉이 많았다. 그들의 집이 늘 세계 각국에서 온 신자들로 넘쳤기 때문에 그들은 기독교 책자를 모으고 또 나누어주었다. 그들의 집은 그야말로 중국 지하교회의 도서관이었다.

"우리가 크리스마스이브 예배 때에 사람들에게 나누어줄 책자가 있습니까?" 내가 물었다.

"예, 딱 좋은 게 있습니다." 부인이 대답했다. "가서 찾아봅시다."

그 다음날, 소책자 한 상자를 들고 나는 기숙사 모임으로 달려갔다. "이걸 보면 놀랄 거야." 내가 가져간 상자를 커피테이블에 올려놓으며 말했다. 앤드류가 두 손을 비비더니 소책자를 조심스레 펴서 읽기 시작했고 다른 사람들은 의자에 앉아 귀를 기울였다.

"당신은 하나님에 의해 창조되었지만 죄인이기 때문에 예수 그리스도를 통해 구원받아야 합니다. 하나님이 당신을 용서해주기 원하신다는 것이 복음입니다."

복음의 핵심을 간략하게 소개한 소책자를 전부 읽은 후 앤드류가 "복음에 대해 더 알기 원하는 사람에게 도움을 줄 수 있는 사람의 연락처를 적는 빈칸이 책자의 끝에 있어. 이 빈칸에 우리 중 누구의 이름을 적어 넣어야 할 것 같은데…"라고 말했다.

"물론 그래야지!" 몇 명이 고개를 끄덕이며 대답했다.

"그렇다면 … 연락책으로 누가 좋을까?" 앤드류가 말했다.

모두가 나를 쳐다보며 웃었다. 기숙사 모임을 조직하고 전도용 소책자를 얻어 온 사람이 바로 나였기 때문이다. 우리는 상자를 열어 수백 개의 소책자를 테이블 위에 쏟아놓고 펜을 돌렸다. 우리는 꼬박 밤새 소책자에 내 이름과 주소 그리고 기숙사 전화번호를 적어 넣었다. 일이 끝났을 때 우리의 손에서는 쥐가 났지만 마음은 기대감으로 부풀었다. 평소와 마찬가지로 그날의 모임도 기도로 끝냈다.

"사랑의 하나님!" 내가 기도했다. "우연히 크리스마스이브 예배에 참석한 사람이라도 이 책자를 통해 하나님을 더 알기 원하게 하소서."

드디어 크리스마스이브가 되자 우리는 너무 좋아 입이 귀에 걸렸다. 교회 건물은 사람들로 가득 찼다. 우리가 캠퍼스에서 본 학생들이나 우리가 초대한 사람들도 있었다. 우리는 네 그룹으로 나뉘어 건물의 네 코너 가까이에 앉았다. 이것은 물론 치밀한 전략에 따른 것이었다. 예배는 은혜로 충만했고 설교자는 그리스도의 탄생에 대해 유창하게 설교했다. 마지막 찬송이 끝났을 때 우리 네 그룹은 자리에서 일어나 네 군데 출구 옆에 서서 소책자를 나누어 주었다.

"예수님에 대해 더 알기 원하신다면…" 앤드류가 말했다. "여기 이 책자를 읽으시면 됩니다."

"우리 학교의 기숙사 모임에 참석하시면 좋습니다." 나는 한 학생에게 이렇게 말했는데, 그는 내가 학교 식당에서 만나 예배 참석을 권유했던 사람이었다. 대개의 사람들은 미소를 지으며 소책자를 받아 배낭이나 손가방에 넣었다. 사람들이 교회를 다 빠져나간 후에 우리는 건물 밖의 계단에 모였다.

"우리가 잘 한 건가?" 내가 물었다.

"그럼! 대성공이야!" 앤드류가 말했다. "사람들이 관심을 많이 가지는 것 같았어." 우리 그룹 말고 다른 그룹 학생들의 말에 의하면, 기숙사 신앙인 모임에 대해 문의한 사람들도 있었다. 복음에 대해 더 알고 싶다고 말한 사람들도 있었다. 물론, 예상한 대로 정중히 거절한 사람들도 있었다.

"소책자 남은 것 있니?" 소책자가 구하기 어려운 귀한 것이었기 때문에 우리는 남은 소책자를 모두 거두었다. 약 50권이 남았는데, 나는 귀퉁이가 찢어지거나 접히지 않도록 조심하면서 그것들을 내 배낭에 넣었다.

그날 밤 캠퍼스로 돌아가면서 우리는 우리가 만난 사람들에게 전도의 접촉점을 어느 정도 만들어놓은 것에 대해 즐겁게 이야기하였다. 하나님께서 베이징에서 강력하게 일하시는 것 같았고 우리는 그분의 계획을 이루기 위해 일익을 담당하는 것이 기뻤다.

각자의 기숙사로 흩어질 때 우리는 서로에게 웃으며 "메리 크리스마스!"라고 소리치며 헤어졌다. 외국 종교의 행사에 참여하는 것이 중국인에게는 생소했기 때문에, 우리가 비록 그리스도인이었지만 "메리 크리스마스!"라는 말이 입에 익숙하지는 않았다.

13
크리스마스의 체포와 붉은색 배낭

그 다음날은 물론 크리스마스였지만 중국에서는 아무 의미 없는 날이었다. 자명종이 울리자 우리 모두는 이층침대에서 튀어나와 강의실로 갔다. 나는 그날은 교수의 말에 집중하는 게 힘들었다. '뇌물을 바쳐 얻게 될 장밋빛 미래'에 대한 상상이 내 머리에 떠오르지 않았다. 그 대신, 우리가 나누어준 소책자를 통해 감동을 받았을지도 모르는 전날 밤의 예배 참석자들에게 무슨 일이 일어날까 하고 백일몽에 빠졌다. 물론 나는 내 전공 공부에 대단한 흥미를 느꼈다. 하지만 태국의 복잡한 정치상황에 대해 논의하는 것보다 급우들에게 복음을 전하는 일에 더 관심이 많았다.

강의가 끝나자마자 배낭을 어깨에 둘러매고 강의실 문으로 향했다. 다음 강의를 듣는 곳이 캠퍼스를 가로질러 반대편에 있었기 때문에 제 시간에 도달하기 위해서는 서둘러야 했다. 그런데 놀랍게도, 대학 담당 경찰이 문 앞에 서 있었다. 짙은 색 제복을 입고 흰색 장갑을 끼고 머리를 짧게 깎은 사람이었다. 머리에 꾹 눌러 쓴 빳빳한 모자 때문에 그의 눈이 보일락 말락 했다. "베이징 경찰이 너를 보자고 한다." 그가 말했다. 나는 내 뒤에 다른 사람이 있는지 확인하려고 뒤를 돌아보았다.

"나 말입니까?" 내가 물었다. 그러나 그는 대답조차 하지 않고 나를 붙잡더니 캠퍼스 밖으로 끌고 갔다. 평온하고 한가한 분위기가 넘치는 캠퍼스에서 경찰의 손에 거칠게 떠밀려 밖으로 끌려 나가는 것이 우스꽝스럽다는 느낌마저 들었다. 처음에는 어리둥절했지만 이내 당혹감이 밀려왔다. 내가 이런 대접을 받을 만큼 잘못한 일이 있는가?

그와 나는 '경찰'이라는 청색 간판이 달린 건물로 들어가 계단을 올라갔다. 취조실로 들어가니 테이블이 하나 놓여 있고 양쪽에 플라스틱 의자가 있었다. 그리고 밝은 전등이 테이블을 비추고 있었다. 구석에 다른 조그만 테이블이 있었고 그 옆에 접이식 의자가 있었다. 창문이 없는 사방 벽의 삭막함을 그나마 달래주는 것은 이전에 취조할 때에 불붙은 언쟁 때문에 생긴 것으로 보이는 자국이었다. 아마 누군가 너무 억울해서 발로 벽을 찬 것 같았다.

"앉아!" 그가 내게 말했다. 하지만 그렇게 말할 필요는 거의 없었다. 이미 나를 거칠게 밀어서 의자에 앉게 했기 때문이다. 내가 붉은색 배낭을 바닥에 놓았지만 그가 다시 집어 구석에 있는 테이블 위에 올려놓았다. 그가 "기다려!"라고 말해서 기다렸는데, 느낌으로는 아주 오래 기다린 것 같았다. 마침내 문이 열리더니 어떤 사람이 들어왔다. 반소매 흰색 셔츠의 단추들이 다 채워져 있었고 바지는 양복바지였다.

"네가 사람들에게 나누어준 불법 소책자가 어디에 있느냐?" 그가 물었다.

"난 불법 소책자를 나누어준 적이 없습니다." 내가 항변했다.

"네가 이 소책자를 교회에서 나누어주었다는 보고가 들어왔다." 그가 소책자 한 권을 테이블 위에 팽개치듯 놓았다.

"그게 불법입니까?"

"그럼 네가 이걸 배포한 것은 인정하는 거야?"

"물론 인정합니다." 내가 차분한 목소리로 대답했다. 곤경에 처했지만 그래도 거짓말은 하기 싫었다. 거짓말을 했다 해도 어차피 도움이 못 되었을 것이다. 내가 많은 사람이 빤히 보는 데서 적어도 100권은 나누어주었기 때문이다. "어젯밤 크리스마스이브 예배가 있었고 우리는 참석자들에게 이 소책자를 나누어주었습니다."

"우리라고?"

"내가 나누어주었습니다."

그는 웃었다. 그러면서 소책자를 들어올렸다. 들어 올릴 때, 그가 독약이라도 묻은 것처럼 소책자의 귀퉁이를 잡은 것은 나를 조롱하기 위함이었다.

"너 혼자?"

나는 대답하지 않았다.

"다시 묻지…. 어디에 숨겼어?"

나는 구석의 테이블 위에 놓인 내 붉은색 배낭으로 시선을 보내지 않으려고 무척 애를 썼다. 전날 밤 예배가 끝난 후 기숙사로 가서 잠이 들었고, 그날 아침에 일어나 강의를 들으러 갈 때에 시간이 없어 배낭의 소책자를 꺼내놓지 못했다. 경찰이 찾고 있는 소책자가 바로 취조실에, 다시 말해 그들의 코 앞에 있었던 것이다! 나는 숨도 쉬지 않고 취조관의 얼굴을 똑바로 쳐다보았다. 적어도 50세는 되었을 그의 얼굴이 아기 얼굴처럼 포동포동했다. 하지만 입을 열면, 포동포동한 얼굴의 천진난만함은 취조관으로서 인상을 팍팍 쓰며 보낸 긴 세월이 얼굴에 미세하게 만들어놓은 갈라진 틈 속으로 사라져 버렸다. 취조관이 내 앞에 서 있는 그런 상황에서 나는 속으로 기도했다.

'내 배낭 안에 든 소책자를 저들이 찾지 못하게 하소서. 주여! 이 사람의 눈을 가려서 보지 못하게 하소서.'

"네게 소책자를 받은 사람들의 이름을 말해봐." 취조관이 말했다.

"그들에게 이름을 물어보지 않았는데요."

"안 물어봤어…? 좋아…. 그런데 소책자 뒤에 ·네 이름을 적어주었더라. 참 머리 잘 썼네."

"머리를 잘 쓴 게 아니라…. 내 이름을 적었다는 게 내가 불법을 행한다고 생각하지 않았다는 걸 말해주는 거 아닙니까?"

"아니 뭐…. 네 이름을 적은 걸 문제 삼는 건 아니고…. 그런데 넌 내 동무들에게 딱 걸렸어. 그들이 교회에 있다가 널 봤거든. 널 즉시 체포하지 않은 건 단 한 가지 이유 때문이야. 너 같은 범죄자를 잡는다고 예배 참석자들 앞에서 소동을 일으키고 싶지 않았기 때문이지."

"난 범죄자가 아닙니다."

"이거 재밌는 걸. 네가 앉은 그 자리에 앉는 자마다 자기는 범죄자가 아니라고 우기지. 나중에 자백하는 자들도 있지만."

"내가 무슨 죄를 저질렀습니까?"

"어젯밤의 일만 이야기할까 아니면 1989년 것까지 들추어낼까?" 그는 그와 나 사이에 놓인 목재 테이블 위에 있는 서류철을 천천히 열었다. 많은 서류들을 한 번에 한 장씩 조심스레 넘겼다. 그러면서 섬세한 손놀림으로 한 장 한 장 들어 올리며 읽는 척했다. 그가 말한 '1989년 것'은 물론 톈안먼 광장 시위를 의미했다. "음⋯." 그는 나에 대해 아주 잘 안다는 듯이 말했다. "자넨 오랫동안 말썽을 일으켰구먼. 그렇지 않은가?"

나는 대답하지 않았다.

"네가 무얼 잘못했는지 생각할 시간을 좀 주지." 그는 이렇게 말하며 서류철을 조심스레 접고 자리에서 일어나 팔 밑에 서류철을 꼈다. 그리고 자기 의자를 테이블 밑으로 밀어 넣고 방에서 나갔다.

침묵이 흘렀다⋯. 방문 앞을 지나가는 사람들의 알아들을 수 없는 대화소리가 간혹 들릴 뿐이었다. 방문이 잠겼을까 하는 의문이 잠깐 스쳤지만 생각해보니 중요한 게 아니었다. 방문을 나가면 제복을 입은 공산당 경찰이 우글거리는 부산한 사무실일 뿐이었다. 빠져나갈 방법은 없었다.

"왜 조심하지 않았을까?" 손을 머리에 얹으며 자책했다. "내가 마음껏 전도하도록 공산당 정부가 뒷짐 지고 있을 거라고 생각한 게 잘못이지. 참 조심성이 없었어. 그런데 나야 이미 걸렸지만 친구들까지 걸리면 안 돼지."

비록 방안에 나 혼자 있었지만 경찰이 어떻게든 나를 주시하고 있을지도 몰랐기 때문에 나는 배낭으로 눈길이 가지 않도록 계속 속으로 중얼거렸다. 속이 불편했고 입이 바짝 바짝 말랐다. 화장실에 가야 했다. 취조관이 빨리 왔으면 좋겠다고 생각했다. 마침내 문이 다시 열렸을 때 나는 자리에서 벌떡 일어났고, 그는 능글맞은 웃음을 지었다.

"오, 내가 방해가 되었나? 이따가 다시 올까?" 나는 대답하지 않았다.

"물 좀 마실 수 있나요?" 조금 후 작은 목소리로 물었다.

"안 돼!" 그가 손에 든 물병을 따서 한참동안 들이켰다.

"그러면 화장실은 가도 되나요?"

"경비!" 그가 소리쳤다. 나를 체포했던 경찰이 문 앞에 나타나 내 팔을 잡았다. 나를 작은 화장실로 데려 가더니 화장실 안까지 따라 들어왔다. "볼 일 봐!" 그가 변기를 가리키며 고압적으로 말했다. 남이 있는 데서 볼 일을 보는 건 약간 품위가 떨어지는 일이었다.

복도를 따라 다시 취조실로 돌아올 때 보니까 경찰서가 바쁘게 돌아가고 있었다. 전화벨이 울렸고 근무자들이 큰 커피잔을 들고 왔다 갔다 했다. 다른 취조실 앞을 지나갈 때에는 창문이 달려 있기에 발걸음을 잠깐 멈추고 슬쩍 들여다보았다. 내가 발걸음을 멈추자 경찰이 나를 끌어당겼고, 내가 무엇을 보는지 알아차렸다. 방안의 큰 목재 테이블 뒤에 내 방친구들이 모두 앉아 있었고 키 크고 몸집도 큰 경찰이 그들 앞에 서서 훈계를 늘어놓고 있었다. 그들은 내가 들여다보는 걸 알아채지 못했다. 결국 나는 경찰의 손에 이끌려 취조실로 돌아왔다.

"내 방친구들이 왜 여기로 끌려왔습니까?" 목소리에 마음속의 두려움이 실리지 않도록 애쓰면서 취조관에게 물었다. 그가 엄한 표정으로 쳐다보았다.

"네가 네 불법적 책자를 어디에 숨겼는지 이야기하지 않았기 때문에 우리가 직접 가서 뒤졌어. 너, 기숙사 방을 정리하느라 고생 좀 할 거다."

"무슨 말입니까?"

"우리가 네 방에 가서 침대를 뒤집어엎고 네 서랍의 물건들을 다 쏟아냈다는 말이지. 마치 도둑이 든 것처럼 방이 아수라장일 거다." 나는 분을 참고 눈물을 보이지 않으려고 이를 악물었다. 경찰서에 끌려와 있는 것보다 더 분한 것은 그들이 내 물건들을 뒤지고 친구들을 끌고 온 것이었다.

"하지만 우린 네 방친구들과 이야기를 잘 나누고 있어. 네가 불법적인 기독교 책자를 어디에 두었는지 그들도 모른다고 하더구먼. 다만 네가 늘 배낭을 가지고 다닌다고 이야기했어."

'배낭'이라는 말에 등골이 오싹했다. 눈길을 끌기 좋은 선홍색의 배낭이 내게서 3미터도 떨어지지 않은 곳에 있었다. 만일 취조관이 뒤로 돌아 내 배낭을 열어본다면 소책자가 발견될 것이었다. 소책자는 홍콩에서 몰래 들여온 것이었다. 만일 그 소책자가 발각되면 나는 불법 수입물 소지 혐의로 며칠 더 구류에 처해질 수도 있었다.

"불법 책자가 든 네 배낭이 어디에 있느냐?"

취조를 받는 동안 나는 거짓말을 하고 싶은 충동을 아주 강하게 느꼈기 때문에 입을 꼭 다물고 머릿속으로 무슨 말을 해야 할지 생각했다. 나는 감옥에 가기 싫었고, 내가 거짓말을 하지 않아도 하나님께서 나를 지켜주실 거라고 믿었다. 베드로가 옥에 갇혔을 때 하나님이 옥문을 열어 그를 구해주신 사건이 성경에 나온다는 것을 알고 있었다. 어깨를 으쓱하며 정직해지기로 마음먹었다.

"내가 사용하는 배낭이 저겁니다." 하루 종일 테이블 위에 있었던 내 배낭을 가리켰다. 물론 "저 배낭 안에 불법 책자가 들어 있습니다"라고 말하지는 않았다. 그 대신 어깨를 으쓱해서 그 배낭이 아무 것도 아니라는 인상을 주었다. 취조관이 몸을 돌려 배낭을 보더니 씩 웃었다.

"날 바보로 아는 거야?" 그가 내 배낭을 들어 올리며 말했다. 그가 하루 종일 찾은 불법 책자가 든 가방을 손에 들고 있는 걸 보니 다시 등골이 오싹해졌다. "이건 네 방친구들이 말한 배낭이 아냐."

나는 순간적으로 당황했지만 최대한 표정관리를 하면서 어깨를 으쓱했다.

"우리는 네 방친구들, 네 교회친구들, 심지어 네 급우들과도 이야기해봤어. 그들이 한결같이 말하는 건 네가 노란색 배낭을 가지고 다닌다는 거야." 그는 배낭을 테이블 위에 내려놓고 다시 와서 내 맞은편에 앉았다. "저게 네 눈에는 노란색으로 보이니?"

"물론 아니죠."

"노란색 배낭이 어디에 있는지 말하지 않을래?"

"말할 수 없습니다." 나는 터져 나올 것 같은 웃음을 참느라 힘들었다. 나는 물이나 음식 없이 그 방 안에서 여러 시간 동안 있었다. 정확히 몇 시간이 지났는지 알 수도 없었다. 두려웠지만, 배낭 안의 책자가 발견되지 않도록 해달라고 하나님께 기도했다. 어떻게 된 건지는 몰라도 내 친구들 모두가 내 배낭의 색깔을 잊어버렸다. 그들이 매일 본 내 배낭의 색깔 말이다!

소책자에 대한 걱정은 사라졌지만 우리 신앙 모임의 다른 회원들도 잡혀 온 것이 아닌가 하는 두려움이 생겼다.

"우리는 네 친구들을 몇 개의 그룹으로 나누었어." 그가 방안을 왔다 갔다 하면서 말을 이었다. "그리고 네 배낭이 어디에 있는지 캐물었지. 하지만 이제까지 아무도 그걸 찾지 못했어." 경찰이 경찰서 안을 뒤질 생각은 미처 못 했구나 하는 생각이 내 머리를 스쳤다.

"그러나 우린…." 그가 손을 테이블 위에 얹으며 내 쪽으로 몸을 기울였다. "포기하지 않아. 반드시 찾아낼 거야. 그동안 넌 이 종이에 네 동료 신자들의 이름을 적어!" 그가 서류철에서 종이 한 장을 꺼내 내 쪽으로 밀어 보내고 종이 위에 펜을 떨어뜨렸다. "그리고 불법 책자를 어디에서 얻었는지도 적어!"

나는 거짓말을 하기 싫었지만 다른 사람을 곤경에 빠지게 하기도 싫었다. 캠퍼스 근처에 사는 노부부는 그들의 믿음 때문에 이미 고난을 당할 만큼 당한 사람들이었다. 나는 취조관이 포기할 때를 기다리며 침묵을 지켰다. 그러나 몇 시간이 흘러도 그는 포기할 기미를 보이지 않았다. 말도 안 될 정도로 밝은 전구 아래에 앉아 있는 나는 점점 더 심한 갈증을 느꼈다.

"그 소책자를 어디서 얻었냐고?" 그가 다그쳐 물었다. 오랜 시간 먹지 못한 채 두려움에 시달린 나는 속이 매스껍고 정신이 약간 멍해졌다.

"말하기 싫습니다."

"빨리 말해야 이 고생을 면할 텐데."

"말하죠. … 교회에서 … 어떤 키 큰 사람에게서 … 얻었습니다." 내 입에서 나오는 한 마디 한 마디를 다시 목구멍 속으로 밀어 넣고 싶은 마음이 간절했다. "그가 이름을 밝히지는 않았습니다."

취조관은 방 밖으로 뛰쳐나가 부하에게 말했고 나는 내가 다닌 교회의 키 큰 사람들 모두에게 미안하다는 생각이 들었다. 몇 분 후 취조관이 들어와 말했다. "너 쓸 데 없이 고생한 거야. 진작 말했으면 좀 더 일찍 풀려났을 텐데." 그가 테이블로 다가왔고, 그의 관자놀이에서 튀어나온 소정맥(小靜脈)이 내 눈에 들어왔다. "시치우, 너는 내 심정이 어떤지 알아? 널 이 자리에서 당장 구속하고 싶다. 선동적 메시지를 배포한 너는 법치를 어긴 거야!"

"우리의 소책자에는 정치적 메시지가 없습니다!" 이렇게 말했지만, 나는 중국의 공산당 정부가 중국의 그리스도인이 미국에 대해 너무 동정적 태도를 취하는 것으로 본다는 것을 잘 알고 있었다. "우린 복음을 전했을 뿐입니다. 보십시오. 이 책자의 내용은 전부 성경에서 뽑은 것입니다."

"그렇다고 합법적인 게 되는 건 아니지."

"이것이 불법이라면 내가 그렇게 공개적으로 배포했겠습니까? 난 길모퉁이에서 나누어주지 않고 교회에서 나누어 주었습니다. 그것도 정부 인가 교회에서 말입니다."

그의 찌푸린 인상이 조금씩 점점 더 펴지는 것이 내 눈에 확연히 보였다. 그가 내 말에 귀를 기울이는 듯 했다.

"교회에서는 교회의 일을 하는 게 당연하지 않습니까?" 내가 말했다. "지극히 자명한 이치지요."

"넌 불법적 종교 활동을 해서 중국의 법을 어겼어." 그는 이렇게 말하고 문을 열더니 "가! 하지만 좋아할 것도 없어. 우리가 계속 지켜볼 테니까"라고 덧붙였다. 솔직히 말하면, 나는 그의 말을 믿었고 구토를 느꼈다. 경찰서를 나와 하늘을 보았다. 해가 막 지려고 했다. 내가 여덟 시간 넘게 취조실에 있었다는 걸 알았다. 하지만 물이나 음식 생각은 나지 않았고, 대신 나 말고 또 잡혀온 신앙인 모임의 친구들이 있나 걱정되었다. 캠퍼스로 가서 자전거를 타고 우회로를 따라 대학교를 한 바퀴 돌았다. 혹시 나를 미행하는 자가 있는지 보려고 계속 뒤를 돌아보았다. 아무도 따라오지 않는다는 확신이 생기자 학교의 다른 그룹의 학생들에게 갔다. 그들이 마침 기숙사 방에서 모임을 가지고 있었기 때문에 나는 안으로 들어가 조용히 문을 닫았다.

그들이 바닥에 무릎을 꿇고 하나님을 향해 손을 들고 나의 안전을 위해 기도하는 모습을 보는 순간 가슴이 뭉클했다. 나를 보자 달려와 얼싸안으며

"괜찮아?"라고 물었다. 나는 방안을 둘러보며 마음속으로 인원을 점검했다. 친구들이 한 명도 빠짐없이 거기에 있었다. 나는 숨을 크게 내쉬고 의자에 털썩 주저앉았다. 정말로 긴 하루였다! "내가 오늘 겪은 걸 알면 놀랄 거야."

강의를 못 듣도록 경찰이 나를 막은 순간부터 일어난 모든 일을 상세히 말하자, 그들은 두려움에 눈을 크게 뜨고서 말없이 내 이야기를 들었다. 방안을 짓누르는 두려움의 분위기가 피부에 와 닿았다.

"경찰이 너희에게도 왔었니?" 내가 물었다. 모두가 고개를 가로저었다. 그들의 무언의 '노'(No)는 정부가 우리 모임의 존재를 알지 못한다는 걸 확인시켜주었다. 앤드류가 침묵을 깨고 큰 소리로 말했다.

"주님께서 이 순간을 위해 우리를 준비시키신 것이 아닌가? 이미 많은 고난을 겪은 믿음의 선배들 때문에 우리가 영적 영양분을 받아먹을 수 있었다. 그 분들은 하나님께서 고난 중에도 그들에게 성실하게 대하셨다는 걸 증언했어."

"그 분들의 증언이 언제나 우리에게 용기를 주었어." 걱정스런 표정의 여학생이 말했다. "하지만 우리 몫의 고난을 받아들이고 싶은 마음이 내게 없었던 게 사실이야."

"지금은 우리의 때야." 내가 말했다. "우리 모임의 존재를 정부가 모르는 것 같으니 앞으로 계속 조심하자."

한 시간 정도 우리는 우리의 모임을 은밀히 지속할 수 있는 방법에 대해 의논했다. 달리 말하면, 우리의 모임을 일종의 지하조직으로 운영할 방법에 대해 이야기를 나눈 것이다. 이미 학부생일 때 이런 경험을 했던 나는 그때 사용했던 기술들을 다시 정리했다. 암호를 개발했고, 우리의 존재를 노출시키지 않도록 수칙을 만들었다.

"항상 누군가 우리를 감시하고 있다고 생각하고 행동해." 내가 말했다.

"교회에서도?"

"특히 교회에서 조심해야 해."

"그렇다면, 우리가 다른 대학교들에서 온 학생들을 만날 때…." 누군가 물었다. "그들을 우리의 모임으로 초대해야 하나? 또 그들을 그들 대학교의 다른 학생들에게 소개해야 하나?"

"그렇게 해야 하지만 조심은 해야 해." 앤드류가 설명했다. "이제부터 우리 자신을 비밀요원이라고 생각하자."

신앙인 모임을 마치고 기숙사로 돌아오는 길에 나는 보도에서 마주치는 모든 사람을 쳐다보았다. 왠지 그들 모두가 수상해보였다.

내가 취조실에서 풀려나긴 했지만 경찰은 마음만 먹으면 언제라도 내 생활과 내 미래에 먹구름을 드리울 수 있었다. 그들이 나를 감시하다가 언제라도 경찰서로 연행할 것이라고 내게 이미 말했다. 그들은 나를 시범 케이스로 삼아 다른 사람들에게 겁을 줄 수 있었다. 나를 감옥에 집어넣을 뿐만 아니라 학교에서 쫓아낼 수도 있었다. 그러면 나는 재정적으로 완전히 파산할 수밖에 없었다.

기숙사 방에 이르러 문을 열었을 때 나는 숨이 멎는 것 같았다. 이층침대가 거꾸로 뒤집어져 있었고 서랍들이 서랍장에서 빠져나와 있었고 옷들이 바닥 여기저기에 널려 있었다. 여기저기 어지럽게 흩어지고 펼쳐져 있는 모든 책들의 페이지들이 접히거나 찢어져 있었다. 책상은 쓰러져 있었고 학과 과제물이 도처에 널려 있었다. 방친구들은 무릎과 손으로 바닥을 짚고 방 정리를 하느라 고생하고 있었다. 내가 방 안으로 들어오는 걸 본 그들의 표정에는 분노와 당황의 감정이 역력했다.

"네가 뭘 한 거야?" 한 친구가 물었다. "경찰이 왜 여기에 와서 불법 종교 책자를 찾은 거야?"

그날 밤 무척 피곤한 내 머리를 베개에 눕힐 때 베개가 매우 딱딱하게 느껴졌다. 보니까 베개 밑에 성경책이 있었다. 그것은 방친구 티머시가 내게 돌려준 것이었다. 그는 성경책을 가지고 있다가 당할지도 모를 위험이 싫은 것 같았다. 나는 성경책을 펴서 거기에 내가 매우 오래 전에 써 넣었던 글귀를 읽었다.

"친구 티머시에게, 이 책이 네게 복이 되길 바란다." 왈칵 쏟아질 것 같은 눈물을 참으며 읽었다. "이것은 주님의 말씀이다."

14
결혼식을 전도의 기회로 삼다

유교의 윤리에 따르면, 결혼은 개인의 욕구를 충족시키는 방법이라기보다는 사회적 의무이다. 그렇기 때문에 중국에서 남녀 간의 데이트는 처음부터 두 사람만의 문제가 아니었다. 데이트하는 남녀는 그들의 데이트가 결혼에 이를 거라고 생각했다. 이런 사고방식 때문에 사람들은 애인을 얻기 위해 쇼핑하듯이 이곳저곳을 기웃거리지 않았다. 남녀의 교제는 미래에 대한 진지한 고려에 따라 이루어졌다. 나 역시 진지했다. 하이디가 내 아내가 되어야 한다고 생각했다.

물론 그녀의 부모, 특히 그녀의 아버지는 그렇게 생각하지 않는 것 같았다. 그녀가 우리 사이의 관계를 그 분께 처음으로 말씀드렸을 때 그 분은 내가 그녀를, 그리고 그녀의 부모를 부양할 수 없을 거라고 믿었다. 나 말고 다른 남자 같으면 그렇게 할 수 있겠지만…. 문화혁명 중에 억울하게 옥살이를 했기 때문에 그 분은 그녀에게 더욱 미래를 의존할 수밖에 없었다. 이런 사실을 잘 알았기 때문에 나로서는 학부 시절에 그토록 밤늦게까지 공부하지 않을 수 없었다. 그런데 내가 베이징으로 와서 학업을 계속하게 된 것을 본 하이디의 아버지는, 내 미래가 여전히 불투명하지만 그럼에도 불구하고 나의 진로선택에 만족해 하셨다. 아무튼 그 분은 내가 톈안먼 시위에 연루된 것을 잘 알고 있었고, 그 분 자신도 정부의 탄압이 얼마나 가혹한 것인지 몸소 겪은 분이었다.

그 분이 하이디와 나 사이의 관계를 일단 인정해주었기 때문에 그녀와 나는 거리상으로 멀리 떨어진 데서 생길 수 있는 문제들을 극복하는 것 같았다. 우리 사이에 언쟁이 일어나는 주된 원인은 그녀를 향한 내 마음의 진정성을 확인해달라는 그녀의 요구 때문이었다. 나는 중국의 수도에서 대학원을 다니고 있는 입장이었는데 이것이 귀향해서 생활하고 있는 그녀의 눈에는 매우 화려해보였을 것이다. 그녀의 수입은 쥐꼬리 만큼이었지만 나는 장차 두둑한 연봉을 받을 수 있는 직업을 얻기 위한 교육과정에 있었다. 내가 이런저런 방법으로 그녀를 안심시켰지만 그녀 입장에서는 내가 끝까지 그녀에게 충실한 것인지 불안해 할 수밖에 없었다. 그런 그녀의 불안이 우리 사이의 언쟁의 원인임을 알게 된 나는 거의 매일 편지를 써서 내 사랑을 확인시켜주었고 또 그녀의 답장을 고대했다.

물론, 우리는 사랑의 편지만으로 만족할 수 없었다. 내가 대학원에 재학중인 3년 동안 우리는 적어도 한 학기에 한두 번은 만났다. 대개의 경우 내가 기차를 타고 그녀가 있는 곳으로 갔다. 하지만 내가 내 가족을 보러 갈 때에는 그녀가 버스를 타고 내 고향으로 와서 나를 만나곤 했다. 겨울방학이나 여름방학에는 내가 그녀를 찾아가기도 했다.

우리가 처음 데이트를 시작할 때에는 그녀와 나 모두 그리스도인이 아니었지만 그 후 우리 두 사람의 삶에는 하나님이 들어오셨다. 그분은 우리가 어떤 점에서 이기적이고 유치한지를 조용히 보여주셨다. 성령께서 간섭하셔서 우리는 변화되었다. 어느 정도 시간이 흐른 후 우리의 관계는 더욱 안정되었고 나는 그녀처럼 강하고 활기찬 여자를 알게 된 것에 감사했다. 그 후 우리의 삶에서 그녀의 이런 장점은 여러 번 그 진가를 발휘했다.

내가 하이디에게 결혼해달라고 말한 적은 없었다. 하지만 우리의 교제의 밑바탕에는 늘 결혼이라는 전제가 깔려 있었다. 우리가 결혼식이나 결혼 후 살림집에 대해 이야기를 나누었지만 극적인 프러포즈, 기쁨의 눈물, 큼지막한 반지 같은 것은 없었다. 이런 이야기가 서양 사람들에게는 로맨틱하게 들리지 않겠지만 사실 우리의 관계는 거부할 수도 있고 아니면 받아들일 수도 있는 선택의 문제가 아니었다. 우리의 관계는 처음부터 돌에 새겨졌고 확고하게 자리 잡았다. 우리 관계가 할리우드 영화의 소재가 될 만큼 로맨틱하지는 않았지만 자신의 사랑의 운명에 순응하는 기쁨과 묘미가 있었다. 말하자면, 우리는 우리가 결국 결혼에 이를 것이라고 믿은 것이다. 유일한 문제는 언제 결혼하는가 하는 것이었다.

대학원 생활이 내게 평탄한 것은 아니었다. 내 영적 생활은 날마다 성장했지만 당국이 언제라도 끼어들어 붙잡아갈 수 있다는 두려움이 내게 있었다. 무엇 때문에 나를 잡아가느냐 하는 것은 중요하지 않았다. 그들이 충분히 그럴 수 있으며 실제로 그렇게 할 것 같았다. 내 방친구들은 처음에는 경찰에 끌려갈까봐 두려워하더니 이내 두려움에서 벗어났다. 그들이 기숙사 방에서 나누는 대화의 내용이 하나님이 아니라 주로 여자들과 음담패설과 섹스였지만, 그래도 나는 편안한 생활환경에서 사는 것에 대해 감사했다. 나는 복음에 대한 이야기를 사람들에게 해주는 일에 더욱 신중을 기하기로 마음먹었다. 그렇게 하니까 마음은 좀 더 편해졌지만 내가 원하는 만큼 여러 사람에게 전도할 수는 없었다. 이런 갈등 때문에 나는 하나님께 서약했다.

"나와 함께 과정을 밟고 있는 17명의 급우 모두가 제가 졸업하기 전에 복음을 듣기를 원합니다."

그러나 그로부터 2년이 지났어도 나는 급우 모두에게 복음을 전하지 못했다. 그들 모두에게 복음을 전하기 위해서는 그들을 한 자리에 모을 기회를 만들어야 했는데 그렇게 하는 가장 좋은 방법은 바로 결혼식이었다!

사람들은 흔히 결혼 성수기나 졸업식 전후나 자신에게 의미 있는 날 즈음에 결혼식을 올렸다. 우리는 하이디와 나를 부부로 맺어줄 뿐만 아니라 그리스도를 하객들에게 전할 수 있는 결혼식을 계획해야 한다는 생각이 들었다. 그녀와 나는 그리스도의 복음을 분명히 전하는 순서를 결혼식에 포함시켰다. 물론 우리의 결혼식을 어느 정도 서양식으로 하기 위해서는 중국의 전통적 결혼식을 포기해야 했지만, 우리가 급우들 모두에게 청첩장을 보내면 그들이 예의상 참석하지 않을 수 없을 것이었다.

이런 결혼식을 계획대로 하려면 하이디가 결혼식을 위해 베이징까지 왔다가 다시 얼른 고향으로 돌아가 그녀의 학년도(學年度)를 끝내는 번거로움을 감수해야 했지만 그녀는 대찬성이었다. 물론, 그녀가 가르치는 동안 우리가 서로 떨어져 있어야 하지만 그 후에는 베이징에서 재회할 수 있을 것이었다.

결혼식에 복음을 전하는 것이 경우에 딱 맞는 것은 아니었지만 그녀도 나처럼 전도의 열정이 강했다. 더욱이 그녀는 내 아내가 되겠다는 사람이었으므로 내 계획에 따라주는 게 당연했다. 그런데 법률적 문제가 하나 있었다. 재학생의 결혼을 허락하지 않는 규정이 있었으므로 결혼식은 불법이었다. 우리가 학교 측에 특별허가를 요청했지만 거절당했다. 이것은 정말 문제였는데, 왜냐하면 졸업이 다가오고 있었기 때문이다.

"내게 좋은 생각이 있어!" 내가 이 소식을 전하자 하이디가 답장을 보냈다.

"여기 내 고향에서 공무원으로 일하는 친척들이 있어. 네가 여기로 내려와서 다시 특별허가를 신청해보자. 그들을 통하면 될 것 같아."

그녀가 제안한 방법은 적중했고 우리는 설레는 마음으로 결혼날짜를 잡기 위해 머리를 짜냈다. 본래 우리는 6월 6일을 생각했지만 그날은 톈안먼 대학살 추모일인 6월 4일과 너무 가까웠다. 매년 추모일이 되면 정치적 긴장과 소요가 일어났기 때문에 미국, 호주, 뉴질랜드 그리고 홍콩에서 오는 하객들에게 큰 불편을 줄 수도 있었다. 결국 졸업식을 불과 며칠 앞둔 6월 19일을 결혼식 날로 잡았다.

결혼식을 위해 마련해둔 여분의 돈이 많지 않았다. 결혼하기 전에도 나는 베이징에서 개인지도 아르바이트를 해서 여분의 돈을 하이디에게 보내곤 했다. 그녀의 가족이 그녀에게 많이 의존했기 때문에 그녀는 한 달에 5위안

(yuan)도 안 되는 돈으로, 당시 미국 돈으로 환산하면 1달러 조금 못 되는 돈으로 살아야 했다. 그녀가 전임(專任) 교사로 일하며 받은 봉급의 나머지는 그녀의 부모에게 드렸다.

나는 졸업 후에 진짜 많은 돈을 벌겠다고 스스로 다짐하곤 했다. 당시 모든 대학생은 졸업 후에 어떤 직책으로든 정부를 위해 일해야 했다. 그렇게 해야만 학생들이 정부의 은혜에 보답하는 동시에 국가에 대한 충성심을 기를 수 있다고 정부는 믿었다. 하지만 그런 제약이 있음에도 불구하고 내가 다닌 대학의 과정을 졸업한 자들에게는 직업 선택의 자유가 보장되었다. 영어를 능숙하게 구사하는 사람은 큰 기업이나 국가 수출입 기업에서 쉽게 일자리를 얻을 수 있었다. 나는 영어를 잘하고 국제무역에 대해 잘 알았기 때문에 큰 회사, 정부, 공산당 또는 몇몇 기관들에서 일자리를 구할 수 있었다. 그토록 여러 해 동안 힘들게 공부한 후에, 결국 나는 아주 오래 전에 어머니께 약속했던 것을 이룰 수 있었다. 봉급을 쥐꼬리만큼 주는 교사의 일을 피했고, 명문 대학원 과정에 입학하였고, 졸업하자마자 성공의 열매를 누릴 수 있었다.

그런데, 내 성경공부 그룹에 있는 미국인 교수 제임스와 함께 졸업 후의 진로에 대해 의논하던 가운데 내게 아이디어 하나가 떠올랐다.

"교회 일을 하고 싶은데요." 내가 말했다.

"네가 정부 인가 교회에서 일하지 않는 한 중국에서 전임(full-time) 목회라는 건 불가능해."

"정부 인가 교회에서 일하는 것도 한 가지 방법이 되겠지만 그것보다는 다른 방법을 찾고 싶은데요. 말하자면, 공산당을 위해서는 가장 적은 시간을 일하고 교회를 위해서는 가장 많은 시간을 투자하는 방법 말이죠. … 사실 며칠 전에 내 미래를 놓고 기도할 때 하나님께 그렇게 하겠다고 약속했어요."

"그러면 하나님이 이루실 거야. 그분의 뜻대로 말이야."

하이디와 내가 졸업하기 전에 결혼해야 했기 때문에, 다시 말해 내가 봉급을 많이 주는 일자리를 얻기 전에 결혼해야 했기 때문에 결혼식 비용을 절약해야 했다. 감사하게도, 우리 신앙인 모임에 속한 한 부부가 어떤 큰 회사의 베이징 지사장이었는데 그들은 1층 전체가 군부에게 할애된 큰 아파트 빌딩에서 살았다. 장군미망인빌딩은 중국공산혁명 중에 죽은 장군들의 미망인들을 위해 정부가 감사의 표시로 마련해준 호텔이었다. 그 호텔은 아름답고 비싸고 호화로운 곳이었는데 우리 신앙인 모임의 친구들이 내 결혼식을 그곳에서 할 수 있도록 연줄을 통해 힘을 써주었다.

사실, 하이디가 여전히 고향에 머물고 있었기 때문에 우리 친구들이 결혼식의 모든 과정을 위한 계획을 짜주었다. 그들이 무료로 얻을 수 있는 온갖 종류의 자질구레한 장신구를 마련했고 하이디의 예쁜 치마를 골랐고 부케를 만들었다. 결혼식에서 피아노를 칠 나이 많은 그리스도인 여자를 섭외했고 그녀의 반주에 맞춰 노래할 재능 있는 음악 전공자들을 구했다. 그들의 노력 덕분에 나는 결혼식에 불과 120달러만 썼다(내가 그렇게 적은 돈만 썼다는 걸 하이디에게 말하지 말았어야 했는데 괜히 말한 것이 후회된다. 지금까지 그녀는 내가 그녀에게 빚을 지고 있다고 말하기 때문이다).

드디어 결혼식 날이 되었다. 나는 큰 홀 옆에 있는 작은 방에서 급우들이 들어오는 걸 지켜보았다. 그들은 하나씩 하나씩 식장 안으로 들어와 가지런히 놓여 있는 의자들에 앉았다. 하나, 둘, 셋…. 내가 세었다. 나의 결혼식은 내가 사랑하는 사람과 결합하는 의식(儀式)이었을 뿐만 아니라 하나님께 내 약속을 지키는 기회이기도 했다. 열넷, 열다섯, 열여섯, … 열일곱! 내 급우가 모두 참석한 것이 확인되었을 때 나는 식을 시작하려고 했다. 하이디의 부모와 내 아버지가 거리상의 이유로 참석하지 못했지만 30명 정도의 외국인 하객도 있었기 때문에 하객 전체는 80명 정도 되었다. 그들 중에 어떤 이들은 조금 후에 예수님에 대한 이야기를 듣게 될 거라고 생각조차 못하고 있었다.

주례는 서양에서 '앨런 위엔'(Alan Yuan)이라는 이름으로 더 많이 알려진 위엔 샹첸이었다. 그는 중국의 저명한 그리스도인 반체제 인사들 중 한 명이었다. 그가 식장 안으로 걸어 들어오자 하객들은 흥분을 감추지 못했다. 그는 삼자교회에 합류하기를 거절했다는 이유로 1958년 4월의 어느 날 밤 체포된 이후로 유명인사가 되었다.

위엔 샹첸은 세 가지 이유 때문에 삼자교회에 합류하기를 거절했다. 첫째, 그는 정치집단이 아니라 예수 그리스도께서 교회의 머리가 되셔야 한다고 믿었다. 둘째, 그의 교회가 언제나 외부의 통제에서 자유로웠었다. 셋째, 그는 삼자교회의 지도자들이 신봉하는 신학적 현대주의를 싫어했다. 삼자교회에 합류하기를 거부했기 때문에 그는 반혁명죄(反革命罪)로 기소되어 종신형을 선고받았다. 그리고 러시아와 중국 사이의 국경 가까이 있는 강제노동수용소로 보내졌다. 추울 때 그곳의 기온은 대개 영하 30도까지 떨어졌다. 21년 8개월 동안의 수용소 생활 중 대부분을 혹독하게 추운 독방에서 보냈다. 휴식시간에 다른 수형자들이 담배를 피울 때 그는 '갈보리산 위에'를 부르며 힘을 얻었다. 그가 그토록 극심한 고난 속에서도 하나님을 버리지 않은 것은 기적이었다. 신앙을 지키기 위해 치른 대가는 혹독했다. 그의 아내와 여섯 자녀를 거의 22년 동안 보지 못했다!

석방되자마자 그는 가정교회를 다시 세웠지만 그것을 삼자교회로 등록하지는 않았다. 그와 그의 아내는 신앙을 타협의 대상으로 삼지 않았고 그들의 집에서 복음증거의 사역을 계속했다. 그가 중국에서 유명하게 된 것은 외국의 기자들에게 많은 주목을 받았기 때문이다. 심지어 빌리 그레이엄 목사도 그를 만났고 그의 가정교회를 방문했다.

하이디와 나를 그에게 연결해준 사람은 그를 베이징에서 알았던 징 후이 푸라는 이름의 나이 많은 그리스도인 자매였다. 그와 그의 아내는 우리를 그의 아담한 집으로 초대했다. 그의 집의 거실에 들어서니 한쪽 벽에 빌리 그레이엄 목사의 사진이 걸려 있었다. 아주 많은 사람들이 주님을 알게 된 그 작은 방에 우리가 앉자 그들이 우리에게 조언을 해주었다.

"중국에서 충성스럽게 주님을 따르며 그분의 일을 하려면 '감옥 신학'을 배워야 합니다." 그가 말문을 열었다. 나는 그들의 말을 다 이해한 건 아니지만 고개를 끄덕였다.

"하나님과 그분의 성실하심을 가장 잘 알 수 있는 곳이 바로 감옥입니다. 감옥에서 그분은 중국의 그분의 교회를 준비시키십니다."

그의 말을 들을 때 등골이 오싹해지는 것 같았다. 중국에서는 많은 신자들이 믿음을 지키기 위해 박해받았다. 예를 들면, 위엔 목사나 워치먼 니 (1903-1972. 중국의 기독교 저술가, 지도자)나 왕 밍따오(王明道:1900-1991. 중국의 개신교 목회자로서 1955년부터 1980년까지 감옥생활을 했다) 같은 사람들 말이다. 우리는 성경의 교훈에 충실한 사람들이 결국 감옥으로 가는 것을 많이 보았다. 나는 하이디를 쳐다보았고 그녀는 내게 가벼운 미소를 보냈다. 그녀에게 말을 걸지 않고도 그녀가 무슨 생각을 하는지 알았다. 우리의 믿음이 '감옥 신학'이 의미하는 시련을 견딜 만큼 강한 건 아니었지만 나는 위엔 샹천의 말을 마음 깊이 새겼다.

나는 정부 인가 교회에 대한 그의 강경한 입장을 존경했지만 그래도 우리는 매주 정부 인가 교회에 출석했다. 내가 나가는 정부 인가 교회에는 성경을 믿는 그리스도인들이 많았고 그곳의 목회자도 참된 복음을 확고히 믿는 사람이었다. 중국 정부가 미성년자의 개종을 법으로 금했지만 양 위뚱 목사는 그들에게 예수님에 대해 증언했다.

하이디와 내가 위엔 샹천의 집을 나올 때 그와 그의 부인은 우리에게 복음을 붙들고 때를 얻든지 못 얻든지 복음을 전하라고 말해주었다. 평온하고 미소로 가득한 그들의 얼굴을 보니 그들에게 원한이 없고 오히려 기쁨이 가득하다는 걸 알 수 있었다. 고난을 이겨낸 그들의 성숙한 태도에 큰 감동을 받았다. 그가 우리 결혼식의 주례를 맡아서 해주기로 한 건 우리에게 큰 복이었다.

또한 나는 우리의 목요성경공부에서 말씀을 전해주곤 했던 선배 설교자에게 결혼식 때 설교를 해달라고 부탁했다. 중국의 결혼식이 장시간 진행되는 칙칙한 행사였기 때문에 나는 내 결혼식을 복음 전도의 장으로 만들겠다고 결심했다. 설교자는 자리에서 일어나 복음의 핵심을 아주 진지하게 전했다. 그가 설교를 마치고 자리에 앉았을 때 나는 하나님께 약속한 것을 지킨 것이 되었다. 그의 설교를 듣고 내 급우들이 모두 예수님에 대한 이야기를 들은 것이기 때문이다.

설교가 끝난 후 나는 하이디에게 결혼서약을 해야 했다. 그녀와 나를 부

1993년 6월, 우리 부부의 결혼식 주례자 위엔 샹천 목사(왼쪽)와 설교자 펑 시준 목사(오른쪽)와 함께.

부로 맺어주는 공식적 절차를 수행하기 위해 위엔 샹천이 성경 낭독대로 다가갔다. 슬프게도, 기독교를 모함하기 위해 중국 정부는 목회자들이 젊은 남녀를 억지로 부부로 만든다는 소문을 퍼뜨렸다. "너희는 믿지 않는 자와 멍에를 함께 메지 말라"(고후 6:14)라는 성경의 교훈을 꼬투리 잡아 공산당은 기독교가 '강제결혼'의 풍습을 실시한다고 선전했다. 실제로 많은 목회자가 사람들을 강제로 결혼시켰다는 죄목으로 기소되어 감옥살이를 했다.

중국 정부는 공산주의가 사람들에게 '결혼의 자유'를 준다고 선전했다. 하이디와 나의 결혼이 정부의 허락을 받은 것이며 동시에 자발적인 것임을 하객들이 분명히 알도록 위엔 샹천은 정부가 발행한 결혼허가서를 손에 들고 큰소리로 읽었다.

"중화인민공화국의 결혼법에 따라…." 그가 큰소리로 읽었다. "이 두 사람의 결혼을 허가한다."

결혼식이 끝난 후 우리는 호텔의 아름다운 정원에서 피로연을 베풀었다. 중국에서 하객들은 피로연 때 신랑과 신부에게 선물을 주고 덕담을 건넨다.

아니나 다를까, 하객들은 하이디와 내게 와서 덕담을 건네며 선물을 주었다. 하지만 그들이 케이크를 먹으며 펀치 음료를 마실 때 우리는 복음을 전했다. 우리 친구들 중 많은 이들이 기독교의 진리에 대해 들어본 적이 없었는데 그들은 결혼식 때 들은 복음에 대해 생각해보고 있었다.

"이 기쁜 소식에 대해 들어본 적이 있어?"

"설교자가 전한 예수님에 대한 이야기를 믿어?"

"하나님의 죄 사함의 방법이 무엇인지 알아?"

거기서, 즉 공산당 군부에게 할애된 그 호텔에서 우리는 많은 이들에게 예수님을 증언했고 그분의 변화의 능력을 전했고 그분의 추종자가 되는 법을 알려주었다.

우리가 그 호텔에서 걸어 나올 때 나는 하이디의 손을, 아니 내 아내의 손을 잡았다.

"이제 당신이 뭐가 된 건지 알아?" 내가 그녀에게 농담을 던졌다.

"잘 모르겠는데…."

감사하게도, 나도 몰랐다!

15
하나님을 위해 공산당학교 교사가 되다

어느 날 아침, 나는 잠에서 깨어나 제일 좋은 옷을 입고 보도를 따라 씩씩하게 걸어가 취업면접에 임했다. 내게 아내가 있고 두 대학의 학위가 있었으므로 고액 연봉의 일자리를 얻기 위해 노력할 때였다. 어릴 적에 나는 돈이 인생의 많은 문제를 해결해줄 거라고 믿었다. 심지어 돈이 평등과 정의를 이룰 거라고 믿었다. 그러나 그리스도인이 된 나는 돈이 어릴 적 꿈꾸었던 만병통치약이 아님을 분명히 인식했다. 물론 돈이 삶을 편하게 해준다는 건 인정했다. 내가 고액 연봉자가 되면 점점 더 늘어나는 나의 피부양자(被扶養者)를 어렵지 않게 부양할 수 있을 것이었다.

면접 대기실에는 나처럼 옷을 빼입은 구직자들이 가득했기 때문에 나는 자리에 앉자 내 구두를 쳐다보았다. 담당자가 내 이름을 불렀을 때 나는 최대한 자신감을 가지고 면담실로 들어갔다.

"저는 시치우 푸입니다." 방안에 들어서서 내 소개를 했다. "번역자가 되기 위해 이 면접에 응했습니다." 옷을 말쑥하게 빼입은 중국인 면접관의 눈은 예리했다. 나는 비록 약간 긴장했지만 내 대답들이 짧고 적절하고 요령 있다고 생각했다. 만일 채용된다면 도로와 교량의 건설을 전문으로 하는 중국의 종합회사, 즉 중국 최대의 국가소유회사에서 번역자로 일하게 될 것이었다. 집중적인 면접이 한 시간 쯤 이어진 후에 면접관은 내게 악수를 청하며 말했다. "우리 회사에서 일할 수 있습니다. 봉급을 두 배로 받게 될 것입니다. 일부는 미국 달러로, 나머지는 중국 돈으로 받게 될 겁니다. 우리 회사가 케냐에서 새 사업을 벌이고 있는데 아마 그곳이 첫 근무지가 될 것입니다."

"고맙습니다!" 나는 내 월급이 얼마나 될 건지 속으로 계산해보지 않으려고 애쓰면서 말했다. "제안을 받아들입니다."

나는 노래를 부르며 집으로 걸어갔다. 그토록 많은 시련과 고생 끝에 내 인생이 미천한 출발을 딛고 일어섰기 때문이다. 그러나 정적이 흐르는 집에 도착했을 때, 새로 얻은 일자리가 내게 줄 거라고 예상했던 평안이 내 마음에 없었다. 그때 주님이 내 서약을 기억나게 해주셨다. 하지만 나는 그 생각을 하지 않으려고 애썼다. 평생 쥐꼬리만큼의 돈을 쪼개 쓰며 살아왔지 않은가? 이제 아내도 생겼으니 여유가 조금 생겨야 하는 게 아닌가? 아니, 여유가 많이 생겨야 하는 거 아닌가?

"케냐로 갈지도 모르는데요." 다음번에 열린 남자기도회에서 내가 제임스에게 말했다.

"케냐로 간다고? 그러면 중국에서 복음을 전하겠다는 네 계획이 꼬이는 거 아냐?" 그가 물었다.

하나님께서 내 인생을 향한 그분의 뜻에서 멀어지는 걸 허락하지 않으실 거라는 생각이 들었다. 나는 내 직장과 하나님의 뜻 사이에서 갈등하는 속마음을 제임스에게 털어놓았다. 교회의 일을 겸하여 할 수 있는 직업을 갖겠다고 하나님께 약속했지만 돈을 많이 벌어야 하는 내 입장이 고민의 핵심이었다. 친구와 의논하는 중에 내 선택은 분명해졌다.

"하나님 나라의 일에 우선권을 두어야겠어요." 내가 결국 말했다. "하나님께서 내 헌신에 보답해주실 거예요. 그리고 내 현재 상황에서 가장 좋은 일자리가 어떤 건지 보여주실 거예요." 나는 케냐 행을 포기했다.

다른 일자리 하나가 고려의 대상으로 올라왔다. 겨우 생활할 수 있을 정도의 돈만 주는 일자리였지만 그것을 택하게 되면 퇴근 후에 내 시간을 자유롭게 쓸 수 있었다. 친구와 나는 '교사'라는 말은 사용하지 않았다. 내가 평생 교사가 되지 않으려고 발버둥쳐왔기 때문이었다. 하지만 하나님께 한 내 약속을 지키려면 교사 밖에는 다른 선택이 불가능했다.

"그래!" 내 친구가 말했다. "어떤 직업이든 간에 일은 해야 하는 거니까…." 그의 목소리가 점차 작아져갔다. "하나님이 밝히 보여주실 거야."

교사가 되지 않으려는 사람은 나 혼자만이 아니었다. 중국의 많은 대학 졸업자가 교사가 되기를 싫어했다. 공산당학교는 공산당 고위 공직자가 되려고 하는 사람들을 교육하는 곳이었다. 그런데 공산당 당원들은 엘리트 교육을 받은 자들이었기 때문에 교사 같은 적은 봉급을 주는 직업들을 피하고 더 잘 나가는 일자리를 얻기 원했다. 그 결과 공산당학교는 장래에 고위 공직자가 되려는 자들을 가르칠 영어교사를 모두 당 안에서 찾는 게 쉽지 않았고, 따라서 당원이 아닌 사람도 영어교사로 채용하기 시작했다.

"우리는 아직도 교사 한 명이 더 필요합니다." 나와 동일한 대학교 과정을 졸업한 여자가 내게 말해주었다. 공산당학교에서 몇 해 동안 영어를 가르친 그녀는 꽤 만족해하는 것 같았다.

"미안하지만…." 내가 말했다. "나는 공산당원이 아닙니다."

"나도 공산당원이 아닌 자로서 처음 교사로 임용된 사람입니다. 물론, 내가 공산당원이라면 학교 측이 더 좋아했겠죠. 하지만 기본적으로 교사가 부족하다 보니까 그들도 어쩔 수 없이 나를 채용한 겁니다. 당신이 이 학교 교사에 관심이 있다면 아주 적격입니다."

다음날 아침 나는 톈안먼 광장에서 멀리 떨어진 곳에 있는 공산당학교로 갔다. 경비가 삼엄하고 아무 표시도 되어 있지 않은 캠퍼스 안으로 지척거리며 들어갔다. 이번에는 면접관 앞에 앉았을 때 긴장되지도 않았고 흥분되지도 않았다. 만일 그곳에서 일하게 되면 그것이 하나님의 뜻이라고 생각했기 때문에 면접관에게 주저 없이 "나는 공산당원이 아닙니다"라고 말했다.

"당원이 아니라도 결격사유가 되지 않습니다." 그가 나를 안심시켰다.

하지만 나는 내가 그리스도인임을 밝히지 않았다. 그럴 경우 거부당할 수 있었기 때문이다. 한 시간 후 나는 일자리를 얻은 사람으로서 입가에 미소를 띠며 그 학교에서 걸어 나왔다.

"내가 무슨 일자리를 얻었는지 알면 놀랄 겁니다." 내가 제임스에게 말했다. "하나님께서 장래에 공산당 고위 공직자가 되려는 자들을 가르치는 일자리를 내게 주셨습니다. 이것은 내가 그분께 한 약속을 지킬 수 있도록 기회를 주신 것입니다."

내가 그토록 하기 싫었던 교사의 일을 통해 하나님의 뜻을 이루어 드리게 되었다고 생각하자 우리 두 사람은 웃음을 터뜨렸다.

∽

하이디는 그녀의 고향에서 살면서 학기를 마치고 베이징인민대학교(the People's University of Beijing)의 대학원 과정에 들어가기 위해 입학시험공부를 하고 있었다. 교사가 노동에 비해 봉급이 너무 작기 때문에 그녀는 미학과 철학을 연구하는 과정에 들어가기를 희망했다. 한편 나는 캠퍼스 구내의 기숙사로 이사를 했다. 내게 주어진 기숙사 방에서 다른 기혼 남자와 함께 생활하게 되었는데, 그의 아내도 다른 도시에 살고 있었다.

대학원 입학시험에 합격한 하이디가 흥분해서 편지를 보냈다. 그녀의 합격은 그녀의 미래를 활짝 열어주었을 뿐만 아니라 베이징에 와서 나와 더불어 남편과 아내로서 살아갈 수 있게 해주었다.

"딱 한 가지 문제는 등록금이 2만 4천 위안이라는 거야." 그녀가 이렇게 썼다. 당시 2만 4천 위안은 미국 달러로 3천 달러쯤 되었다. 우리로서는 도저히 마련할 수 없는 금액이었기 때문에 하나님이 돕지 않으시면 입학은 사실상 불가능했다. 하지만 감사하게도, 우리는 그리스도인으로서 기적을 믿었다. 몇 주 동안 나는 그녀가 대학원 입학금을 마련할 수 있게 해달라고 기도했다. 그러던 어느 날 기도회 중에 나는 우리의 돈 문제를 다른 사람들에게 이야기했다.

등록 마감일이 다가오자 나는 하이디의 가족에게 보낼 편지의 내용을 마음속으로 생각하게 되었다. 물론, 그 내용은 그녀가 왜 대학원 진학을 하지 못하게 되었는지를 설명하는 것이었다. 그런데 등록 마감일에 제임스가 내게 다가오더니 작은 가방 하나를 손에 쥐어 주었다.

"이게 뭐예요?" 이렇게 물으며 가방 안을 들여다본 나는 즉시 가방을 닫았다. 돈이 가득 들어 있었기 때문이다.

"너무 흥분하진 말고…." 그가 미소 지으며 말했다. "자네 것이 아니고 하이디 거야."

시계를 슬쩍 보니 대학교의 서무과 사무실이 문 닫을 시간이 거의 다 되었다. 나는 제임스에게 감사하다는 말을 연발한 후 뛰다시피 캠퍼스를 가로질렀다. 마치 은행을 턴 강도처럼 돈가방을 손에 들고 말이다. 마침내 서무과에 도착해서 창구에 돈을 모두 쏟아놓았다.

"내 아내의 등록금으로 가져온 돈입니다." 내가 자신감 있게 말했다. 창구 직원의 입이 딱 벌어졌다. 그녀가 내가 쏟아놓은 돈을 돈 상자에 넣는 것을 쳐다볼 때 나는 머릿속으로 제임스가 얼마나 후한 사람인지를 생각했다. 그 돈은 1년 동안 대학원 공부를 하기에 충분한 돈이었다.

우리 부부가 여러 달 동안 따로 생활해오던 끝에 드디어 그해 여름 하이디가 베이징으로 이사를 왔다. 다른 기혼 남자와 생활하는 기숙사에 부부가 살 수는 없는 노릇인지라 우리는 다른 거처를 알아보아야 했다. 머지않아 나는 내가 출근하는 학교 사무실에서 가까운 곳의 행정건물 안에 사용되지 않는 거대한 욕실이 있다는 걸 알게 되었다. 샤워기구와 변기를 갖춘 욕실은 대개 고위 공직자만 쓸 수 있는 호화스런 것이었다. 대부분의 사람들이 각자의 방에 살면서 복도 끝에 있는 공동 목욕탕을 이용했지만 소수의 선택된 사람들은 자기만의 욕실을 사용했다.

"자! 한 번 봐!" 빌린 열쇠로 문을 열며 하이디에게 말했다. "여기서 살고 싶어?"

"욕실에서 살라고?" 그녀가 물었다.

말이 욕실이었지 그것은 천정이 높고 바닥에 타일이 깔린 굉장히 큰 방이었다. 그것은 두 부분으로 나뉘었는데 한쪽에는 '거인의 욕조' 라고 불릴 만큼 큰 욕조가 대부분의 공간을 차지하고 있었고, 다른 한쪽에는 그것보다 작고 적당한 크기의 세면대가 있었다.

"마오쩌뚱의 아내 쟝 칭이 이 욕실을 사용했대." 내가 설명했다. "중국이 해방된 후에 이 건물에 기거했던 쟝 칭이 욕실을 개인적으로 사용했다는 거지."

여러 해 동안 사용하지 않아 먼지가 잔뜩 쌓인 욕조를 둘러보던 하이디가 웃으며 말했다. "쟝 칭이 사용했다는 게 이 욕실이 내세울 만한 장점이라 이 거지?"

내가 그 '거인의 욕조'를 두드리자 먼지가 피어올라 나를 둘러쌓았다. "이건 소련에서 수입된 거야." 내가 기침을 하며 말했다. "소련도 이런 건 더 이상 만들지 않는대."

"우와!" 하이디가 내게 윙크하며 말했다. "하나님이 우리를 위해 신혼방을 마련해주신 것 같아. 깨끗이 청소해서 우리의 침실로, 우리 집으로 만들자!"

다음날 학생 신앙모임의 친구들이 찾아와 그 욕실을 우리의 첫 보금자리로 만드는 걸 도왔다. 젊은이들은 그 거대한 욕조를 뜯어내느라 하루 종일 수고했고 또 나이 많은 그리스도인 남자가 선사한 침대를 들여놓는 걸 도왔다. 일을 다 끝냈을 때 우리에게는 '집'이라고 부를 만한 멋진 거처가 생겼다.

∞

하이디는 손님 대접하는 걸 아주 좋아하는 사람이었지만 어느 날 내가 곧 찾아올 손님에 대해 이야기하자 미온적인 반응을 보였다.

"누가 온다고?" 그녀가 물었다.

"하이디!" 그녀를 진정시키며 내가 말했다. "조셉은 내 좋은 친구였어."

"맞아. 당신에게 등을 돌릴 때까지는 좋은 친구였지." 그녀가 내 말을 막으며 말했다.

"그가 과거의 친구만은 아냐."

"그래? 당신 같은 시위 주동자들은 죽어 마땅하다고 신문에 기고한 건

뭐야?"

"이젠 그도 변했을 거야."

"게다가 그는 당신이 어려울 때 당신 대신 반장 자리에 앉아 다른 아이들이 몇 달 동안 당신에게 말도 못 붙이게 만들었어. 당신을 자살 직전까지 몰고 갔던 우울증에 빠지게 만든 장본인이 바로 그야! 그가 여기에 왜 온다는 거야?"

"자기 말로는 이 지역에 와 있다고 하던데…, 정확한 건 나도 몰라."

"그가 당신을 배반한 후에 내가 줄곧 해온 말을 다시 하자면…, 그는 기회주의자이고 나쁜 사람이야! 당신이 그를 다시 보지 않으면 좋겠어!"

"당신은 그를 보지 않게 될 거야. 우리 집에는 저녁에 들를 거야. 당신이 자리를 피해주는 게 제일 좋을 것 같은데."

며칠 후 하이디와 내가 우리의 작은 방에 앉아 있는데 누군가 방문을 두드렸다. 때는 한낮이었고, 내가 막 강의를 하러 나가려던 참이었기 때문에 우리는 약간 놀랐다.

"시치우!" 나를 부르는 소리를 듣는 것과 동시에 내가 문을 열었다. 놀랍게도 예상 시간보다 네 시간 일찍 온 조셉이 문 앞에 서 있었다!

"어서 와!" 그를 방안으로 들이면서 말했다. "하… 이… 디!" 그녀에게 마음을 다잡을 시간을 주기 위해 천천히 그녀를 불렀다. "조셉을 기억하지?"

"내가 어찌 잊겠어?" 그녀가 대답했다.

"조셉, 난 네가 늦게 올 거라고 예상했는데…." 내가 시계를 보며 말했다. "이를 어쩌나…. 난 지금 막 강의를 하러 가려던 참인데."

"괜찮아." 그가 말했다. "난 기다릴 수 있어. 기다리는 동안 하이디랑 이야기하면 돼."

나는 내 아내, 사랑스럽고 아름다운 하이디를 보았다. 그녀는 미소를 지으며 말했다. "그것도 괜찮겠네. 과거 대학시절 이야기를 다시 해볼 수 있는 좋은 기회가 되겠네."

그녀가 화가 나 있다는 걸 알았지만 나는 강의를 하러 가지 않을 수 없었다. 방을 나가 방문을 닫았을 때, 두세 시간 후에 돌아오면 어떤 광경이 나를 기다리고 있을까 하는 생각이 들었다. 강의 시간 중에도 집에서 무슨 일이 벌어지고 있을까 궁금해서 강의에 집중이 잘 안 되었다. 강의가 끝나자 하이디와 조셉이 서로 심하게 싸우지 않았기를 바라면서 집을 향해 종종걸음으로 달렸다.

집에 도착해 방문을 열었을 때 나는 깜짝 놀랐다. 두 사람이 우리의 작은 테이블에 마주 앉아 있었고 그들 사이에는 성경이 놓여 있었다. 그들은 입이 귀에 걸릴 정도로 씩 웃었다.

"어떻게 된 거야?" 내가 물었다.

조셉이 의자에서 벌떡 일어나더니 소리쳤다. 그의 입에서 도저히 튀어나올 것 같지 않은 말이 튀어나왔다.

"시치우! 네 아내가 나를 그리스도께 인도했어!"

GOD'S DOUBLE AGENT

3

포로 된 나를
자유의 길로 이끄시며

16
삼자애국교회와 '영적 톈안먼 사태'

어느 주일 아침 하이디와 나는 교회의 정문으로 들어갔다. 그때까지 몇 달 동안 우리는 내 직장에서 가까운 광와시 교회에 나가고 있었다. 그런데 그날 정문 안으로 들어서자마자 딱 멈춰 섰다. 뭔가 이상했다. 여기저기 도처에 표지가 붙어 있었다. 청년회 소속 친구들이 안마당 가운데 둥글게 서서 서로 손을 잡고 고개를 숙이고 있었다. 그들을 향해 걸어가는데 광고판의 글이 눈에 들어왔다. "양 위퉁 목사는 복음전도에 더 이상 적합하지 않으므로 오늘부로 사임하였다."

두려움이 몰려왔다. 70세의 위퉁 목사는 교회의 원로로서 하나님을 사랑하는 진실한 사람이었다. 심지어 그는 그리스도인이 되기 원하는 사람이 있다면 나이를 불문하고 세례를 주었다. 그의 지도력에 힘입어 급속히 성장한 우리 교회는 1부 예배를 드리다가 3부 예배까지 늘어났고 결국에는 한국어 예배까지 드릴 정도로 예배가 다양화되었다. 어쩌면 너무 급속히 성장했다고 말할 수 있었다. 정부에서 우리 교회에 주목하게 되었기 때문이다.

"무슨 일이 생긴 거야?" 내가 물었다. "목사님은 괜찮으셔?"

"어젯밤 공산당이 그 분의 집으로 가서 강제로 사임하게 만들었대." 목회자를 잃어 낙심한 표정이 역력한 여성 교인이 말했다. "그 분을 쫓아낸 거야."

"오늘 오셔서 고별설교를 하실까?" 내가 물었다. 그 분은 내가 정이 많이 든 분이었다.

"그렇지 않아." 그녀가 낮은 목소리로 말했다. "들리는 말에 의하면, 그 분이 더 이상 이 교회의 목사가 아니라고 공산당이 통보했다는 거야. 그 분 집 밖에 경비병을 세워 오늘 교회에 못 오시도록 막는대."

광와시 교회에 매주 출석해온 내가 보기에, 그 교회에는 성경을 믿는 그리스도인들이 많았다. 하지만 무신론을 신봉하는 정부의 통제를 받는 교회가 얼마나 참된 교회일 수 있을까 하는 의구심은 늘 있었다.

교회 건물 밖에서 하이디와 나는 다른 교우들과 손을 잡고 함께 주님께 부르짖었다.

"하나님, 이 교회가 하나님의 교회입니까? 이 교회가 진정 거룩하게 된 교회입니까? 하나님이 이 교회의 머리십니까?"

예배시간이 시작되어 우리는 본당 안으로 들어갔다. 그런데 거기에는 전에 보지 못했던 수백 명의 사람들이 있었다. 수년 동안 예배시간이면 설교단 위에 앉아 있던 우리의 목사님 대신 굳은 표정의 종교부 관리들이 짙은색 양복을 입고 한 줄로 서 있었다. 그 오만한 무신론자들이 교회의 설교단에 올라가 서 있는 걸 보니 희한하다는 생각이 들었다. 심지어 우스꽝스럽기까지 했다.

"이제 '베이징삼자애국운동'의 대표께서 우리에게 말씀을 전해주시겠습니다." 한 관리가 마이크에 대고 말했고 80세 쯤 되는 어떤 사람이 마이크로 다가가기 위해 자리에서 일어났다. 회중은 고개를 돌려 그를 보았고, 그가 정부에 의해 임명된 새 목회자인가 하고 생각했다. 위통 목사의 사모님은 회중 속에 혼자 앉아서 고개를 숙이고 기도하고 있었다. 베이징에 있는 모든 삼자애국교회들을 대표한다는 그 80세의 목사가 천천히 계단을 올라갔고 모든 회중은 그가 그런 날에 무슨 설교를 할까 궁금했다.

"미국은…" 그가 설교를 시작했다. "자본주의 제국으로서 백 년 동안 중국 인민을 압제해왔습니다.”

그날 벌어진 이상한 상황에 대해서는 한 마디 설명도 없이 미국의 제국주의를 매도하는 그의 설교가 우리 눈에는 기가 막힌 것이었다. 더욱이 그는 예수님에 대해 언급조차 하지 않았다. 미국에 대한 통렬한 비난을 끝낸 후, 그는 자기가 그 교회의 목회자로 일하게 되었다고 말했다. 교회의 목회자가 바뀌는 중대한 문제에 대해 말하는 것이 미국에 대한 비판을 잔뜩 한 후에 생각이 나니까 한다는 식으로 너무나 가벼웠다. 마치 소그룹 파티 광고하는 것처럼 대수롭지 않게 말했다. 한 술 더 떠 그는 위퉁 목사가 그런 규모의 교회를 이끌고 나가기에는 너무 연로해서 당국이 사임을 부탁했다고 둘러댔다.

“하지만 위퉁 목사는 이 사람보다 열 살이나 젊어.” 내가 하이디에게 속삭였다. 회중 전체가 술렁이며 중얼거리기 시작하자 이 나이 많은 목사가 회중에게 조용히 하라는 뜻으로 손을 쳐들었다.

“위퉁 목사는 이 교회에서 일하기에 적합하지 않습니다.” 그가 말을 이었다. “그는⋯.”

바로 그때, 설교단 뒤쪽의 비밀통로로 통하는 문이 열리더니 위퉁 목사가 나타나 소리쳤다!

“난 아직 여기에 있습니다!”

위퉁 목사는 그 전날 밤 어둠을 틈타 집에서 빠져나와 교회로 몰래 들어와서 복도와 설교단을 연결하는 비밀통로에 숨어 있었던 것 같았다. 그러니까 교인들에게 사태의 진상을 알릴 기회를 갖기 위해 비밀통로에 밤새도록 웅크리고 있었던 것이다. 이제 그가 말을 할 수 있는 기회가 왔던 것이다.

목회자의 용기 있는 행동을 본 회중은 깜짝 놀랐다. 몇몇 사람은 놀라서 비명을 질렀고 어떤 사람들은 자리에서 일어났다. 박수를 치거나 소리를 지르는 사람들도 있었고 어떤 이들은 앉은 자리에서 큰소리로 기도했다. 70세의 목회자는 공산당 관리들이 빤히 보고 있는 가운데 마이크로 다가가 그동안의 일에 대해 이야기하기 시작했다.

“여러 해 동안 제가 사랑해온 교인 여러분! 저들은 제가 여러분에게 작별인사를 하는 것조차 허락하지 않았습니다.” 그가 말했다.

그가 마음속 깊은 곳에 있는 이야기를 쏟아놓을 때 한 관리가 뛰어올라 마이크를 잡고 그를 옆으로 밀쳤다. 회중석의 제일 앞에서부터 다섯 줄 사이에 앉아 있는 자들은 내가 전에 보지 못한 자들이었는데, 그들은 소동이 일어날 것에 대비해 파견된 사복경찰이었다. 그들은 고령의 목회자를 보호하려는 회중이 설교단으로 뛰어올라가는 걸 막기 위해 자리에서 일어나 설교단을 에워쌓았다. 회중석에 앉아 있던 사모님이 남편을 보호하려고 계단에 올라섰지만 누군가 그녀를 아래로 밀쳤다. 바닥에 떨어지면서 그녀는 심장을 움켜쥐었다. 교회의 예배 중에 사모님에게 심장발작이 일어난 것이었다. 회중 가운데 몇 사람이 그녀에게 접근하려고 했지만 경찰이 저지했다. 결국 두세 사람이 경찰의 저지를 뚫고 그녀에게 접근해 병원으로 옮기려고 했다. 그러나 몇 발자국 못 갔을 때 관리들이 경찰에게 "그 여자를 구하려는 자는 누구든 체포해!"라고 소리쳤다. 경찰은 사모님에게 달려가는 사람들을 붙잡아 경찰차로 밀어 넣었다. 회중은 건물 밖으로 나갈 수 없었고 사모님은 우리의 눈앞에서 죽어가고 있었다. 회중 가운데 한 사람이 비디오카메라를 꺼내자 경찰이 달려들어 그를 두들겨 패기 시작했다.

내 옆에 앉아 있던 한 친구가 나를 보며 "핸드폰을 해보자"라고 말했다. 나는 그를 데리고 본당 뒤쪽으로 갔고 내가 망을 보는 중에 그가 핸드폰으로 응급전화를 걸었다.

"앰뷸런스를 보내주십시오. 한 여자가 심장발작이 일어났습니다." 교환원이 나오자 그가 말했다.

"위치가 어디입니까?"

"여기는 시단 가(街)에 있는 광와시 교회입니다."

그런데 내 친구가 갑자기 핸드폰의 단추를 거듭 누르며 말했다. "저쪽에서 전화를 끊는데…." 그는 핸드폰을 털썩 내려놓았다가 이내 다시 번호를 눌렀다.

"왜 전화를 끊었습니까?" 그가 소리쳤다. "사람이 죽어가고 있습니다."

"미안하지만, 오늘은 그 지역의 민원을 접수하지 말라는 지시가 있었습니다." 교환원이 전화를 끊었다. 정부는 우리의 목회자를 강제로 사임시켰을 뿐만 아니라 유혈사태에 대비했고 또 우리에게 필요한 모든 도움을 차단했다.

내 친구는 분노가 치밀어 얼굴이 벌게지더니 핸드폰을 벽에 던졌다. 그는 거리로 뛰쳐나가 손을 흔들어 택시를 세웠다. 택시가 서자 열린 창문으로 고개를 살짝 들이밀고 "여자분 한 명을 가장 가까운 병원으로 데리고 가주십시오"라고 말했다. 그러나 그의 말이 떨어지기 무섭게 경찰이 달려들어 택시를 멀리 쫓아버렸다. 그가 "잠깐요!"라고 소리쳤지만 소용없었다.

경찰은 택시가 교회로 오지 못하도록 주변을 빙 둘러쌓았다. 사모님에게 허락된 시간이 많지 않다는 걸 아는 내 친구가 경찰의 저지선을 넘어가 택시를 세워 후드 위에 걸터앉았다.

"여자분 한 명을 병원으로 데리고 가 주셔야 하겠습니다."

"오늘은 이 지역에 정차하지 말라는 지시가 있었습니다."

"하지만 이미 정차하지 않았습니까?"

경찰에 붙잡히지 않은 교인들이 억지로 택시를 교회정문까지 오게 했다. 그리고 어렵사리 사모님을 택시까지 데리고 와서 태운 후 택시기사에게 돈을 조금 주면서 "빨리 병원으로 모셔 가십시오"라고 말했다. 택시가 막 출발하자 경찰이 몰려왔다. 경찰은 막 사모님을 택시에 태운 내 친구를 바닥에 쓰러뜨린 후 체포했다.

1989년 나는 정부개혁이 국가의 살 길이라고 믿었기 때문에 톈안먼 광장으로 갔었다. 그러나 탱크가 시위대를 깔아뭉개는 걸 보고 정부의 개혁능력에 대한 환상을 버렸다. 그 주일, 즉 우리의 목회자가 강제로 쫓겨난 그날은 나의 '영적 톈안먼 사태'가 일어난 날이었다.

충격을 받아 말문조차 열지 못하는 우리 교인들 앞에서 무신론자들은 경찰에게 소리쳐 하나님의 사람의 입을 막았고, 죽어가는 연로한 여성을 구하려는 교인들의 시도를 막았다.

우리는 "하나님, 이 교회가 하나님의 교회입니까?"라고 그분께 물었고 그분은 우리의 기도에 응답하셨다. 아무리 아름다운 예배를 드린다 해도 삼자애국교회의 주인은 하나님이 아니라 공산당이라는 걸 깨닫게 해주셨기 때문이다.

'영적 톈안먼 사태' 이전에는 내가 정부 인가 교회의 틀 안에서 일하며 복음을 전할 수 있을 거라고 믿었었다. 하지만 광와시 교회 탄압사건 이후 그것이 불가능하다고 믿게 되었다. 또한 나는 하디안 교회에서 청년 성경공부를 인도해온 펑 목사가 해임되었다는 걸 알게 되었다. 성경의 특정 부분만을 가르치라는 정부의 방침을 어기고 성경의 모든 부분들을 가르쳤다는 게 해임의 이유였다. 그는 공산당에 의해 해임된 후에도 몰래 그리스도인들을 가르쳤다. 그러던 어느 날, 베이징의 교외에 있는 가정교회에서 집회를 마치고 집으로 걸어가던 중 누군가 갑자기 다가와 그의 가슴을 칼로 찔렀다. 피를 흘리던 그가 마침 보도 옆을 지나가는 경찰차를 향해 손을 흔들었지만 경찰은 그를 보고도 그냥 가버렸다. 감사하게도 어떤 사람이 다가와 도와주었기 때문에 그는 목숨을 건질 수 있었다.

광와시 교회 사건을 통해 나는 공산당이 내 신앙을 용납하지 않을 거라고 확신하게 되었다. 위통 목사의 사모님은 병원에 가서 치료를 받고 심장발작에서 살아났다. 교회 소동의 현장을 감히 비디오카메라로 찍으려 했던 사람은 몇 달 동안 미행에 시달리며 두들겨 맞았다. 다른 많은 교인들은 나처럼 하나의 확고한 결론에 이르게 되었다. 정부 인가 교회들은 그리스도께서 인도하시는 교회가 아니라는 결론 말이다. 그 주일의 사건 이후 나는 감옥에 갈 각오를 하고 하나님을 믿어야 한다고 느꼈다. 감옥이 늘 나를 따라다니며 나를 집어삼킬 것 같은 그림자처럼 느껴졌다. 내가 감옥에 갈 거라는 느낌이 뼈 속 깊이 스며들었다.

불안감이 특히 심했던 어느 날, 마침 베이징을 찾아와 머물고 있는 내 친구 겸 멘토 조나단 챠오(Jonathan Chao)를 찾아가 나의 불안감을 털어놓았다.

조나단은 중국의 북동 지역에서 태어났지만 그의 부모는 장로교 선교사로서 공산당이 중국의 정권을 쥐기 전에 중국을 탈출했다. 그는 10대가 될 때까지 일본에서 양육되었고, 1958년 그의 아버지 찰스 챠오 박사는 가족을 데리고 캘리포니아로 갔다. 거기서 그의 아버지는 개혁주의 기독교서적을 중국어로 번역하는 일에 선구자적 역할을 했고, 그렇게 번역된 것을 그의 고국으로 몰래 들어왔다. 아버지가 그런 일을 하는 동안 조나단은 미국에서 공부를 해서 제네바대학에서 학위를 받고 웨스트민스터신학교에서 신학석사(M Div.) 학위를, 펜실베이니아대학교에서 박사학위를 받았다. 평생 중국에서 선교사로 일하기 원했던 그는 문화혁명 후에 중국의 기독교 지도자들을 조용히 훈련하기 시작했다. 물론, 중국 정부에게 보복을 당할지도 모른다는 두려움을 이겨내면서 말이다.

그는 차이나 미니스트리즈 인터내셔널(China Ministries International, CMI)이라는 단체를 창립했는데 그 단체 때문에 그와 내가 만나게 되었다. 조나단의 지도하에 CMI는 대학교 캠퍼스에서 중국 지식인들을 상대로 하는 사역의 가능성을 타진하기 위해 몇 명의 선교사를 파송했다. 당시 베이징에서 학생들을 상대로 사역을 하고 있던 나는 CMI 선교사들을 만날 수 있었고 그 뒤에는 조나단을 만날 수 있었다.

학문적으로나 영적으로 높은 수준에 있었지만 그는 믿기 힘들 정도로 겸손했다. 진정한 선교사요 종이요 학자였다. 일반 사람들은 그의 이름을 몰랐지만 중국 정부는 그를 공적(公敵) 1호로 간주했다. 중국 정부는 기독교 교훈과 교리를 퍼뜨린다는 이유로 그를 싫어했다. 뿐만 아니라 그가 학자로서 사람들에게 사회문제와 정치문제에 관심을 갖도록 만드는 것도 싫어했다. 그는 누구를 만나든지 환한 미소로 대했지만, 그의 순박한 표정 뒤에는 중국을 복음으로 뒤집어엎겠다는 무서운 결의가 숨어 있었다.

"당신이 언제라도 체포된다면…." 그가 말했다. "모두 내 탓으로 돌리십시오."

"나는 형제님을 늑대들에게 던질 수 없습니다." 내가 반대했다. "형제님께 책임을 돌리면 그들이 형제님을 체포할 것입니다."

"형제님보다는 나에게 보호책이 더 많습니다. 더욱이, 나에 대한 정보를 그들에게 주면 형제님을 덜 가혹하게 대할 것입니다." 그는 둥글고 통통한 그의 얼굴에 늘 걸쳐져 있는 안경을 벗더니 눈을 비볐다. 그의 눈이 붉었다. 하지만 그때뿐만 아니라 평소에도 그는 잠이 모자라는 사람처럼 눈이 붉었다. 그가 안경을 다시 코에 안정적으로 올려놓으며 완벽한 중국표준어로 말했다. "나는 괜찮습니다. 미국시민권이 있으니까요."

나는 그의 말이 사실이라는 걸 잘 알고 있었다. 해외의 중국인 그리스도인 중에서 중국의 가정교회의 발전에 가장 영향을 끼친 사람이 바로 그였다. '가정교회'라는 말을 사실상 처음으로 서양에 소개한 사람도 바로 그였다. 문화혁명 이후 1976년에 중국이 문호를 개방하기 전부터 그는 중국선교를 위해 연구와 사역을 시작했다.

∞

그날 저녁 나는 아내에게 말했다. "주님께서는 우리의 믿음의 한계를 넘는 고난을 허락하지 않겠다고 약속하셨어. 나는 감옥에 가기 싫어."

"나도 싫어." 하이디가 말했다.

나는 그때까지 감옥에는 가지 않았던 조나단과 나눈 대화에 대해 그녀에게 말해주었다.

"기도하자." 그녀가 제안했다. "우리가 체포되기 전에 일정 시간을 달라고 하나님께 구하자."

"그 일정 시간이 얼마인데?"

"우리가 성숙해질 수 있는 시간 말이야. 우리는 이제 복음을 알기 시작했어. 지금으로서는 감옥을 버텨낼 수 있을지 의문스러워."

그녀의 제안에 따라 우리는 무릎을 꿇고 기도했다. "사랑의 주님, 주님의 일을 하면서 복음의 풍성함을 알 수 있도록 3년을 허락하소서."

"그래. 우리가 감옥에 가기 전에 주님께서 충분한 시간을 주시면…." 우리는 서로 말했다. "그분의 나라를 위해 많은 것을 할 수 있어." 어떤 의미에서 우리는 하나님과 주고받기를 한 것이었다. 자유가 허락되는 한 우리는 복음을 전할 계획이었다.

우리는 일을 시작했다.

낮에 나는 공산당학교에서 가르쳤다. 내가 가르치는 강의실은 내 아파트와 같은 건물에 있었다. 나는 내 직업과 환경에 빠르게 적응했다. 강의실에는 약 다섯 줄 정도의 책상이 칠판 쪽을 향해 있었고, 내 책상은 강의실 앞쪽

한쪽 모퉁이에서 약간 떨어져 있었다. 학생들은 내가 공산당원이 아님을 알게 된다 할지라도 상관하지 않을 것 같았다. 장래에 공산주의 지도자가 될 그들은 친절하고 대개 정중했다. 하지만 그들 중 일부는 자기가 공부하는 과목에 너무나 관심이 없었다. 특히, 뒤쪽에 앉은 띵빵과 펑이라는 두 젊은 이는 공부에 집중하지 않고 멍하게 있거나 머리를 자기 책상에 대고 있었다. 처음에 나는 그들에게 학습의욕을 불어넣을 수 있는 창조적 방법을 사용해보았다. 그 방법이 먹혀들지 않자 그들에게 엄하게 대하는 방법을 써보았다. 결국, 그들이 숙제를 해오지 않는 걸 몇 번 경험한 후 나는 그들이 정부 거물급 인사들의 아들들이라는 걸 알게 되었다. 집안 배경이 든든하기 때문에 영어를 잘하든 못하든 상관없다는 게 그들의 생각이었다! 하지만 대부분의 학생들은 영어가 공산당 조직에서 높은 자리로 올라가는 데 필요한 또 하나의 수단이라고 믿었기 때문에 강의시간에 열심히 집중했다.

강의준비를 많이 할 필요가 없었던 나는 강의시간 외에는 별로 시간을 빼앗기지 않았다. 그러다보니까 내 생활이 금방 판에 박은 듯 틀이 잡혔다. 물론, 이것은 내가 오랫동안 바랐던 것이다. 직장에 많은 에너지를 투자할 필요가 없었던 나는 더 많은 에너지를 복음전파에 투자할 수 있었다.

저녁에 조나단과 하이디와 나는 온갖 종류의 불법적 종교활동에 관여했다. 교회가 확장됨에 따라 조나단은 모든 교인을 선교사 겸 학자로 만들기 원했다. 장로교 가정에서 성장했기 때문에 그는 복음전파에 힘썼을 뿐만 아니라 사람들에게 올바른 교리를 가르치는 일에도 열심을 냈다. 어느 해 여름, 그는 욕실을 개조해 만든 내 아파트에서 중국의 현대교회사를 가르치는 비밀 강좌를 개설했다. 다른 곳도 아닌 바로 공산당학교가 있는 건물에서 그는 새신자들에게 중화인민공화국의 역사를 가르쳤다. 뿐만 아니라 정치의 변화가 종교정책에 어떻게 영향을 미치는지, 또 가정교회가 어떻게 그런 종교정책에 대응하는 수단이 될 수 있는지에 대해서도 가르쳤다.

또한 조나단과 나는 우리의 캠퍼스 사역 동역자들을 위한 비밀 강좌를 개설했다. 강좌를 위한 장소는 베이징의 어떤 대학교 캠퍼스에서 가까운 작은 식당이었다. 조나단과 그의 아버지는 저명한 중국인 복음전도자 스티븐 통

(Stephen Tong) 박사에게서 얻은 많은 책과 비디오를 몰래 들여와 개혁주의 기독교세계관 강의에 활용했다.

"이런 비디오가 우리에게 더 필요합니다." 사역자들은 교육을 받은 후에 이렇게 말하곤 했다. 당시 나는 비디오를 복사하는 기술이 없었기 때문에 공산당학교의 비디오출판부로 갔다. 그곳은 중국청년비디오출판사라고 불렀다. 그곳이 공산당청년연맹의 비디오 선전물을 펴내는 주요 출판사였기 때문에 나는 조심해야 했다. 우리는 거기서 일하는 두 젊은이와 사귀었다. 그리고 그들을 설득해서 수백 개의 전도용 비디오를 밤에 복사할 수 있었다. 그들이 무료로 일을 해주기로 동의한 것은 기독교에 대해 동조적이었기 때문이 아니라 불법 비디오를 보는 스릴을 만끽하기 위해서였다. 그러나 밤마다 비디오를 복사하는 일을 하는 중에 비디오의 메시지가 그들을 사로잡았다. 그곳, 즉 공산당 선전부에서 그들은 은밀히 개종했다.

17
성령 체험과 1급 비밀전도학교

어느 날 밤 하이디와 나는 우리의 새로운 삶에 대해 이야기하고 있었다. 나는 낮에는 미래의 공산당 지도자들을 가르쳤고 밤에는 불법 가정교회에서 가르쳤다.

"나는 이중요원(double agent)이야." 내가 웃으며 말했다.

"당신이 낮에 가르친 사람들이 당신이 밤에 가르치는 사람들과 당신을 장차 체포할 수도 있겠네요." 그녀가 말했다.

사실, 우리가 얼마나 위험한 처지에 있는지에 대해 생각해볼 시간조차 우리에게 허락되지 않았다. 중국이라는 나라가 복음의 진리에 마음의 문을 닫고 있다는 걸 잘 알았다. 또 최대한 시간과 위안(중국의 화폐 단위)을 아껴 써서 지하교회를 도와야 한다는 것도 잘 알고 있었다. 하지만 믿음으로 살려고 하니 가정 안에서 여러 문제가 생겼다. 베이징에서 산다는 것이 그리 만만한 것이 아니었기 때문이다.

"당신의 아들이 고작 영어선생이 되려고 그 많은 교육을 받은 거요?" 내 아버지의 친구들이 물었다. 복음전도를 위한 나의 사역을 가족이 지지해주긴 했지만, 그래도 나는 더 많은 돈을 보내지 않는 것에 대해 가족이 섭섭하게 생각하는 게 아닌가 하는 걱정이 들었다. 공산당학교에서 받는 봉급은 아주 적었고 봉급 이외의 다른 수입은 전부 교회로 갔다. 이것은 하이디의 가족과 내 가족을 힘들게 했다. 양쪽 집안이 우리의 신앙적 선택 때문에 고생한다는 생각을 하면 마음이 괴로웠다.

우리는 우리의 사역을 계속 밀고 나갔다. 나는 조나단을 따라 베이징의 여러 대학교에서 열리는 학술대회에 참가했다. 가정교회 지도자들을 교육하기 위해 그와 함께 중국 시골의 극빈(極貧) 지역들에도 가보았다. 우리는 도시 대학교들에 다니는 학생들이 성경은 많이 알지만 열정이 많지 않다는 것을 알게 되었다. 시골 지역의 신자들은 주님을 위해 죽을 각오가 되어 있을 정도로 뜨거웠지만 기본적 성경지식이 없다는 것도 알게 되었다.

그해 여름 우리는 '시대를 이기는 성령의 불'이라는 프로그램을 만들었다. 이것은 대학생들을 중국의 시골지역으로 보내는 프로그램이었다. 학생들은 가정교회 지도자들의 집으로 가서 함께 지냈는데 비록 가진 것이 없어도 그들은 학생들에게 후하게 베풀었다. 비록 가난했지만 최대한 성의를 다해 우리에게 좋은 음식을 제공했고, 우리를 편하게 해주려고 노력을 아끼지 않았다. 예를 들어, 아침마다 일어나면 우리의 코트가 깨끗이 세탁되어 있었다. 그들에게 그리스도를 향한 순수한 믿음과 사랑이 있다는 걸 확인한 대학생들은 크게 감동했다. 가정교회 지도자들은 기적과 표적을 많이 행하였다. 그들이 들려주는 이야기가 아주 많았기 때문에 하이디와 어떤 그리스도인 여대생은 그들의 간증을 비디오카메라로 찍어두었다. 우리는 하나님께서 기적적으로 병을 고쳐주시거나 물질을 공급해주셨다는 이야기도 들었다. 어떤 사람은 자기가 트랙터에서 떨어져 치였지만 전혀 다치지 않았다고 간증했다. 그해 여름 시골에서 하이디와 나는 6백여 개의 가정교회로 구성된 가정교회연합을 방문했다.

"가정교회연합의 규모가 대단합니다!" 내가 그곳 지도자 중 한 사람에게 말했다. "이 연합에 속한 설교자가 몇 명입니까?"

"그러니까…." 그가 수줍어하며 말했다. "6백 개 교회에 교사는 단 두 명

뿐입니다."

나는 주님의 기쁨으로 충만한 그의 얼굴을 보았다. 그리고 "내 백성이 지식이 없으므로 망하는도다"(호 4:6)라는 호세아서의 말씀을 생각했다. 내가 더 많은 사람들에게 기독교의 진리를 가르치는 일에 도움을 주어야 한다는 생각이 났지만 사실 나 역시 믿음을 가진 지 오래 된 사람은 아니었다. 지난 몇 년 동안 나는 주로 낯선 사람들의 여행용 가방 속에 담겨 중국으로 몰래 들어온 해진 책들로부터 신학지식을 얻었다. 내가 접할 수 있는 기독교 책과 자료를 전부 읽어버렸지만 그럼에도 불구하고 내 지식은 턱없이 부족했다. 사역의 범위가 자꾸 넓어졌지만 나는 준비가 되어 있지 못하다고 느꼈다. 작은 가정교회에서 말씀을 전했지만 내가 아는 신학용어는 금방 바닥이 났다. 사람들에게 '일반계시', '특별계시' 그리고 '일반은총'에 대해 말해주고 나니까 밑천이 다 떨어졌다.

나는 조나단 챠오와 로니 루이스라는 미국인 복음전도자에게 갔다. 로니 루이스는 노스캐롤라이나 주 더햄에 교회(King's Park International Church)를 세운 사람이었다.

"저 시골지역의 가정교회들에게는 정말 교육이 필요합니다." 나는 이렇게 말을 꺼낸 다음에 상황을 설명했다. 그들은 내 말을 열심히 듣더니 의기투합하여 말했다.

"형제님을 돕기 위해 최선을 다하겠습니다." 우리는 지하교회를 위한 기독교교육센터를 만들기로 결정했다. 그런데 우리에게 우선 필요한 것은 동역자들을 교육하는 것이었다. 로니 목사와 타이완 출신 선교사가 성경교육 프로그램에서 강사로 일하겠다고 자원했다. 그 프로그램은 어떤 그리스도인이 소유한 베이징의 큰 아파트 빌딩의 10층에서 열리게 되었다. 아파트 거주자들에게 의심을 사지 않기 위해 우리는 엘리베이터 대신 계단을 이용했다. 우리 대부분은 교육기간 중에는 주말에만 밖으로 나갔다. 다만 하이디는 식료품을 사거나 이런저런 심부름을 하기 위해 밖으로 나갔다. 따라서 거의 매일 10층 높이를 오르락내리락했기 때문에 무척 지쳤다(지금 그녀는 가능하면 엘리베이터나 에스컬레이터를 이용한다). 덕분에 우리 모두가 아파트에 틀어박혀 하나님에 대해 더 많이 배울 수 있었기 때문에 우리는 그녀의 희생에 대해 감사했다.

"그러므로 우리가 그리스도의 도의 초보를 버리고 죽은 행실을 회개함과 하나님께 대한 신앙과 세례들과 안수와 죽은 자의 부활과 영원한 심판에 관한 교훈의 터를 다시 닦지 말고 완전한 데로 나아갈지니라"(히 6:1,2). 로니 목사가 히브리서를 읽었다. 그는 히브리서 6장에 대한 주제별 강해를 하기로 결정했다. 히브리서 6장에 믿음의 기초가 들어 있기 때문이었다. 나는 언제나 성경공부를 강조하는 로니 목사나 조나단 같은 사람들과 함께 있을 수 있는 것에 대해 감사했다. 나는 중국에서 소문으로 들었던 어떤 사람들의 감정적 체험들 중 일부에 대해서는 의심의 눈초리를 보내지 않을 수 없었다. 그리고 소위 '은사운동'이라는 것에 그리 열광하지도 않았다. 우리의 사역이 점점 진행됨에 따라 나는 우리에게 배우는 사람들이 성경에 대해 명료하게 논리적으로 생각하도록 훈련시키기를 원했다.

로니 목사가 세례에 대해 언급하기 시작했을 때 우리는 우리 동역자 중 몇 사람이 아직 세례를 받지 않았다는 걸 알게 되었다.

"우리가 세례 받지 못할 이유가 있습니까?" 누군가 말했다. 세례용 물통이 없었기 때문에 우리는 차선책을 강구했다. 그 아파트에는 침실이 두 개 였는데 침실마다 욕실이 하나씩 있었다. 여자들은 한쪽 욕실로 들어갔고 남자들은 다른 쪽 욕실로 들어갔다. 그곳, 즉 샤워실에서 사람들은 차례차례로 세례를 받았다. 세례식이 끝난 후 다시 교육을 시작할 때 우리에게는 기쁨이 충만했다. 우리 모두가 자기 자리에 앉았을 때 로니 목사는 앞에서 읽다가 끊긴 성경구절을 계속 읽었다. "우리가 이 소망을 가지고 있는 것은 영혼의 닻 같아서 튼튼하고 견고하여…"(히 6:19).

로니 목사의 입에서 이 말이 나올 때 나는 내 얼굴에 미풍이 스치는 걸 느꼈기 때문에 고개를 들어 위쪽을 보았다. 하지만 방의 창문이 하나도 열려 있지 않은 걸 보고 무척 놀랐다. 공책에 필기를 하던 내 동역자들도 위를 쳐다보았다. 그런데 아주 강한 바람, 즉 바닷가에 섰을 때 느낄 수 있는 아주 강한 바람이 베이징의 그 아파트에 가득 찼다.

하나님께서 때때로 바람으로 기적을 일으키실 수 있다는 걸 나는 성경에서 배웠다. 예를 들어, 모세와 이스라엘 민족이 바로의 군대의 손아귀에서 벗어날 수 있도록 홍해를 가르실 때 그분은 동풍이 불게 하셨다. 또 그 후, 오순절 날에 강한 바람 같은 소리가 사도들이 모인 방을 가득 채웠다. 하나님의 영에 대해 성경에서 읽었지만 그날처럼 성령을 말 그대로 감각적으로 느낀 적은 그 전에 없었다.

지극히 강한 바람이 우리에게 불어닥칠 때 우리는 큰소리로 하나님께 부르짖었다. 우리는 외국어 같은 언어로 말하기 시작했는데 그것은 내가 배운 엄격한 장로교 교훈과 맞지 않는 것이었다. 그런데 하나님께 크게 부르짖을 때 성령이 내게 임하셨고 나도 방언을 말했다. 평안과 위로가 나를 감쌌고 나는 말로 표현할 수 없는 기쁨으로 충만했다.

교육이 끝난 후 우리는 용기와 담대함으로 충만했다. 우리는 고대 이스라엘 민족, 사도 바울, 왕 밍따오 그리고 빌리 그레이엄이 경배했던 하나님을 경배했다. 바로 그 하나님, 즉 영원히 변함이 없으신 그 하나님께서 중국에 복음을 전할 수 있도록 우리를 준비시키셨다.

조나단과 로니의 도움으로 하이디와 나는 가정교회 지도자들을 교육하는 우리의 비밀교육센터를 다른 곳으로 옮기게 되었다. 우리는 베이징의 팡샨 지구에서 오랜 전부터 사용되지 않고 버려진 공장을 하나 찾아냈다.

"여기가 완벽하다!" 공장 안의 넓은 장소를 보며 내가 말했다. 젊은 그리스도인들이 꽉 찬 모습을 상상했다.

"여기서 어떻게 할 생각이야?" 하이디가 물었다. "이 건물에 '신학교육센터'라는 간판을 내걸 셈이야?"

"실은 … 조금 위장을 할 생각이야. 말하자면 일종의 유령회사를 차리는 거지."

"어떤 종류의 회사인데?"

"아직은 잘 몰라. 하지만 뭔가 기발한 것을 해야겠지." 내가 힘주어 이야

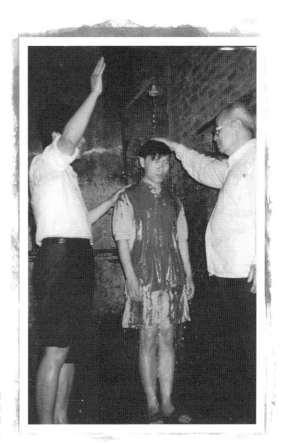

나는 1992년, 가정교회의 지도자인
양 할아버지(Grandpa Yang)로부터
버려진 낡은 공장의 공장 일꾼들이
사용하던 샤워기 아래에서 세례를 받았다.

기했다. "예를 들어, 기술훈련학교 같은 것 말이야. 그런데 컴퓨터를 가지고
있는 사람을 알아?" 이곳저곳을 알아본 후 낡은 구형 386컴퓨터 하나를 얻
은 우리는 그것을 그 큰 공장 한 가운데 놓았다. 하이디는 공장 안에 달랑 하
나 있는 책상 위에 놓인 그 컴퓨터 주위를 걸었다. 한 걸음 한 걸음마다 발자
국 소리가 공장 안에서 메아리쳤다. "컴퓨터만 한 대 있다고 다 해결된 건
아니고…." 그녀가 말했다. "배우는 사람들은 전부 어디에 앉지?"

"이렇게 하면 될 것 같은데…." 내가 대답했다. 다음날 출근해서 나는 한
세트로 이루어진 책상과 걸상을 어디에 쌓아두었는지 알아보았다. 공산당
학교가 저렴한 가격으로 팔 생각이 있다는 걸 알고 그것들을 돈 주고 샀다.
그렇게 해서 우리의 기독교사역훈련센터에 공산당 로고(logo)로 장식된 붉

은 책상들을 들여놓을 수 있었다.

우리는 센터를 세웠고, 외국인 선생들이 강의할 수 있도록 섭외했고, 센터에 상주할 풀타임 선생들을 구했다. 그리고 사역자를 훈련시킬 준비가 되었다고 여러 가정교회 지도자들에게 알렸다. 하지만 한 번에 너무 많은 교육생을 받기를 원하지 않았다. 그럴 경우 당국에게 발각될 수 있었기 때문이다.

"이 많은 사람들 중에서 어떻게 교육생을 선발하지?" 수백 명의 지원자 명단을 들고 하이디가 물었다. 그날 밤 우리는 그 많은 지원서를 훑어보고 결국 사역자훈련 프로그램에 참여할 제1기생 30명을 선발했다. 그들 중에는 저 먼 서쪽 티베트에서 오는 사람도 있었고, 먼 북쪽의 러시아 접경 지역들에서 오는 사람도 있었다. 지극히 위험한 상황에서 강의를 해야 했기 때문에 우리의 훈련프로그램 진행은 군사작전을 방불케 했다.

우리는 교육 대상자들에게 그들이 훈련기간 중 감수해야 할 것을 주지시켰다. 3개월의 훈련기간 중 공장건물 밖으로 나갈 수 없다는 걸 분명히 말해주었다. 풀타임 교사들은 숙소를 마련하고, 교육생들에게 음식을 제공하고, 필요에 따라 은밀히 건물을 빠져 나가 이런저런 심부름을 해야 했다. 제1기생 30명은 날마다 성경지식이 늘었다. 수료 후에는 중국의 각지로 흩어져 복음을 전할 수 있도록 훈련을 받았다.

나 자신도 여러 역할을 소화해내야 했다. 공산당학교의 선생이자 베이징에 있는 내 가정교회의 지도자 중 한 사람이던 내가 갑자기 이 신학교육센터의 공동 설립자가 되었고 동시에 그곳의 강사가 되었다. 나는 매주 두 시간 버스를 타고 그 센터로 가서 가르치고 봉사했다. 그곳으로 가는 길에 공산당학교의 학생들을 위한 시험문제를 만들거나 채점하는 경우도 종종 있었다.

센터의 일은 점점 더 많아졌다. 매주 하이디와 나는 공항으로 갔는데 센터에서 강의할 초빙강사들을 데려오기 위함이었다. 그들을 위해 호텔을 잡아주었고 경찰에게 들키지 않는 기본 요령을 가르쳐주었다. 세계 각지에서 몰래 들여오는 성경을 많이 받았고 그것들을 보관하고 나누어줄 적당한 장소를 찾아야 했다.

중국에서는 모든 종교서적이 철저히 통제되었기 때문에 항상 성경책이 부족했다. 여러 종교의 경전들 중 유독 기독교의 성경만이 서점 판매가 허락되지 않았다. 성경을 구입하려면 삼자교회까지 가서 교회서점에서 구입해야 했다.

중국에서는 오직 한 출판사만이 성경 인쇄를 허락받았기 때문에 교회의 급격한 성장에 비해 성경이 많이 부족했다. 성경을 구입하기 위해 삼자교회의 서점까지 먼 거리를 여행할 수 없는 신자들이 많았다. 삼자교회에 성경을 주문했다가 당국에 발각되어 즉시 체포되는 사람들도 있었다. 우리가 고의로 법을 어길 생각은 없었지만 교회에 성경책이 필요하다는 건 분명한 사실이었다.

우리 교인들 중 어떤 사람들이 정부 소유의 인쇄소에서 일하는 숙련된 인쇄 기술자였기 때문에 우리는 그들의 기술을 이용해 수십 만 권의 성경을 인쇄하기로 결정했다. 인쇄하는 편이 외국에서 몰래 들여오는 것보다 더 안전하고 비용도 저렴했다. 대개 외국의 선교회나 교회가 자금을 대주었다. 그런데 어느 날 우리가 모르는 어떤 여자가 나타나 주문을 했다.

"나는 크레이그의 친구입니다." 그녀가 말했다. 크레이그는 그리스도를 믿는 호주 출신의 선교사이었다. "《무디성경핸드북》을 3천 부 인쇄하려는데 가능합니까?"

"지금 3천 부라고 말씀하셨습니까?" 내가 물었다. 개인이 그토록 많은 주문을 하는 게 너무 놀라웠다.

"내게 현금이 있습니다." 그녀는 핸드백에서 미국 돈 3천 달러를 내게 건넸다. "이 돈이면 계약금으로 충분할 것 같은데…, 인쇄가 끝나면 더 보내드리겠습니다." 나는 그녀의 제안을 받아들였고 불법 인쇄 담당자요 내 동역자인 쭈오화에게 그 돈을 주었다.

신자들을 만나고 위험을 무릅쓰고, 그런 불법적 일을 처리하는 게 당시의 내 생활이었다.

❧

베이징에 있는 우리의 가정교회는 기하급수적으로 성장했다. 머지않아 우리는 서로 다른 장소에서 다양한 모임을 갖게 되었다. 풀타임 학생이었던 하이디는 저녁에 오랜 시간 공부했고 낮에는 최대한 나를 도왔다.

어느 날 밤 나는 학생들의 답안지를 채점하다가 잠이 들었고 그녀가 나를 깨워 침대로 데려갔다. 그녀를 올려다보니 이마에 주름살이 잡힌 채 입술을 깨물고 있었다.

"당신 얼굴이 창백한데…." 그녀가 말했다. "괜찮아?" 내 이마에 손을 얹어보더니 "열이 심한데!"라고 말했다. 그녀가 택시를 잡아 나를 응급실로 데리고 갔다. 의사들은 나를 보더니 입원시키고 열을 낮추기 위해 몇 가지 약을 처방했다. 하지만 약은 아무 소용없었다. 나는 눈을 뜰 수 없었지만 하이디가 체온을 낮추기 위해 내 몸에 알코올을 바르는 게 느껴졌다. 나중에 하이디에게 들은 바에 따르면, 내가 그때 알아들을 수 없는 말들을 중얼거렸다고 한다.

"열을 내리지 못하면 죽을 수도 있습니다." 의사들이 하이디에게 말했다. 그러나 그녀가 기도했고 의사들이 노력해서 결국 나는 열병의 손아귀에서 벗어났다. 나는 즉시 업무에 복귀했다. 낮에는 공산당학교에서 가르치고 밤에는 불법 가정교회의 일을 감당했다. 시간은 점점 흘러갔고 나는 하나님께 한 약속을 온전히 지킬 생각이었다.

우리의 비밀훈련센터의 제1기생 교육은 놀랄 만큼 성공적이었다. 3개월에 걸친 집중 교육을 끝내고 우리는 수료생들에게 중국의 각지로 가서 복음을 전하라는 사명을 주었다. 그러나 수료식 다음날 불청객이 나타났다.

"우리가 위험하게 되었습니다!" 우리 동역자 중 한 사람인 '잠자리'의 다급한 목소리가 수화기에서 들렸다. 베이징의 집에서 학생들의 답안지 채점을 하는 중에 그 전화를 받았다. 그 지역의 세무서에서 나온 사람들이 세금을 거두기 위해 우리의 비밀훈련센터에 나타난 것 같았다. 마땅히 갈 곳이 없는 몇 명을 빼고 다른 모든 수료생은 수료식이 끝난 후 집으로 돌아갔고 강사들은 제2기생을 받을 준비를 하고 있었다. 공장건물의 상당 부분은 여전히 텅 비어 있었고, 공산당 로고가 붙은 의자 30개에 둘러싸인 컴퓨터 한 대만이 건물 내부에 있었다.

물론 그 센터는 세금을 낸 적이 없었다. 실제로 사업을 한 게 없었기 때문이다. 세무서 직원들은 세금을 거두러 온 게 아니라 뇌물을 받으러 온 것이었다. 연말이 되면 사업체들이 관리들에게 뇌물을 주는 게 관행이었다. 세무서는 그런 관행을 지키지 않는 사업체를 곤경에 빠뜨리곤 했다. 사업체를 둘러보고 법에 어긋나는 게 있으면 그것을 약점으로 잡는 게 세무서 직원들이 일반적으로 사용하는 수법이었다. 대개 그들은 더 많은 뇌물을 뜯어내기 위해 꼬투리를 잡으려고 없는 죄도 꾸며내었다.

"그들이 뭐라고 말했습니까?" 내 마음속에 두려움이 커지는 걸 느끼며 내가 물었다.

"그들은 '사업이 잘 되어갑니까?'라고 물었습니다." 잠자리가 대답했다. "그런 다음 '면허를 갱신하기 원하세요?'라고 물었습니다."

물론 우리의 조직은 그 자체가 불법이었다. 잠자리는 어리둥절해 하는 표정으로 공장을 둘러보는 관리들을 지켜보았다. 그들 중 한 명이 컴퓨터 앞에 멈추어 서더니 "이 사업체가 첨단사업을 한다고 들었는데…, 첨단기술하곤 거리가 먼 것 같군요"라고 말했다.

잠자리에게서 자세한 이야기를 들을 때 내 머릿속에서는 '중국에서는 뇌물을 주지 않으면 되는 게 거의 없지. 복음을 전하기 위해 관리들에게 뇌물 보내는 문제를 고려해봤어야 했던 걸까?'라는 생각이 스쳤다. 뇌물을 준다는 게 황당하고 잘못된 일로 보였지만, 세무서 관리들에게 우리의 1급 비밀 전도학교를 다 보여주는 것만큼 잘못된 일로 보이지는 않았다.

관리들은 베개 밑에 서둘러 감춘 중국교회사 책을 하나 발견했다. 그 책의 저자는 중국의 법집행 관련 부서의 관리라면 누구나 관심을 갖기에 충분한 사람이었다. 바로 조나단 챠오였다!

"그들은 우리에게 불리하게 작용할 수 있는 모든 증거물, 그러니까 성경 관련 서적을 한 아름씩 안고 문 밖으로 나갔습니다." 잠자리가 내게 말했다. 사태의 심각성을 직감한 나는 기도하기 위해 친구들을 모두 내 집으로 불러 모았다.

우리는 위험에 빠졌다!

18
"고난을 받으면 부끄러워 말고 도리어…"

나는 연필을 두 쪽으로 부러뜨려 책상 위에 놓고 학생들에게 물었다. "이 연필이 어떻게 된 거죠?"

그날 강의는 영어 형용사와 과거분사를 사용해서 사물을 적절히 묘사할 수 있는 능력을 학생들에게 길러주는 것이었다. 나는 그들의 눈을 보면서 누군가의 입에서 '브로큰'(broken: '부러진'이라는 뜻)이라는 영어 단어가 튀어나오길 기다렸다.

"띵빵!" 나는 강의실 뒤쪽에 앉아 늘 조는 두 학생 중 한 사람의 이름을 불렀다. 그는 머리를 드는 둥 마는 둥 하더니 모르겠다는 뜻으로 어깨를 으쓱했다.

"펑!"

그의 친구 펑은 종이의 귀퉁이에 낙서를 하다가 머리를 쳐들더니 완벽한 관화(官話: 북경어와 같은 표준적인 중국어)로 말했다. "선생님이 부러뜨렸습니다."

"내가 지금 중국어를 가르치는 것이라면 그 대답이 완벽한 답이 되겠죠."

내가 이렇게 말할 때에도 그 두 사람은 계속 내 말에 무관심한 체하려고 애썼다. 나는 앞쪽에 가까이 앉아 있는 여학생에게 물었다. "연필이 어떻게 된 거죠?" 그녀는 대답을 하지 않고 자기 자리에서 이리저리 움직였다.

그날은 1996년 5월 9일이었다. 강의에 집중하지 못하기는 나도 마찬가지였다. 학생들이 책을 뒤적이는 동안 나는 자꾸 문 쪽으로 시선이 갔다. 훈련센터가 발각된 지 하루가 지났기 때문에, 나는 언제라도 체포될 수 있다는 걸 알고 있었다.

수업이 끝난 후 아파트로 돌아갔다. 하이디가 점심을 준비하고 있었다. 대학을 졸업하고 우리 집에 놀러온 처남은 여기저기 구경하겠다고 밖으로 나가고 없었다. 하이디는 내가 일찍 집으로 올 것을 예상하고 있었다.

"돌아왔어." 웃으며 말했다. 테이블에 앉아 그녀가 건네주는 차를 받았다.

"이번은…." 그녀가 조용히 말문을 열었지만 방 안에는 다시 침묵이 흘렀다. 그런 던 중에 전화벨이 울렸다. 우리는 벌떡 일어났다. 전화기를 쳐다보고 서로를 쳐다보았다. 세 번째 벨이 울릴 때, 내가 전화기 쪽으로 손을 뻗었다.

"여기는 공산당학교 경찰서입니다." 수화기 저쪽에서 음성이 들렸다. "베이징 경찰서에서 찾아왔는데 선생님과 이야기를 나누고 싶습니다."

"하나님, 우리가 체포되기 전에 3년의 시간을 주십시오"라고 기도하고 3년이 지난 시점이었다. 나는 갑자기 3년이라는 기간을 못 박아 하나님께 기도한 것이 후회 되었다. 15년이라고 기도하지 않고 왜 굳이 3년이라고 기도했을까? 그러나 우리는 하나님께서 우리와 관련된 모든 것을 주장하고 계시다는 걸 잘 알았다. 사실, 그분은 그날을 위해 우리를 여러 가지로 준비시키셨다. 심지어 우리의 개인 성경공부 시간에도 베드로전서를 공부하게 하셨다.

"사무실에서 그들을 만나겠습니다." 이렇게 말하고 전화를 끊었다.

"감옥 신학을 실천할 때가 온 것 같아." 하이디에게 이렇게 말하면서 미소를 지었다. 집을 나서기 전에, 우리는 무릎을 꿇고 그 주에 공부했던 성경 구절을 큰소리로 읽었다.

"사랑하는 자들아 너희를 연단하려고 오는 불 시험을 이상한 일 당하는 것 같이 이상히 여기지 말고 오히려 너희가 그리스도의 고난에 참여하는 것으로 즐거워하라 이는 그의 영광을 나타내실 때에 너희로 즐거워하고 기뻐하게 하려 함이라"(벧전 4:12,13).

하이디는 두 손이 떨리지 않게 하려고 깍지를 껴서 가슴 앞에 갖다 대었고 나는 성경을 계속 읽었다.

"너희가 그리스도의 이름으로 치욕을 당하면 복 있는 자로다 영광의 영 곧 하나님의 영이 너희 위에 계심이라 너희 중에 누구든지 살인이나 도둑질이나 악행이나 남의 일을 간섭하는 자로 고난을 받지 말려니와"(벧전 4:14,15).

내 눈물이 성경책 위로 떨어졌고, 마지막 문장을 읽을 때에는 하이디도 함께 읽었다.

"만일 그리스도인으로 고난을 받으면 부끄러워 말고 도리어 그 이름으로 하나님께 영광을 돌리라"(벧전 4:16).

우리는 함께 손을 잡고 기도했다.

"한 가지 더 있어." 내가 일어나 구석으로 가서 작은 공책을 하나 가져오며 말했다. 그 공책에는 지난 몇 년 동안 그리스도인이 된 형제자매들의 연락처가 모두 기록되어 있었다. 대학교에서 사역하던 1992년부터 기록해온 그 공책에는 아주 사소한 것들까지 기록되어 있었다. 그것이 연락을 계속 유지할 수 있는 유일한 방법이었기 때문이다. 내가 기록을 포기하지 않았던 또 다른 이유는 정부가 어떤 통계수치를 발표하든 간에 내 나름대로 지하교회의 성장에 대한 기록을 남기고 싶었기 때문이다.

"간절히 부탁하는데…." 아내에게 그 공책을 꼭 쥐어주면서 말했다. "이게 발각되지 않도록 단단히 신경을 써 줘."

학교 사무실로 가기 위해 계단을 내려갈 때 머리에 온갖 생각이 떠올랐다. 하이디는 어떻게 될까? 아내를 다시 볼 수 있을까? 얼마나 오랫동안 감옥에 있게 될까? 고문을 당할까? 하지만 건물을 나서자마자 몇 명의 특별요원이 나를 구석에 몰아넣었기 때문에 나의 생각은 중단되었다.

"시치우 푸!" 내가 코너를 돌자 누군가 내게 소리쳤다. 내가 도망할지도 모른다고 판단한 경찰은 나를 놀라게 해서 꼼짝 못하게 하려던 것 같다. 사실, 나는 놀랐다. "당신을 체포합니다. 그런데 경찰서로 가기 전에 먼저 당신 아파트에 잠깐 들렀다 갑시다."

심장이 멎는 것 같았다. 나는 불과 몇 분 전에 신자들의 주소록을 하이디의 손에 맡겼다. 하지만 경찰이 아파트로 들이닥칠 것을 알지 못하는 그녀에게는 그 주소록을 숨길 시간이 없을 게 뻔했다. 뿐만 아니라 경찰이 아파트를 수색하면 주소록이 발각될 게 뻔했다. 계단을 올라갈 때 경찰이 나를 앞서 갔고, 그들은 비디오카메라로 당시의 상황을 전부 녹화했다.

똑! 똑! 똑!

문을 연 하이디의 표정은 굳어 있었다. 하지만 놀라거나 당황하는 표정은 보이지 않았고, 경찰이 들어가도록 옆으로 비켜섰다. 그녀의 손은 허리까지 내려와 있었다. 그녀는 뒷짐을 진 채 아무렇지도 않은 듯 서 있었다. 나는 그녀가 주소록을 가지고 있는지 아닌지 알 수 없었다. 하지만 나를 뚫어지게 쳐다보고 있는 경찰이 내 시선을 따라 그들의 시선을 움직일 것을 알았기 때문에 눈을 방바닥으로 향했다.

"샅샅이 뒤져!" 경찰 팀장이 텔레비전 쪽으로 걸어가며 소리쳤다. "티끌 하나도 놓치지 마!"

그가 발걸음을 멈추고 낄낄 웃더니 미국 달러 뭉치를 쳐들었다. "이게 뭔가? 이거 백주(白晝)에 돈 뭉치가 굴러다니다니…." 그는 마치 라스베이거스 카지노의 딜러처럼 달러 뭉치를 손으로 쭉 넘겨보았다. "이거 천 달러는 되겠는데…."

"그건 우리 돈이 아니오." 내가 말했다. 그 무렵 가까운 도시에 홍수로 큰 피해가 생겼기 때문에 타이완의 한 선교회가 구제헌금을 보내준 것이었다. 그 돈을 눈에 띄는 곳에 놓아둔 이유는 빠른 시일 내에 전달하려고 했기 때문이었다. "그건 홍수 피해자들을 위한 돈이오."

"그런 돈은 좀 더 안전하게 보관하셔야지." 그가 웃으며 말했다. "이재민을 위해 쓸 돈이면 잘 보관해야 하지 않겠소?"

하이디와 나는 경찰이 우리의 책상서랍을 빼내 그 안에 든 것을 바닥에 쏟아놓는 걸 말없이 지켜보았다. 그들은 종이, 호치키스, 그리고 클립 상자를 살펴보았다. 내가 서랍에서 쏟아진 것들을 잘 살펴보았지만 주소록은 보이지 않았다. 경찰은 중요한 것으로 보이면 무엇이든지 가방에 넣었다. 결혼식 비디오테이프, 사진, 은행의 계정보고서, 그리고 톈안먼 시위 때 얻은 포스터 같은 것을 가방에 넣었다. 나는 그들이 강압적으로 빼앗아가는 나의 소중한 기념물들을 생각하지 않으려고 애썼다.

주소록은 하이디의 손 안에 거의 다 들어갈 정도로 작았다. 그들이 우리의 물건들을 쏟아내고 있을 때, 하이디의 얼굴을 보니 마치 돌덩이처럼 굳어 있었다. 미소를 짓거나 눈을 깜빡이지도 않았다. 그녀의 유일한 동작은 아주 미세하게 팔을 돌리는 것이었다. 그녀의 왼손에 든 주소록의 귀퉁이가 살짝 보였다. 나는 억지로 바닥을 다시 내려다보았다. 주소록이 그녀에 손에 있는 게 감사했다. 그들이 우리의 방을 뒤지면서 그것을 찾지 못할 것 같았다. 하지만 그녀가 손에 무엇을 쥐고 있다는 걸 알아채는 게 시간문제가 아닐까 하는 생각이 스쳤다.

경찰 한 명이 우리의 침대를 뒤집었고 베개와 담요가 바닥에 쌓여 있는 물건들 위로 떨어졌다. 그들이 방안 구석구석을 뒤지고, 관심이 가는 물건들을 가방에 담는 데 걸린 시간은 15분이 안 되었다.

"좋아!" 우두머리가 그들의 전리품을 모으며 말했다. "다 끝난 것 같구먼." 나는 안도의 한숨을 쉬었다. 만일 경찰이 우리의 주소록을 발견했다면 그 지역의 지하교회 전모가 그들에게 발각된 것이었다. 지하교회 교인들의 이름과 전화번호와 주소까지 말이다. 나는 하이디를 보았고, 그녀에 대한 사랑이 밀물처럼 몰려왔다. 남편을 감옥으로 끌고 가려는 제복 입은 경찰이 자기의 물건들을 엉망으로 만들어놓는 걸 눈으로 보면서 그토록 겁 없이 담대할 수 있는 여자가 또 있었을까? 하나님께서 우리의 마음을 준비시키셨기 때문에 가능한 일이었다.

"그런데 돈이 어디로 갔지?" 그들이 전리품을 챙기는 중에 우두머리가 물었다. 그들은 가방 안을 보았지만 그 안에 돈이 없었다. 온 방을 뒤지는 중에 천 달러가 어디론가 사라진 것이었!

"당신!" 경찰 한 명이 소리치더니 내게 다가와 팔을 잡았다. "돈을 어디에 두었소?"

"난 이 자리에서 꼼짝도 하지 않고 서 있지 않았소?" 손바닥이 보이도록 두 팔을 들어 올리며 내가 대답했다. 안도의 한숨을 쉬었지만 이내 큰 두려움이 찾아왔다. 그들이 돈을 찾겠다고 다시 뒤지기 시작했기 때문이다.

"호주머니를 까보시오!" 우두머리가 내 바지를 가리키며 말했다. 내가 돈을 숨기지 않았음을 그들에게 보여주기 위해 나는 천천히 손을 호주머니에 넣고 안쪽 천을 잡아 끄집어냈다. 차라리 내 주머니에서 돈이 나왔으면 좋겠다는 생각이 들었다. 경찰들 사이에 서 있는 하이디는 손을 등 뒤에 대고 있었다. 나는 그녀에게 생각하고 준비할 시간을 조금이라도 더 주기 위해 최대한 천천히 움직였다. 내 주머니에서 아무 것도 나오지 않자 그들은 휙 돌아서 그녀에게 다가갔다.

'오, 하나님! 아내가 침착하게 하소서!' 마음속으로 기도했다.

"그렇다면 당신이 돈을 숨긴 게 분명해!" 경찰 한 명이 하이디의 얼굴에 자기의 얼굴을 5센티미터 이내로 바짝 갖다 대면서 말했다. 그리고 돈을 숨긴 것에 대해 찔리는 표정을 읽으려는 듯 그녀의 얼굴을 유심히 살폈다. "뭔가를 숨기고 있는 표정인데….'

"경찰 나리!" 그녀의 음성은 아주 태연했다. "나는 남의 돈을 훔치는 사람이 아닙니다. 내가 이 자리에 계속 서 있는 걸 보지 않았습니까?"

"주머니를 까 보시오!"

하이디가 왼손을 그녀의 주머니 속에 넣는 걸 볼 때 나는 하늘이 꺼지는 것 같았다. 비행기가 우리 아파트 위로 날아가는 소리가 멀리서 들렸다. 벽시계의 똑딱 소리도 들렸다. 그들의 시선은 그녀의 호주머니에 집중되었다. 물론 그녀의 주머니 안에는 그녀의 손이 있었고, 그 손 안에 든 주소록도 있었다.

하이디는 주머니 속의 천을 잡아당기면서 손을 빼냈다. 조금 멀리 떨어진 곳에 서 있는 내 눈에 그녀의 손 안에 있는 주소록의 귀퉁이가 보였다. 하지만 그들의 시선은 돈이 있을 것으로 예상한 주머니에 집중되었다. 그녀의 바지 호주머니의 안쪽 천이 밖으로 나왔을 때 실보무라지 몇 개가 따라 나와 방바닥에 떨어졌다. 그들은 그녀의 주머니에서도 돈이 나오지 않자 매우 놀라면서 자기 자리에 얼어붙은 듯 서서 아내의 호주머니를 뚫어지게 보았다. 하지만 그녀의 손 안에 있는 주소록은 보지 못했다. 우두머리의 얼굴이 붉으락푸르락해졌다. "좋아! 만일 당신들이 경찰에게서 돈을 훔칠 수 있을 만큼 약삭빠르다고 생각한다면 우린 당신 둘 다 체포할 수도 있소."

나는 하이디까지 감옥에 가는 상황에 대해서는 생각조차 해보지 않았었다. 그녀에게 소리치고 싶은 마음이 들었다. 그런데 바로 그때, 경찰 한 명이 반혁명 잡지 무더기 아래에 있는 돈을 발견하고 소리쳤다.

"그 사람 데리고 나가!" 우두머리가 다른 경찰에게 말했고 그는 나를 문밖으로 밀었다. "이 여자는 내가 상대할게."

19
마침내 '감옥 신학'에 입문하다

"당신은 어떻게 지하교회의 훈련센터를 조직했습니까?" 취조관이 물었다. 취조실에는 책상 하나와 의자 두세 개가 있었고 창문은 없었다. 경찰이 우리 집에서 나를 끌고 캠퍼스로 가서 대기 중인 경찰차에 태운 지 벌써 며칠이 지나갔다. 경찰차의 뒷좌석에 앉아 그들이 우리의 물건 몇 상자를 트럭에 싣는 것을 몇 시간 동안 지켜보아야 했었다. 우리의 결혼사진 한 장이 땅에 떨어지더니 진창으로 들어가는 게 보였다. 경찰 한 명이 그걸 발로 밟더니 상자 안에 다시 넣었다. 나는 시선을 돌렸다. 물론 중요한 것은 과거의 사건들 자체이고 상자들 안에 담긴 것들은 그것들을 기억나게 해주는 물건들에 지나지 않을 것이다. 하지만 그 사진들과 사랑의 편지들과 포스터들은 우리 부부로 하여금 바쁜 일상에서 잠시 휴식을 취하며 기억하고 미소 짓게 만들어주는 기념물이었다. 그런 기념물을 그들이 증거물로 취급해 검사하고 파기하는 걸 볼 때 나는 개인적인 굴욕감을 느꼈다. 그들이 우리의 삶 전체의 아주 큰 부분을 모욕하는 것 같았기 때문이다.

경찰차에 태워져 감옥에 도착했을 때 나는 내 그리스도인 친구들의 이름을 밝히지 않겠다고 결심했다.

"이 사건에 누가 또 관련되었습니까?" 취조관이 테이블 위로 상체를 기울이며 물었다. 그리고 1초도 안 되어 소리를 질렀다. "훈련센터에 선생들을 데려온 사람은 누구입니까?"

나는 의자에 꼿꼿이 앉아 있었다. 그가 고함을 칠 때 내 귀가 따가웠고 그가 내 얼굴에 침을 뱉을 때에는 모욕감을 느꼈다. 이런저런 생각이 머리를 어지럽게 했다. 그들이 하이디를 어떻게 했을까? 주소록이 발각되었을까? 친구들도 나 때문에 억류되어 있는가?

취조관이 갑자기 내 머리를 쳤고 나는 움찔했다.

"외국의 누구와 접촉했습니까?" 그가 고함쳤다. "내 말이 들립니까?"

"당신은 법을 따르십시오." 나는 억지로라도 최대한 권위 있게 말하려고 애쓰며 말했다. "나는 중국인민대학에서 법학으로 학위를 받은 사람입니다. 당신들이 법 규정에 따라 죄수들을 대우해야 한다는 걸 난 잘 압니다."

나를 구타한 경비원이 그의 손가락 관절을 주무를 때 다른 자가 그를 말리며 말했다. "때리지 마. 저 자는 공산당학교의 교사야. 지식인이야. 그리고 그거 치워." 그는 경비원이 손에 쥐고 있는 전기충격봉을 가리켰다. 최대 전압을 30만 볼트까지 올릴 수 있는 전기충격봉은 흔히 사용되는 고문도구였다. "저 자는 법을 잘 알아. 저 자가 힘 있는 사람들을 알고 있다면 여기서 나가 그들에게 고문 사실을 말할 거야. 그러면 우린 징계를 당하게 돼."

나는 내가 신문(訊問)에 굴하지 않고 잘 버티는 게 속으로는 기뻤다. 최조실 안에서도 하나님의 임재가 나를 두르고 있다는 걸 느꼈고, 어느 정도 마음이 편해졌다.

"뭐? 법이라고?" 취조관은 상체를 다시 꼿꼿이 세우며 웃었다. "법에 그토록 신경 쓰는 당신이 왜 불법으로 기독교 훈련센터를 만든 거요?"

"헌법 36조에 따르면 중국시민은 종교적 신념의 자유를 가진다고 하지 않소?" 내가 말했다. "나는 중국시민입니다."

"당신은 헌법을 자세히 읽어봐야 해." 취조관이 말했다. "당신은 헌법이 '종교의 자유'를 보장한다고 이해하는 모양인데 헌법은 '종교적 신념의 자유'를 말하는 거요. 만일 당신이 혼자 믿고 남들에게 전하지 않았다면 지금 당신 아내와 함께 당신의 집에 있을 거요."

"하지만 헌법 18조에 나오는 인권의 보편적 선언이 나를 보호해주지 않습니까?" 중국 헌법에 대한 서로 다른 해석의 합의점을 찾으려고 애쓰는 게 부질없다고 판단한 나는 이렇게 물었다.

"당신은 공산당학교에 고용된 사람이잖소?" 그가 꾸짖듯 말했다. "당신도 알다시피 당신은 보통 시민하고 다르기 때문에 더욱 온전히 처신해야 하오. 왜 이 예수라는 사람에 대해 자꾸 이야기를 하는 거요?"

"주님은 나를 위해 죽으셨고 나를 절망에서 구해주셨습니다." 나는 간략하게 말했다. "다른 사람들도 하나님에 대해 알기를 원했기 때문에 나는…."

그 순간, 취조관이 주먹으로 테이블을 치며 소리쳤다. "누구도 이 방에서 '하나님'이라는 말을 하면 안 돼!"

수면과 식수를 박탈당한 상태에서 앉아 있다 보니까 나는 비꼬는 말을 하고 싶은 충동을 너무 강하게 느꼈다. 어차피 나는 이미 감옥에 갇힌 사람이었다. 그래서 아주 진지하게 말했다.

"안 돼요? 당신이 방금 그 '금지된 단어'를 말하지 않았소?" 경비원들이 모두 몸을 핵 돌려 그 취조관을 쳐다보았다. 경찰들은 농담에 익숙하지 않은 사람들이라는 생각이 내 머리를 스쳤다. 그런 진지한 상황에서 던진 나의 농담이 취조관을 화나게 했기 때문이다.

"그만 해!" 그가 이빨을 드러내며 소리쳤다. "당신이 완강히 버틴다고 우리가 넘어갈 것 같아?" 그가 테이블을 돌아 내 옆에 놓인 의자에 앉았다. 그가 입을 내 얼굴에 아주 가까이 갖다 댔기 때문에 그의 호흡이 내 귀에 느껴졌다. 그의 입에서 나오는 숨이 뜨거웠는데 그 방이 추웠던 걸 감안하면 이상했다. "당신의 아내는 당신보다 훨씬 더 완강히 버티더구먼. 아직까지 한마디도 안 했으니 말이야."

나는 이를 악물고 분을 참았다. 내가 두려워했던 게 현실로 확인되었기 때문이다. 하이디도 체포된 것이었다! 하지만 준비가 잘 되어 있기 때문에 아내가 잘해낼 거라고 생각했다. 사실, 우리 부부는 취조에 굴하지 않고 버티는 훈련을 했었다. 고문당한 수백 명의 그리스도인과 면접해서 만들어낸 지침서를 통해 조나단 챠오에게 훈련을 받았었다. 하이디와 나는 위압적인 취조에 가장 잘 대응하는 방법을 알았다. 복종하는 체하고 감옥에 적응하고, 침묵을 지키는 게 그 방법이었다. 하지만 나는 취조관의 질문에 대답을 하지 않고 버티는 게 점점 힘들어지는 걸 느꼈다.

"우리는 당신의 공범들을 알아야겠소." 취조관이 말했다. "조나단 챠오를 압니까?"

"모릅니다."

"정직하게 대답하시오!"

"나는 하나님께 복종할 뿐입니다."

"당신은 성경을 따르지 않소?" 나는 뜸을 좀 들이다가 머뭇거리며 대답했다. "그렇게 하려고 노력합니다."

"성경의 모든 부분에 따르려고 합니까? 로마서 13장도요?" 나는 고개를 끄덕였다. 취조관이 로마서라는 이름을 아는 것에 속으로는 약간 놀랐다. "이 경우에 해당될 수 있는 한 구절이 로마서 13장에 나오는데…, 그 구절은 '각 사람은 위에 있는 권세들에게 복종하라 권세는 하나님으로부터 나지 않음이 없나니'(롬 13:1)라고 말합니다." 나는 아무 말도 하지 않고 가만히 있었다.

"귀가 먹었소? 당신이 믿는 성경에 의하면, 우린 하나님의 종이요." 그가 말했다. "그분이 우릴 사용하신단 말이오." 그는 의자에서 일어나 그 작은 방 안에서 왔다 갔다 했다. "성경에 의하면, 당신을 지배할 권세가 우리에게 있으므로 우리에게 복종하시오!" 그는 잠시 뜸을 들이더니 홱 돌아서 나를 보며 말했다. "당신의 훈련센터를 세울 때 도움을 준 사람을 말하시오. 그게 조나단 챠오였소?"

나는 속으로 "하나님, 이 취조관의 말이 맞습니까? 내가 이 사람의 말에 따라야 합니까?"라고 기도했다. 나는 하나님의 교회를 위험에 빠뜨리는 게 그분의 뜻이 아니라고 믿었지만 그분이 거짓말을 기뻐하시지 않는다는 것도 알았다. 이야기를 꾸며내야 하는가? 그렇게 하면 오히려 믿음의 형제자매들이 더 위험에 빠질까? 하이디가 주소록을 안전하게 지켰을까? 혹시 내 믿음의 친구들이 경찰서로 끌려오고 있는가?

"모릅니다." 나는 거짓말을 했다. 며칠 동안 취조를 당한 나는 그렇게 대답하는 게 최선이라고 느꼈다.

"우리가 당신을 꽤 오랫동안 감시해왔다는 걸 모르는 모양인데…. 난 당신이 사실대로 말하지 않는다는 걸 잘 알아."

나는 두 어깨의 힘이 빠졌고 두 손으로 머리를 감쌌다. 내가 거짓말을 한다는 그의 지적은 옳았다. 나는 거짓말을 한 것에 죄의식을 느꼈기 때문에 얼굴을 가리고 싶었다. 그런데 두 손으로 머리를 감싸는 사소한 동작이 내게 일종의 휴식을 주었고, 그 찰나적인 휴식을 맛본 나는 두 눈을 감고 언제까지라도 쉬고 싶었다. 내 손바닥이 깃털베개만큼 포근했다. 감촉이 좋은 담요 안으로 들어가듯 잠의 품 안으로 빠져드는 것 같았다. 그때까지 눈에 거슬리던 그 방의 불빛이 흐려졌고 내 온 몸에 미열(微熱) 같은 게 느껴졌다. 그리고 따스함과 심지어 기쁨도 느껴졌다. 바로 그때였다.

퍽!!

취조관이 내 앞에 서 있었고, 내 얼굴 한 쪽이 얼얼했다.

"깨어나!" 그가 말했다. "너같이 나쁜 기독교인은 낮잠을 잘 자격이 없어. 너를 사흘 간 신문했다고 우리가 지쳤을 거라고 생각하는 모양인데 착각하지 마. 나는 여길 나가면 안락한 대형침대에서 쉴 거고 대신 다른 사람이 들어와 너를 신문할거야. 한 주간 내내 그렇게 할 수 있어. 다시 묻지. 조나단 챠오를 아는가?"

"모릅니다!" 나는 소리를 질렀다. 그러나 취조관은 불필요해 보이는 극적이고 과장된 태도를 취하더니 테이블 위에 사진 한 장을 올려놓았다. 그것은 나와 조나단 챠오와 불법 인쇄 담당자 쭈오화가 함께 찍힌 사진이었다.

"그래도 모른다고 시치미 뗄 건가?" 그들의 요원이 카메라를 들고 나를 따라다녔다는 걸 알게 되었을 때 나는 누그러지지 않을 수 없었다. 그들도 알고 있었고 나도 알고 있었다.

"좋소." 내가 입을 열었다. "조나단 챠오를 압니다." 내 멘토의 이름을 말하는 게 마음 아팠다. 나는 그를 그 누구보다도 존경했고 그와의 교제를 통해 많은 유익을 얻었었다. 그런데 그는 내가 붙잡혔을 경우 미국시민인 그를 팔아서 곤경에서 벗어나라고 말했었다. 내가 감옥에 갈까봐 두렵다고 말했을 때 그는 경찰의 관심을 분산시키는 데 자기를 이용하라고 제안했었다.

취조관이 종이 한 장과 펜을 내 쪽으로 밀어 보낼 때 그의 눈이 빛났다. "그 악명 높은 챠오 씨에 대해 아는 걸 쓰시오."

펜을 잡을 때 내 손이 죄책감 때문에 떨렸다. 하지만 나는 자술서를 '선교성명서(聲明書)'로 만들어버렸다. 나는 중국을 위한 조나단의 비전을 설명했다. 그의 비전에는 중국의 복음화, 중국문화의 기독교화, 중국교회의 신국화(神國化)가 포함되었다. 복음화와 기독교화 그리고 신국화라는 세 단어가 영어로 표현하면 '-이제이션'(-ization: '-으로 만든다'라는 뜻. 역자 주)으로 끝나지만 중국어로 표현하면 '화'(化)로 끝난다. 나는 내 자술서 몇 쪽에 걸쳐 조나단의 소위 '삼화(三化)'에 대해 자세히 언급했다.

"기본적으로 조나단의 계획은 중국에서 최대한 많은 사람들에게 복음을 전하고 중국의 문화를 그리스도 중심적 문화로 바꾸는 것이다." 나는 이렇게 썼다. 자술서 종이의 줄들이 계속 움직였기 때문에 논리정연하게 쓰는 게 힘들었다. 잠을 못 잤기 때문에 유도신문에 더 쉽게 넘어갔고 신문에 저항하는 게 더 어려웠다. 뿐만 아니라 눈의 초점도 흐려졌다. 내 말의 발음도 분명치 않았고 머리에서 이 생각 저 생각이 떠올랐다. 처음에 나는 조나단의 사역의 은밀한 세부사항을 숨기지 않고 전부 기억해내려고 노력했다. 그리고 그의 명예를 지켜주려고 애썼다. "조나단은 그 누구보다도 중국을 사랑한다. 그는 중국에 적대적인 인물이 아니다. 그는 미국시민이다. 왜 그가 그토록 많은 걸 희생하며 여기에 왔겠는가? 그를 볼 때마다 그는 피곤한 모습을 보였다. 그는 중국을 위해 헌신하느라고 지쳤다." 자술서 열 쪽을 채웠을 때 내 펜은 더 이상 앞으로 나갈 수 없었다.

방으로 다시 돌아온 취조관의 표정은 큼지막한 고깃덩어리를 선물로 기대하는 강아지의 표정 같았다. 그러나 자술서를 다 읽은 그는 그것을 테이블 위에 팽개치면서 소리를 질렀다. "이걸 자술서라고 쓴 거야? 삼화(三化)라고? 조나단은 중국을 위하는 사람이 아냐. 당신은 이 소위 '복음'이라는 걸로 나를 미혹하려고 하고 있어. 하지만 여기서 복음의 독을 퍼뜨릴 순 없어."

그가 문을 두드리자 경비원이 나타났다. "이 사람을 끌고 가!"

3일 동안 밤낮으로 진행되었던 신문이 드디어 끝났다.

～

비록 감옥으로 가는 길이었지만 두 다리를 뻗어 움직일 수 있다는 게 좋았다. 내가 자술서를 제대로 쓴 건가? 내가 조나단을 희생양으로 삼은 건가? 하이디가 고문을 당하고 있는 건 아닌가? 경비원은 감옥 옆에 있는 취조실 건물에서 감옥 구내(構內)의 첫 번째 문까지 나를 데리고 가서 옷을 건넸다. 내가 보니, 취조관들은 피의자가 말을 많이 하게 만들려고 애썼지만 경비원들은 그 반대였다. 사실 감옥 구내에서는 말하는 게 허락되지 않았기 때문에 나는 아무 말 없이 죄수복을 펴 보았다. 상의는 소매가 긴 청색 셔츠였고 하의는 검정색 바지였지만 벨트는 없었다. 내가 옷을 갈아입자 경비원이 다가와 손가락으로 내 얼굴을 가리켰다. 그것이 무슨 뜻인지 몰랐지만 그가 손을 뻗어 내 안경을 확 벗기자 비로소 깨달았다. 자살을 못하게 하려는 조치였던 것이다. 자살에 사용될 수 있는 것이라면 그 무엇도 소지할 수 없었다. 안경의 도움 없이 내가 있던 방에 적응하려고 할 때 두려움에 사로잡히지 않으려고 애썼다. 지독한 근시였던 나는 가까이 있는 건만 보였고 멀리 있는 건 뿌옇게 보였다.

경비원은 아무 말 없이 나를 그 방에서 이끌고 나왔고 그와 나는 어두운 복도를 걸었다. 내 몸이 말로 표현할 수 없을 만큼 피곤했기 때문에 오로지 정신력으로 걸었다. 왼발, 오른발, 왼발, 오른발….

그런데 갑자기 경비원이 내 등을 발로 찼고 나는 바닥에 쓰러졌다. 그는 나를 몇 분 동안 두들겨 팼다. 아마도 그 이유는 지문을 찍기 위해 다른 방으로 가라는 그의 손짓을 내가 못 알아들었기 때문인 것 같았다. 내가 그의 손짓을 볼 수 없었기 때문에 그는 발로 의사전달을 했던 것이다. 그가 내 셔츠를 잡아 바닥에서 일으켜 세우더니 내가 방을 정확히 찾아갈 때까지 계속 발로 찼다. 복도를 계속 그렇게 지나가다가 결국 지문을 찍는 방에 이르렀다. 나는 절뚝거렸지만 최대한 빨리 그 방 안으로 들어갔다.

지문을 찍은 후 그와 나는 복도를 따라 걸어가 서쪽 감옥 1구역 4호실에 이르렀다. 그 순간부터 내 이름은 더 이상 '시치우 푸'가 아니라 '시 야오 쓰'이었다. '시 야오 쓰'는 '서쪽, 1구역, 4호실'이라는 의미이다. 내가 방 안으로 들어가자 쇠문이 꽝 소리를 내며 닫혔다. 나의 새로운 거처는 약 20제곱미터 크기의 방이었다. 방 한 쪽 구석에는 투명한 유리벽 뒤에 변기와 싱크대가 있었다. 나는 다른 사람들이 빤히 볼 수 있는 투명한 화장실을 사용해야 한다는 생각에 몸을 떨었다. 한쪽 벽에는 석회석으로 만든 긴 벤치가 있었다. 몇몇 사람은 서 있었고 다른 이들은 바닥에 앉아 있었다. 하지만 딱 한 사람은 벤치 위에 비스듬히 누워 있었다. 내가 걸어 들어가자 모두 나를 쳐다보았다.

"당신은 무슨 일을 해서 여기에 왔어?" 벤치에 비스듬히 누워 있던 자가 일어나 내게 다가와 물었다. 그의 목은 굵었고 머리털은 검은 색이었다. 숱이 많은 눈썹에 덮인 그의 검고 작은 눈은 칼날처럼 매서웠다. 방안의 모든 이가 턱수염이 있었는데, 수염의 길이는 그들이 얼마나 오랫동안 그곳에 있었는지를 말해주었다. 내가 말을 하려고 입을 열었지만 그가 손으로 내 입을 막았다. 그의 손은 젖어 있었고 곰팡이 냄새가 났다.

"그렇게 빨리 말하지는 말고….." 그가 말했다. "허락 없이 말하면 안 돼." 그가 즉시 내 얼굴에서 손을 떼었고 나는 내가 잠깐이나마 숨을 죽이고 있었음을 알게 되었다. 그는 바닥에 앉아 있는 사람들 둘레를 한 바퀴 걸었다. 그 걷는 모습이 마치 왕이 농부들 가운데서 걷는 것 같았다. 그의 이빨 몇 개는 심한 뻐드렁니이였고 팔뚝은 나무줄기만큼 굵었다.

"이 사람들이 나를 '따 거'라고 불러." 그가 말했다. 따 거는 중국어로 '큰형' 또는 '방장'(房長)이라는 뜻이었다. "여기서 말할 수 있는 특권을 가진 자는 극소수뿐야. 그러므로 네가 궁금해 하는 걸 내가 말해보지. 내가 독직혐의로 기소 당했지만 나는 결백해."

그러나 그는 내가 궁금해 하는 걸 잘못 짚었다. 나는 그가 나를 두들겨 팰 것인지 궁금했다. 나는 고개를 끄덕였고 다른 아무도 말을 하지 않았다.

내게 말하는 사람도 없었고 서로 말하는 사람도 없었다. 벤치가 큰형의 자리임을 알아챈 나는 젖은 바닥에서 작은 공간을 찾아보았다. 3일 동안 잠을 못 잤기 때문에 서서라도 졸 것 같았다. 방의 뒤쪽, 그러니까 화장실 가까이에 약 90센티미터의 공간이 있었다. 나는 쭈그려 앉았다. 내 머리를 젖은 타일바닥에 대려고 하는데 큰형이 콘크리트 침대를 가리키며 "여기서 자!"라고 말했다.

콘크리트 침대가 대우를 받는 자리였다고 보기는 힘들겠지만 모든 것은 상대적인 것이다. 나중에 알게 된 사실이지만, 감옥에서는 콘크리트 침대가 수감자들이 가장 탐내는 자리였다. 내가 왜 그토록 대우받는지 이해가 되지 않았지만 감옥의 위계질서에 대해 깊이 생각할 시간적 여유는 없었다. 나는 침대에 누웠고 다행히도 골아 떨어졌다.

내가 얼마나 잠을 잤는지 지금도 모르겠지만 그렇게 오래 잔 것 같지는 않다. 깊은 잠이었지만 동시에 괴로운 잠이었다. 꿈속에 하이디가 나타났고, 감옥이 나타났고, 그 다음에는 공포에 질려 비명을 지르는 남자가 나타났다. 그 꿈은 먼 곳에서 일어나는 일 같기도 했지만 아무튼 악몽이었다. 그 악몽에서 깨어나고 싶은 심정이 간절했다. 그런데 눈을 떴을 때 그것이 꿈이 아님을 알았다!

'작은 호랑이'라고 불리는 마약 장수가 바닥에 누운 새 수감자의 목을 잡고 있었다. "여러분, 우리의 새 친구가 마약을 하는지 보고 싶습니까?" 다른 수감자들은 마치 스포츠 게임을 보듯이 박수를 쳤다. 마른 체격의 새 수감자는 쿵푸(중국의 권법)를 할 줄 아는 '작은 호랑이'의 상대가 되지 못했다. 작은 호랑이가 그의 머리를 바닥에 대어 꼼짝 못하게 하는 동안 다른 자들이 그의 옷을 찢어 벗겼다. 어떤 자가 얼음 같이 찬 물을 양동이에 담아 몇 번을 날라 왔다. 당시 베이징은 겨울이었고 싱크대의 물은 견딜 수 없을 정도로 차가웠다. 그 벌거벗은 사람이 고통에 몸부림칠 때(그 고통은 마약의 약효가 떨어졌기 때문인 것 같았다) 다른 자들이 양동이의 물을 계속 그에게 부었다. 그가 비명을 지를 때 다른 자들은 마치 히스테리 환자처럼 폭소를 연발했다.

"괜찮아요?" 내가 침대에서 바닥 쪽으로 몸을 구부리며 그에게 물었다.

나는 차가운 물이 왜 그토록 고통스럽게 하는지 이해가 되지 않았다. 물론 차가운 물이 벌거벗은 몸에 쏟아지면 끔찍하고 불쾌하고 굴욕감을 느끼겠지만, 그 사람은 그 정도를 넘어서서 마치 고문을 당하는 것처럼 비명을 질렀다. "괜찮아요?"

"차라리 날 죽여줘!" 그가 소리쳤다.

"이런! 마약 사용자가 우리 방에 들어왔잖아!" 작은 호랑이가 소리쳤다. 모두가 환호했다. 나는 곧 헤로인 같은 마약이 마약 복용자로 하여금 추위와 고통에 더욱 민감하게 만든다는 걸 알게 되었다. 큰형은 새로운 수감자가 오면 그의 눈을 보고 마약 복용자인지 아닌지 알았다. 마약 복용자로 의심되면 옷을 벗기고 찬 물을 붓게 했다. 그렇게 한 이유는 마약 복용을 혐오하기 때문이 아니라 마약의 금단증상을 보는 것과 찬물 붓기가 재미있었기 때문이다.

"넌 왜 우리에게 이야기를 들려주지 않는 거야?" 큰형이 그의 주의를 끌기 위해 그의 옆구리를 차며 말했다. "새로 온 친구들은 우리를 재미있게 해줘야 해."

"무슨 이야기를 해?" 그가 숨을 헐떡이며 신음하듯 말했다. "할 이야기가 없는데."

"난 네가 그렇게 말하길 바랐어." 큰형은 발을 거두어들였다가 그의 갈비뼈를 다시 찼다. 발길질이 계속되자 그는 고통 때문에 멍해지더니 태도를 바꾸어 "네가 원하는 대로 하지"라고 말했다. 고통을 참으며 그는 억지로 음담패설을 했고 다른 죄수들은 둘러앉아 "우와!" 하면서 소리쳤다. 그가 실제로 애인이 있었는지 아니면 죄수들을 위해 그 모든 이야기를 꾸며낸 것인지 나는 모르겠다. 아무튼 고통 중에도 그는 그의 성적 일탈(逸脫)에 대해 혐오스러울 만큼 자세히 묘사했다.

그 마약중독자가 멍한 상태에서 이야기로 그들을 즐겁게 해준 다음, 어떤 죄수가 그를 덮치더니 무자비하게 두들겨 팼다. 그 후 다른 자들도 가세했고, 그 일방적 폭행은 거의 살인에 가까웠다. 나는 두려운 마음으로 지켜볼 수밖에 없었다. 폭행이 끝나자 그 새 죄수는 피를 강물처럼 흘렸다. 얼마 후에 힘을 조금 회복하게 되자 그는 아마도 부러졌을 팔과 다리로 감방 안을 기어 다녔다.

나는 믿을 수 없었다. 내가 그보다 불과 몇 시간 더 먼저 그 감방에 들어왔다. 그런데 그들이 왜 그는 거의 죽도록 폭행하면서 내게는 손가락 하나 대지 않은 것인가? 감방의 다른 죄수들이 나를 두려워해 피하는 것인가, 아니면 내가 무서워 보이는 것인가?

∾

감방에 들어간 지 두 번째 날 밤에 나는 다른 죄수 한 명과 함께 '자살감시요원'으로 지정되었다. 우리가 할 일은 밤에 잠에서 깨어 자살하는 일이 벌어지지 않도록 밤새 감시하는 것이었다. 불침번을 설 때 나는 내 파트너에게 작은 목소리로 물었다.

"내게 말을 거는 사람이 왜 아무도 없는 겁니까?" 내게 대답하기 전에 그는 우리를 보는 자가 있는지 확인하기 위해 감방 안을 둘러보았다. "큰형 외에는 아무도 말을 하지 않습니다." 그가 속삭였다.

"그런데 사람들이 나를 쳐다보지도 않습니다."

"당신은 여기에 친구를 사귀러 온 것이 아니잖소?" 그가 내게 등을 돌리며 속삭였다. 그의 대답이 큰 도움이 못되었지만 그래도 나는 다른 죄수들이 실제로 나를 피하고 있다는 걸 알게 되었다. 어두운 감방 안에 앉아 나는 슬픔에 사로잡혔다. 하이디가 무슨 일을 겪고 있을지 상상조차 할 수 없었다. 내가 그때까지 당한 것보다 더 큰 고통을 당했을까? 다른 여자 수감자들이 그녀를 괴롭혔을까? 경비원들이 그녀에게 전기충격봉을 사용했을까? 투옥된 경험이 있는 그리스도인들의 말에 따르면, 경비원들이 여자 수감자들에게 전기충격봉을 사용해서 임신이 불가능하게 만드는 경우도 있다고 했다. 혹시 하이디가 성폭행을 당한 건 아닌지?

나는 여기에 얼마 동안 있어야 하는 건가? 10년? 20년? 그들이 나를 '불법종교활동'이라는 죄목으로 기소했지만 그것은 내 사역의 일부에 불과했다. 불법 훈련센터를 운영한 것 말고도 우리는 허락 없이 성경을 수천 권 인쇄했고, 전국적인 지하 교육네트워크를 구축했고, 종교자료의 밀반입을 도왔다. 이런 모든 활동이 발각된다면 나는 아마 평생을 감옥에 있어야 할지도 모른다. 나는 깊이 한숨을 쉬었고 머릿속이 아주 복잡해졌다. 꼬리에 꼬리를 물던 생각을 중단시킨 것은 내 팔을 잡은 파트너의 손이었다.

"사실을 말해줄게." 그는 최대한 작은 목소리로 말했다. "네가 우리 방으로 오기 전에 경비원들이 너에 대해 경고했어."

나는 튀어나오려는 웃음을 급히 참았다. 나는 학교를 많이 다닌 사람이었고, 안경 없는 시력이 현저히 떨어지는 책벌레였다. "부패한 관리, 마약 장수, 그리고 살인자들이 왜 나를 멀리하는 거야?"

"경비원들의 말에 의하면, 네게는 '독이 든 사상'이 있기 때문에 우리가 너와 대화를 하면 큰 해를 입을 거라고 했어."

"그래? … 사실, 나는 그리스도인이야."

"네가 뭐라고?"

"예수님을 따르는 사람이라는 말이야."

"그런 건 처음 듣는데. 아무튼 우린 네게 말을 하지 말라고 경고를 받았어."

"자세히 말해줄까?" 내가 잠자고 있는 다른 죄수들을 손짓으로 가리키며 물었다. "우리에겐 시간이 많잖아."

"싫어." 그가 단호히 거절했다. 이 한 마디는 그가 그날 밤 내게 건넨 마지막 말이었다. 하지만 거기 컴컴한 감방에 앉아 있을 때 나는 감사로 충만했다. 하나님의 도움으로 나는 소위 '새 수감자 신고식'을 면제받았고, '감옥신학' 수업을 이틀 동안 무사히 받았다.

하나님께서 나와 함께 계시다는 걸 알았지만 내 수감생활은 서글프고 힘든 패턴에 따라 하루하루 굴러갔다. 경비원들은 아침마다 두 개의 먹을거리를 수감자들에게 가져왔다. 아침식사는 긴 옥수수 빵 한 조각이었다. 그 빵을 처음 깨물었을 때 안에서 벌레가 나왔다. 징그러워 얼른 뱉고 그것을 생각하지 않으려고 애썼다.

"나는 금식 중입니다." 변명을 했다. 그러나 경찰 노릇, 아버지 노릇, 그리고 방장 노릇을 모두 겸하는 이상한 직책을 맡은 큰형이 나의 금식을 경비원들에게 보고했다.

"시 야오 쓰! 여기에 신(神)은 없어." 경비원이 쇠문을 통해 내게 말했다. "네가 먹지 않으면 우리가 관(管)을 사용해 네 코 안으로 음식물을 넣어줄 거야." 수감에 항의하여 단식투쟁을 하는 수감자를 고문하는 한 가지 방법이 강제적 음식 삽입이라는 걸 나는 알고 있었다. 나는 벌레가 든 빵을 손에 들고 벌레가 있는 부분을 먹는 체했다.

아침식사 후에 우리는 매일 줄을 맞춰 바닥에 앉아야 했다. 목과 등과 다리를 완전히 곧게 펴야 했다. 좌우를 보면 안 되었고, 조금도 움직이지 말고 앞만 똑바로 응시해야 했다. 매일 10시간씩 마치 동상처럼 앉아 있어야 했다. 그렇게 오래 앉아 있으면 넓적다리와 엉덩이에 물집이 생겼다. 그렇게 앉아 있기란 참을 수 없는 것이었다. 특히 물집이 터지면 더 고통스러웠다. 엉덩이 주위의 상처가 뜨끔뜨끔 쑤셨고 피부가 계속 벗겨졌다. 만일 움직이는 사람이 있으면 경비원들이 두들겨 팼다.

우리는 매일 언제나 젖어 있는 바닥 위에 움직이지 않고 앉아 있었다. 바닥이 젖는 이유는 얼음같이 차가운 물을 머리에 쏟아 붓는 것만이 유일한 샤워 방법이었기 때문이다. 감방에 창문은 없었고 천정에 아주 작은 구멍 하나가 있었다. 그 구멍이 유일한 시계 역할을 했다. 구멍을 통해 들어오는 아주 가는 햇빛이 어두운 감방을 비추는 각도를 보고 시간의 경과를 알 수 있었다. 햇빛은 정오에 처음 보이기 시작했는데 빛줄기가 벽을 타고 천천히 몇 시간 동안 이동하면 두 번째 식사시간이 되었다. 그때까지의 몇 시간이 가장 긴 시간이었다.

두 번째 식사는 스팀에 쪘지만 설익은 옥수수 빵과 뜨거운 물에 둥둥 떠다니는 야채였다. 빵에서는 고약한 냄새가 났고 야채에서는 곰팡내가 났다. 가끔은 야채국에 기름이 떠다녔다. 언젠가 야채국에 떠있는 기름을 처음 보고서 얼른 먹으려고 했다. 그 기름을 먹어야 그나마 영양보충이 될 것 같았기 때문이다.

"먹지 마!" 다른 죄수가 소리쳤다. 정말 너무 오랜만에 누군가 내게 말을 한 것이었다. "그 기름은 주방에서 몇 달 동안 떠다닌 거야. 그리고 그건 큰형 차지야." 보아하니 식사의 좋은 부분은 모두 큰형에게 가는 것 같았다.

어느 날 경비원이 감방으로 오더니 "누군가 너를 위해 돈을 공탁했다"라고 내게 말했다. 나는 너무나 놀랐다. 짐작컨대, 친구 중 한 명이 하이디와 내가 사라진 후에 우리를 찾기 위해 이 감옥 저 감옥을 찾아 헤맨 것 같았다. 그의 이름은 기독교로 개종한 데이비드 리(David Li)였다. 그는 베이징에서 성장했기 때문에 하이디와 내가 수감되어 있을 만한 곳을 잘 알아냈다. 내가 있는 곳을 결국 알아낸 그는 내 지정계좌에 돈을 공탁했다. 그 돈 덕분에 나는 본래 가격보다 비싼 가격으로 경비를 통해 이런저런 것들을 살 수 있었다. 나는 컵라면 하나를 사서 싱크대의 찬물을 부었다. 컵 안에 든 단단한 라면이 찬 물에 쉽게 풀어지진 않았지만 그것은 내가 그때까지 먹은 어떤 식사보다도 맛있는 것이었다. 물론, 나는 자기가 원하는 것이면 먼저 먹을 권리가 있는 큰형이 먹고 남긴 것을 먹었다.

20
감방에서 함께 부른 감사의 노래

나는 날짜 가는 걸 놓치지 않고 셈을 했다. 그러던 어느 날, 그날이 내 결혼기념일임을 알게 되었다.

"작은 호랑이." 나는 악명 높은 수감자들 중 하나인 작은 호랑이에게 낮은 음성으로 말했다. 마약 장수인 그는 검사와 경찰에게 뇌물을 줘서 물건을 감방으로 밀반입할 수 있는 자였다. "내 아내가 이 감옥의 여자 동(棟)에 있어. 그런데 오늘이 우리의 기념일이야. 아내에게 선물을 하고 싶은데 나를 좀 도와줄 수 있어?" 아내에게 선물을 보낸다는 게 매우 힘들 것 같았지만 그래도 나는 시도해보고 싶었다. 경비원을 설득해서 전달하거나 아니면 다른 동료 죄수를 통해 몰래 그녀에게 전할 수 있지 않을까 하는 생각이 들었다.

"뭘 원해?" 그가 물었다. "코카인? 담배? 헤로인?"

"사탕을 구할 수 있어?" 이렇게 물으면서도 내가 황당한 짓을 하고 있는 건 아닌가 하는 생각이 들었다. 그런데 '사탕'이라는 말이 불법 마약을 가리키는 은어로 사용되기도 한다는 걸 의식한 나는 "설탕이 들어간 것 말이야"라고 덧붙였다.

오전이 절반 쯤 지났을 무렵 하트 모양의 단단한 캔디 두 개가 내 손에 건네졌고 그것을 하루 종일 내 손 안에 숨겼다. 나는 쇠문의 제일 윗부분에 달린 창살에 얼굴을 바짝 갖다 대고 죄수나 경비원이 지나가기를 기다렸다. 만일 지나가면 그에게 부탁해서 하이디에게 전달할 셈이었다. 복도에서 발자국 소리가 나기를 학수고대하며 기다리고 기다렸지만 아무도 오지 않았다. 내 결혼기념일의 마지막 몇 시간이 결국 그냥 흘러가버렸고, 크게 실망한 나는 내키지 않는 잠을 청하기 위해 바닥에 누웠다.

"만일 누군가 지나가는 걸 보게 되면…" 나는 자살 방지 불침번에게 말했다. "그를 불러 줘." 그러나 다음날 아침 일어나보니 캔디는 내 손바닥에서 녹아 있었다.

어느 날, 뇌물을 받은 경비원이 작은 호랑이에게 신발 한 켤레를 갖다 주었다. 그런데 몇 분 후에 감방 안의 많은 사람을 괴롭히던 그 마약 장수가 구석에서 눈물을 흘리고 있었다. 추측컨대, 그가 받은 신발 안에 그의 아내가 보낸 짧은 사랑의 편지가 들어 있던 것 같다. 나는 조심스럽게 그에게 다가갔고 그는 내 어깨에 기대 울었다. 사실, 감방 안의 모든 수감자가 점점 나에게 부드럽게 대하고 있었다.

내게는 다른 죄수와 함께 변기를 청소하는 일이 때때로 할당되곤 했는데 그 일은 잠시나마 단조로운 감방생활에서 벗어나는 기분 좋은 일이었다. 오직 종이를 이용해서 변기를 청소해야 했기 때문에 변기는 늘 더러웠다. 작은 호랑이는 때로 사람들이 맨손으로 변기를 청소하게 했고, 심지어 때로는 그들이 얼굴을 변기에 대고 변기의 물을 마시게 했다.

화장실은 내가 복음을 전할 수 있는 장소였다. 나는 감방의 몇 사람을 하나씩 아주 절친한 친구로 만들었다. 어떤 이들은 내게 깊은 속마음까지 털어놓았다. 정부(情婦), 비행, 그리고 다른 죄 같은 것들을 고백했다. 나는 그들의 고백을 듣고 예수님의 구원의 은혜에 대해 말해주었다. 마침내 나는 감방의 모든 이에게 신뢰와 존경을 얻었고 그들에게 어느 정도 상담자 역할을 하게 되었다.

"시 야오 쓰!" 나를 부르는 소리에 벌떡 잠에서 깼다. 누군가 내 셔츠의 칼라를 잡고 나를 일으켜 세웠다. 드디어 올 것이 온 건가? 내가 두려워했던 구타가 시작되는 것인가? 그러나 눈을 떠보니 나를 일으켜 세운 건 동료 죄수가 아니라 경비원이었다. 그는 나를 감방에서 끌어내 경비대장 사무실로 끌고 갔다.

"너는 미신적 사상을 죄수들에게 전했어!" 취조관이 소리쳤다. "너는 이 감옥의 안정을 해칠 뿐만 아니라 우리 중국문화를 위태롭게 하고 있어!"

"그렇지 않습니다." 나는 두 손을 들어 올리며 설명했다. "사실 그리스도인들은 개인과 가족의 안정에 기여하기 때문에 사회에 도움을 줍니다. 우리는 '그리스도인이 하나 늘면 범죄자가 하나 줄고, 교회가 하나 늘면 감옥이 하나 줄어든다'고 말합니다."

"네가 그토록 감옥을 반대한다면 왜 여기 감옥에서 이렇게 시간을 많이 보내는 거야?" 그가 소리쳤다.

"하지만 따지고 보면 우리 그리스도인들이 진정한 애국자입니다." 내 말을 듣고 경비대당은 화를 벌컥 내며 자리에서 일어났다. "네가 진짜 애국자라고? 공산주의자들이 진짜 애국자야. 그리고 이 감옥은 공산당의 성지(聖地)야." 그는 소리를 질렀다. "넌 여기서 복음에 대해 말하면 안 돼!"

감방으로 돌아갔을 때 나는 누군가 나에 대해 고자질을 했다는 걸 알게 되었다. 음식이 잘 먹히지 않았고 시력도 좋지 않았다. 시야가 흐려지니까 머리가 욱신욱신 쑤셨다. 잠은 조금밖에 자지 못했다. 두들겨 맞지 않을까 하는 두려움 속에서 살았고 가혹행위와 고문을 목격했다.

하지만 감옥생활의 한 가지 면은 어느 정도 매력이 있었다. 할 일이 전혀 없다는 것이 바로 그것이었다. 체포되기 전에 내 생활은 너무 바빴다. 너무 바빴기 때문에 농담으로 "내가 쉴 수 있는 방법은 감옥에 가는 것밖에 없어"라고 말하곤 했다. 어느 날 나는 천정의 작은 구멍을 통해 들어오는 햇빛이 감방에 만들어낸 작은 밝은 점을 쳐다보고 있었다. 그 점은 문에서 왼쪽으로 27번째 돌 위에 머물렀다. 내 계산에 따르면, 그것은 3시라는 의미였다. 우리는 아무 말 없이 앉아 있었고 내 아래쪽 등이 욱신욱신 쑤셨다. 하지만 고통에도 불구하고 하나님께 감사하는 마음이 생겨서 찬송을 부르고 싶었다. 목을 가다듬고 지하 가정교회에서 부르던 찬송가를 부르기 시작했다.

"감사의 마음으로 감사를 드리자." 내가 중얼거리듯 노래하자 모든 이가 잠시나마 자세를 흐트러뜨리며 나를 쳐다보았다. 평소, 죄수들이 자세를 곧게 펴고 앉아 있는 그 10시간 동안 특별한 일은 일어나지 않았다. 우리가 볼 수 있는 가장 흥미로운 것은 누군가 자세를 고치거나 코를 긁거나 재채기를 하다가 재수 없이 경비원에게 걸려서 심하게 두들겨 맞는 것이었다. 하지만 그날은 보아하니 경비원이 가까이 있는 것 같지 않았기 때문에 찬송가를 조금 더 불렀다.

"거룩한 분에게 감사하라. 그분의 아들 예수 그리스도를 주셨으니 감사하라."

감방의 모든 이가 얼른 본래의 자세로 돌아갔지만 나는 내 도발적 행위가 분위기를 확 바꾸어놓았다는 걸 알 수 있었다. 내 기억에 의하면, 부동자세를 계속 유지하는 그 고통스런 10시간 동안 말을 한 사람이 없었다. 노래 부르는 사람도 물론 없었다. 하지만 경비원이 오지 않았기 때문에 나는 계속 노래했다.

"이제, 약한 자는 '내가 강하다'라고 말할지라. 가난한 자는 '내가 부자이다'라고 말할지라. 주님이 우리를 위해 큰일을 이루셨기 때문이라. … 감사하라."

노래를 끝내고 나는 거대한 쇠문을 쳐다보았고, 경비원이 전기충격봉을 들고 들이닥치기를 기다렸다. 그가 휴식을 취하는지 아니면 잠시 자리를 비웠는지 알 수 없었지만 아직 우리 방 안으로 들이닥치지 않았기 때문에 나는 다시 찬송가를 부르기 시작했다.

"감사하라…." 그런데 놀랍게도, 다른 누군가 나를 따라 노래했다. 그가 누군지 알 수는 없었다. 처음에 그 소리는 내 줄에서 두세 줄 뒤에 앉아 있는 어떤 사람이 내는 소리였다. 그 후 내 좌측의 어떤 사람이 가세했다. 우리는 '감사하라'라는 찬송가를 두세 번 불렀다. 우리가 네 번째 반복에 들어갔을 때에는 놀랍게도 방안의 모든 이가 함께 불렀다! 마약장수들 중 한 사람이 화음까지 넣었기 때문에 우리의 기쁨이 더 커졌다. 그런데 정말 놀라운 일이 일어났다. 우리 감방의 좌우에 붙어 있는 두 감방에서도 하나님을 찬양하는 소리가 흘러나왔다! 일부 사람들은 반항심으로 노래했지만 또 일부 사람들은 정말 하나님께 감사하는 마음으로 찬양했다. 사실, 대부분은 그들이 찬양하는 하나님에 대해 들어본 적도 없는 사람들이었다. 찬송가를 부른 동기가 무엇이었든 간에 그날 감옥은 거대한 경배의 장소로 변했고, 나는 기쁨으로 충만하여 가슴이 쫙 펴졌다.

"시 야오 쓰!" 이제는 익숙해진 일이 또 일어났다. 경비원이 감방 안으로 들어와 멱살을 잡고 잠에서 깨웠고 나는 경비대장 사무실로 끌려갔다.

"복음을 전하지 말라고 경고했잖아!" 화가 폭발한 경비대장이 소리 질렀다.

"복음에 대해 말을 하지 말라고 말씀하지 않으셨습니까?" 내가 말했다.

"하지만 감옥 전체가 네 미신적 노래를 따라 하도록 만들었잖아?"

"말씀하신대로 나는 한 마디 말도 하지 않았습니다. 다만 노래를 불렀을 뿐입니다."

그들은 두 번째 경고를 한 다음 나를 다시 감방에 쳐 박았다. 하지만 이번에 나는 책망을 들은 죄수라기보다는 '승리한 영웅' 같았다. 모두가 나를 존경하는 것 같았다. 그날, 불편한 자세로 석고상처럼 앉아 있는 부동자세로 들어갈 때 나는 다시 가사(歌詞)로 찬송가를 부르면 두들겨 맞을 거라고 생각했다. 그래서 가사로 부르지 않고 콧노래로, 즉 허밍(humming)으로 '감사하라'를 부르기 시작했다. 다른 이들이 내 허밍에 동참했고 이내 감옥은 거대한 찬양의 집으로 변했다.

하루하루 시간이 흘러가면서 나는 우리 감방 안의 재소자들과 더 친해졌다. '작은 호랑이', 큰형, 그리고 다른 마약 장수가 내게 다가와 조언을 구했고 나는 우리가 부른 찬송가의 의미를 설명해주었다. 이 세 사람과 친해지니까 내 생각에 변화가 생기는 것 같았다. 과거에 학생이나 지식인으로 살았을 때에는 죄수들의 고통에 대해 생각해본 적이 없었다. 하지만 약 20제곱미터 밖에 안 되는 같은 공간에서 늘 30명의 같은 사람과 지내다보니 내 생각에 변화가 생겼다.

어느 날, 우리에게 맛없는 저녁 식사가 전달될 때 경비원이 문으로 오더니 나를 가리키며 말했다. "이제 갈 시간이다."

그때까지 나는 "제가 평생을 감옥에서 보내야 한다면 노동교화소로 가길 원합니다"라고 기도했었다. 중국에서 노동교화소는 강철파이프, 신발, 장난감, 화학약품 그리고 의류 같은 수출용 물품을 생산하는 데 이용되었다. 노동교화소의 죄수들은 공산에서 광물을 캐거나 목화를 재배하거나 차(茶)를 만들거나 농사를 지었는데 때로는 하루에 20시간을 일했다. 그들 중 과로로 죽는 사람들이 많았지만 그래도 내가 보아하니 천정의 아주 작은 구멍을 통해 겨우 빛이 들어오는 곳에서 평생을 보내는 것보다 노동교화소가 차라리 나았다.

경비원이 내게 다가올 때 나는 하루에 만 개의 젓가락을 포장하는 단조로운 노동을 끝없이 반복하는 곳으로 보내질 거라고 예상했다. 그러나 경비원은 나를 보더니 "빨리 나와. 넌 석방이야"라고 말했다. 나는 두 달 동안 감옥에 있었다.

다른 수감자들은 나를 보더니 미소를 지었다. 그들 중에는 여러 해 동안 감옥에 있는 사람들도 있었다. 그들을 두고 떠난다는 것이 왠지 죄를 짓는 것 같다고 느껴졌지만 밖으로 나가고 싶은 내 마음은 너무나 간절했다. 더러운 30명의 남자들 냄새가 나지 않는 신선한 공기를 들이쉬고, 벌레가 나오지 않는 음식을 먹고, 베개를 베고 잠을 자고 싶은 내 소원은 너무 컸다. 푹신한 베개에 머리를 대는 걸 상상하니 몸에 전율이 느껴졌다.

"잠깐만!" 큰형이 말했다. 나는 그가 그렇게 부드럽게 말하는 걸 처음 들었다. "내 가족의 전화번호를 줄 테니 내 안부를 전해줘." 작은 호랑이도 덧붙였다. "그래 내 가족에게도 전화해줘. 내 가족이 너를 찾아가거나 식사대접을 할거야."

나는 그들이 건네는 연락처를 받고 그들의 부탁을 들어주겠다고 약속했다. 동료 죄수들의 가족을 우리 집으로 초대할 생각을 하니 내 얼굴에 저절로 미소가 피었다. 그들의 가족이 우리 집에 올 때 코카인을 가져오는 건 아닌가, 그럴 경우 하이디가 뭐라고 말할 건가 하는 생각이 머리를 스쳤다.

하이디.

아내는 무사한가? 고문을 당했을까? 몸에 무슨 자국이 났을까? 살아있기나 한 건가?

나는 동료 죄수들, 즉 내 친구들에게 작별인사를 하고 감방에서 걸어 나왔다. 뛰고 싶은 유혹을 억지로 참았다.

∞

"결국 당신과의 인연을 끝내는군요." 공산당 관리가 내 석방 서류를 넘기며 말했다. 그가 내게 작은 가방을 건넸는데 그 안에는 두 달 전에 넣어두었던 내 소지품이 있었다. 나는 안경을 찾기 위해 얼른 가방을 뒤졌다. 안경을 쓰자 사물이 아주 분명히 보였다.

"내가 다시 가르칠 수 있는 겁니까?" 내가 물었다.

"그렇소. 우린 당신이 공산당학교에 계속 남아주길 원하오." 그가 말했다. "당신이 우리에게 빚을 지고 있으니 다른 사람들이 당에 충성할 수 있도록 노력해주길 바라오. 그런데 너무 좋아하지 마시오. 우리의 감시는 계속될 거요. 당신에게 특별요원 두 명을 붙여놨으니 항상 따라다니며 당신의 일거수일투족을 지켜볼 것이오."

그의 시선을 따라 눈길을 돌려보니 경찰 두 명이 문을 통해 들어오는 게 보였다. 나는 그들의 얼굴을 보고 소스라치게 놀랐다.

"띵빵?" 내가 말했다. "펑?"

그들이 누구였는가? 공산당학교의 영어수업 시간에 들어와 날마다 책상에 머리를 대고 있거나 영어의 기초조차 공부하지 않으려고 했던 자들이 아닌가?

"여기서 무얼 하고 있는 거요?" 내가 물었다.

"우리가 당신을 오랫동안 지켜보았다고 당신께 말한 걸 기억합니까?" 관리가 내게 물었다. 그의 말을 들으니 모든 게 분명히 이해되었다. 그들이 그토록 엉터리 학생들이었던 게 당연했다. 그들은 일종의 염탐꾼이었던 것이다! 그들은 언제라도 내게 와락 달려들 준비를 하고 어디에서나 항상 나를 감시했던 것이다. 나는 입이 딱 벌어졌지만 아무 말도 할 수 없었다. 그들에게 영어 문장의 기본적 구조와 형용사와 심지어 초보적 회화 문장을 가르치려고 애썼던 시간들이 생각났다. 그들이 염탐꾼인 줄 알았다면 그런 수고를 할 필요가 없었을 것이다!

"이 사람들이 당신을 계속 지켜볼 것이오." 관리가 말을 이었다. "저들은 당신에 대해 다 알고 있으니 저들의 눈을 피해 무엇을 할 생각일랑 마시오."

"그리고 우리에게 영어를 가르치려고 애쓰지 말아요." 둘 중 하나가 비웃듯 말했다.

내 물건을 챙겨서 방문을 나올 때 나는 정말 기가 막혔다. 내가 감옥에서는 풀려나지만 중국에 있는 한 진정으로 자유롭지 못할 거라는 생각이 들었다. 코너를 도니까 전등이 환하게 켜진 긴 복도가 나타났고, 복도 저쪽에서 한 사람이 나를 향해 걸어오고 있었다. 하이디였다!

아내는 창백하고 수척했다. 우리의 눈이 마주쳤을 때 아내가 미소를 지었다. 이젠 다 끝났구나 하는 생각이 들면서 만감이 교차했다. 그녀에게 달려가 부둥켜안고 키스하고 싶은 생각이 들었지만 물론 그렇게 하지 않았다. 남들이 보는 데서 애정 표현을 하는 게 중국에서는 좀 이상한 것이기 때문에 우리는 손조차 잡지 않았다. 그러나 두 달 전에 경찰에게 샅샅이 수색당한 우리의 작은 아파트에 들어왔을 때 나는 내 감정을 그녀에게 충분히 표현할 수 있었다. 그녀의 손을 잡고 거꾸로 뒤집어져 있는 램프를 살짝 건너가 역시 뒤집어져 있는 가구 옆을 지나서 침대로 갔다. 베이징 경찰이 바닥에 내동댕이친 침대 매트리스를 다시 침대 위에 올려놓고 그녀를 보며 말했다. "엄청나게 반항해보고 싶어?"

중국에서 공산당의 통제는 매우 철저했기 때문에 삶의 구석구석까지 영향을 미쳤다. 중국의 악명 높은 '1자녀정책' 때문에 기혼 여성은 정부의 허가를 받아야 임신을 할 수 있었다. 허가 없이 임신을 하면 정부가 강제로 낙태시키거나 심지어 단종수술(斷種手術)을 시행했다. 하이디와 내가 부부관계를 가질 때마다 정부의 '1자녀정책'이 기분 나쁘게 머리에 떠올랐다. 그래서 우리는 3년 동안의 결혼생활 동안 예외 없이 피임을 했다. 공산당학교도 피임에 필요한 것들을 무료로 나누어주었다.

"아무 조치 없이 그냥?" 하이디가 물었다. 그녀의 질문에 대한 나의 대답이 아직 내 입에서 떨어지지 않은 상황에서 우리 두 사람은 어떻게 할까 망설였다. 당국의 강압적 조치 때문에 두 달 동안 떨어져 있을 때 우리 부부는 그들의 억압에서 벗어나 함께 있기를 갈망했었다. 더욱이 감옥에서 보낸 시간 때문에 우리는 공산당에 대해 환멸을 느꼈다. 결국, 하이디는 미소를 지었고 우리 두 사람의 입에서 동시에 '병꽌타면!'(그깟 것 신경 쓸 필요 있나!)이라는 말이 튀어나왔다!

정부의 정책쯤은 얼마든지 무시할 수 있다는 마음을 그녀의 눈빛에서 읽은 나는 그녀의 손을 잡았고 우리는 '침실에서의 시민불복종 운동'의 첫발을 내디뎠다. 그 '시민불복종'이야말로 정말 잘한 것이었다!

21
'침실 시민불복종 운동'의 결과

 "당신을 놀라게 해줄 게 하나 있지!" 하이디는 이렇게 말하고 쓰레기봉투를 바닥에 놓은 후 작은 방으로 들어갔다. 경찰이 우리 집을 난장판으로 만들어 놓았기 때문에 잡다한 가재도구들이 무릎 높이만큼 바닥에 어지럽게 나뒹굴었지만 그래도 우리의 노력으로 하나씩 하나씩 제 자리를 찾고 있었다. 경찰이 책장과 서랍들의 내용물을 바닥에 다 쏟아놓았기 때문에 책장과 서랍들은 텅 비어 있었다. 감사하게도, 그들은 냉장고와 텔레비전과 세탁기를 그대로 두었다. 사실, 그것들은 감옥에 가기 직전에 겨우 마련한 것들이었다. 작은 방에서 나온 하이디의 손에는 작은 공책이 들려 있었다.

 "그 주소록?" 나는 수북이 쌓인 쓰레기 더미를 펄쩍 뛰어넘어 아내를 끌어안았다. "어떻게 숨겼어?"

 "경찰이 나를 끌고 가기 전에 내가 작은 방에 있는 스웨터를 가져가야 한다고 말했어. 그들이 작은 방을 이미 뒤졌기 때문에 다시 뒤지지 않을 거라고 생각했던 거지. 그때까지 이 주소록을 내 손에 이렇게 숨기고 있었어." 아내는 엄지손가락으로 주소록을 지탱해서 손바닥에 착 달라붙게 했다. "스웨터를 집으면서 주소록을 작은 방의 구석으로 던졌어."

나는 내 믿음의 형제자매들과 친구들의 이름이 적힌 주소록을 쭉 훑어보면서 지혜로운 아내가 아주 자랑스러웠다. 그 후 몇 주 동안 우리는 감옥에서 겪은 일들을 이야기하며 서로를 위로했다. 나는 아내가 흉악범들과 함께 지내며 화장실 청소를 했지만 고문은 당하지 않았다는 말을 듣고 크게 안도했다. 감옥에서 사람들은 그녀를 '대학원생'이라고 불렀다. 그녀가 그들이 감옥에서 본 사람들 가운데 가장 교육수준이 높은 사람으로 보였기 때문이다. 아내는 감방에서도 아주 조심스럽게 복음을 전했는데 심지어 경제사범으로 감옥에 들어온 어떤 사람하고는 매우 친해졌다고 했다. 나는 작은 호랑이와 큰형에 대해 말해주면서 그들의 가족이 우리 집을 방문할 거라고 이야기해주었다. 결혼기념일에 주려고 하트 모양의 캔디를 두 개 준비했지만 결국 손에서 녹고 말았다는 이야기도 해주었다. 그러나 우리가 감옥 밖의 생활에 점점 익숙해지는 중에도 정부의 감시의 그림자가 우리를 따라다녔다.

어느 날 아침 공산당학교의 인사과 담당자가 나를 부르더니 "베이징 공산당 위원회는 선생님이 학교를 떠나기를 원합니다. 이유는 선생님이 여기서 가르칠 자격이 없다는 것입니다"라고 말했다.

"두 달 전에는 자격이 있다고 하지 않았습니까?" 나는 항의했다. "사실, 나는 자격이 되고도 남습니다. 리(Li) 요원은 내가 계속 가르칠 거라고 했습니다. 그가 내게 분명히 말했습니다."

"아닙니다. 우리는 관계자들과 의논해서 결정을 내렸습니다."

정부는 내 밥줄을 끊어놓는 것에 만족하지 않았다. 하이디가 인민대학교의 기말고사를 불과 일주일 남겨놓았을 때 우리가 체포되었었다. 대학원을 3년 다닌 그녀는 졸업 후의 계획까지 다 세워놓고 있었다. 그러나 내가 실직에 직면하게 되었을 때 그녀에게도 나쁜 소식이 들렸다. 첫째, 그녀의 대학원은 그녀에게 수료증이나 학위를 주지 않고 학교에서 쫓아내기로 결정하였다. 설상가상으로, 그녀와 고용계약을 한 부서가 정치적 이유를 내세우며 고용할 수 없다고 통보했다. 올가미가 점점 더 우리의 목을 죄는 것 같았다. 우리의 자유의 영역이 점점 좁아지고 있었다.

우리의 친구들에게 핍박이 가해지기 시작했다. 우리 기독교 단체의 일원이었던 잠자리는 어느 날 집에 돌아와 보니 아파트 문이 봉인되어 있었다. 하루아침에 집을 잃은 것이다. 그는 체포될까봐 두려워 잠적했다. 소환에 불려간 교회 친구 두 명은 우리 부부에게 불리한 증언을 하라고 강요당했다. 그리고 우리에게도 모든 전화와 편지와 손님에 대해 당국에 보고하라는 명령이 떨어졌다. 그들은 우리가 이 명령을 어길까봐 우리 아파트 건물 입구에 경비원을 배치했다. 아파트 건물은 꽤 큰 '이(E) 자'모양으로 생겼고 출입구가 세 개 있었다. 경찰이 가장 큰 정면 출입구를 빼고 다른 두 개를 봉쇄했기 때문에 아파트 거주자들의 원성이 높았다. 1층의 경비원들은 건물 안으로 들어오는 사람 가운데 수상해 보이는 사람이면 누구나 검문을 했다. 하이디와 내가 건물을 떠나면 경비대가 특수요원에게 연락했고 특수요원은 우리가 시내를 다닐 때 미행했다. 당국은 우리의 사역을 원천봉쇄했으며, 이웃 주민이 우리에게 반감을 가지게 만들려고 했다. 그들은 성공했다.

어느 날 오후, 내가 집 안에 있을 때 하이디가 문을 열고 들어왔다. 손에 시장바구니가 들려 있었지만 표정은 당황한 빛이 역력했다.

"당신 괜찮아?" 내가 물었다.

"아마 당신은 감시원들이 나를 따라다녔거나 시장바구니를 들어주겠다고 해서 내 표정이 이렇다고 생각하겠지만…" 아내가 한숨을 쉬며 말했다. "그런 게 아니고 다만 내가 아주 피곤하네."

"감옥살이 후유증 때문에 그럴 거야." 아내를 달랬다. "너무나 많은 걸 겪었잖아."

"그건 맞아. 그런데 등이 아파. 마음도 아주 편치 않고."

우리 둘의 시선이 마주쳤고 아무도 말을 하지 않았다. 나는 시장바구니를 들어 테이블 위에 놓았다. 우리는 소파에 앉아 서로 손을 잡았다. 둘 중에 말문을 먼저 연 사람은 나였다. "그러니까 당신이 피로를 느끼고 왠지 마음이 편치 않다는 거지."

"그래." 아내가 아주 천천히 말했다.

"그렇다면 혹시 당신이…."

"한 번 때문에?"

우리는 아이가 생겨야 결혼이 온전해진다고 믿고 있었다. 하지만 바쁘게 사역했기 때문에 성경책을 밀반입하고 불법 훈련센터를 운영하는 것 외에는 신경 쓸 겨를이 없었다. 그렇지만 우리는 적어도 자녀 한 명은 갖기 원했다. 사람들을 불편하게 하는 중국 정부의 '1자녀 정책' 때문에 우리는 많은 자녀를 거느리는 호사를 꿈도 꾸지 못했다. 정부는 임신을 철저히 통제했다. 자녀를 가지려면 부부가 임신하기 전에 먼저 임신허가증, 즉 옐로우 카드(yellow card)를 얻어야 했다. 만일 옐로우 카드 없이 임신하면 대부분 여자를 체포하여 강제로 낙태를 시켰다. 1년에 수천만 명의 태아가 빛을 보지 못했고, 때로는 출산 예정일을 불과 며칠 앞두고도 강제낙태가 시행되었다. 가족계획 담당 공무원들이 갑자기 찾아와 은밀한 임신을 적발하기 위해 무작위로 수색을 벌렸다. 뿐만 아니라 일반 시민들도 임신한 것으로 보이는 여자들을 신고해야 했다.

이것은 우리가 직접 목격한 것이다. 내 형수가 두 번째 아기를 임신했을 때 형수는 그 아기를 출산하기 위해 다른 은밀한 곳으로 가서 살았다. 형수가 이상하게 사라진 걸 알게 된 가족계획 담당 공무원은 형의 집으로 쳐들어와 형을 체포해 마을에 있는 감옥에 가두었다. 감옥에서 공산당은 형수가 숨어 사는 곳을 불게 하려고 힘 센 사람 몇을 시켜 형을 심하게 두들겨 팼다. 하이디와 나는 그녀의 임신 때문에 기쁨이 충만했지만 동시에 두려움도 가득하게 되었다.

"앞으로 어떻게 될지 걱정하지 말자." 하이디가 말했다. 아내는 결정을 하기 전에 우선 사실을 철저히 파악하는 게 중요하다는 신념을 가지고 있었다. 하지만 우리의 '침실에서의 시민 불복종 운동'이 완벽한 성공이었을 거라는 느낌을 지울 수 없었다. 아무튼 나는 "좀 더 기다리며 사실을 확인해보자"라고 말했다.

우리는 지역의 병원에 갔고 하이디는 임신 테스트를 받았다. 테스트 결과를 기다리는 중에 나는 갓난아기를 품에 안는 걸 상상해보았다. 아주 작은 손과 발이 머리에 떠올랐다. 갓난아기는 너무나 천진난만하고 고귀한 존재라고 생각되었다. 몇 분 후 간호사가 돌아오더니 "임신했어요!"라고 말했다.

아내와 나는 즉시 병원을 떠났다. 사실, 정부는 여자들의 임신 자체에 신경 쓰지 않았다. 중국에서 여자들은 늘 낙태를 많이 했다. 하이디의 친구도 대학원에 다닐 때 여덟 번 낙태를 했다. 문제가 되는 것은 임신한 아기를 출산하려는 것이었다. 우리는 아파트 건물에 이르러 경비원이 있는 출입구를 지나 집으로 올라왔다.

"남자 애인지 여자 애인지 궁금하네." 하이디가 흥분을 감추지 못하며 말했다. "테두리 난간이 있는 아기침대는 어디에 두지?" 그녀가 우리의 작은 아파트를 둘러보며 말했다. "아기가 나를 닮을까, 아님 당신을 닮을까?"

아기에 대한 이야기를 하는 하이디의 모습을 보니까 갑자기 달라 보였다. 우리가 관계를 맺기 시작한 이래 처음으로 그녀는 단지 내 아내가 아니라 내 아기의 엄마로 보였던 것이다! 그때까지 나는 늘 그녀의 총명함과 친절함과 헌신에 매력을 느꼈었다. 하지만 그때 나는 아내로서의 그런 장점들 때문에 그녀가 훌륭한 엄마가 될 거라고 느꼈다.

"하지만 문제는…." 아내가 소리쳤다. 가족계획법을 생각하자 아기 기저귀와 젖병에 대한 생각이 싹 달아났다. "우리에겐 옐로우 카드가 없잖아. 당국이 나를 체포해서 우리 아기를 죽일 거야."

"아기에게 아무 일 없을 거야." 내가 말했다. "아니, 여자애라면 그녀에게 아무 일 없을 거야. 주님께서 피할 길을 내실 거야." 나는 목소리를 낮게 깔았다. 임신이라는 반가운 소식에 어두운 그림자를 드리우는 가족계획법이 원망스러웠기 때문에 나는 최선의 방법이 무엇인지 생각해보았다. 베이징 출신이 아니었던 나는 감옥에 있을 때 돈을 보내준 데이비드 리에게 은밀히 우리의 고민을 털어놓았다.

"아내가 임신했다면 심각한 문제인데…." 그가 말했다. "불복종 혐의로 네 부부가 체포될 것이고 하이디에게 강제 낙태가 시행될 거야."

"우리에게 방법이 없을까? 태아가 건강한지 확인하기 위해 의사를 찾아

248

가 보고 싶은데…."

"옐로우 카드 없이 의사에게 가면 체포되어 투옥될 거야." 그가 말했다. 선택의 폭이 좁아지는 걸 느끼자 절망감이 엄습했다. 하이디와 태아를 보호하고 싶다는 생각에 압도되었기 때문에 차분히 생각에 집중할 수 없었다. 사실 더 큰 문제는 무사히 출산에 성공한다 해도 내게 가족을 부양할 방법이 없다는 것이었다.

"당국에 들키지 않게 우리에게 도움을 줄 사람이 없을까?" 내가 말했다.

"네게 도움을 줄지도 모르는 의사 한 명을 내가 알고 있어." 친구가 말했다. "가까운 병원에서 일하는 여자 의사인데 신자야. 그녀가 기록에 남기지 않고 하이디를 검진할 수는 있을 거야. 물론, 위험부담이 따르지."

"그게 가능한가?"

"물론, 의사는 옐로우 카드 없이 찾아오는 환자를 경찰에 신고하게 되어 있어."

"너는 그 여의사를 믿어?"

"나는 믿어."

달리 방법이 없었기 때문에 나도 그 여의사를 믿기로 했다.

나는 하이디의 허리에 손을 댄 채 그녀를 이끌어 전등이 밝게 켜진 병원 안으로 들어갔다. 병원의 벽이 밝고 엷은 노란색이었지만 내 마음을 진정시켜주지는 못했다. 병원의 3층으로 올라가면서 나는 비상구를 전부 파악해놓았다. 만일의 경우에 신속히 도망하기 위해서였다.

"오, 하나님! 무사히 일을 마칠 수 있게 도우소서." 마음속으로 기도했다.

"우리가 지금 무슨 일을 하고 있는 거지?" 의사를 기다릴 때 하이디가 속삭였다. 의사가 들어왔을 때 그녀의 손에는 우리의 의무(醫務) 기록이 들려 있었다.

"만나서 반갑습니다." 그녀가 말했다. "그런데 한 가지 정보가 빠졌군요." 나는 자리에서 약간 옆으로 몸을 움직였고 하이디의 손을 단단히 잡았다. "옐로우 카드가 있습니까?"

"사실, 그것에 대해 이야기를 좀 하고 싶습니다." 내가 목소리를 낮추며 말했다. "우리는 데이비드 리의 친구입니다. 그의 말에 의하면, 선생님께 도움을 받을 수도 있을 거라고 해서…. 아내가 허가 없이 임신했습니다. 태아가 건강한지 확인하고 싶은데…, 도움을 받기 원합니다."

그 여의사는 벌떡 일어나더니 방에서 나가려는 듯이 문의 손잡이를 잡았다.

"여기에 오지 말았어야 합니다!" 그녀가 말했다. "이게 얼마나 위험한지 압니까? 나는 경찰에 신고할 의무가 있습니다." 나는 하이디의 얼굴을 보았다. 그녀의 얼굴에 핏기가 하나도 없었다.

"물론 압니다." 내 감정을 최대한 숨기며 말했다. "하지만 데이비드는 선생님이 우리를 위해 무언가를 해주실 수 있을 거라고 생각했습니다."

"내가 당신들을 위해 무언가를 한다면 체포되어 의사면허를 잃고 감옥에 갈 것입니다." 그녀가 낮은 목소리로 말했다.

"적어도 우리에게 조언이라도 해주실 수 있습니까?" 내가 간청했다. "아내의 임신을 언제까지나 숨길 수는 없을 것입니다. 아내의 배가 불러오면 우린 체포될 것입니다."

그때까지 한 마디 말도 없이 앉아 있는 하이디를 쳐다본 여의사의 눈빛이 부드러워졌다. 여의사가 우리에게 동정심을 느낀다는 게 내 눈에 보였다. 하지만 평생 한 번도 본 적 없는 사람들을 도와주다가 감옥에 갈 수도 있다는 그녀의 두려움도 보였다. 물론, 그녀의 두려움은 지극히 당연한 것이었다. 그녀는 의무 기록을 내려놓고 우리 쪽으로 다가왔다. 그녀의 목소리가 아주 작았기 때문에 우리는 몸을 앞으로 기울여 들어야 했다.

"당신들은 위험에 빠져 있습니다. 집 밖에서 나가지 않고 임신 사실을 숨긴다 할지라도 가족계획 담당 공무원이 당신들 집으로 들이닥쳐 검사할 것입니다. 일단 그들의 정보망에 포착되면 빠져나갈 수 없습니다."

나는 여의사가 실낱같은 희망이라도 제공하길 바라면서 정신을 집중해 들었다. 나는 그녀가 다른 의사를 소개해주거나 시골지역에 대한 정보를 주거나 아니면 체포와 강제낙태를 피할 수 있는 방법을 알려 주기를 바랐다.

"우리가 어떻게 해야 합니까?" 내 목소리는 너무나 애절했다.

"내가 해줄 수 있는 유일한 조언은…." 그녀가 속삭였다. "…도망가는 것입니다."

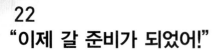

22
"이제 갈 준비가 되었어!"

"기차 타고 오시면서 별 일 없으셨어요?" 우리의 작은 아파트를 찾아오신 아버지를 집안으로 모시며 인사말을 건넸다. 나는 아버지의 여행용 가방을 받아 벽 옆에 놓았다. 우리 집에는 손님방이 따로 없었지만, 나는 아버지가 머무실 동안 주무실 곳을 그럴듯하게 만들어 놓았다. 하이디가 아버지에게 물 한 잔을 따라 드렸다. 우리 부부가 겪은 고초를 전혀 모른 채 앉아 계신 아버지의 모습을 보며 나는 울분을 삼켰다. 우리는 우리의 불법적 종교활동이 아버지에게 피해를 주는 걸 결코 원하지 않았다. 그 결과 아버지는 우리가 감옥에 갔었다는 걸 전혀 알지 못하셨다. 우리는 아버지가 모르실수록 좋다고 생각했다. 만일 아버지가 무언가를 알고 있다고 경찰이 판단하면 그 분에게서 정보를 캐내려고 고문할지도 모를 일이었다.

우리는 우리가 겪은 고초에 대해 말씀 드리지 않았고 오히려 아무 일 없는 듯 행동했다. 그것이 아버지를 안전하게 지키는 길이라고 생각했다. 우리 때문에 아버지가 근심하는 걸 피할 지혜를 주신 하나님께 감사했다. 우리는 아버지의 방문이 경찰의 감시 고삐를 늦추는 효과가 있기를 바랐다.

장애를 가진 아버지가 예상보다 더 오래 우리 집에 머무셨기 때문에 경찰은 우리 부부의 도주(逃走) 가능성을 더욱 낮게 보았을 것이다. 물론, 나의 가장 큰 의도는 아버지를 적어도 한 번 더 보는 것이었다.

아버지는 자리에 앉아 물을 조금씩 마시며 기차여행에 대해 말씀하셨다. 아버지의 말씀을 들을 때 나는 어릴 적에 생전 처음 기차를 보던 때가 떠올랐다. 꼬마 시절, 나는 업무상 타지로 가려고 버스에 올라타신 아버지 몰래 그 버스에 올라탔다. 얼마 후 아버지가 나를 발견했지만 버스가 집에서 너무 멀리까지 와 버렸기 때문에 나를 집으로 돌려보내지 못했다. 아버지는 화를 내지 않으셨고, 내가 마을 밖으로 나가는 신나는 버스여행을 즐기도록 허락하셨다. 아버지와 나는 호텔에 머물렀고 내가 아주 가까이에서 기차를 볼 수 있도록 허락하셨다. 당시 나는 쇠로 만들어진 선로를 손으로 쭉 훑으면서 "이 선로를 달리는 기차를 타면 어디까지 갈까?"라고 생각했다.

그런 꼬마 시절에는 모든 게 그토록 단순했지만 그 후의 삶은 결코 평탄하지 않았다. 나는 어린 시절에 대한 회상이 만든 눈물을 털어내려고 눈을 깜빡였다. 때때로 대화를 중단하고 화장실로 가서 마음을 진정시켜야 했다. 경찰이 우리에게 베이징을 떠나지 말라고 말했지만 우리에게 필요한 건 바로 베이징을 떠나는 일이었다. 여의사가 조언했듯이, 달아나는 게 우리의 계획이었다.

아내와 나는 아버지를 모시고 몇 주 동안 아주 재미있게 보냈다. 물론 하이디의 임신을 숨기고 아무 일 없다는 듯이 행동했다. 하지만 밖에서 무슨 큰소리가 나면 벌떡 일어났고, 누군가 아파트 문을 노크할 때마다 가슴이 철렁했다. 어느 날 오후, 아버지가 휴식을 취하실 때 전화벨이 울렸고 하이디와 나는 두려움을 느끼며 서로를 쳐다보았다.

"네가 위험에 처했어." 수화기에서 들리는 친구의 목소리를 듣고 하이디는 즉시 나와 함께 테이블에 앉았고, 내가 함께 들을 수 있도록 수화기를 아래쪽으로 좀 낮추었다. 전화를 건 사람은 경찰청에서 일하는 아내를 둔 친구였다. 그는 '옛 친구들의 날'(Old Friends Day)이라는 빈정거리는 표현이 붙은, 베이징 공산당의 정책에 대한 경찰청 내부의 정보를 입수했던 것이다.

'옛 친구들의 날'은 베이징의 공산당이 매년 10월 1일, 즉 국경절(중국의 건국 기념일)에 연례행사처럼 하는 것으로, 전과자들을 체포해 다시 감옥에 넣는 것이었다. 이것은 정부의 위력을 과시하고 시민들에게 겁을 주는 방법 가운데 하나로 이용되었다. 그렇게 해서 다시 감옥으로 끌려간 전과자 중 일부는 몇 주 후에 풀려났지만 일부는 감옥에서 죽었다. 중국의 사법제도가 제멋대로였기 때문에 정부는 시민들을 상대로 자기 하고 싶은 대로 했다. 하이디가 내게 수화기를 건넸다.

"무슨 일인데 그래?" 내가 물었다.

"경찰이 체포하려는 전과자 명단을 내 아내가 보았어." 수화기에서 들리는 친구의 목소리였다. "이런 말 하기 미안하지만, 네 부부 이름이 올라 있다고 하더라." 나는 내 온 몸에 전율이 스쳐 지나가도록 2,3분을 기다렸다. 나는 다시 감옥에 가고 싶지 않았다. 곧 아빠가 될 입장이었기 때문에 더욱 그랬다.

"내 말 듣고 있어?"

"아, 미안해." 나는 더듬었다. "언제 체포가 시작된데?"

그때가 이미 8월이었기 때문에 경찰의 체포가 언제 시작될지 모를 일이었다. 우리는 아버지를 고향으로 돌려보내드릴 때가 되었다고 결론을 내렸다. 우리가 최선을 다해 대접했기 때문에 아버지에게 나름대로 도리를 다했다고 생각했지만, 그래도 그 분이 기차에 몸을 싣는 걸 도와드릴 때 마음이 너무 무거웠다.

"아버지, 잘 가세요." 작별인사를 할 때 목이 메었다. 내 감정을 아버지에게 보이지 않으려고 내 신발을 내려다보았다. 아버지는 나를 보고 미소를 지으며 "춘절에 다시 만날 수 있는 거지?"라고 말씀하셨다. 말로 대답하면 감정이 노출될 것 같아서 고개만 끄덕였다. 잠시 후, 멀리 사라져가는 기차를 쳐다보았다. 아파트로 돌아온 나는 감정을 억누르며 독한 마음을 먹고, 도주계획에 대해 아내와 의논했다.

"나는 뛰어내려야겠어." 내가 말했다.

"우리 집 창문에서?" 아내가 놀라며 물었다.

"아니." 나는 아내를 안심시켰다. "최대한 아래층으로 내려간 다음 조경 구역의 관목(灌木)들 위로 뛰어내리려고 해. 관목들이 충격을 완화해줄 거야."

"지금 게으른 조경사에게 당신 목숨을 맡기겠다는 거야?" 아내가 반대했다.

우리의 목표는 경찰에 발각되지 않고 베이징을 빠져나가는 것이었다. 그렇게 하려면 우리 두 사람이 각자 움직여야 했다. 여러모로 많이 생각해본 다음, 하이디는 변장을 하고 늦은 밤에 아파트 건물의 출입구를 통해 걸어 나가기로 결정했다. 우리는 스타일이 다른 옷과 스카프와 모자를 구했고, 아내는 평소의 걸음걸이와는 다른 걸음걸이를 연습했다. 우리 계획은 정말로 위험했다. 하지만 늦은 밤에 걸어 나가는 하이디를 본 경찰이 아파트의 어떤 여자가 혼자 밤중에 산책을 나가는 걸로 봐주기를 바랐다. 평소에 경찰이 우리 부부를 볼 때는 거의 대부분 우리가 함께 있는 걸 보았었다.

아내는 한 밤중에 평소와 다른 옷을 입고 헐렁한 모자를 쓰고서 내가 있는 방 안으로 들어왔다. 나는 "드디어 결행할 때가 되었어!"라고 말했다. 우리는 얼른 함께 기도했고 아내는 현관문 밖으로 나갔다. 그녀가 몸에 지닌 것은 호주머니에 넣은 작은 주소록과 그리스도인 친구들과 지인들의 명함이 전부였다. 평범한 가방이나 여행용 가방은 경찰의 의심을 살 게 뻔했다. 아내가 현관문을 나가고 문을 닫았을 때 나는 내게 시간이 많지 않다고 생각했다. 만일 그녀의 변장이 탄로나 체포되면 경찰이 6층으로 뛰어올라올 게 뻔했다.

하지만 나는 6층에 계속 머물러 있지 않을 것이었다. 하이디의 아이디어에 따라 우리는 집의 전등을 켜놓았다. 거리에서 우리를 감시하는 경찰이 우리가 밤늦도록 자지 않고 있는 거라고 착각하도록 만들려는 것이었다. 나는 2층 화장실로 가서 창문을 통해 뛰어내렸다.

내 의식이 얼마 만에 돌아왔는지 알 수는 없다. 깨어난 나는 내가 우리 아파트 건물 옆의 관목 더미 위에 떨어져 있는 걸 알고 놀랐다. 얼굴이 따끔따끔했고 몸이 쑤셨지만 부러진 데는 없는 것 같았다. 하지만 눈을 떴을 때 모든 게 마치 반 고흐의 그림처럼 뿌옇게 보였다. 떨어지면서 눈을 다쳐 그런 거라고 생각했지만 이내 그 원인을 깨달았다. 뛰어내릴 때 안경이 날아간 것이다.

'시력이 나쁜 사람이 당국의 박해를 받으니 더 힘들구나' 하고 생각하면서 쑤시는 몸을 일으켜 관목 더미에서 빠져나와 엉금엉금 기면서 안경을 찾았다. 전에는 감옥에서 경비원들을 보지 못해 두들겨 맞았는데 지금은 보지 못하면 어떻게 되는 건가? 나는 내가 뛰어내린 창문을 올려다보면서 안경이 반경 몇 미터 안에 떨어졌을까를 계산했다. 하지만 내가 주위를 더듬으며 엉금엉금 길 때 높이 자란 풀이 내 얼굴에 자꾸 걸렸다. 내 손에 무언가가 걸리기를 바라는 마음이 너무나 간절했다.

'…아!' 나는 울음을 터뜨릴 뻔했다. 속담 표현 그대로 건초더미에서 바늘을 찾았기 때문이다! 일어나 안경을 쓰고 먼지를 털며 하이디를 만나기 위해 발걸음을 옮기기 시작했다. 죽을 때까지 도주의 삶이 계속될 거라고 예상하면서….

☙

"표 두 장 주세요." 마지막 남은 돈의 일부를 구멍을 통해 밀어 넣으면서 내가 말했다. 하이디와 나는 미리 약속해둔 길거리의 어떤 장소에서 만나 택시를 잡아타고 기차역으로 왔다.

"성공했네!" 기차에 오르면서 내가 하이디에게 말했다.

기차가 달리는 중에 말을 많이 하지 않았지만 선로 위를 달리는 기차의 움직임이 기분을 좋게 해주어 우리의 피곤한 마음을 달래주었다. 하이디는 눈을 감고 있다가 서서히 잠에 빠져들었지만 나는 말똥말똥 깨어 있었다. 나는 아버지와 우리의 작은 아파트가 자꾸 생각이 났다. 그리고 이런 말이 믿기 힘들겠지만, 텔레비전과 세탁기와 냉장고도 자꾸 생각이 났다. 그것들은 오랜 세월 노력해서 구입한 것이었다. 하지만 가장 큰 걱정은 경찰이 우리가 도주한 걸 알면 내 가족을 어떻게 할 것인가 하는 것이었다.

기차가 역에 설 때마다 나는 문이 열리고 닫히는 걸 유심히 보았다. 우리를 잡으러 올라타는 경찰은 없었다. 기차는 구불구불한 코스를 따라 천천히 계속 진행했고 마침내 우리는 목적지에 도달했다. 우리는 기차에서 내리면서 시골의 신선한 공기를 들이켰다. 가방도 돈도 없이 빈손으로 기차에서 내리니 해방감을 느낀 동시에 힘도 쫙 빠졌다.

"누군가 우리를 따라오는 것 같았어?" 하이디가 물었다.

"만일 누군가 우리를 미행했다면 여기까지 올 순 없었을 거야." 아내를 안심시켰다. 동시에 다음 목적지까지 어떻게 갈지를 생각하기 위해 주위를 둘러보았다. 다른 더 좋은 방법이 없던 우리가 택할 수 있는 방법은 은밀히 그리스도인이 된 어떤 고위 경찰관리의 집에 머무른 것이었다. 우리가 그를 만난 적은 없었다. 나는 아내에게 "자! 갈 준비가 됐어?"라고 물었다. 아내는 지친 표정으로 나를 쳐다보며 "그 사람이 우리를 체포해버리면 어떻게 하지?"라고 물었다.

"하지만 다른 방법이 없잖아?" 사람들을 쉽게 믿는 성격에서는 내가 아버지를 좀 닮았다. 하지만 나는 그 경찰관리가 신자이기 때문에 우리를 경찰에 넘기지 않을 거라고 정말 믿었다. 그리스도인을 만날 때마다 나는 말로 설명할 수 없는 깊은 유대감과 충성심을 느꼈다. 그리스도인들은 결국 한 가족이라고 생각했기 때문이다. 중국에서 어떤 사람이 그리스도를 믿는다고 고백할 경우, 그는 엄청난 위험을 각오하고 그렇게 하는 것이다. 내가 그 경찰관리를 완전히 신뢰할 수는 없다 할지라도 우리에게 다른 방법이 없었다. 우리가 그의 집 뒷문을 두드렸을 때 부부가 나와서 우리를 재빨리 데리고 들어갔다. 그 단순한 환대의 행위만으로도 그들은 도망자를 숨겨주는 죄를 범한 것이었다.

"여기에 머무를 수 있습니다." 그 집의 부인이 우리를 위해 한 쪽 구석에 마련한 좋은 침대를 가리키며 말했다. 그 부부는 우리에게 음식도 주었고 심지어 하이디의 의료검진도 주선해주었다. 우리는 집안에 머물면서 잠도 많이 잤고 다음 단계에는 어떻게 해야 하는지를 의논했다.

"이렇게 하면 형제님이 여기에서 정상적인 생활을 하며 생활비를 벌 수 있을 것 같습니다." 경찰관리가 어느 날 내게 말했다.

"어떻게 해야 합니까?" 내가 물었다.

"맥도날드입니다."

"맥도날드에서 일하라는 말씀입니까?"

"그건 아닙니다. 맥도날드 가게를 운영하라는 말입니다." 세계 최대의 맥도날드 가게가 1992년 톈안먼 광장 부근에서 문을 열었다. 700석 규모의 그 가게에 개업 첫날 4만 명의 손님이 몰려들었고, 이것을 본 중국 시민들은 미국의 진취적인 기업가 정신에 깊은 인상을 받았다. 제한된 메뉴, 깨끗한 매장 그리고 평등한 좌석 배치를 자랑하는 맥도날드 체인점은 심지어 민주주의 정신을 상징하기도 했다. 그곳은 사회적 신분에 관계없이 누구나 이용할 수 있는 곳이었다.

"여기에 맥도날드 체인점을 오픈합시다. 내가 소유주가 되고, 영어를 아주 잘하는 형제님이 경영을 하십시오. 형제님 부부는 베이징 경찰의 감시의 눈길에서 멀리 떨어진 이곳에서 스스로 멋진 삶을 개척할 수 있을 것입니다."

그 경찰관리는 몰랐지만, 나는 항상 레스토랑을 오픈하기를 원했다. 대학에 다닐 때 리 아이아코카(미국 자동차 사업가)의 전기를 밤늦도록 읽으면서 그의 고객봉사 정신을 구현할 수 있는 레스토랑을 여는 것을 꿈꾸었었다.

"맥도날드를 오픈한다는 게 엉뚱한 생각인 것 같지만…." 내가 말했다. "그렇게 되면 좋겠습니다!" 몇 분 후 우리는 홍콩에 있는 맥도날드 본부로 전화를 걸었다.

"우리 지역에 맥도날드 체인점을 오픈하고 싶은데 정보를 얻을 수 있습니까?"

"당신의 지역이 어디입니까?" 담당자는 우리 지역에 대해 확인하기 위해 기다리라고 말했고, 조금 후 내게 대답했다. "미안하지만, 당신의 지역은 우리 회사가 이윤을 남길 만큼 큰 지역이 아닙니다. 중국의 모든 대도시들이 우리 체인점을 열겠다고 줄을 서 있습니다. 당신의 지역에 우리 체인점이 들어가는 건 10년 후에나 가능할 겁니다."

나는 전화를 끊었다. 우리는 체인점 허가를 받고 골든 아치(영어 철자 '엠' 처럼 생긴 맥도날드의 상징)가 달린 간판을 집에서 만들어 상점 앞에 붙이기만 하면 얼마든지 장사를 할 수 있을 거라고 생각했다. 더욱이 우리는 맥도날드 회사로부터 건물을 임대하기 위해 적어도 10만 달러의 보증금을 지불해야 한다는 것도 몰랐고, 또 맥도날드 본사를 통해 식재료를 구입해야 한다는 것도 몰랐다. 아이러니컬하게도, 당시 나는 빅 맥(맥도날드에서 파는 햄버거) 하나 살 돈도 없었다!

다음날 하이디와 나는 목숨을 걸고 우리를 도와준 사랑스런 새 친구들과 작별인사를 나누었다. 그들의 집에서 두 주를 머물렀으므로 다른 곳으로 옮길 때가 되었던 것이다. 그때부터 우리는 지하교회 교인들에게 도움을 받으며 연명했는데 한 집에 3일씩 머물렀다. 때때로 베이징의 친구들로부터 가슴 떨리는 소식이 들려왔다. 베이징 경찰이 우리를 찾기 위해 베이징 시를 샅샅이 뒤진다는 소식이었다. 경찰은 우리의 친구들에게 전화를 걸어 "봅과 하이디를 보았소? 그들에게 사면(赦免)을 주고 싶은데 찾을 수 없군요"라고 말했다. 하지만 내 친구들은 언제나 우리가 계획한 대로 대답했다. "아, 그들은 가족을 방문하고 있어요." 그들의 이런 대답 때문에 베이징 경찰은 내 아버지와 하이디의 부모가 사는 마을들의 경찰과 늘 연락을 취하고 있었다. 당국은 우리 부부의 가족에게 처음에는 거칠게 대했지만 그들이 우리의 행방에 대해 정말 모른다는 걸 확인한 다음부터는 태도를 누그러뜨렸다.

"나는 정상적인 생활을 하고 싶어." 하이디는 몹시 화가 나서 말했다. 우리는 3일을 주기(週期)로 이 집 저 집을 옮겨 다니는 생활을 몇 주 계속했다. "우리의 아기가 마음껏 뛰어놀며 학교에도 갈 수 있는 곳에서 살고 싶어. 어디를 가야 감시의 불안에서 해방되어 마음 편히 살 수 있을까?" 나는 가족이 처한 상황 때문에 마음이 아팠다. 우리가 중국에 사는 한 두려움이 떠나지 않을 것 같았다. 하지만 여권 없이 국경을 넘을 수 없고, 여권을 가지려면 다시 체포되어야 했다.

"잠깐만!" 아내가 말했다. "우리가 교회에서 크레이그를 만났던 때가 기억나? 그때 크레이그는 우리에게 여행사에서 일하는 새신자를 찾아가 제자 훈련을 시키라고 부탁했었지."

크레이그는 호주에서 온 선교사였다. 그는 새신자들에게 좋은 교육과 건전한 교리와 신앙적 도움을 제공하기 위해 우리 부부를 다른 사람들에게 연결시키려고 애썼던 사람이었다.

"크레이그가 그 사람의 명함을 우리에게 건넨 것으로 기억되는데…." 그 사람을 찾아보라는 크레이그의 부탁을 들어주지 못한 걸 약간 부끄러워하며 내가 말했다. 나는 베이징에서 탈출할 때부터 줄곧 가지고 다녔던 명함들을 다시 꺼내 쭉 넘겨보았다. 드디어 그 사람의 이름이 금박으로 인쇄된 명함을 찾았다.

"이 사람에게 전화를 하면 여권을 만들어 외국으로 갈 수 있는 방법을 알 수 있을지도 몰라."

"이 사람은 크레이그가 자기에게 우리에 대해 말했다는 걸 기억할까?"

"그럴 것 같지는 않아." 내가 말했다. "하지만 이 사람과 전화 연결이 되면 그의 기억을 조심스럽게 되살릴 수 있을지도 몰라." 나는 그 명함의 앞면을 다시 보며 전화번호를 눌렀다.

"여보세요. 짱 샤오핑입니까?" 중국에서는 전화를 걸 때 서로 친한 사이가 아니면 이름을 불러 상대방을 확인하지는 않지만 나는 친하다는 인상을 주기 위해 일부러 이름을 불렀다.

"아닌데요." 전화 받은 사람이 대답했다. "나는 그 분의 조수입니다. 우리 사장님을 아십니까? 미스터 짱은 지금 사무실에 안 계십니다. 그런데 무슨 일로 전화하셨죠?" 우리가 베이징에서 만난 사람이 그곳의 사장이구나 하는 생각이 내 머리를 스쳤다.

"아…, 저기." 나는 그 사람이 사장이라는 새로운 정보를 어떻게 활용할까 궁리하느라고 천천히 대답했다. "나와 내 아내가 외국여행을 하길 원하는데 도와주실 수 있습니까?"

"물론입니다. 선생님." 그 직원이 대답했다. "우리 회사가 하는 일이 그런 겁니다. 신분증과 여권을 우리에게 보내주기만 하시면 외국 어디든지 보내드릴 수 있습니다."

"우리가 아직은 여권이 없습니다." 내가 대답했다. 나는 내 상황을 설명할 수 없었다. 그렇기 때문에 사실 나는 미스터 짱과 직접 이야기하길 원했다.

"그건 문제가 안 됩니다." 대답하는 그의 음성이 밝았다. "대신, 직장을 통해 신청하시면 됩니다."

"그런데…, 사실 좀 복잡한 사정이 있습니다." 이렇게 대답하면서 나는 내 손가락으로는 전화선을 비비 꼬면서 머릿속으로는 그럴듯한 이야기를 꾸며냈다. "나는 공산당학교의 선생이기 때문에 학교의 허락 없이는 외국에 나갈 수 없습니다. 그런데 내가 학교의 허락을 구하면 동료 교사들이 우리의 외국여행을 시샘할 것입니다."

여행사 직원은 껄껄 웃었다. 그 후 잠시 어색한 침묵이 흘렀고, 나는 내가 지나친 이야기를 하고 있다고 느꼈다. 내가 통화를 끝낼 구실을 생각해보려는 찰나에 그가 우리의 인생행로를 바꾸어놓을 말을 했다.

"음…, 선생님이 우리 사장님과 아는 사이이기 때문에 내가 도움을 드릴 수 있습니다." 그가 말했다. "선생님의 여권신청을 도와 드릴 수 있습니다. 선생님 부부의 사진을 이리로 보내주실 수 있습니까? 그리고 관광을 원하시는 건가요? 방콕을 들러 홍콩으로 가는 좋은 여행상품이 있습니다."

"그거 좋은 것 같군요." 나는 차분한 말투를 유지하려고 애쓰며 말했다. 당시 영국의 통치 아래에 있던 홍콩으로 가면 종교적 박해를 이유로 미국에 망명을 신청할 수 있을 거라는 생각이 들었다.

그 직원은 잠시 말을 멈추더니 이내 "이 여행상품의 총비용은 2만 4천 위안입니다"라고 말했다. 2만 4천 위안을 마련하는 건 로켓을 타고 달에 가서 자루에 먼지를 쓸어 담는 것만큼 어려운 일이었지만, 나는 돈을 보내겠다고 말했다. 보아하니 현금을 마련할 수 있는 유일한 사람은 쭈오화 차이이었다. 그가 불법으로 성경을 아주 많이 인쇄했기 때문이다. 며칠 동안 나는 그를 찾으려고 애썼다.

"차이!" 드디어 그와 연락이 되었을 때 내가 말했다. "그동안 어디에 있었습니까?"

"내가요? 형제는 어디에 있었습니까?" 내 생각에, 그는 7월에 우리 아파트를 방문하기 위해 걸어오다가 마침 내가 경찰에 끌려가는 걸 보았던 것 같았다. "나는 도주했고 그 후 줄곧 도망 다니고 있습니다." 내가 물었다. "혹시 내게 보내줄 돈이 있습니까?"

"미국 돈으로 3천 달러면 되겠습니까?" 그가 물었다. "전에 우리를 불쑥 찾아와 성경 핸드북 수천 권을 인쇄해달라고 한 여자가 기억납니까? 그 여자는 자기가 크레이그의 친구라고 말했지요. 그런데 우리가 인쇄를 시작했지만 그녀는 나머지 돈을 지불하기 위해 나타나지 않았습니다. 그래서 그녀가 착수금으로 맡긴 3천 달러를 내가 지금까지 보관하고 있습니다."

당시 미국 달러와 중국 위안화 사이의 환율이 1대 8이었으므로 3천 달러는 2만 4천 위안이었다. 우리가 여행사에 지불해야 할 금액과 정확히 일치했다. 우리는 한 발 앞으로 전진한 것이었다. 하지만 내 여권을 만들기 위해 여행사는 내가 직장에 다니고 있다는 걸 확인해야 했다. 정부가 그런 확인을 엄격히 요구했기 때문이다. 그런데 여행사 직원이 우리에게 전화를 걸어 "모든 게 다 준비되었습니다. 우편으로 여권을 받으셨겠지요? 즐거운 여행 되세요!"라고 말했다.

"그렇다면…." 내가 아주 머뭇거리며 물었다. "여권을 만드는 데 어려움이 없었습니까?"

"쓰통사(社)가 선생님의 재직증명을 해주었습니다. 이제 떠나시면 됩니다."

어리둥절한 나는 의례적인 인사말을 두세 마디하고 전화를 끊었다. 쓰통사는 베이징에 있는 사유(私有) 컴퓨터회사였는데 1989년의 톈안먼 광장 학생 시위를 도와준 것으로 널리 알려진 회사였다. 정부의 탄압이 시작되자 인민해방군이 그 회사의 시위 가담에 대해 조사하기 위해 회사의 본부를 점령했었다. 하지만 회사의 지도자는 미국에서 살기 위해 중국을 탈출했다.

"내 말을 들으면 깜짝 놀랄 걸." 전화 통화를 하는 내 말만 듣고 있던 하이디에게 내가 말했다. "여권을 갖게 됐어!" 우리를 잘 모르는 여행사 직원이 우리의 손에 여권을 쥐어 주기 위해 몇 가지 법을 어겼다는 걸 하이디에게 설명해주었다. 사실, 우리는 그의 사장의 얼굴조차 보지 못했다.

여권이 우리에게 도착했을 때 우리는 공산당 위원회가 인정한 쓰통사 재직증명서를 보고 깜짝 놀랐다. 그 증명서는 우리의 해외여행을 가능하게 해주는 것이었다.

"쓰통사 사람들은 톈안먼 시위 문제로 엄청 고초를 겪었을 텐데 왜 위험을 감수하며 우리를 도와주는 걸까?" 내가 물었다. "우리가 부탁하지도 않앉는데, 심지어 우리를 알지도 못하면서…."

"우리가 천국에 가서 하나님께 여쭤봐야 할 질문들이 많아." 하이디가 말했다. "출국할 때까지 하나님의 예비하심에 감사하자!"

"그러자!" 나는 보다 시급한 문제들을 해결하기 위해 여권발급과 관계된 의문들을 내 머릿속에서 밀어냈다. "우리는 단체여행객 틈에 섞여 방콕으로 갔다가 그 다음에 홍콩으로 가는 거야."

"생각만 해도 좋은데." 아내가 말했다. "그렇게 하면 성공할 거야."

"그런데 한 가지 문제가 있어." 내가 최대한 부드러운 음성으로 덧붙였다. "단체여행객이 베이징에서 출발한다는 거야."

23
하나님의 인도하심으로
결국 자유를 얻고

"너무 웃는 얼굴 하지 마." 하이디가 말했다. "그러면 이목을 끌 수 있어."

우리는 베이징 공항으로 갔다. 그건 그 도시를 떠나기 위해 목숨을 건 선택이었다. 작은 여행용 가방을 들고 보안 카메라와 경찰과 세관원의 검열을 통과할 때 나는 최대한 태연한 표정을 지었다. 싱글벙글 웃는 가이드 주변에 모여 손에 중국기를 들고 가슴 설레는 여행에 대해 대화를 나누는 여행객들이 눈에 들어왔다. 나는 대화에 끼어들지 않았다. 혹시라도 나중에 그들에게 경찰이 우리에 대해 물을 경우에 대비해서 우리의 인상착의를 남기지 않고 싶어서였다. 우리의 가장 큰 목적은 그 여행객 사이에 자연스럽게 섞여 세관을 통과해 비행기에 오르는 것이었다.

"여러분, 환영합니다!" 가이드가 말했다. "여러분이 이국적인 분위기로 충만한 방콕 여행을 즐기시기를 바랍니다."

우리 여행객 일행의 사람들이 서로 자기소개를 할 때 가이드는 모든 이의 세관신고서와 여권을 거두었다. 일행은 18명 정도였는데 의사, 변호사, 몇 명의 은퇴한 교육자, 그리고 몇 명의 공학자가 섞여 있었다. 모두 목에 카메라를 걸고 있었다.

"시치우 푸 씨!"일행에서 한 사람이 나오더니 약간 어색하게 서류 같은 것들을 한 아름 내게 건네며 말했다. "당신을 이 일행의 반장으로 임명하고 싶습니다. 여기 기(旗)와 여행일정계획서와 모든 이의 통관을 위한 자료가 있습니다."

"나는 비행기를 타본 적도 없는데요." 나는 그가 단지 돈을 절약하려고 우리를 따라온 것이 아니라는 걸 알 수 있었다.

"내가 보니 당신은 타고난 리더입니다." 그가 미소를 지으며 말했다. "게다가 당신은 영어를 잘하잖아요." 그는 우리 여행객 일행의 모든 이에게 자기 여행사를 이용해줘서 고맙다고 인사했다. 그리고 붉은 색의 중국기를 내 머리 위로 올려주고는 여행객들 사이에 서 있는 나를 버려두고 가버렸다. 내게서 조금 떨어진 곳에 서 있던 하이디는 짜증스런 표정을 지어보였다. 나는 아내가 무슨 생각을 하는지 한 눈에 알 수 있었다. 남들의 주목을 끌어서는 안 된다는 게 그녀의 표정에 담긴 메시지였다!

일단 중국 내의 다른 공항으로 가는 여객기에 올랐을 때 나는 하이디의 손을 잡았다. "비행기 타는 게 무서워?"

"나는 중국 안에 있는 게 무서워." 아내가 창밖을 보며 말했다. 베이징이 시야에서 사라져갔다.

우리가 탄 여객기가 선쩐 공항에 착륙했고 나는 우리 일행의 세관 통과를 처리해야 했다. 그 여행사 사람이 하필이면 허위서류 때문에 체포될지도 모르는 나를 반장에 임명한 것이 참으로 얄궂다는 생각이 내 머리를 스쳤다. 국가의 세관과 국경통제 컴퓨터 시스템이 얼마나 정확한지 나로서는 알 수 없었다. 그래서 나는 기도했고 의지력을 발동해 검사대 앞으로 다가갔다. 하이디와 나의 여권은 허위사실을 기재해 만든 엉터리였지만 여권에 쓰인 우리의 이름은 진짜였다. 우리는 만일 여권이 가짜인 것이 들통 나면 하이디는 재빨리 도망하기로 계획을 짰다.

"여권을 보여주세요." 검사대의 여직원이 내게 말했고 나는 여권을 건네주었다. 그녀는 여권을 본 다음 내 얼굴을 보았다. 물론 여권 사진의 얼굴과 내 얼굴이 정확히 일치했지만 나는 숨조차 쉴 수 없었다. 감사하게도, 달래기 힘든 아기를 데리고 여행하는 부부가 내 검사대에서 왼쪽에 있었는데 그 아기가 여직원의 집중력을 흐리게 했다. 그 아기는 고무젖꼭지를 자꾸 바닥에 던지고 울었다. 나는 내 여권을 검사하는 시간이 길어지는 게 싫다는 듯이 일부러 짜증 난 얼굴을 했다. 여직원은 내 여권이 가짜가 아니라는 걸 확인하려는 듯 여권을 쭉 넘겨보았다. 다른 사람들의 여권보다 내 여권을 더 꼼꼼히 보는 걸까? 나는 아기가 고맙게도 내 발에 던진 고무젖꼭지를 집으려고 몸을 구부릴 때 윗입술에 맺힌 땀방울을 닦았다.

"됐습니다, 선생님." 여직원이 내게 통관서류와 여권과 비자와 탑승권을 건네면서 말했다. "다른 사람들의 서류도 보여주세요." 나는 다른 이들의 서류를 건넸고 그녀는 그것을 대강 훑어보았다. 그녀가 서류들을 돌려주었을 때 나는 뛰고 싶은 충동을 억지로 참으며 태연히 일행과 함께 어슬렁어슬렁 걸어 보안검색대까지 갔다. 너무나 긴장했기 때문에 평소처럼 걷는 게 쉽지 않았다. 하지만 우리는 기적적으로 아무 문제없이 보안검색대도 통과했다. 여객기의 문이 닫히고 이륙하자 아내를 보며 미소를 지었다.

갑자기 하이디와 나는 여행객이 되었다. 다른 사람들이 볼 때 하이디는 임신한 게 아니었고, 우리는 감옥에 갔던 게 아니었고, 도주하는 그리스도인도 아니었다. 나는 여행객 일행의 반장 일을 충실히 수행해야 하는 입장이 되었다. 우리 일행의 모든 이가 방콕에서 안전하게 버스에 오르도록 신경 썼다. 그들에게 "목에 핑크 빛 화환을 거는 게 여기에서 휴가의 첫발을 제대로 내딛는 것입니다"라고 말해주었다. 나는 그들의 호텔 투숙을 도왔고, 식사를 선택하도록 메뉴에 대해 말해주었고, 불교사원 방문과 쇼핑과 코끼리 쇼 관람 등이 적힌 여행일정 계획표를 나누어주었다. 그런데 아주 실망스럽게도, 우리 일행의 여행일정에는 트랜스베스타이트(이성의 복장을 입는 성도착자)와 성전환 수술자를 출연시키는 카바레 쇼 관람이 포함되어 있었다. 우리는 이미 그런 쇼의 출연자들이 종종 성노예 취급을 받으며 착취를 당한다는 걸 들어 알고 있었다.

"우리도 카바레 쇼 구경을 가야 하나?" 내가 하이디에게 물었다.

"우리에게 선택권이 있나?" 그녀가 말했다. "우리는 도주 중인 그리스도인으로 보이면 안 되고 보통 관광객으로 보여야 해. 더구나 당신은 일행의 반장이잖아."

우리는 카바레 객석에 앉아 젊은 여자들이 일부 섞인 공연단이 노래하고 춤추는 걸 보았다. 그들은 반짝이 옷을 입었고 그들의 머리털은 중력을 비웃듯 하늘로 뻗쳐 있었다. 믿음을 지키기 위해 조국을 탈출한 사람이 이런 쇼를 보아도 되는가 하는 생각이 들었다. 공연이 끝난 후 하이디와 나는 우리 일행 중 한 사람이 공연단의 한 젊은 여자와 그날 밤을 보내기 위해 작업하는 소리를 옆에서 듣게 되었다. 우리는 구역질이 나 토할 것 같았다.

방콕은 볼 것도 많고 먹을 것도 많고 들리는 소리도 많은 도시였다. 그러다 보니까 하이디가 임신 때문에 생기는 힘든 증상들을 남모르게 이겨내는 게 더욱 힘들었다. 아내는 몹시 지쳤지만 일행과 모든 행동을 같이 했다. 어느 날 우리 일행은 바깥에서 오랜 시간을 돌아다닌 후 호텔로 돌아와 엘리베이터를 탔다. 사람들의 쇼핑백이 너무 많아서 엘리베이터 문이 닫히지 않을 것 같았다.

"오늘 모두 즐거웠습니까?" 내가 사람들에게 물었다. 다른 여러 가지 생각들로 머리가 복잡했지만 그래도 나는 다른 사람들의 의심을 사지 않기 위해 반장 노릇을 철저히 해야 했다. 나는 엘리베이터의 14층 버튼을 누르고 숨을 깊이 쉬었다. 공기는 덥고 습기가 많았으며 입고 있는 옷이 무겁다고 느꼈다.

"우리는 수정(水晶)으로 만든 코끼리 모형들을 싼 가격에 샀습니다." 결혼 기념일을 자축한 어떤 남자가 내 물음에 대답했다. 그런데 바로 그때, 엘리베이터가 11층에 막 도달했을 때 하이디가 쓰러지듯 내 어깨에 머리를 기댔다. 나는 그녀가 피로를 덜려는 거라고 생각하며 고개를 그녀 쪽으로 돌렸는데, 이내 생각이 바뀌었다. 아내는 기절한 것이었다! "도와줘요!" 내가 소리쳤다. 내 말에 동료 관광객 모두가 쇼핑백을 바닥에 내려놓고 하이디를 바닥에 눕히려고 했다. 그 순간 엘리베이터가 14층에 멈추었다. 아내는 혀를 깨물었고 입에서 피가 떨어졌다. "주님, 도우소서!" 나도 모르게 소리쳤다. 우리의 신앙을 남들에게 보이지 않으려고 애써 왔지만 그 순간 내 입에서 믿음의 고백이 튀어나왔다. 호텔 측에서 보낸 태국 의사가 강한 냄새가 나는 약을 하이디의 코에 갖다 대자 아내가 깜짝 놀라 깨어났다.

"당신 때문에 너무 놀랐어!" 우리 둘이 방으로 돌아왔을 때 내가 말했다. 나는 젖은 천으로 그녀의 이마를 적셔주었다.

"내가 너무 지쳤던 것 같아." 그녀가 말했다. "그리고 어젯밤에 그런 쇼를 보아서 하나님이 벌을 주시는 건지도 모르고…."

방콕을 떠나기 전에 우리는 태국 음식을 먹어보았고 코끼리의 묘기를 보았다. 우리는 '관광객에게 물건 구매를 강요하는 것'이 제네바 협약에 의해 금지되어야 한다는 확신을 품고 방콕을 떠났다. 다음 목적지는 홍콩이었다.

"호텔 방으로 들어가신 후 두 시간이 지나면 아래층에 모여 저녁식사를 하겠습니다." 이것은 내가 가이드로서 일행에게 준 마지막 알림 사항이었다. 사실, 그들 중 몇 사람에게는 정이 많이 들었다.

하이디와 나는 저녁을 먹으러 갈 생각이 없었다. 우리가 호텔 방으로 들어가는 모습을 일행에게 보여준 다음 우리는 살짝 뒷문으로 빠져나와 잠자리를 만났다. 베이징에서 대학생 사역을 함께 했던 동역자 잠자리는 우리가 체포된 후 줄곧 도피 중이었다.

"우리 관광객 일행이 우리 부부가 완전히 사라져버린 걸 알고 어떤 표정을 지을지 궁금해." 내가 웃으며 말했다.

잠자리는 우리를 조나단 챠오의 아파트로 데려갔다. 조나단이 시내에 있지 않았지만 다행히 그의 아내는 우리가 그들의 아파트에 머물게 했다. 조나단 부부의 환대는 내가 감옥에서 강요에 못 이겨 조나단에게 불리한 진술을 한 것에 대해 그들이 섭섭하게 생각하지 않는다는 증거이었다. 우리 부부에게 돈이 없었으므로 그들의 아파트에 거저 머물 수 있다는 건 하나님의 예비하심이었다. 또한 우리는 팀이라는 이름의 선교사를 만났다. 웨스트민스터신학교를 졸업한 그는 차이나 미니스트리즈 인터내셔널에 의해 파송되어 조나단 챠오의 기관에서 일하고 있었다. 우리의 이야기를 듣고 감동한 팀은 주변에 우리의 사정을 알리는 수고를 했다.

필라델피아 출신의 찰리라는 그리스도인 사업가는 우리 가족에게 매월 1인당 100달러를 보내주겠다고 약속했다. 우리 부부는 숙소 문제뿐만 아니라 먹는 문제도 염려할 필요가 없게 되었다. 이것은 특히 태아를 위해 충분한 영양섭취가 필요한 하이디에게 중요했다. 날마다 나는 주위를 살피며 정해놓은 시장에 가서 신선한 생선이나 닭고기를 샀다. 우리가 필라델피아 출신의 사업가를 본 적은 없었지만 그의 돈이 매달 우리에게 전달되었다. 정말로 자비로운 하나님의 돌보심의 표시였다!

하나님의 돌보심에 대한 이야기가 나와서 하는 말인데, 인쇄물을 대량으로 주문하면서 3천 달러를 착수금으로 주고 간 여자가 홍콩에서 온 사람이었기 때문에 우리는 홍콩에 머무는 동안 그녀를 찾으려고 애썼다. 하지만 안타깝게도 결국 찾지 못했다.

"크레이그를 만나면 그에게 물어봅시다." 하이디가 호주에서 온 선교사의 이름을 말하며 제안했다. 홍콩에서 온 그 여자가 소책자의 대량 인쇄를 주문할 때 그녀는 "크레이그가 소개해서 이렇게 인쇄를 맡기러 여기로 오게 되었습니다"라고 말했었다.

∽

우리는 1996년 10월에 홍콩에 도착했다. 그때는 소위 '홍콩반환'이 가까이 다가왔을 때였다. '홍콩반환'은 영국이 홍콩을 중국에 넘겨주어 중국의 특별행정지역으로 만드는 걸 의미했다. 많은 사람들은 자유경제와 언론의 자유를 누려온 6백 만 시민의 현대적 도시가 억압적인 중국 정부의 지배 아래서 어떻게 살아갈 것인지를 걱정했다. 만일 우리가 반환일까지 홍콩에 머물러 있으면 우리의 중국 탈출은 물거품이 되고 마는 것이었다. 그런데 감사하게도, 홍콩정부는 정치적으로 탄압받는 사람들의 문제를 해결하기 위해 특별 팀을 구성했다. 그 팀은 우리에게 납치를 피하기 위해 집 밖으로 나오지 말라고 경고했다.

조나단은 우리를 론(Ron)이라는 기독교인 기자에게 소개했다. 론은 중국의 가정교회를 보도한 사람이었다. 우리의 이야기를 잘 알고 또 미국영사관을 잘 알았던 그는 우리가 난민 지위를 얻을 수 있도록 우리의 이야기를 써서 공식 청원서를 제출했다. 하지만 '홍콩반환' 전에 신속히 보호를 받기 원하는 우리의 바람과는 달리 미국정부는 종교적으로 박해 받는 사람들보다는 정치적으로 박해 받는 사람들의 문제를 우선적으로 처리했다.

"우리가 홍콩에서 빠져나가지 못하면 다시 감옥에 갈 것입니다." 내가 론에게 말했다.

"미안합니다." 그가 말했다. "저들은 지하 가정교회가 어떤 것인지도 모르고 있습니다."

나는 미국정부가 꾸준히 성장하고 있는 중국의 지하 가정교회 운동을 모른다는 것에 놀랐다. 조나단이 조사한 자료를 가지고 우리는 관계자들에게 중국의 가정교회를 이해시키려고 했지만 그들은 관심이 없었다. 그들은 정치적 도피자를 '용기 있는 사람'으로 보지만 종교적 도피자는 '광신자'로 보는 것 같았다. 그때부터 우리의 망명신청은 관료주의의 늪에 빠져버렸다. 우리의 망명신청은 계속 거절당했다. 미국영사관은 종교적 난민을 인정하지 않았고 가정교회를 이해하지 못했고 단지 유명한 정치적 도피자들의 신청만을 받아들였다. 우리가 서류접수를 계속 반복하며 시간이 자꾸 흘러갈 때 하이디는 점점 인내심을 잃으며 좌절감에 빠졌다.

"이런 관점에서 생각해보자." 그녀에게 용기를 주기 위해 내가 말했다. "우리는 개척자야. 최초의 중국 가정교회 도피자가 되는 영광이 우리에게 있는 거야."

"하지만 우리의 아기는 어디에서 태어나는 거야?"

이것은 내가 깊이 생각해보지 못한 질문이었다. 우리의 아기가 당연히 자유의 나라 미국에서 태어날 거라고 생각했기 때문이다. 수속을 밟아 홍콩의 병원에 들어간 후, 나는 산모나 그 배우자 중 한 명이 홍콩 거주자이면 공공병원들에서 무료로 분만 서비스를 받을 수 있다는 걸 알게 되었다. 만일 홍콩 거주자가 아니면 2만 달러에 상당하는 돈을 지불해야 했다. 나는 우리가 홍콩을 빨리 떠나야 하는 또 다른 이유를 알게 된 것이다! 우리는 미국에 있는 친구들, 중국에 있는 친구들 그리고 시골 교회들에 있는 친구들에게 우리의 사정을 알리고 기도를 부탁했다.

우리의 상황에 대한 소식이 퍼져나가자 사람들이 큰 관심을 보였고, 미국이 우리의 신청을 빨리 받아들이도록 만들 수 있는 방법을 찾기 위해 노력했다. 그러던 중 캐럴 햄린 박사라는 그리스도인이 우리를 주목하게 되었다. 그녀는 미국 국무부의 선임 중국정세분석가였다. 감사하게도, 그녀는 베이징에 있는 몇몇 그리스도인 친구로부터 우리의 절박한 입장에 대해 전해 듣고 우리를 위해 혼신의 힘을 다해 노력했다. 그리고 하원정부감독위원회 위원장을 위해 일하는 미국의 입법 보좌관과 국무부의 직원이 우리의 신청서를 처리하라고 압력을 넣기 위해 홍콩으로 날아왔다.

우리가 이렇게 여러 사람에게 도움을 받는 복을 누렸지만, 그들의 도움이 열매를 맺는 것 같지는 않았다.

"좋지 않은 소식입니다." 미국의 입법 보좌관이 홍콩 주재 미국영사관에서 걸어 나오면서 내게 말했다. 나는 구내에 들어갈 자격이 없었기 때문에 밖에서 기다리고 있었다. "미국은 형제님 가족을 받아들이지 않으려고 합니다. 내가 볼 때, 미국은 이 과도기에 중국을 자극하지 않으려고 신경 쓰는 것 같습니다."

이내 나는 스웨덴과 스위스도 미국과 똑같은 입장이라는 걸 알게 되었다.

"미안하지만 도와 드릴 수 없군요." 이 두 나라의 대표부 사람들이 말했다.

우리의 답답한 상황은 매주 점점 배가 불러오는 하이디를 더욱 힘들게 했다. 몇 주가 지나고 몇 달이 지났지만 우리는 문제 해결에 한 발짝도 가까이 가지 못했다.

"해산통증이 찾아오면 어떻게 되는 거지?" 하이디가 물었다.

"우리를 여기까지 오게 하신 하나님께서 우리를 여기에서 버리지는 않으실 거라고 나는 믿어."

그때 전화벨이 울려 우리의 대화를 끊어놓았다. "여기는 홍콩 이민국입니다. 당신과 당신의 아내가 내일 우리 사무실로 와주셔야 하겠습니다."

우리의 홍콩 체류가 예상보다 길어졌기 때문에 우리는 임시 체류허가증을 얻어야 했다. 우리는 3개월마다 그 사무실로 터벅터벅 걸어가 서류를 작성하고 집으로 돌아오곤 했었다. "무슨 일 때문인지 말씀해주실 수 있습니까?" 내가 물었다. 내가 아는 한, 우리가 서류를 작성해야 할 때가 또 온 것이었다. 사실, 나는 출산일이 점점 더 가까워지는 하이디를 데리고 홍콩의 거리를 걸어가는 게 아주 싫었다.

"아무튼 내일 오십시오." 이민국 직원이 말했다.

우리는 또 한 번 내키지 않는 발걸음으로 이민국에 갔다. 가는 동안 내내 주변을 살폈다. 도착하니 직원이 말했다. "홍콩정부는 당신에게 임시 거주 허가증을 주기로 결정했습니다."

"무슨 말입니까?" 내가 물었다.

"이 거주허가증을 받으면 당신이 홍콩을 떠날 수 있을 때까지 홍콩 거주자의 혜택을 누릴 수 있게 됩니다." 그가 아무런 감정을 보이지 않으며 차분하게 말했지만 나는 팔을 뻗어 그를 안아주고 싶은 심정이었다. "신분증에 사용될 사진을 찍게 여기에 서 주십시오."

이민국 사무실을 나올 때 하이디와 나는 발걸음이 너무 가벼웠다. "홍콩 거주자 자격을 얻기 위해 신청을 했어?"

"아니." 내가 대답했다. "거주자 자격을 얻는 게 불가능한데…."

모세가 홍해를 갈랐을 때 이스라엘 사람들이 하나님을 뜨겁게 찬양했다. 임시 거주허가증을 얻은 게 홍해를 가른 사건만큼 큰 기적은 아니지만, 우리는 이스라엘 사람들만큼 뜨겁게 하나님을 찬양했다. 이 불가사의한 일이 어떻게 일어났는지 알게 된 것은 불과 최근의 일이다. 톈안먼 대학살 이후 중국 학생 수백 명의 탈출을 도운 홍콩의 어떤 목회자가 한 일이었다. 그의 도움으로 우리가 거주허가증을 얻게 된 것이었다! 지금까지도 그를 만나지 못했고 그에게 정식으로 감사를 표현하지도 못했다.

홍콩 거주자의 자격으로 하이디는 무료로 출산할 수 있었다. 거주자의 자격을 얻은 후 정확히 일주일이 지난 날, 1997년 4월 4일이었다. 하이디에게 산고가 찾아왔고 웨일즈 공공병원(公共病院)은 우리에게 한 푼도 받지 않고 그녀를 입원시켰다.

병원 측은 하이디가 산고를 겪을 때 내가 산모 곁에 있을 수 없다고 말했고 우리는 이내 그 이유를 알게 되었다. 하이디가 산고를 겪는 다른 30명의 여자들과 같은 방에 있어야 했기 때문이다. 몇 분 간격으로 아기들이 태어났고 간호사들은 아기들을 받느라고 분주히 움직였다.

중국에서는 남자들이 집에서 기다리는 게 관습이었지만 나는 분만실 아래층 엘리베이터 밖에서 기다렸다. 아기를 안고 검사실로 가는 간호사들이 계속 내 옆을 지나갔고 나는 아기들의 얼굴을 일일이 쳐다보았다. '혹시 저 아이가 우리 아기일까? 저 아이가 하이디나 나를 닮았나?' 이렇게 생각하며 아기 바구니들을 슬쩍 슬쩍 보았다. 그 다음날, 이리저리 걷다가 어떤 방의 창문을 통해 안을 들여다보게 되었다. 방 안에는 마치 중국식 경단(瓊團)을 진열해놓은 듯 신생아들이 나란히 누워 있었다. 그런데 이동식 카트 위에 누워 있는 조그맣고 예쁜 아기 옆에 하이디의 이름이 붙어 있었다.

"저 남자아기는 어젯밤에 태어났어요." 간호사가 말했다.

'남자아기라고?'

우리는 그 아이의 중국식 이름을 '풍성한 은혜'라는 뜻의 '보엔'으로 정했다. 하지만 영어 이름은 다니엘로 정했다. 우리가 여전히 사자굴 안에 있을 때 태어났기 때문이다. "이 이름이 마음에 들어." 50명의 다른 산모와 함께 회복 중인 하이디가 말했다.

"이 아이는 나라 없이 떠도는 중에 태어난 거야. 이 아이를 시민으로 받아줄 나라가 없으니 조국이 없는 거지."

"맞아." 나는 손가락으로 숱이 거의 없는 아기의 머리를 만지며 말했다. "하지만 하늘나라의 시민이야!"

날마다 모든 텔레비전, 모든 라디오, 그리고 모든 신문이 홍콩 반환일까지 남은 날을 놓고 카운트다운에 들어갔다. 7월 4일 찰스 황태자와 크리스토퍼 패튼 홍콩 총독이 역사적인 합동 홍콩 반환식을 거행했다. 나는 빅토리아공원에 운집한 10만 여 명 중 하나로 참석했다. 그날이 1989년의 대학살 기념일이기도 했기 때문이다. 홍콩이 시민들에게 대학살을 자행할 수 있는 나라의 손에 넘어간다는 두려움이 군중에게서 분명히 느껴졌다. 군중을 유심히 살피면서 나는 톈안먼 광장 사건을 결코 잊지 않고 기억하는 사람들이 많다는 것에 감동을 받았다. 그런데 내 곁눈질에 불빛이 포착되었다. 난민 지위를 얻지 못한 어떤 정치적 도피자가 분신을 한 것이었다! 사람들은 그를 보고 비명을 지르기 시작했다. 말 그대로 인간 횃불이었다. 홍콩 경찰이 달려들어 그의 몸에 번지는 불을 즉시 껐다. 그의 분신기도는 우리 같은 도피자들이 느끼는 절망감을 대변한 것이었다.

우리가 절망감과 싸우는 중에 많은 이들이 우리를 돕기 위해 뛰었다. 쥬빌리 캠페인(the Jubilee Campaign)의 설립자 대니 스미스가 우리의 사정에 대해 전해 들었다. 쥬빌리 캠페인은 노예제도나 아동매춘 같은 불의에 대항해 싸우는 단체였다. 대니 스미스는 우리를 돕기 위해 비행기를 타고 홍콩으로 왔다. 그는 영국 상원의원 데이비드 앨튼 경(卿)의 개인 서한을 패튼 총독에게 전달했다. 그러나 미국 영사관은 거절했다. "분명히 말하지만, 미국은 봅 푸의 가족을 받아들이지 않을 것입니다. 다른 데 가서 알아보십시오."

이미 하이디와 나는 품에 안고 계속 움직여주지 않으면 울어대는 우리 아기를 달래려고 밤샘을 많이 해서 지칠 대로 지쳐있었다. 그런 상태에서 날아든 좋지 않은 소식은 우리에게 너무 가혹한 것이었다.

"미국이 당신을 받아주지 않는다면…." 풀이 죽어 있는 우리의 얼굴을 보고 대니가 말했다. "영국이 받아줄 것입니다."

"오, 형제님이 영국 왕세자와 같은 비행기에 탈 겁니까?" 내가 농담으로 응수했지만 우리 중 누구도 웃을 기분이 아니었다.

우리는 온갖 방법을 시도해보았다. 심지어 침례교신학교에 지원해서 학생 비자를 얻은 다음 이민신청을 하는 방법도 시도해보았다. 그러나 놀랍게도 침례교신학교에서 온 답장은 아주 간결했다. "침례교 교인이 아니면 우리 학교에 들어올 수 없습니다." 침례교 교리가 무엇인지 몰랐지만 나는 전화번호부를 뒤졌고, 홍콩의 침례교신학교를 찾았고, 침례교 신앙고백서를 얻어 암기했고, 내가 등록할 수 있는 침례교회를 알아보았다. 그러나 그 학교에 문의했을 때 "침례교회에 3년 간 출석하지 않았으면 교인으로 인정되지 않습니다"라는 답을 들어야 했다. 달리 표현하면 우리는 '머물 곳' 없는 가족이었다. 정치적으로도 그랬고 종교적으로도 그랬다.

∞

어느 날 나는 홍콩의 한 맥도날드 가게로 가서 음식을 먹으며 신문을 읽었다. 외침소리 같은 머리기사 제목이 내 눈을 사로잡았다. "홍콩반환까지 17일!" 우리 가족의 곤경에 대해 생각하지 않으려고 애썼지만 사방 어디를 봐도 홍콩반환 이야기뿐이었다. 홍콩반환, 즉 우리 가족의 종말 같은 것이 17일, 16일, 15일 앞으로 다가오고 있었다. 햄버거를 한 입 깨물 때 '이제 시간이 얼마 남지 않았구나' 하는 생각이 머리를 스쳤다. 바로 그때, 맥도날드 가게 안으로 어떤 보도 팀이 들어오며 약간 소란스러워졌다. 한 사람은 어깨에 카메라를 메고 있었고 다른 한 사람은 ABC(미국의 방송사)라고 쓰인 마이크를 들고 있었다.

"안녕하십니까? 나는 '피터 제닝스와 함께 하는 ABC 뉴스'의 홍콩반환 보도를 위해 취재를 나온 기자입니다." 마이크를 든 사람이 내 테이블로 오더니 말을 걸었다. "홍콩반환에 대한 귀하의 견해를 듣고 싶습니다."

나는 가게 안의 다른 사람들을 둘러보았다. 망명을 시도하는 도피자를 납치하려는 중국경찰이 어디에나 깔려 있을 가능성 때문에 내가 신분을 감추는 게 정상이었을 것이다. 하지만 나는 미국 전역에 방송되는 텔레비전을 통해 내 사정을 호소할 수 있는 절호의 기회를 놓치고 싶지 않았다. 기자의 제안에 나는 소극적으로 동의하는 모습을 보였다.

"이제 우리는 홍콩의 맥도날드에서 봅 푸 씨의 견해를 들어보겠습니다." 기자가 이렇게 말하고 내 쪽에 마이크를 가까이 댔다. "봅, 홍콩반환에 대해 불안감을 느낍니까?"

"사실, 나는 중국의 종교적 반체제 인사입니다. 미국정부가 우리 가족을 위해 힘써주지 않으면 우리 가족은 기독교를 믿는다는 이유로 또 다시 체포될 것입니다." 나는 더 이상 내 신분을 감출 이유가 없었다. "반환을 위한 카운트다운은 우리 가족의 감옥행을 위한 카운트다운입니다. 미국인 여러분,

종교의 자유를 위해 싸워주십시오."

내가 미국 사람들에게 내 입장을 호소할 때, 주위의 모든 사람이 대화를 멈추고 조용해졌다. 내가 당장이라도 누군가에게 끌려갈 수도 있다는 불안감이 있었지만 그것은 내게 마지막 기회였다. 어차피 외교적 노력은 물거품이 되어버린 상황이었다.

"홍콩에서 전해드렸습니다." 기자가 마무리 멘트를 했다. "ABC방송입니다."

이 작은 인터뷰는 우리의 사정을 미국 전역에 알리는 계기가 되었다. 우리가 당시에는 알지 못했지만 몇몇 저명인사가 우리를 위해 막후에서 노력했다. 미국이 우리 가족을 받아주어야 한다는 청원서에 수십 명의 미국 상원의원이 서명했고 이 청원서가 순교자의 소리(the Voice of the Martyrs: 박해받는 그리스도인들을 위한 연합단체)에 의해 발행되었다. 수정교회의 로버트 슐러 목사는 우리 가족을 위해 개입해달라는 편지를 빌 클린턴 대통령에게 보냈다. 영향력 있는 상원외교위원회의 위원장 제시 헬름스 상원의원은 홍콩의 미국영사관에 팩스를 보내 우리 가족에게 비자를 내주는 절차를 조속히 마무리해달라고 부탁했다.

그리고 전국복음주의협회 회장 돈 아규가 클린턴 대통령에게 전화했다. 당시 돈 아규는 대통령 직속으로 되어 있는 '해외 종교자유 침해와 박해조사위원회'의 위원이었기 때문에 해외의 종교적 박해에 대해 보고할 수 있었다. 그날 오후 대통령이 전화를 받았을 때 돈은 지구 저쪽 편에 있는 우리 작은 가족의 문제에 신경을 써달라고 말했다. "제가 보기에 대통령께서 이 문제에 개입하셔야 합니다." 돈이 말했다. "푸의 가족을 중국에서 빼내오면 해외 종교자유의 증진 분야에서 대통령의 리더십이 한층 더 강화될 것입니다."

홍콩이 중국으로 넘어가기 일주일 전, 미국영사관으로부터 한밤중에 대니에게 전화가 걸려왔다. 대니는 백악관의 국가안전보장회의와 통화했고 국가안전보장회의는 강력하고 단호한 대통령의 메시지를 전달했다. 푸의 가족을 미국으로 보내라는 메시지였다. 빌 클린턴이 우리를 구했다!

난민자격으로 미국에 들어가려는 모든 사람에게는 미국 내에 공식 보증인이 있어야 했다. 내 경우, 교회 보증인은 로니 루이스 목사의 고향 교회인

킹스파크국제교회였고 정부임명 보증인은 월드 릴리프(가난, 전쟁, 재난과 박해의 피해자들에게 도움을 주는 국제단체)였다. 그런데 자신이 윗선의 압력에 눌렸다고 생각한 영사는 갑자기 미국에 들어가려는 난민은 미국은행에 1만 달러의 잔고가 있어야 한다고 통보했다. 그토록 부담스런 금액에 대해 들어본 건 그때가 처음이었다. 박해를 피해 도망 다니는 사람이 어떻게 미국 은행에 계좌를 만들 것이며 그렇게 큰 금액을 어떻게 마련할 것인가?

지푸라기라도 잡는 심정으로 우리는 로니 목사에게 연락해 큰 부탁을 했다.

"우리 이름으로 은행계좌를 만들어 1만 달러를 넣어줄 수 있습니까?"

론은 큰 결심을 해야 했다. 교회의 다른 모든 이는 이미 집으로 가버렸고 시간은 자꾸 흘러갔다. 교회의 허락도 없이 그는 내 이름으로 계좌를 만들고 1만 달러를 이체했다. 그는 나의 중국 이름을 쓸 줄도 몰랐기 때문에 영어로 '봅 푸'(Bop Fu)라는 이름의 계좌를 만들었다. 나는 그가 나를 그토록 믿어준 것에 깜짝 놀랐다. 우리가 미국으로 가는 데 마지막 장애물을 제거해준 것은 그가 보낸 1만 달러였다!

7월 27일 미국은 우리가 미국으로 들어올 수 있다고 통보했고 그것은 우리의 여객기가 이륙하기 1시간 전이었다. 홍콩공항으로 간 우리는 여객기에 오르기 위해 특별히 뒷문을 통해 들어갔다. 중국의 경찰청 요원에게 붙잡히지 않기 위해서였다. 그날은 홍콩의 주권이 중국으로 넘어가기 하루 전 날이었다. 하나님이 인도하신 타이밍이 지극히 절묘했다!

결국 우리는 자유를 얻었다!

GOD'S DOUBLE AGENT

4

간힌 자에게 놓임을
선포하는 새 삶을 살다

24
'차이나에이드' 중국 지하교회를 돕다

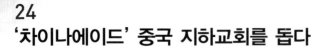

　미국에 도착했을 때 우리에게 있는 것이라곤 기저귀 가방과 명단 한 장뿐이었다. 그 명단에는 우리에게 도움을 준, 우리가 감사해야 할 사람들의 이름이 빼곡히 적혀 있었다. 우리가 미국에 첫 발을 디딘 곳은 댈러스국제공항이었다. 월드비전(개신교 계열의 국제구호개발기구) 관계자가 그곳까지 와서 세관에서 우리의 난민서류를 작성하는 데 도움을 주었다. 우리는 또한 두 명의 친구를 만났다. 한 사람은 미국 국무부에서 수십 년 동안 선임 중국정세분석가로 일한 캐럴 햄린 박사였고, 또 다른 사람은 워싱턴 시장의 보좌관으로서 우리를 위해 막후에서 아주 헌신적으로 도와준 그레그 천 씨(氏)이었다. 그들을 만난 다음 나는 노스캐롤라이나 주(州) 롤리로 가서 로니 목사에게 감사하고 그의 교회의 계좌로 즉시 1만 달러를 이체해주었다.

　또한 나는 킹스파크국제교회가 내 보증인이 되어준 것에 감사했다. 특히 우리의 미국 체류 처음 몇 주 동안 우리를 초대해 자기의 집에 머물게 한 그 교회 교인에게 감사했다. 나는 수도 워싱턴으로 가서 우리가 홍콩을 탈출해 미국으로 올 수 있도록 크게 수고해준 국무부 차관보 존 섀턱에게 감사했다.

그 후 우리는 필라델피아로 갔다(거기서 훗날 나는 웨스트민스터신학교를 다녔다). 하지만 그때까지도 우리는 우리에게 도움을 준 모든 사람들에게 다 감사를 표하지 못했다. 필라델피아에서 우리가 해야 할 첫 번째 일은 찰리라는 사업가를 찾는 것이었다. 그는 우리가 자유를 얻기 위해 홍콩에서 발을 동동 구르고 있을 때 우리에게 식비를 보내 준 고마운 사람이었다. 마침내 그와 그의 아내를 만나니 너무 고맙고 기뻤다. 그들은 지극히 친절한 사람들이었다.

"지금 어디에 머물고 계세요?" 내가 그들의 돈이 우리에게 얼마나 큰 도움이 되었는지를 자세히 이야기해주었더니 찰리의 아내가 물었다. "식사는 하셨어요?"

"친구랑 함께…. 사실 솔직히 말하면…. 그런데 이곳에서는 식품을 어디에서 삽니까?" 내가 주뼛거리며 물었다.

"갑시다!" 그녀가 웃으며 말했다. "첫 주(週)에 필요한 슈퍼마켓 계산서는 우리가 지불하겠습니다."

"슈퍼마켓이 어떤 곳입니까?" 차가 주차장에 멈출 때 하이디가 물었다. 슈퍼마켓 안으로 들어가니 상품진열대 사이로 걸어 다닐 수 있게 만들어놓은 일종의 복도들이 번쩍번쩍 빛났다. 그 도시가 미국 북동 지역에 있었지만 진열대에는 예쁘고 신선한 열대 농산물이 가득했다.

"어느 걸 고를래?" 내가 청포도, 붉은 포도, 자주색 포도, 그리고 씨 없는 포도를 멍하니 바라보며 하이디에게 물었다. 그때 나는 자유로운 세상에도 그 나름대로 고민이 있다는 걸 처음으로 알게 되었다. 그 고민은 끊임없이 선택의 기로에 서야 한다는 것이었다! 가격에 신경 쓰지 않고 우리는 전에 본 적도 없는 식품을 카트에 채웠다. 그런데 계산대 앞에 섰을 때 음식가격이 2백 달러나 되는 걸 알고 당황했다. 그러나 찰리 부부는 즐거운 마음으로 우리를 위해 돈을 지불했고 그 후 몇 주 동안 점점 더 세심하게 우리를 돌보아 주었다.

"이것은 형제님 것입니다." 찰리가 내게 포드사 제품의 갈색 스테이션왜건의 차키를 건네며 말했다.

"나는 운전을 해본 적이 없는데요." 내가 이의제기를 했다.

"완벽한 보험에 가입했으니까 걱정 마세요."

우리 부부가 홍콩에 있을 때 우리를 찰리에게 소개한 미국인 선교사 팀 콩클링이 그해 여름 필라델피아에 와 있었다. 나는 우리를 찰리에게 소개해 준 것에 대해 팀에게 감사했다.

"형제의 소개가 우리의 삶에 큰 변화를 일으켰습니다." 내가 스테이션왜건을 가리키며 말했다. "찰리가 심지어 이 차도 주었습니다."

"그런데 운전할 줄 압니까?"

"휘발유 넣는 법도 모릅니다." 팀은 친절하게도 나를 주유소로 데려가 차에 연료를 주입하는 요령을 자상하게 지도해주었다.

그로부터 몇 달 후 찰리는 필라델피아 북부지역에 있는 침실 두 개짜리 집을 우리에게 사 주었다. 식품점과 웨스트민스터 캠퍼스에서 가까운 그 집은 초등학교까지 걸어 다닐 수 있는 거리에 있었다.

"형제님이 웨스트민스터에 머물며 중국인 사역을 하는 동안 이 집은 형제님의 것입니다. 보험료나 세금을 내지 않아도 됩니다." 그가 말했다. 우리 부부는 너무 너무 기뻤다.

그런데, 우리의 미국행에 절대적 도움을 주었지만 우리가 찾지 못해 감사를 하지 못한 사람이 있었다. 그 사람은 우리도 알고 그 사람도 아는, 크레이그의 소개로 우리의 불법 인쇄소로 찾아왔던 여자다. 그녀는 주문은 했지만 다시 나타나 인쇄물을 가져가진 않았다. 이름조차 남기지 않았기 때문에 그녀를 찾을 수 없었다. 그녀가 끝까지 나타나지 않았기 때문에 우리는 그녀의 착수금을 중국 탈출 비용으로 사용할 수 있었다.

"그 여자 분의 이름을 알려주면 우리가 감사의 편지를 쓰겠습니다." 호주에서 미국으로 와서 우리를 방문한 크레이그에게 말했다. 우리 부부는 크레이그에게 그 여자에 대한 이야기를 꼭 말해주고 싶었다. 그는 우리 이야기를 아주 흥미롭게 들었다.

"형제님의 이야기를 들으니 가슴이 두근두근하는군요." 그가 말했다. "사실 내가 형제님 부부에 대해서는 어떤 여자에게도 말을 하지 않았습니다."

모두가 숨을 죽였고 잠시 침묵이 흘렀다. 지금까지 우리는 그 여자로부터 연락을 받지 못했고 그녀가 누구인지 알아내지도 못했다. 빌리 그레이엄 목사는 천사를 가리켜 '하나님의 첩보원'이라고 불렀다. 하나님께서 우리를 중국에서 탈출시키기 위해 그분의 첩보원을 사용하신 것인가? 놀라운 하나님의 모든 도움의 손길을 생각하자 두려움마저 생겼다.

"당신도 아는 것처럼 '많이 받은 자에게는 많이 요구할 것이요'(눅 12:48)라는 성경말씀이 있잖아?" 하이디가 말했다. "이 모든 게 우리를 시험해보시려는 하나님의 뜻이 아닐까?"

내가 벌레 나오는 옥수수 빵을 먹고 콘크리트 바닥에서 잠을 자야 했던 게 그리 멀지 않은 과거였다. 그런데 이제는 신학교에 다니고 귀여운 아들이 있고 필라델피아에 집이 있고 기름을 가득 채운 자동차가 있다. 그러므로 우리는 하나님께서 우리에게 무엇을 요구하실 것인가 하는 생각이 들었다. 그분의 요구에 순종할 수 있을까 하는 두려움마저 생겼다.

사역에 대해서는 생각조차 하지 않았어도 내 하루하루의 생활은 결코 만만치 않았다. 웨스트민스터신학교(미국 펜실베이니아에 있는 장로교와 개혁주의 계열의 신학대학원)는 기회와 도전으로 충만한 새 세계였다. 동양어에 더 가까운 히브리어는 리듬감 있고 아름다웠지만 헬라어는 나를 당혹스럽게 했다. 뿐만 아니라 영어는 내게 여전히 어려운 것이었다. 하이디와 내가 모두 중국에서 영어를 배우고 심지어 가르쳤지만, 강의실의 영어는 필라델피아 북부지역의 생활영어보다 훨씬 더 어려웠다.

한편, 하이디는 집안 살림에 푹 빠져 생활하게 되었다. 갓난아기 때도 다루기 쉽지 않았던 다니엘은 힘 있게 아장아장 걷는 단계까지 성장했다. 하이디가 두 번째 임신을 하게 되었을 때 우리는 그녀의 부모가 우리와 살기 위해 미국으로 온다는 걸 알게 되었다. 장모님이 심장절개수술을 해야 했기 때문이다. 이것은 반가운 소식이었다. 중국에 있는 가족과 친구들이 많이 보고 싶었기 때문이다. 사실, 나는 내 가족과 아주 오랫동안 직접 연락조차 못하고 지냈었다. 우리가 필라델피아로 온 후 한 달 정도 지났을 때 나는 감시를 받지 않고 전화를 걸 수 있었다. 내가 AT&T(미국의 통신회사)의 다양한 통신 서비스 방법들에 대해 알지 못하고 국제전화를 사용했기 때문에 첫 달 전화요금이 6백 달러나 나왔다. 하지만 많은 전화요금에도 불구하고 나는 학교동창 몇 명과 연락이 되는 것에 감사했다.

"우리가 무사히 미국에 도착했다고 아버지에게 전해줘!" 내가 고향친구에게 말했다.

"시치우!" 친구가 나지막이 말했다. "너와 드디어 통화가 되어 기쁘다. 그런데 경찰이 와서 네 아버지를 아주 가혹하게 다루었어."

나는 아주 무거운 마음으로 수화기를 내려놓았다. 장애를 가진 아버지가 당국의 학대 아래 어떻게 지내실까 하는 걱정이 들었다. 내 가족 중 한 사람이 자세한 이야기를 들려주었다. 우리가 9월에 베이징을 떠난 후 경찰이 내 아버지를 취조했다. 그들은 우리가 어떻게 중국을 빠져나갔고 누가 중국탈출에 도움을 주었는지 불라고 다그쳤다. 8월에, 그러니까 우리가 홍콩을 떠난 후 몇 주 되었을 때 그들이 다시 찾아와 더 심하게 취조했다.

사역을 함께 했던 친구들은 더 끔찍한 소식을 들려주었다. "왕(Wang) 자매가 체포되어 고문을 당했어." 다른 친구가 또 전했다. "리(Li) 형제가 강제노동수용소로 보내졌어." 친구들과의 대화가 계속 될수록 나는 복음을 전하다가 고난과 고문을 당하는 옛 친구들에 대해 더 많이 알게 되었다. 내가 편안한 내 집에 앉아서 히브리어와 헬라어 단어를 암기할 때, 지구 반대편 중국에서는 또 다른 일이 벌어지고 있었다. 나는 믿음의 형제자매들과 그들의 고난을 마음 깊이 새겼다.

∾

두 번째 아이의 출산을 위한 하이디의 산고가 시작되었고 우리는 미국에 살고 있는 게 너무 감사했다. 이번에는 내가 아내를 따라 분만실에 들어가는 게 가능했다. 그런데 우리에게 사정이 생겼다. 중국에서 미국으로 온 지 얼마 안 되는 하이디의 부모가 첫째 아이 다니엘을 돌보아주겠다고 자청하셨지만 그 아이와 아직 친해지지 못하셨기 때문에 우리는 조금 불안했다. 고민 끝에 나는 다니엘을 병원으로 데려왔고 하이디가 산고를 겪는 동안 분만실에서 다니엘을 돌보았다. 이상적인 상황은 아니었지만, 하이디는 예쁜 딸아이를 낳았고 우리는 그 아이에게 야닝('우아한 평안'이라는 뜻)이라는 이름을 지어주었다. 그리고 영어 이름은 '트레이시'라고 지었다. 그 아이 덕분에 우리의 생활은 더욱 다채롭게 되었다.

하이디가 두 번째 출산의 후유증에서 회복되기도 전에 교회들과 각종 단체들이 내게 강연 요청을 했다.

"이번 주말에도 또 간증을 하러 가야 해?" 하이디가 한쪽 팔에는 둘째 아이를, 다른 팔에는 첫째 아이를 안고 내게 물었다. 내 생활 반경은 점점 더 넓어지고 있었지만 그녀의 생활은 기저귀, 위산 역류, 세탁, 그리고 아이들의 대소변 훈련에서 맴돌고 있었다.

"우린 지금 미국에 있어." 내가 집안의 곳곳을 가리키며 말했다. "최소한 우리는 우리의 형제자매들을 위해 증언해야 해." 아내는 고개를 끄덕였지만 충혈된 눈은 자유와 함께 찾아온 무거운 짐을 아주 힘들어 하는 그녀의 심정을 말해주었다. 사실, 그 짐은 내게도 무거웠다. 어느 날 밤 침대에 누워 천정을 바라볼 때 끔찍한 추측이 머리에 떠올랐다. 내가 중국이 그리스도인들을 박해한다는 걸 세상에 너무 알리면 경찰이 보복하지 않을까 하는 불안감이 생겼다.

"중국 교회의 수백만 형제자매들을 보호하기 위해 제가 일어나 진실을 말해야 합니까?" 이러지도 못하고 저러지도 못하는 상황에서 나는 하나님께 물었다. "아니면 제 아버지와 형제자매를 지키기 위해 침묵해야 합니까?" 물론 내게는 선택의 여지가 없었기 때문에 하나님이 강연 기회를 주시면 나가서 증언했다.

나는 언젠가 내셔널장로교회에서 간증을 했는데 거기서 존 섀턱을 만났다. 후에 그는 내가 알고 있는 중국의 박해 받는 그리스도인들의 명단을 달라고 부탁했다. 그러면서 그는 빌 클린턴 대통령이 중국을 방문하기 전에 그 명단을 대통령에게 전달하겠다고 약속했다. 또한 나는 몇몇 의회 청문회에서 증언했는데 그 청문회들 가운데 하나는 상원의원 알렌 스펙터와 하원의원 빌 구들링이 주관한 것이었다. 또한 로스엔젤레스에서는 미국국제종교자유위원회에서 증언했고 애틀랜타에서는 '박해받는 자를 위한 국제 기도의 날'이라는 행사에서 간증했다.

나는 잦은 강연으로 하이디에게 미안하고 신학교 공부에 쫓기고 잠도 제대로 자지 못했다. 하지만 중국 교회의 현실에 관심 있는 사람이라면 누구에게나 진실을 말해주었다. 중국의 지하 개신교와 가톨릭교회가 정부 인가 교회를 훨씬 앞질렀다는 걸 이해하는 사람은 극소수였다. 그리고 수백만의 그리스도인이 삼자교회의 보복과 신학적 오도(誤導)에 굴복하지 않고 당국의 눈을 피해 따로 모인다는 사실을 아는 사람도 매우 드물었다. 어떤 이들은 지금과 같은 현대 사회에 종교적 박해가 일어나고 있다는 걸 이해하지 못했다. 그래서 나는 공산주의자들이 마오쩌둥 식으로 선전을 일삼고 문화혁명 때만큼 감시를 하고 심지어 고문으로 사람들을 죽인다는 걸 알리기 위해 사례들을 수없이 이야기해주었다. 하지만 내 눈으로 직접 보았음에도 불구하고 그것들을 증명하는 건 결코 쉽지 않았다. 내가 미국에서 너무 강하게 이야기하면 중국 정부가 그리스도인들에게 더 큰 고통을 주는 건 아닌가 하는 불안도 생겼다. 더군다나, 종교적 자유가 있다고 오랜 세월 동안 자랑해온 중국이 사실은 교회를 말살하고 있다는 걸 내가 문서로 증명할 수 없는 노릇이었다.

중국에 있는 내 가족을 위한 염려가 견딜 수 없을 만큼 커졌다. 2001년 내 누나 칭화가 집에 전화를 설치했다는 걸 알게 되었을 때 나는 누나에게 전화를 걸고 싶은 유혹을 뿌리치지 못했다.

"칭화!" 전화가 연결되었을 때 나는 누나의 이름을 불렀다. 고향 시골마을에서 나는 정겨운 소리를 들으려고 정신을 집중했지만 우리 집 밖에서 소방차가 빠른 속도로 달리는 소리가 났다. "나 시치우야, 잘 지냈어?"

"잘 지내고 있어." 하지만 누나의 목소리는 굳어 있었다. 나는 누나가 자세한 이야기를 해주거나 아니면 목소리가 부드러워지기를 기다렸다. 그러나 잠시 침묵이 흐른 후에 누나가 말했다. "여기에서 새 교량건설이 여러 개

진행되고 있고 경제도 좋아지고 있어."

나는 무엇이라고 대답해야 좋을지 몰랐다. 자연스럽지 못하고 굳어 있는 말투는 내가 기억하고 있는 부드럽고 정 많은 누나의 말투 같지 않았다. "좋아." 내가 말했다. "아버지 좀 바꿔줄 수 있어?" 고향을 그리는 내 마음의 설렘이 너무 컸기 때문에 말도 잘 나오지 않는 것 같았다. 수화기 저편에서 아버지의 목소리가 들렸을 때 나는 잠깐 마음을 진정시켜야 했다.

"여보세요? 아버지! 어떻게 지내세요?"

"잘 지낸다."

나는 미국에서의 공적인 활동에 대해 언급하지 않기로 마음먹었기 때문에 말하지 않았고 다만 웨스트민스터에서 공부하는 것과 점점 늘어나는 내 가족에 대해 말씀드렸다. 전화를 끊고 난 후 내 마음은 더 나빠졌다. 무언가 이상하다는 생각을 지울 수 없었다. 나중에 안 사실이지만, 경찰이 아버지 집의 전화를 도청했고 아버지와 누나에게 정부의 건설 사업에 대해 언급하라고 강압적으로 시킨 것이었다. 중국 정부는 내가, 아니 전 세계가 중국이 자유와 번영의 나라라고 믿도록 만들기 원했다. 구체적 자료를 가지고 있지 못한 나로서는 중국 정부의 번지르르한 선전을 반박하기 힘들었다.

그런데 그해 중국 정부는 자기의 힘을 과신하여 자충수를 두었다. 중국의 지하교회는 점점 더 대중 속으로 파고들었다. 예를 들면, 불법적 지하교회의 느슨한 연합이라고 할 수 있는 남중국교회(the South China Church)에는 5만여 명의 교인이 있었다. 그들의 성장을 막기 위해 공산당은 그들을 '사악한 사이비종교'로 낙인찍고, 수백 명의 교회지도자를 체포하고, 5백여 가정교회의 재산을 전부 몰수하고, 수천 명의 교인에게 벌금형과 구타와 박해를 자행했다. 비밀리에 진행된 재판에서 다섯 명의 목회자, 즉 꽁 셩리앙, 쉬 푸밍, 후용, 공 방쿤, 그리고 리 잉이 법집행을 무력화하기 위해 사악한 사이비종교를 이용했다는 죄목으로 사형선고를 받았다. 꽁 셩리앙은 성폭행 죄목에 대해서도 유죄판결을 받았고 다른 열두 사람도 역시 법집행을 무력화하기 위해 사악한 사이비종교를 이용했다는 죄목으로 유죄판결을 받았다.

2002년 1월 1일, 시웅 옌과 나는 수련회에 갔다. 시웅 옌은 1989년 학생운동 기간 중에 '21명의 전국학생운동 지도자' 중 하나로 불렸던 사람이다. 그는 당국의 탄압이 시작되자 도망했지만 결국 붙잡혀 7년 간 옥고를 치렀다. 석방 후 어떤 가정교회 교인이 그에게 《사막에 샘이 넘쳐흐르리라》라는 책을 주었고 그는 미국으로 탈출하기 전에 그리스도인이 되었다. 그와 그의 아내는 미육군에 입대하여 이라크에서 2년간 복무했다. 그는 심지어 계급이 높은 육군 군목까지 되었다. 2000년 웨스트민스터로 전학 온 후 그는 내게 '갓 블레스 차이나 재단'(the God Bless China Foundation)의 전무이사가 되어 달라고 부탁했다(이 재단의 공동설립자는 조나단 챠오였다). 나는 그의 제안에 즉시 응했고, 이 단체를 통해 메릴랜드에 있는 미국의회 수련원에서 수련회를 열었다. 그것은 '기독교문화와 중국의 미래를 위한 심포지엄'이라고 이름 붙여졌다. 왕 빙짱 박사와 펑 밍처럼 민주주의를 지향하는 많은 중국인 지도자가 참석했다. 그리고 학계와 교계와 언론계에서 지도적 위치에 있는 미국인이 많이 참석했는데 그들 중에는 수련원을 할인가에 사용하도록 허락해 준 오스 기니스(《소명》의 저자)도 있었다. 내가 웨스트민스터에서 알게 된 매트라는 친구의 아버지이며 전 하원의원인 보우 볼터가 우리 수련회에서 강연을 했다.

그러나 수련원에 있을 때, 우리는 크리스마스를 불과 며칠 앞두고 남중국교회의 지도자 다섯 명에게 사형선고가 내려졌다는 슬픈 소식을 들었다. 또한 중국 정부에 체포되어 고문당한 남중국교회 교인들의 증언이 담긴 여러 쪽의 기록이 참석자들에게 전달되었다.

"잠깐 쉽시다. 그리고 이런 안타까운 소식에 우리가 어떻게 대응해야 할지 하나님께 여쭈어봅시다." 내가 말했다. 믿음을 지키기 위해 박해받는 형제자매들의 이야기 때문에 마음이 무거워진 우리는 그들을 위해 하나님께 부르짖었다.

"사실…." 기도가 끝난 후 보우가 말했다. "한 두 주가 지나면 나는 하원의원 두 명과 함께 대표단을 이끌고 중국에 가게 됩니다. 우리는 911테러 후

저명한 기독교 사상가인 오스 기니스(Os Guinness) 박사(가운데)와 미 육군 군목 출신 시옹 옌(Xiong Yan) 박사와 함께. 시옹 옌은 중국 학생 민주화 운동의 지도자 21명 중 한 명이다. 중국에서 수감되었다가 미국으로 망명, 갓 블레스 차이나 재단을 설립하고 나와 함께 집회를 열었다. 오스 기니스는 2002년에 열린 그 집회에서 강연했다.

에 중국을 방문하는 첫 미국의회 대표단이 될 것입니다." 2002년 1월 중국 국가주석에게 종교의 자유문제를 거론할 책무가 그에게 주어졌고, 우리는 그런 세계적 지도자와 직접 소통할 수 있는 기회가 마련된 것에 대해 감사했다.

수련회에서 우리는 남중국교회를 도울 방법에 대해 다양하게 의논했고 남중국교회를 위한 법률적 변호를 제공하기로 결정했다. 우리는 53명의 변호사로 구성된 법률 팀을 이끌도록 베이징의 그리스도인 변호사를 고용했다. 그리고 우리가 접근할 수 있는 다양한 단체들에 속한 그리스도인들에게 호소해서 법무 비용에 충당할 돈을 마련하기로 의견을 모았다.

"우리가 그리스도인들로부터 모금을 하는 게 가능하다고 생각됩니다." 내가 말했다. 중국 정부가 교회를 말살하기 위해 증거를 조작하고 공권력을 남용한 것 때문에 세계 곳곳의 사람들이 괴로워했다. "하지만 누가 돈을 거둘 것인가 하는 문제가 남습니다."

"단체를 하나 물색해서 모금의 주최가 되어달라고 부탁할 수 있을 것입니다.” 누군가 제안했다. “그러면 그 단체가 기부금을 모아 법무 팀에게 돈을 보낼 수 있을 것입니다.”

그러나 우리가 의사를 타진해본 기독교 기관마다 모두 고개를 가로저었다. 중국 정부의 보복이 두려워 모금의 주체가 되는 걸 사양한 것이다. 비영리단체가 모금의 주체가 되어주지 않으면 세금공제 혜택을 받을 수 없었다. 내가 비영리단체를 설립하고 싶은 마음도 없었고 그럴 여력도 없었지만 어쩔 수 없이 그렇게 하기로 했다. 나는 남중국교회를 도와야 했다.

필라델피아의 집으로 돌아온 나는 다락방에 사무실을 차렸다. 하지만 사무실이라고 해야 크리스마스 장식품과 여름옷이 담긴 상자들 몇 개 옆에 의자 하나와 작은 책상 하나를 놓은 것이 전부였다.

내가 설립할 단체의 이름을 짓기 위해 머리를 짜냈다. ‘중국에 정의를!’이라고 썼다가 지워버렸다. 너무 직설적이고 진부하다는 느낌이 들었기 때문이다. ‘오직 중국!’이라고 썼다가 역시 지워버렸다. 너무 이기적인 말로 들렸기 때문이다.

다시 ‘차이나에이드’(ChinaAid), ‘중국 돕기’라고 썼다. 이것이 대중의 관심을 끌 수 있을까 하는 의문도 생겼지만 내가 만들 단체의 성격을 생각하니 나름대로 유연성도 있는 것 같았다. ‘돕기’라는 것은 홍수이재민 구호부터 법률적 도움에 이르기까지 아주 다양한 활동을 포함할 수 있는 개념이기 때문이다.

2002년 어떤 한 사람의 죄책감이 전 세계에 정치적 충격을 던지는 사건이 일어났다. 중국 국가안보부의 관리였던 그는 여러 종교집단을 가혹하게 다룬 것에 대해 가책을 느꼈다. 정부는 그에게 복음주의적 그리스도인, 파룬궁(중국의 리훙쯔가 불교와 도교 원리에 기공을 결합시켜 창시한 수련법 또는 수련집단), 티베트 불교신자, 위구르족 무슬림, 그리고 로마가톨릭 주교들이 모두 사이비종교 신자라고 말하면서 그들을 가혹하게 다루라는 지침서를 내려보냈다. 그러나 그는 그 지침서의 지시를 더 이상 집행할 수 없다고 결론 내리고 자기의 지위를 버렸다. 그리고 정부의 1급 기밀문서를 뉴욕에 있는 스시옹 리(Shixiong Li)라는 사람에게 넘기고 잠적했다. 중국 경찰청의 다른 관리들도 기밀문서를 넘겼고 그것들이 그리스도인들을 통해 해외로 밀반출되었다. 중국종교박해조사위원회 위원장 스시옹 리가 내게 연락해서 그와 내가 만났을 때 그는 기밀문서를 테이블 위에 쫙 펴놓았다. 그것들은 우리에게 보물 같은 것이었다.

"이 기밀문서는 겨우 28부만 만들어졌습니다." 그가 내게 말했다. 그는 중국 경찰청이 그의 부모를 감옥에 집어넣은 후 강제노동수용소에서 성장한 사람이었다. "그 중 한 부가 이것입니다."

"당신은 이것을 어떻게 사용하실 겁니까?" 내가 물었다.

"'우리가' 이것을 어떻게 사용할 거냐고 물으셔야 되는 것 아닙니까?" 그가 웃으며 내게 말했다. "중국종교박해조사위원회의 전무이사가 되어주지 않으시겠습니까?" 나는 이미 맡은 일이 너무 많아 삐쩍 말랐지만, 그토록 많은 사람이 목숨을 걸고 중국에서 밀반출한 귀중한 자료를 맡는 직책을 거절할 수 없었다.

집에 도착해 하이디에게 내 새로운 일에 대해 이야기하자 그녀가 고개를 떨어뜨렸다. 그날은 운전면허를 딴 지 얼마 안 되었고 영어 의사소통에도 어려움이 있는 그녀가 미국 최대 도시 중 하나에서 지루한 심부름을 하느라고 돌아다닌 날이었다.

"내가 어떻게 해야 하지?" 그날 밤 다른 모든 사람이 잠자리에 든 후 아내에게 물었다. 그녀의 눈은 충혈돼 있었고 머리는 엉망이었고 셔츠에는 아기들의 침이 잔뜩 묻어 있었다.

"그 직책을 맡으면 얼마를 받는데?" 아내는 적어도 한 줄기 희망이라도 붙잡으려는 듯 내게 물었다.

"보수는 없어." 당시 나는 순교자의 소리에서 한 달에 5백 달러를 받고 중국 그리스도인들의 간증 비디오테이프를 만들어주고 있었다. 그나마 집이나 차에 돈이 들어가지 않았기 때문에 그 5백 달러로 생활할 수 있었다. 다니엘과 트레이시에 대한 책임감을 느꼈지만, 침대에서 곤히 자고 있는 아이들을 쳐다볼 때 나와 아내의 양심이 깨어났다.

"중국 정부의 가혹한 탄압 지침서 때문에 고아처럼 살아가는 다른 다니엘과 트레이시가 중국에 많아." 하이디가 눈물을 참으며 말했다. "우리가 증언을 멈추면 안 되지…. 비록 힘들더라도…." 말끝에서 하이디는 목이 메었다.

나는 스시웅을 도와 1급 기밀문서를 번역하기 시작했다. 우리는 프리덤 하우스(정치적 자유와 인권문제를 조사하고 옹호하는 비정부기구), 순교자의 소리, 오픈 도어즈(기독교 박해 국가들의 그리스도인들을 돕는 초교파적 선교회), 콤파스 디렉트 뉴스(전 세계의 박해받는 그리스도인들의 사정을 전해주는 뉴스 매체), 그리고 영국의 쥬빌리 캠페인의 인권문제 담당자들과 협력하여 그 문서를 141쪽의 소책자로 만들고 '중국의 종교와 국가안보'라고 이름 붙였다. 우리 모두는 가슴이 설레었다.

이 소책자는 중국 중앙당의 지도자들이 그들이 규정한 '사이비종교'에 속한 사람들을 고문한 일에 대해 알고 있었고 또 그것을 조장했다는 걸 사상 처음으로 세상에 알렸다. 그들은 14가지 사이비종교가 중국의 국내치안과 국가방위를 좀먹는 위험한 것이라고 주장했지만, 사이비종교에 대한 그들의 개념규정은 매우 모호하고 자의적(恣意的)이기 때문에 국가에 등록되지 않은 종파에 속한 사람들 거의 모두에게 적용되었다. 또한 그 소책자는 중국 공산당이 그들을 국내에서나 외국에서 광범위하게 감시한다고 증언했다. 이것은 나 자신도 체험한 바이다. 필라델피아로 이사 온 후 나는 중국 사람들이 탄 차가 우리 집 밖에 몇 시간씩 서 있는 걸 보았다. 때로 하이디는 아이들과 함께 심부름 가는 걸 두려워했다. 우리의 추측이 지나쳤던 것인가? 아니면 중국 정부가 필라델피아로 공작원을 보내 나를 납치하거나 심지어 그보다 더 악한 짓을 하려고 했던 것인가?

우리가 만든 소책자에 나오는 한 문장은 소름이 끼치는 것이었다. 그것은 중국의 어떤 지역에 종교가 들어왔을 때 중국 정부가 그 지역 경찰에게 그 지역을 정화하라고 지침을 내리는 문장이었다. 또 그 소책자는 중국 정부가 공작원을 개신교 가정교회에 침투시킨 것에 대해 자세히 언급했다. 그리고 그 소책자에 따르면, 중국 정부는 1992년 처음 중국에 소개된 수련법으로서

도덕과 명상과 천천히 움직이는 기공체조를 강조하는 파룬궁에 대해 폭력을 사용하도록 지시했다. 우리의 소득은 중국에서 밀반출된 문서들을 소책자로 만든 것뿐만이 아니다. 우리는 1983년 이후 당국에 체포된 2만 3천여 명의 이름을 파악했고, 22성(省)과 2백 개 도시에서 고문과 박해를 당한 5천 명의 진술을 확보했다.

조나단 챠오가 그 문서들에 상세한 각주를 다는 일에 도움을 주었기 때문에 나는 그의 노고를 밝히기 위해 소책자 끝에 '각주: 중국교회사 연구가 제이 씨(J. C.) 박사'라는 편집자 주(註)를 달려고 했다.

"형제님, 왜 내 이니셜(initial)을 넣으려고 하는 겁니까?" 그가 우리의 완성 원고를 읽고 내게 말했다. "경찰청은 그 이니셜이 나를 가리킨다는 걸 즉시 알아챌 겁니다."

그의 불안감을 잠재우기 위해 나는 그의 노고를 전혀 밝히지 않는 원고를 만들어 다시 인쇄를 했다. 사실, 우리 모두에게는 불안감이 있었다. 미국정부와 어떤 식으로든 연관되어 있는 사람들과 친구들이 우리가 조심해서 사역을 해야 한다고 조언했다. "중국은 이런 일보다 훨씬 더 작은 일을 가지고 사람들을 암살했습니다." 누군가 말했다.

∾

하지만 불안감이 있으면서도 우리는 사역을 계속했다. 2월 11일 월요일 아침 우리는 뉴욕시 웨스트 51번가에서 기자회견을 열었다. 그날에 기자회견을 연 것은 그로부터 10일 후에 부시 대통령이 중국 국가주석 장쩌민을 만나기로 되어 있었기 때문이다. 회견장소를 수도 워싱턴 대신 뉴욕시로 잡은 것은 911테러가 일어난 지 불과 몇 달밖에 안 되었기 때문이다. 그때까지 뉴욕 시민들은 테러에 대해 별로 관심이 없었지만 더 이상 테러문제를 외면할 수 없었기 때문에 테러와 싸우려고 했다.

스시웅이 연단에 올라 목청을 가다듬었다. 기자들이 몇 줄에 달하는 좌석을 가득 메운 가운데 그가 말문을 열자 카메라 플래시가 터졌다.

"오늘 우리는 용기 있는 사람들이 목숨을 걸고 우리에게 전해준 기밀문서를 폭로하려고 합니다. 충격적 내용을 담고 있는 이 문서들은 우리의 설명이 따로 필요 없을 정도이기 때문에 여러분은 중국의 공산당이 종교의 자유를 어떻게 짓밟고 있는지 분명히 알게 될 것입니다."

기자들이 노트북 컴퓨터를 열심히 두드리고 있는 가운데 그가 연단에서 내려왔고 내가 연단에 올랐다. 나는 물을 가져오지 않은 게 후회되었다. 갈증이 심했기 때문에 입을 열어도 말이 입 밖으로 나오지 않으면 어떻게 하나 하는 걱정이 들었다. 나는 기자회견을 해본 적이 없었지만 내가 아니면 누가 이런 중요한 소식을 전하겠느냐 하는 생각에서 깊이 숨을 쉬고 말문을 열었다.

"우리는 중국인들의 종교의 자유를 위해 더 투쟁하기를 원합니다." 이렇게 운을 뗀 다음, 나는 중국 정부가 중국에 종교의 자유가 있다고 선전하지만 내부적으로는 종교말살을 지시하기 때문에 겉과 속이 다르다고 설명했다. 그리고 부시 대통령이 중국을 방문할 때 인권탄압의 문제를 거론하고 장쩌민 주석에게 "미국은 자유를 매우 소중히 여긴다"라고 말해야 한다고 주장했다. 연단에서 내가 하는 말이 참으로 웃긴다는 생각도 들었다. 영어 실력도 짧은 내가 세계 최강대국의 정상들이 만나서 무슨 이야기를 해야 할지에 대해 지시하는 셈이었기 때문이다. 우리는 우리의 노력이 대중에게 주목 받기를 원했고 또 실제로 부시 대통령에게 우리의 보고서 한 부를 보냈지만, 그럼에도 우리는 그 다음 단계에 대한 준비가 되어 있지 않았다.

우리의 기밀문서 폭로는 뉴욕타임스, 워싱턴포스트, 파이낸셜타임스, 런던타임스, 아장스 프랑스 프레스, 그리고 홍콩의 사우스 차이나 모닝 포스트의 제1면 기사가 되었다.

"이것 좀 들어 봐!" 기자회견의 후폭풍이 부는 가운데 나는 워싱턴포스트 한 부를 구해서 하이디에게 말했다. "런던의 중국문제 전문가가 우리의 문서를 검토한 후 '이것은 중국의 종교박해를 증명하는 중국 내부의 문서로서 서방에 알려진 가장 중요한 문서들 중 하나이다'라고 말했어."

"난 당신이 자랑스러워." 하이디가 현관에서 잠시 멈추어 서며 말했다.
"정말야." 아내는 의사에게 처방전을 받기 위해 그녀의 부모님과 아이들을 데리고 외출하려는 참이었다. 내가 신문기사 읽기를 끝내고 고개를 들어보니 하이디는 이미 현관 밖으로 나갔다. 나는 잠시 집에 혼자 있게 되었다. 오랜만에 집안에서 맛 볼 수 있는 침묵 속에서 나는 우리가 해낸 일에 대해 하나님께 감사하는 마음으로 충만해졌다. 내 아버지가 우리의 일에 대해 전혀 모르실 거라는 생각이 들었지만 그래도 나는 그 분의 목소리가 듣고 싶었다. 수화기를 들고 다이얼을 돌리고 그 분의 친근한 목소리를 기다렸다. 그 날따라 그 분이 아주 멀리 계시다고 느껴졌다. 칭화가 전화를 받았다.

"누나, 잘 있었어?" 내가 인사말을 건넸다. "어떻게 지내나 궁금해서 전화했어."

"아무 일 없어." 누나가 목소리를 높이며 말했다. "여기는 모두 잘 지내." 누나가 말을 잠시 멈출 때 나는 누나가 수화기를 틀어막고 있다는 걸 알아챘다. 누나는 울고 있던 것이다!

"아버지는 잘 계셔?" 내가 물었지만 누나의 대답은 기계적이었다. "여기는 모두 잘 지내."

나는 눈치를 챘다. 경찰이 아버지의 집에 왔던 것이다. 가족의 친구들에게 전화를 해본 후에 나는 나의 기자회견 후에 경찰이 아버지의 마을에 왔다는 걸 알게 되었다. 자세히 설명해주는 사람이 아무도 없었지만, 나는 고령의 장애인 아버지가 극심한 곤경에 처해 있다는 걸 알 수 있었다. 그 분을 중국에서 빼내오고 싶었다. 하지만 어떻게 빼내올 것인가? 비교적 젊은 나도 겨우 중국을 빠져나왔지 않은가? 요원들에게 일거수일투족을 감시당하는 아버지가 어떻게 빠져나올 수 있단 말인가?

∽

아버지의 곤경 때문에 마음이 괴롭던 어느 날, 나는 텔레비전 채널을 돌리다가 베이징에서 열리는 부시 대통령과 장쩌민 주석의 합동기자회견을 보게 되었다. 인권운동가들은 부시 대통령이 정상회담의 우호적 분위기에 찬물을 끼얹을 각오를 하고 종교자유의 문제를 거론할 것인지에 촉각을 곤두세우고 있었다. 나는 헬라어 강의를 듣기 위해 캠퍼스로 뛰어가야 할 입장이었지만, 대신 소파에 앉아 시스팬(C-SPAN: 미국의 케이블 텔레비전 방송)의 볼륨을 키웠다. 미국과 중국의 국기가 세워진 연단 위에는 꽃으로 장식된 두 개의 강대상(講臺床)이 마련되어 있었고 부시와 장쩌민이 각각 강대상 뒤에 서 있었다. 장쩌민이 먼저 중국어로 말하기 시작했다. 그는 두 나라가 합의한 몇 가지 사항에 대해 설명했다. 그 다음에 부시가 그 나름대로 중국방문을 정리하는 말을 했다.

"우리 두 사람이 솔직한 대화를 나눈 것은 상당히 긍정적인 일입니다. 미국과 중국이 어떤 점들에서는 의견을 같이하지만 또 다른 어떤 점들에서는 그렇지 못합니다. 하지만 상호 이해와 존중의 정신으로 서로 간의 이견(異見)에 대해 논의할 수 있다고 생각합니다."

서로 간의 이견이라고? 부시의 이 말이 내 관심을 사로잡았다.

"중국의 미래는 중국인들이 결정하는 것입니다." 그가 말했다. "하지만 어떤 나라도 인간의 존엄성을 요구하는 목소리를 외면할 수 없습니다."

나는 내 귀를 의심했다. 다른 곳도 아닌 바로 장쩌민 주석 앞에서 부시 대통령이 박해 받는 사람들의 고난에 대해 언급한 것이다! 내가 숨을 죽이고 귀를 기울이는 가운데 그의 말이 이어졌다. "중국인들을 포함하여 세계의 모든 사람들이 어떻게 살아야 할지, 어떻게 예배해야 할지, 어떻게 일해야 할지를 결정할 자유를 가져야 합니다. 지난 30년 동안 중국에서 극적인 변화가 일어났는데 앞으로도 일어날 것이라고 나는 믿습니다. 중국이 더 큰 번영과 더 큰 자유를 향해 역사적 발걸음을 내디딜 때 미국도 꾸준히 동참할 것입니다."

ABC의 기자 테리 모런이 후속적인 질문을 했다. "존경하는 장쩌민 주석님, 감히 이런 요청을 합니다. 주석님의 논리를 이해하지 못하는 미국인들이 있을지도 모릅니다. 그들을 위해 왜 중국 정부가 종교의 자유를 제한하는지 설명해주시겠습니까? 특히, 왜 중국 정부가 50여 명의 로마가톨릭 주교를 투옥했는지 설명해주시겠습니까?"

장쩌민은 그 기자의 말에 아무 대답도 하지 않고 강대상 뒤에서 멀리 떨어져 서 있었다. 잠깐 침묵이 흐르는 중에 부시와 다른 모든 이들이 장쩌민의 대답을 기다리며 그를 쳐다보았다. 그러나 그는 아무 반응을 보이지 않았다. 어색한 침묵을 깨기 위해 중국 외교부의 한 관리가 끼어들어 중국인 기자에게 다른 질문을 하도록 유도했다. 조금 후 다른 미국인 기자, 콕스 신문의 봅 딘즈가 종교문제에 대해 동일한 질문을 했다. 장쩌민은 역시 그의 질문을 무시했고 중국인 관리가 다른 중국인 기자의 질문을 유도했다.

그런데 기자회견이 막 끝나려고 할 때 장쩌민이 미국 기자들의 질문에 대답하겠다는 의사표시를 했다. 그러면서 그는 영어로 자기가 부시 대통령처럼 기자회견에 익숙하지 못하다고 웃으며 말했다. 그는 자기가 기자들의 질문에 대답하지 않은 것이 잠깐의 착오 때문이라는 식으로 변명한 것이었다.

장쩌민은 중국에 종교의 자유가 있다는 해묵은 주장을 되풀이하면서 "무슨 종교를 믿든지 간에 사람들은 법을 지켜야 합니다. 법을 어긴 사람들 중 일부는 종교적 신념 때문이 아니라 법을 어겼기 때문에 구금상태에 있는 것입니다"라고 덧붙였다.

내 전화통에 불이 났다! 부시 대통령이 적어도 공식석상에서 장쩌민 주석의 거짓된 주장을 직접적으로 반박하지는 않았지만 우리가 중국이 필사적으로 외면하기 원하는 인권문제를 정상회담의 의제로 만드는 데 성공했기 때문이다. 미국 기자들의 질문이 장쩌민을 당황하게 만든 것은 분명했다.

나는 부시 대통령이 세계인이 지켜보는 가운데 장쩌민에게 용기 있게 문제제기를 한 것이 기뻤다. 그리고 장애인의 아들로서 한 때 거지처럼 생활했던 내가 최강대국의 정상회담에 나름대로 영향을 미친 것에 약간의 뿌듯함을 느꼈다.

그러나 우리의 노고가 이룬 큰 성과들에도 불구하고 내 마음 깊은 곳에는 그늘이 있었다. 중국이 나에게 보복하려고 내 아버지를 살해하는 것은 아닌가 하는 불안감이었다.

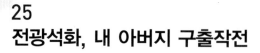

25
전광석화, 내 아버지 구출작전

저녁식사를 마치고 한참이 지났어도 나는 속이 불편했다. 방콕국제공항은 서류가방을 든 사업가들과 카메라를 멘 관광객들로 북적였다. 나는 대합실 한쪽 구석에 서 있었고 나의 시선은 '도착승객 출구'에 고정되어 있었다. 칭따오를 출발해 방콕으로 오기로 되어 있는 여객기의 도착이 거의 자정까지 지연되었다. 산책하듯이 걷거나 심지어 뛰고 싶은 마음이 굴뚝같았지만 이를 악물고 자리를 지켰다. 내 모습에서 수상한 점은 전혀 보이지 않았을 것이다. 나는 자연스럽게 손목시계를 들여다보고 신문을 펼쳤다. 그리고 대합실 구석마다 서 있는 나의 미국인 친구들과 의도적으로 눈을 마주치지 않았다. 그들의 역할은 나와 나의 '또 다른 친구'가 체포되면 지원군으로 뛰어들어 돕는 것이었다. 전 하원의원이었던 그 친구와 나는 조금 후면 행동에 돌입할 것이었다. 물론, 우리 팀 가운데 누구도 액션의 영웅은 아니었다. 내가 너무나 황당한 일을 벌이고 있는 것이었을까?

밖에서는 친구 폴이 픽업트럭에 앉아 대기하는 중이었다. 여러 사람이 탈 수 있는 픽업트럭은 공항을 번개 같이 빠져나갈 때 사용될 것이었다. 그는 그의 현재 위치에서 공항 정문까지 몇 초 걸릴지를 확인하기 위해 예행연습을 이미 여러 번 했다. 만일 계획대로 된다면 우리는 1분 안에 내 아버지를 급히 빼내 그 트럭에 태울 수 있을 것이었다. 하지만 시간이 1분 이상 걸린다면 중국당국이 우리를 구금할 것이다.

중간에 두 번 기착하면서 미국에서 방콕까지 30여 시간을 비행한 다음, 나는 이틀 밤낮을 자지 못했다. 말도 잘 나오지 않을 정도로 피곤했다. 사실 우리 작전이 성공할 가능성은 적었다. 이 작전은 필라델피아에서, 내가 아버지를 중국에서 탈출시킬 방법을 찾던 가운데 생각해낸 것이었다.

"네 어머니에겐 말하지 마라." 나는 조카에게 전화로 말했다. 누나가 나와의 관계 때문에 이미 고향에서 어려움에 빠져 있는 걸 알았기 때문이다. "하지만 나는 네 도움이 필요해. 할아버지에게 열대지방에서 6일간 휴가를 보낼 수 있는 자동 비자가 발급되었다고 말씀드리고, 그 분을 태국까지 모시고 와. 그 다음부터는 내가 모실게."

놀랍게도, 그렇게 시작된 내 아버지 구출작전은 우리 팀이 방콕국제공항에 이르기까지는 일단 성공했다. 아버지는 해외여행을 하신다고 믿으셨지만 나는 경찰이 과연 속아줄까 하는 의구심이 들었다. 경찰청 요원도 역시 비행기에 타서 내 아버지의 모든 행동을 감시할 것이 분명했다. 그들은 혹시 있을지도 모를 우리 측의 구출작전을 예상하고 풀장이나 호텔이나 바(bar) 근처에서 더욱 경계를 강화할지도 몰랐다. 아버지가 여객기에서 내리자마자 작전이 시작될 거라고 경찰 요원들이 예상하지 않았기를 나는 바랐다. 내 아버지를 그들의 코앞에서, 감시와 보안이 철저한 국제공항에서 빼내 달아나는 것은 위험부담이 큰 모험이었다. 그래서 우리는 전광석화(電光石火)처럼 일을 해치우지 않으면 안 되었다! 만일 무언가 잘못되면 나는 체포되어 중국의 감옥에서 여생을 보내야 할 것이었다. 하지만 아버지 걱정에 밤에 잠을 못 이루었던 내게 다른 방법은 없었다.

나는 신문에서 시선을 떼고 출구에서 나오는 사람들을 보았다. 한 무리의 관광객이 가이드를 따라 내 쪽으로 걸어오고 있었다. 관광객 줄의 앞쪽에서 큰 여행용 가방을 끌며 걸어오는 내 조카의 시선이 내게 고정되었다. 조카는 머릿짓으로 줄의 뒤쪽을 가리켰고, 작고 구부정한 노인이 힘겨운 발걸음을 옮기는 모습이 내 눈에 들어왔다. 7년 동안 보지 못한 아버지를 보니 목이 메었다. 하지만 감상(感傷)에 젖어 있을 때가 아니었다. 만일 아버지가 우리와 함께 가기를 원치 않으시면 어떻게 하나? 상상조차 못했던 우리의 구출작전에 넋이 나가시면 어떻게 하나? 틀림없이 관광객 무리 속에 요원이 끼어 있을 텐데 그 분이 우리를 뿌리치시는 걸 보고 달려들면 어떻게 하나?

나는 동료들을 쳐다보았고 그들은 트럭의 폴에게 신호를 보냈다. 내 신호에 따라 한 친구가 공항의 서쪽에서부터 관광객 무리를 향해 걸어갔고 나는 동쪽에서부터 걸어갔다. 우리 두 사람은 내 아버지 옆에 바짝 다가가 그의 팔꿈치에 손을 대고 말했다. "우리와 함께 가세요. 도와드리러 왔어요." 우리는 그 분을 꽉 쥐고 전광석화처럼 대합실 밖으로 나가 때마침 도착한 픽업트럭에 그 분을 밀어 넣다시피 태우고 출발했다. 시작부터 완료까지 30초가 걸렸다.

"달려, 달려, 달려!" 트럭에 올라타자마자 내가 소리쳤다. 내 친구들은 우리를 뒤쫓아 오는 자들이 있는지 보려고 뒤를 돌아다보았다. 아니나 다를까, 카메라와 꽃목걸이를 목에 건 관광객 가운데 하나가 갑자기 관광객 사이에서 뛰어나왔다. 그는 내 아버지가 사라진 걸 알고 화가 나서 씩씩거렸다. 우리가 차문을 꽝 닫고 질주를 시작할 때, 나는 그가 관광객인 척하기를 포기하고 즉시 내 조카를 체포하는 걸 보았다.

"아버지를 **빼**내 드릴게요." 달리는 차 안에서 완전히 어리둥절해 하시는 아버지에게 말씀 드렸다. "이 사람들은 내 친구입니다. 아버지를 도와드릴 거예요."

아버지는 어두컴컴한 픽업트럭에서 나를 쳐다보더니 드디어 알아보시고 "피앤이!"라고 말씀하셨다.

피앤이는 내 어릴 적 별명이었다. 아버지는 내 손을 꼭 쥐고 점점 더 부드러워지는 음성으로 "피앤이"라고 계속 중얼거리셨다.

우리의 후속 작전은 지극히 순조롭게 진행되었다. 난민 인정은 때로 몇 달이나 몇 년이 걸리는 일이었지만 방콕의 유엔사무소는 만 4일이 못되어 아버지에게 난민 지위를 부여했다. 그 다음 우리는 방콕에 있는 미국 법무부 건물에서 관리들을 만났다. 그들은 유엔에서 난민 지위를 얻은 후 미국에 정착하려는 사람들의 미국 이민 절차를 처리해주는 일을 맡고 있었다.

그러나 내 아버지는 이상하게도 그들의 질문에 대답을 하지 않으셨다. 그분은 의자에 앉아 이민국 관리와 그의 통역자에게서 고개를 돌리며 반발적인 태도를 보이셨다. 조금 후 이민국 관리는 나를 쳐다보며 "선생님의 아버지가 협조를 하시지 않는군요. 우리의 질문에 대답하시지 않으면 이 면담은 취소됩니다"라고 말했다.

"아버지." 나는 좌절감을 숨기며 중국어로 말했다. 이민국 관리와의 면담을 성사시키려고 여러 가지 힘든 과정을 거친 나로서는 면담의 취소를 도저히 받아들일 수 없었다. 만일 취소되어 다시 절차를 밟아 면담에 이르려면 몇 달이 걸릴 것이었다. "이 분의 질문에 대답하셔야 해요."

"이 통역자가 타이완 출신인데 난 그의 억양이 이해가 안 돼." 아버지가 대답했다. 이민국 관리는 한숨을 내쉬며 서류를 만지작거리더니 지친 표정으로 그의 통역자를 쳐다보았다.

"다시 해봅시다." 관리가 말했다. "푸 선생님, 그때 무슨 일이 있었는지 말씀해주실 수 있는…."

바로 그때 내 아버지가 의자에서 몸을 비틀더니 분노가 폭발했다.

"차라리 나를 때려! 네게 해줄 말이 없어!" 아버지가 소리를 지르셨다.

그 순간, 내게 번쩍 깨달음이 왔다. 우리는 무늬 없는 흰색 벽지를 바른 방안에 있었고 그 방에는 책상과 금속으로 만든 의자와 꼬치꼬치 캐묻는 남자가 있었다. 아버지는 다시 중국으로 끌려와 경찰청에서 취조를 받는 거라고 착각하셨던 것이다!

"아버지, 걱정 마세요." 내가 차분히 말했다. "이 사람은 아버지를 돕기 위해 여기에 있는 거예요. 여기는 중국이 아니에요. 우리는 아버지를 안전하게 지켜드리려고 이러는 거예요."

아버지는 면접관을 향하더니 의심스럽다는 듯이 눈을 가늘게 뜨고 쳐다 보셨다. 법무부 관리는 나를 방 밖으로 데리고 나가더니 조용히 말했다.

"선생님의 아버지가 우리의 통역자를 이해하지 못할 뿐만 아니라 자신이 위험에 빠져 있다고 착각하고 있는 게 참으로 안타깝습니다. … 이렇게 합 시다. 이건 규정에 어긋나지만, 선생님이 통역을 해주십시오."

"고맙습니다." 이민 면접 때에 친척이 친척을 통역할 수 없다는 걸 잘 아 는 나로서는 정말 고마웠다. "제가 통역하면 내 아버지가 훨씬 편하게 느끼 실 것입니다."

"오른손을 들고 나를 따라 말하십시오." 관리가 엄숙한 말투로 말했다. "나는 엄숙히 선서합니다."

"나는 엄숙히 선서합니다." 내가 따라했다.

"내 모든 지식을 동원하여 내 아버지의 말을 정확하고 성실하게 통역할 것을 선서합니다." 그의 말은 끝났고 나는 그의 말을 반복했다. 나로 하여금 통역자의 일을 성실히 수행하게 하려는 그의 노력에 나는 감동했다. 면접실 로 다시 돌아온 나는 아버지의 어깨에 손을 얹고 말씀드렸다. "걱정하지 마 시고 아버지가 겪은 것을 이 분에게 말씀하세요." 아버지는 내키지 않았지 만 내 말에 따르셨다.

2002년 2월 25일 까오미 경찰청 왕우 지청 소속의 경찰이 아버지를 데려 다가 취조했다. 경찰은 아버지에게 "당신의 아들을 설득해 반중국 활동을 멈추게 하지 않으면 투옥될 것이오"라고 협박했다. 3월 4일 동일한 경찰이 아버지를 경찰서로 데려가 발로 차고 욕설을 퍼붓고 고문했다.

"나는 내 아들이 착한 '아이'이기 때문에 조국을 배반하지 않을 거라고 말했습니다." 아버지가 말했다. "하지만 경찰은 내 말에 무척 화가 났습니 다. 그들의 강압에 못 이겨 나는 머리를 내 무릎에 대고 두 손을 위로 똑바로 올린 자세를 계속 유지해야 했습니다. 머리를 많이 얻어맞았기 때문에 풀려 난 후에도 며칠 동안 어지러웠습니다."

나는 물과 신선한 공기를 마시기 위해 면접실 밖으로 나와야 했다. 사실,

경찰에게 구타를 당해야 할 사람은 아버지가 아니라 나였다. 박해받는 교회의 권리를 위해 싸운 사람이 바로 나였기 때문이다. 아버지는 단지 옆에서 지켜본 사람에 불과했다. 그 분은 35세가 된 나를 여전히 '아이'라고 부르는 장애 노인이었다.

몇 달 후 우리는 태국을 떠나 필라델피아로 갈 수 있게 되었다. 전국적으로 방송되는 토크 라디오(청취자가 전화로 의견을 말하는 라디오 프로그램)의 진행자 낸시 드모스는 우리의 구출작전에 대한 소식을 듣고 상당한 고가의 여행경비를 다 지불해주었다. 그녀는 또한 내게 노트북 컴퓨터를 주었고 나는 그걸로 외국어 시험공부를 끝낼 수 있었다.

미국의 우리 집에 도착한 아버지는 드디어 다니엘과 트레이시를 보시게 되었다. 아버지에게 내 아이들을 소개하는 꽤 어색한 자리에서 이런 생각이 떠올랐다. '할아버지에게 아이들을 소개한다는 건 좀 이상한 일이다. 조부모가 손자손녀를 안아주고 함께 놀아주고 이야기를 들려주는 게 당연하지 않은가? 아이들이 어릴 적에 그런 환경에서 자라는 게 자연스럽지 않은가? 그런데 이렇게 소개를 해야 하다니?'

미국은 아버지에게 당황스런 곳이었다. 교통량이 많아 시끄러운 4차선 도로 옆에 있는 우리 집은 중국 시골마을의 집과 너무 달랐다. 아버지는 우리 집 앞의 인도로 걸어 다니는 사람이 왜 그렇게 적은지 이해하지 못하셨다. 그리고 우리 집 창문 아래에 있는 정원에 농작물을 심지 않고 장식용 꽃을 심은 것도 이해하지 못하셨다. 영어를 알지 못하셨으므로 미국 텔레비전의 내용을 이해하지 못하셨다. 하지만 아이들을 돌봐주겠다는 마음으로 그들과 함께 앉아 만화영화를 보셨다. 낮에 아버지와 나는 집 주변을 오래 산책하곤 했다. 아버지와 함께 보내지 못했던 과거의 잃어버린 시간을 보충하는 의미에서 이곳저곳을 함께 다니는 게 아주 좋았다. 침실이 두 개 밖에 없는 집에서 일곱 명이 생활해야 했지만 나는 고등학교 이후 처음으로 아버지와 함께 사는 게 너무 감사했다.

우리 집처럼 비좁은 곳에 사는 사람은 누구라도 짜증이 날 것이다. 특히, 갑자기 고향을 떠나 외국의 낯선 환경에 던져진 노인은 더욱 그럴 것이다.

시간이 지나감에 따라 아버지는 단순한 짜증 이상으로 힘들어 하시는 것 같았다. 무슨 말씀을 하실 때 그 분은 자기의 생각을 다 표현하지 못하고 문장의 중간에 말을 멈추곤 하셨다. 그리고 주변의 낯선 사람들에 대해 불안감을 느끼시는 것 같았다. 혼자 집 주변을 다니시지 말라고 당부했지만 아버지는 살짝 빠져나가 필라델피아 북부지역에서 길을 잃곤 하셨다. '알츠하이머'(치매의 한 종류)에 걸리신 게 아닌가 하는 생각이 들었다. 가을에 나는 아버지를 신경과 의사에게 모시고 갔다.

"선생님의 아버지는 뇌에 계란 크기 정도의 종양이 두 개 있습니다." 의사가 '자기공명 단층촬영'(MRI)을 판독하면서 말했다. 그리고 내가 그의 말을 아버지에게 통역하도록 잠시 말을 멈추었다. 하지만 나는 통역하지 않았다. 말씀 드리기 전에 아버지의 병에 대해 더 확실히 알고 싶었기 때문이다. 아버지는 이미 많은 일을 겪으신 분이었다. 나는 아버지의 종양이 양성(良性)이라는 걸 알고 안심했다. 수술로 종양을 제거하면 되니까, 의사는 아버지에게 아무 문제가 없을 거라고 말했다. 그러나 펜실베이니아대학교 병원에서 수술을 한 후 아버지의 상태가 아주 나빠졌다. 나는 24시간 내내 아버지의 곁을 지키며 자신의 상태에 대해 아버지가 이해할 수 있도록 말씀드렸다. 간호사들은 아버지가 수술부위 봉합에 사용된 실을 뜯어내지 못하도록 손과 발을 묶어놓았다.

의사들은 아버지가 수술 후에도 살아계실 거라고 예상했지만 나는 임종이 다가온 것이 아닌가 하는 불안을 떨칠 수 없었다. 그런데 아버지가 정말 그리스도인이신가 하는 생각이 갑자기 들었다. 내게 보낸 편지에서 그 분은 마을에서 '지혜로운 점쟁이'로 소문난 늙은 그리스도인을 만났다고 말씀하신 적이 있다. 그렇다면 아버지가 그리스도인이 되셨다는 뜻인가? 내가 대학 시절에 아버지를 뵈러 고향에 갔을 때 아버지에게는 자신의 가정교회가 있었다. 내가 아버지의 가정교회 예배에 참석해 함께 성경을 읽고 최선을 다해 성경말씀의 뜻을 설명해드리자 아버지는 매우 자랑스러워 하셨다. 나의 성경지식이 얼마 되지 못했지만 아버지는 나를 자랑스러워 하셨다. 아버지의 가정교회는 성장했고 교인들 가운데 한 사람이 주님을 향한 열정으로 충만해졌다. 그가 자전거를 타고 온 지역을 돌아다니며 예수님을 전했는데 그것이 문제가 되었다. 경찰청은 예수를 믿는 것은 좋지만 좀 더 신중해야 한다고 그에게 말했다. 예를 들면, 성경책을 탁자 위에 두지 말고 벽장에 숨겨두라고 말한 것이다.

그로부터 얼마 되지 않아 중국 정부가 내 아버지의 가정교회를 해체했기 때문에 아버지는 집에서 한 시간이나 떨어진 곳에 있는 정부 인가 교회에 출석할 수밖에 없었다. 그곳까지 가는 게 매우 불편했지만 그 분은 매주 그곳에 가셨다. 아버지는 거기에서 세례를 받겠다고 요청했지만 그곳 관리들은 세례 주기를 거부했다.

"그들은 내가 너무 늙었다고 말했어." 아버지가 웃으며 말씀하셨다. "하지만 내가 늙었기 때문에 더욱 빨리 세례를 받아야 했는데…."

물론, 정부 인가 교회가 아버지에게 세례를 주지 않은 것은 나 때문이었다. 아버지가 그렇게 믿음 생활을 하셨지만 내가 그 분께 "예수님을 믿으세요?"라고 직접 물어본 적은 없었다. 나는 그분의 손을 잡고 대화를 시도했다.

"아버지의 이런 고난 때문에 예수님을 부인하실 건가요?" 내가 물었다. "예수님을 아버지의 구주와 주님으로 믿으세요?"

체중이 36킬로그램 정도 밖에 안 되는 쇠약한 아버지는 나를 올려다보셨다. 그 분은 한쪽 눈만 볼 수 있었다. 수술 후이기 때문에 머리에는 붕대를 감고 팔에는 링거를 꼽고 팔다리는 병상에 묶인 채 누워계셨다.

"내가 어찌 예수님을 부인하겠니?" 대답하는 그 분의 얼굴에 기쁨이 충만했다. "그분이 내게 베푸신 선한 일이 얼마나 많은데…."

나는 그때 처음으로 아버지의 신앙고백을 분명히 들었다.

수술 후, 튜브로 음식물을 섭취해야 하는 아버지에게는 옆에서 계속 돌봐주어야 할 사람이 필요했지만, 우리 가족 가운데에는 그럴 만한 사람이 없었다. 결국 우리는 아버지를 요양원에 모셨다. 그런데 어느 날, 그 분은 요양원 침대에서 내려오려다 떨어지셨다. 몇 주 후에 또 떨어지셨다.

"머리가 아파요." 아버지가 시중드는 사람에게 말씀하셨다. 아버지의 상태를 계속 확인해온 나는 그 분이 우리를 떠나실 날이 점점 더 가까워지고 있다는 생각이 들었다. '맨발의 의사들'이 있는 고향에서 그 분을 빼내어 최고의 의료수준을 자랑하는 미국까지 모셔왔지만 결국 수술 합병증으로 돌아가시는 것인가? 중국 정부에 끌려가 구타를 당하신 것 때문에 병이 악화된 것인가? 방콕공항 구출작전 때 자신이 납치되는 거라고 생각하여 너무 큰 충격을 받으신 건가?

1월의 어느 주일 아침, 교회에서 집으로 돌아오니 자동응답 전화기에서 불이 깜빡이고 있었다. 아버지를 병원에 다시 입원시켰다는 요양원 측의 메시지가 녹음되어 있었다. 그로부터 며칠 후 아버지는 돌아가셨다.

나는 좀 억울하다는 생각이 들었다. 아버지와 나는 그토록 오랜 세월 서로 떨어져 생활해야 했고 나는 그 분을 중국에서 빼내오기 위해 큰 위험을 무릅썼다. 미국의 새 보금자리가 그 분과 나의 잃어버린 시간을 되찾아주고 그 분이 공산당에게 빼앗긴 것에 대해 보상을 해주기를 나는 간절히 바랐다. 아버지는 남들에게 베풀기를 좋아하고 사랑이 많고 머리가 좋고 용기 있는 분이셨지만 가혹한 환경으로 인하여 고생으로 점철된 험한 삶을 사셨다. 그 분이 돌아가신 후 나는 우리가 미래에 언젠가 다시 만날 것이라는 성경의 약속에서 위로를 얻었다. 그때에는 특수요원을 피해 차를 타고 급히 도망할 필요가 없을 것이다! 장애도 고통도 없는 곳에서 회복의 삶을 살 것이다. 한 마디로 말해서, 사람의 손으로 만들지 않은 우리의 본향에 거하게 될 것이다. 그곳에서 진정한 자유를 얻게 될 때까지 우리 모두는 참고 기다려야 할 것이다.

26
텍사스의 섬김과 남중국교회의 부림절

"미들랜드(조지 W. 부시의 집이 있던 미국 텍사스 주 미들랜드 군의 군청소재지)가 부시의 몇 퍼센트를 차지하고 있는지 나도 모르겠습니다." 조지 W. 부시가 2000년 대통령 선거전 때에 말했다. "하지만 나를 이해하려는 사람들은 미들랜드를 먼저 이해해야 할 것입니다."

전 세계의 기자들이 기름이 많이 나는 이 도시로 갑자기 몰려들었다. 포트워스와 엘 파소 중간에 있는 서부 텍사스의 미들랜드로 말이다. 이제 미들랜드는 1987년 좁은 우물에 빠졌다가 극적으로 구조된 '아기 제시카' 때문에 유명한 도시가 더 이상 아니었다. 그곳이 미래의 대통령의 고향이 될 수도 있었고 세상은 미래의 대통령의 뿌리를 알고 싶어 했다.

그곳은 여느 도시들과는 달랐다. 미국에서 두 번째로 석유가 많이 매장되어 있는 땅을 깔고 앉아 있는 그곳 주민들은 어마어마한 돈을 벌기도 하고 또 잃기도 했다. 그곳의 거의 모든 이들은 어마어마한 부자였고 또 겨우 생존하는 사람이기도 했다. 하지만 호황 때든 불황의 때든 투철한 사업가적 정신에 이끌려 다시 유전으로 돌아가, 단지 마른 땅에 불과할 뻔했던 그곳에서 마지막 한 방울의 기름까지 뽑아내려고 한 번 더 시도하곤 했다. 끊임없이 위아래로 왔다 갔다 하는 펌프 잭(유정에서 석유를 뽑는 기계)의 운동은 그 도시의 심장박동 같은 것이었다.

그 도시가 풍부한 석유를 자랑했다면 그 도시의 초목은 너무나 보잘 것 없었다. 메스키트(콩과의 관목)가 땅에서 기듯이 자랄 뿐이고, 탁 트인 하늘을 가릴 만큼 잎사귀가 무성한 나무는 거의 없다. 사실 그 도시는 "우리는 하늘과 맞닿아 있다"라는 표어를 사용했는데, 이 표어는 부시가 그해 공화당 전국대회에서 사용한 것이기도 했다. 미들랜드 사람들은 인내와 끈질긴 노력으로 무엇이든 해낼 수 있다고 믿었고 그 지역의 교회들도 그렇게 믿었다. 교회들은 새롭게 발견된 그 지역의 지하 보물을 사용해 세상을 바꾸겠다고 마음먹었다. 이런 교회의 분위기에 자극받은 데보라 파이크스(Deborah Fikes)라는 여성은 그 도시의 2백여 교회가 참여한 미들랜드목회자협의회에게 한 가지 아이디어를 제안했다. 그녀는 스스로를 '미들랜드의 주부'라고 불렀다.

"나는 여러분이 해외의 종교자유문제에 관한 협의회의 선언을 실천에 옮기기를 바랍니다." 그녀가 제안했다. "다른 나라들에서 자신의 종교적 신념 때문에 고난당하는 사람들을 도울 방법을 찾아봅시다."

물론 미들랜드는 박해받는 교회의 교인을 알지 못했다. 하지만 미들랜드목회자협의회는 데보라의 제안을 받아들여 기도를 시작했다. 그런데 부시가 대통령에 당선된 후 수단(Sudan)이 모든 신문의 제1면에 등장했다. 협의회는 편지지에 직접 쓴 서한을 수단의 지도자들에게 보냈다. 그 서한은 '부시 대통령과 영부인 로라 부시 여사의 고향 텍사스 주 미들랜드의 목회자협의회'가 보내는 것으로 되어 있었다. 수단 정부는 이 서한에 주목하지 않을 수 없었다. 수단의 외무부 장관 무스타파 오스만은 주미 수단대사에게 목회자협의회와 이야기해보라고 지시했다. 데보라는 수단 대사의 공관에서 열리는 만찬에 초대받았다. 그녀는 수단의 무슬림 정부가 신뢰하는 유일한 복음주의 그리스도인이었다. 그로부터 몇 달에 걸쳐 전개된 과정에서 미들랜드목회자협의회는 수단의 평화를 위한 4자회담에 참여한 수단 정부와 인민해방군과 중재국 케냐와 미국을 상대로 대화하며 영향을 끼쳤다. 오스만 장관은 수단대사에게 연락하여 "조지 부시가 살았던 도시에서 온 이 사람들의 생각이 무엇입니까?"라고 물었다.

텍사스의 목회자협의회는 갑자기 국제문제 회담에서 중요한 역할을 하게 되었다. 그것은 나와 미들랜드의 교회가 인연을 맺는 계기가 되었다.

∽

어느 날 데보라 파이크스는 수단의 박해받는 사람들을 위해 로비활동을 하기 위해 미들랜드 교회들의 목사와 사제로 구성된 대표단을 이끌고 수도 워싱턴으로 왔다. 로니 루이스 목사의 친구이자 동료인 케빈 요크 목사는 데보라의 대표단 중 한 명이었다. 회담은 911테러가 일어난 지 불과 몇 주 후에 열리는 것이었는데 수도 워싱턴은 탄저균 공포에 떨고 있었다. 사실 그날 탄저균 테러의 공포 때문에 상원의 모든 건물들이 폐쇄돼 있었다. 브라운백 상원의원은 다른 모든 회의를 취소했지만 두 개의 회의는 취소하지 않고 하나로 묶어서 합동회의로 진행했다. 그 두 회의 중 하나는 그가 나와 가정교회 지도자들과 함께 계획했던 회의였고, 다른 하나는 미들랜드목회 자협의회의 대표단이 참여하는 회의였다. 우리 모두는 상원 건물 중 하나에 있는 지하벙커에서 만났다.

"우리가 그토록 이야기를 많이 들었던 사람이 바로 당신이군요." 데보라가 나와 악수하며 말했다. 그녀는 케빈과 로니의 도움으로 성사된 내 가족의 중국 탈출에 대해 알고 있었다.

"내 키가 좀 더 클 거라고 생각하셨어요?" 내가 말했다.

"당신은 엄청난 일을 겪은 분이죠. 나는 당신이 좀 더 나이가 많을 거라고 생각했었죠." 그녀가 웃으며 말했다. 내가 중국의 박해받는 그리스도인들을 위한 활동에 대해 말할 때, 데보라는 내 말의 세부적인 것까지 놓치지 않으려고 바짝 긴장해서 들었다.

나는 지하 가정교회의 지도자들이 프랭크 울프 하원의원을 만나도록 데려왔고, 미들랜드목회자협의회는 브라운백이 주최한 회의가 끝난 후에 우리의 회의에 동참하기로 결정했다. 우리가 함께 한 시간은 부드럽게 흘러갔고 울프 의원은 박해의 구체적 사례들에 대해 더 많이 알고 싶어했다.

"내가 더 많은 정보를 드리겠습니다." 내가 그에게 말했다. "하지만 그걸 준비하려면 얼마 정도의 시간이 걸릴 것입니다."

"비서를 시켜서 하면 안 됩니까?" 그가 물었다.

"비서요?" 내가 웃으며 말했다. "나는 혼자 일합니다."

나중에 케빈과 데보라가 나를 따로 불러냈다.

"우리가 도와드릴 일이 있습니까?" 케빈이 물었다. "아까 우연히 들었는데, 형제님에게 비서가 없다고 하셨죠?"

"형제님의 단체가 요즘 언론에 많이 오르내리던데…." 데보라가 말했다. "그 많은 일을 비서 없이 어떻게 감당하세요?"

내가 모르는 사이에 그들의 협의회는 다른 나라들의 그리스도인들을 도울 기회를 얻기 위해 기도하고 있었다. 그들이 모르는 사이에 나는 신경쇠약 직전까지 와 있었다. 나의 신학교 공부는 그 어느 때보다 과중했고, 중국의 1급 기밀문서가 폭로된 후 세상의 이목이 내게 쏠려 있었다. 내 아이들은 여전히 밤새도록 자지 않고 보챘고, 아버지는 돌아가셨다. 그때 내 모습은 수척하고 머리나 복장이 흐트러져 있었던 것이 분명하다. 새로 만난 친구들의 눈빛에 나에 대한 걱정이 가득했기 때문이다.

"내겐 정말 도움이 필요합니다." 고생하는 내 몰골이 분명히 드러난 그 순간에 나는 주저 없이 대답했다.

"지금 가장 필요한 게 무엇입니까?" 케빈이 물었다. 이렇게 물으면서 그는 내가 금전적 지원을 요청하거나 정부 관리를 소개시켜달라고 말할 것으로 예상했던 것 같다.

"이메일에 답장을 보내는 일에 도움을 받으면 좋겠습니다."

"이메일이라고요?" 그가 믿을 수 없다는 듯이 나를 쳐다보았다.

"우리 단체가 전국적인 관심의 대상이 되고 난 후부터 내게 이메일이 쇄도하고 있습니다." 나는 내 속 마음을 거의 다 털어놓았다. 나는 박해받는 교회를 변호하고 보호하기 위해 나의 마지막 남은 힘까지 다 투자해서 동분서주했다. 지칠 대로 지쳤기 때문에 여유 있는 척할 여유가 없었다. "나는 필라델피아에 있는 내 집의 다락방에서 모든 일을 처리하는데, 사실 내가 답장을 보내지 못한 이메일이 꽤 많습니다."

"아내와 아이들은 없습니까?" 데보라가 물었다. 바쁘게 일하는 석유기업가의 아내이며 또 아이들의 엄마인 그녀의 생각이 재빨리 내 가족에게 미쳤다. "형제님을 도와드리고 싶은데요."

갑자기 내 후원군이 두 명 생겼다. 우선, 케빈은 미들랜드에 있는 그의 교회의 비서에게 연락을 해서 "새 일을 좀 해줘야겠습니다. 지금부터 봅의 이메일을 분류하는 일을 맡아주십시오"라고 말했다. 나는 케빈의 교회의 비서에게 내 이메일 주소와 비밀번호를 알려주었고 조금 후 그녀가 전화를 걸어왔다.

"케빈 목사님!" 그녀가 소리쳤다. "봅이 아직 읽어보지 않은 이메일이 7천 개가 넘어요!" 케빈이 나를 쳐다보았다. 도저히 믿지 못하겠다는 듯이 눈이 휘둥그레져 있었다.

"내가 이미 말했잖아요."

몇 달 동안 그 비서는 교회의 일을 전혀 하지 못하고 대신 내 이메일에 답장을 보냈다. 원고마감 시간을 넘긴 지 너무 오래 된 기자들에게, 내게 강연 요청을 해놓고 대답을 듣지 못한 기독교 지도자들에게도 보냈다. 한편, 나를 돕기 위해 데보라는 유명인사들로 구성된 그녀의 화려한 인맥을 동원했다. 그들 중에는 연구소 연구원, 사회운동가, 비정부기구(NGO) 지도자, 하원의원, 상원의원, 인권운동가 등이 있었다. 데보라는 그들에게 '차이나에이드'에 대해 이야기해주었을 뿐만 아니라, 그들과 우리 사이에 만남도 주선했고 그들에게 나를 도와주라고 부탁했다. 그토록 열정과 능력을 갖춘 사람들에게 도움을 받으니 감개무량했다.

❦

"형제님이 미들랜드를 방문해야겠습니다." 어느 날 케빈이 내게 말했다. 그의 말에 따라 그해 여름 나와 하이디와 다니엘과 트레이시는 순교자의 소리를 방문한 후 오클라호마에서 미들랜드까지 차를 몰고 갔다. 하이디는 세 번째 아이를 임신한 상태였다. 아내와 내가 중국의 가혹한 출산법 아래서 만나 결혼했다는 것을 생각하면 미국에서의 임신은 정말 상상을 초월하는 복이었다. 우리에게 아기가 태어날 거라고 데보라에게 말했을 때 그녀는 웃으며 "내가 예언을 할 것 같으면…, 이 아이는 틀림없이 텍사스에서 태어날 겁니다!"라고 말했다.

데보라와 그녀의 주변 사람들은 우리가 미들랜드로 이사 오게 될지도 모른다는 이야기를 주변에 퍼뜨렸다. 하지만 미들랜드로 이사 가는 게 나로서는 상상하기 힘든 일이었다. 중국의 인권을 위해 뛰는 우리 단체가 텍사스에 본부를 둔다고? 왠지 맞지 않는 것 같았지만 그래도 기분 좋은 상상이었다. 우리 가족은 필라델피아에서 사는 것을 좋아했지만, 그곳에서의 생활이 완전히 안전하다고 느끼지는 못했다. 만일 텍사스로 간다면 더 넓은 공간과 더 많은 자유와 더 많은 마음의 평안이 생길 것 같았다.

그런데 한 가지 문제가 있었다. 우리의 좁은 집에 이미 많은 사람이 함께 살고 있는 상황에서 하이디가 임신했는데 그녀의 임신 사실을 알게 된 찰리는 웨스트민스터에 훨씬 가까운 곳에 침실 네 개짜리 집을 얻어주었다. 넘치도록 후하게 베푸는 찰리의 사랑에 절로 고개가 숙여졌고, 그가 베푼 모든 것을 두고 필라델피아를 훌훌 떠나는 것이 망설여졌다.

"찰리!" 그 다음 주 조찬 모임 때 나는 그가 두 번째 커피잔을 비울 때까지 기다렸다가 말문을 열었다. 그때까지 몇 년 동안 우리는 매주 만나서 기도하고 서로를 격려했었다. 나는 그런 아름다운 모임이 끝나는 게 싫었다. 하지만 어렵게 입을 뗐다. "우리가 이사를 가야 할 것 같아요."

찰리와 그의 가족은 당혹감을 느끼거나 기분 나빠하지 않고 우리를 위해 그의 집에서 작별 정찬을 베풀었다. 우리가 떠나기 전 찰리는 내게 1만 3천 달러짜리 수표를 건넸다. 그것은 미들랜드에서 살 집을 위한 계약금이었다.

❦

우리 가족이 3천2백 킬로미터 떨어진 곳으로 이사를 했지만 나는 중국에서 점점 다가오는 사형집행일을 기다리고 있는 다섯 명의 목회자를 한 시도

잊을 수 없었다. 우리는 그들을 위한 법률적 변호를 위해 기부금을 계속 모았다. 그리고 언론을 상대로 그들이 뒤집어쓴 억울한 누명에 대해 해명하는 작업을 전개했다. 예를 들면, 소위 '하늘나라의 은행'에 저금하라며 수만 달러를 모았다는 혐의로 기소된 목회자가 사실은 예배 시간에 십일조를 거둔 거라고 해명했다. 또한, "그리스도가 나요 내가 그리스도입니다"라고 말해서 '메시아 사칭(詐稱)' 혐의로 기소된 교회 지도자가 사실은 "이제는 내가 사는 것이 아니요 오직 내 안에 그리스도께서 사시는 것이라"(갈 2:20)라는 사도 바울의 말을 인용한 것에 불과하다고 설명했다.

우리는 사형집행을 기다리고 있는 믿음의 사람들을 위해 치열하게 노력했고 여론은 점점 더 들끓었다. 하지만 처형일이 점점 다가오자 남중국교회는 최악의 사태에 대비해 준비를 하기 시작했다. 남중국교회는 똑같이 생긴 관(棺) 다섯 개를 찍은 사진 한 장을 내게 보냈다. 그 관들은 순교자들의 남은 육신에게 최소한의 존엄이라도 챙겨주자는 동기에서 마련된 것이었다. 우리는 훨씬 더 간절한 마음으로 그들을 위해 하나님께 부르짖었다.

그런데 2002년 10월 10일 기적이 일어났다. 중국 후베이 성(省)의 대법원은 다섯 명의 목회자에게 내린 사형판결을 인정하지 않았다! 이것을 가리켜 뉴욕타임스는 '이례적 사건'이라고 보도했다. 대법원은 사형판결이 충분한 증거에 입각한 게 아니라고 말하면서 다섯 명에게 감형조치를 내렸다. 이것이 미들랜드 근처에 있는 부시의 목장에서 열리기로 예정된 부시와 장쩌민의 회담을 불과 몇 주 앞두고 일어난 것은 우연의 일치가 아니었다. 기자들은 이것이 두 정상 간의 지난 번 회담에서 중국에게 종교의 자유를 촉구한 부시에게 주어진 장쩌민의 선물이라고 말했다. 하지만 남중국교회는 이것을 가리켜 그들의 부림절(고대 페르시아 제국의 유대인들이 학살의 위기를 넘기고 살아남은 사건을 기념하는 축일)이라고 불렀다. 그런데 그 후 광범위한 조사를 거쳐 2006년에 밝혀진 심히 유감스런 부분도 있다. 꽁 성리앙은 실제로 몇몇 교인과 성적으로 문란한 관계를 가졌고 비성경적 교리도 가르쳤다. 그와 남중국교회 사람들에게 가해진 중국 정부의 무자비한 고문이 그의 비행(非行) 때문에 정당화되는 건 아니지만 우리는 그의 비행에 큰 충격을 받았다.

2012년 내게 편지 한 장이 날아왔다. 그것은 2002년 사형에서 감형조치를 받은 남중국교회 다섯 지도자 중 한 사람이었던 리 잉이 보낸 편지였다. 13년 복역 후 만기 출소한 그녀가 보낸 편지는 내 폐부(肺腑)를 찔렀다.

"나는 리(Li) 자매입니다. 내가 형제님의 이름을 처음 들은 것은 교회를 핍박하는 중국 정부가 우리 다섯을 처형하려고 했을 때였습니다. 그때 나는 내가 석방될 경우 제일 먼저 해야 할 일을 마음속으로 정했습니다. 그것은 형제님이 어떻게 나와 나의 선생님과 교회를 도왔는지를 나의 가족에게 물어보는 것이었습니다. 2011년 12월 25일 나는 풀려나서 집으로 갔고 내 형제들과 자매들은 형제님에 대해 끝없이 긴 이야기를 들려주었습니다. 전화로 형제님과 통화할 때마다 그들은 형제님과 깊은 유대감을 느꼈습니다. 그들은 형제님이 결코 끊을 수 없는 혈연관계로 맺어진 가족 같다고 느낍니다."

그녀는 믿음의 사람들이 당한 갖가지 고문에 대해 자세히 말했다. 구타, 담뱃불로 지지기, 고통스런 자세를 유지하게 하는 것, 전기충격봉, 등 위에 벽돌을 올려놓는 것, 입 속으로 알코올을 붓는 것, 강제로 약을 먹이는 것, 굶기기, 몸을 불로 그을리는 것 등등.

"내 선생님은 체포되자마자 사형수용(用) 족쇄에 채워졌습니다. 그들은 취조 중에 가능한 모든 고문방법을 동원했고 그 분이 기절할 때마다 물을 끼얹어 깨웠습니다. 그 분이 한 달 이상 병원에 입원해 응급치료를 받아야 했던 때도 있었습니다. 그 분이 온갖 고문과 고난을 당했다는 말은 결코 과장이 아닙니다."

어느 날 그녀는 차이나에이드가 핍박받는 자들을 위해 애쓰고 있다는 이야기를 듣게 되었다.

"내가 기도할 때 나는 누군가 내 자매 중 한 사람의 이름을 부르며 '네가 건짐을 받을 것이다!'라고 말하는 소리를 들었습니다. 형제님이 우리의 고난을 전 세계에 알렸다는 것이 하나님의 기적적 방법에 의해 우리에게 알려졌습니다. 이제 온 세상은 화난(Huanan) 교회를 지켜보고 있습니다. 또한 우리는 부시 미대통령이 주님을 사랑하는 독실한 그리스도인으로서 우리 교회에 큰 관심을 가지고 있다는 걸 알게 되었습니다. 그리고 우리는 우리의 가족이 우리를 위해 변호사를 선임했다는 것도 알게 되었습니다."

∞

또한 2002년 10월의 재심이 끝난 후 얼마 안 되었을 때, 나는 33세의 여성 리우 시앤쯔를 알게 되었다(그녀의 영어 이름은 '사라 리우'이다). 그녀는 재심평결에서 무죄를 선고받은 네 명의 여성 중 하나였다. 그러나 그 네 명은 감옥보다 더 혹독한 노동교화소로 보내졌다. 박해자들은 그녀의 옷을 벗기고 전기충격봉 세 개를 그녀에게 동시에 사용하여 온 몸에 고통을 주었다. 그녀가 울부짖자 전기충격봉을 그녀의 입 안에 넣었고 그녀는 화상 때문에 며칠간 식사를 못했다. 그들이 또 전기충격봉을 그녀의 생식기에 사용하여 엄청난 고통을 주었기 때문에 그녀는 의식을 잃은 채 병원으로 실려 갔다. 병원의 의사들과 간호사들은 그녀를 고문한 자들에게 "어떻게 여자에게 이렇게 할 수 있느냐?"고 따졌다.

사라가 노동교화소에서 풀려난 후 우리는 중국으로부터 동남아시아로 관통하는 탈주자 구출 지하조직을 통해 그녀를 구했다. 우리의 부탁에 따라 지역의 그리스도인들은 그녀를 트럭 뒤에 태우고 나뭇잎으로 덮었다. 그녀는 무겁게 내리누르는 젖은 나뭇잎 아래에서 몇 시간 동안 조금도 움직이지 않고 가만히 있어야 했다. 그리스도인들은 그녀를 태운 트럭을 몰고 국경을 넘어 미얀마로 갔다. 거기서 지역 사람들이 그녀의 위조신분증을 만들어 주었기 때문에 그녀는 소수부족 사람으로 새로 태어났다. 그녀가 소수부족 사람으로 보이도록 만들기 위해 사람들은 그녀의 헤어스타일을 고치고 얼굴에 분장을 하도록 했다. 그런 다음 그녀를 탈주자 구출 지하조직의 그리스도인들에게 보냈다. 그들은 목숨을 걸고 그녀를 도왔다. 미로처럼 복잡한 탈주루트를 성공적으로 통과한 후 그녀는 헤엄쳐 강을 건너 태국에 이르렀다.

그러나 그녀가 아직 자유를 얻은 건 아니었다. 태국의 오지에 도착한 그녀에게는 전보다 더 큰 위험이 남아 있었다. 그곳에서 방콕으로 가야 했지만 바람이 많이 부는 도로에는 경찰검문소가 쭉 깔려 있었다. 여권이 없기 때문에 경찰에게 걸리면 다시 중국의 감옥으로 가야 할 운명이었다. 나는 그녀를 돕기 위해 홍콩에 있는 내 친구를 보냈다. 다른 모든 방법을 시도해 본 후에 그들은 가장 가까운 공항으로 가서 비행기로 방콕까지 가는 게 유일한 대안이라고 결론 내렸다. 그녀에게 여권도 없고 제대로 된 신분증도 없었지만 그들은 그 방법을 강행했다. 너무나 놀랍게도, 공항 관리 중 그 누구도 그녀에게 신분증 제시를 요구하지 않았다!

제임스 본드의 007 영화를 방불케 하는 과정을 통해 방콕에 이른 그녀를 기다린 것은 유엔(UN) 관리들의 산더미 같은 심문이었다. 그들이 관료적 형식주의에 따라 수많은 절차를 요구했기 때문에 우리는 그녀가 방콕을 떠날 수 있을까 걱정했다. 우리는 부시 대통령에 의해 미국의 국제종교자유 문제 담당 무임소대사로 임명된 존 핸포드에게 직접 전화를 했고 그는 유엔에 전화를 걸어 그녀에게 빨리 난민 지위를 부여하라고 독촉했다. 그의 직접적이고 단호한 개입에 힘입어 그녀는 한 달이 못되어 난민 지위를 얻었고 결국 2005년에 미국에 도착했다.

안전한 미국에 온 그녀와 남중국교회의 다른 두 교인은 미들랜드에 정착했다. 미들랜드 공동체는 차이나에이드를 통해 그들의 생활에 필요한 것들을 공급했다. 크리스마스 시즌이 되어 우리는 그녀를 우리 집으로 초대했다. 우리 집에 온 그녀는 아주 천천히 우리의 크리스마스트리로 다가갔다. 그리고 불이 켜졌다 꺼졌다 하는 작은 전구들을 무엇에 홀린 듯 응시했다.

"그 전구들은 장식품에 불과합니다." 내가 말했다. "그것들은 줄에 매달려 있는 것입니다."

내가 트리 장식용 작은 전구들이 담긴 꾸러미를 그녀에게 건네주자 그녀는 그것들이 트리에 장식용으로 걸리기 전에 어떤 모양이었는지를 확인할 수 있었다. 내가 눈을 깜빡이는 속도보다 더 빨리 그녀는 작은 전구들이 달린 줄을 꾸러미에서 꺼냈다. 서로 얽혀 있는 전구들을 푸는 그녀의 손놀림이 담요를 뜨개질할 때의 손놀림 같았다. 몇 초도 안 되어 그녀는 전구들을 풀어서 분해했다. 그리고 다양한 부속들을 손에 든 채 나를 쳐다보았다.

"노동교화소에서 하루에 16시간 동안 이런 것을 조립했습니다." 그녀가 설명했다. "우리는 크리스마스 전구들을 만들어 이런 모양의 꾸러미에 넣었습니다."

그녀는 역시 전광석화처럼 그것들을 다시 조립했다. 불과 몇 초 만에 말이다!

사라는 우리의 탈주자 구출 지하조직을 통해 탈출한 첫 번째 사람이었다. 그녀를 텍사스까지 데려오는 데 소요된 여러 달 동안 우리 차이나에이드는 종교의 자유를 위해 싸우는 강력한 단체로 성장했다. 케빈 목사는 그의 비서가 나를 여러 달 동안 도와주도록 했을 뿐만 아니라 차이나에이드가 그의 교회 사무실을 사용하도록 허락했다. 그 교회의 도움으로 우리 단체는 제대로 자리를 잡고 세금문제를 정리했다. 또한 그의 교회는 후원회를 만들어 우리 단체를 아낌없이 지원했다. 미드-시티즈 커뮤니티 교회의 파트타임 목회자로 고용된 나는 중국 정부에게 박해받은 사람들을 데려다가 미들랜드 지역 교회들에서 그들의 핍박과 고문에 대해 간증하도록 했다. 교인들은 즉시 그들의 간증에 큰 관심을 보였고 그들에게 사랑을 베풀었다. 배럴 당 100달러가 넘는 기름 가격 덕분에 호황을 누리는 미들랜드의 사람들은 자유를 위해 싸우는 사람들에게 마음과 지갑을 열었다. 믿음의 형제자매들이 우리를 따뜻하게 받아주었다. 미들랜드로 옮긴 것이 전에 만난 적이 없는 가족이 살고 있는 집으로 온 것 같았다.

∽

"서둘러요!" 2004년 말이 다가오고 있을 때 데보라가 하이디에게 말했다. 하이디의 배가 점점 더 불러오고 있었다. "자매님이 텍사스 카우걸(cowgirl) 같은 딸을 낳으면 좋겠네요!"

우리가 미들랜드로 이사 왔을 때 데보라가 제일 관심을 쏟은 것은 하이디의 생활을 편하게 해주는 것이었다. 사실 그녀는 하이디에게 엄마 역할을 해주기 시작했다. 하이디가 서부 텍사스에 적응하도록 도왔고 육아문제에 신경 써주었고 심지어 우리 아이들에게 작은 생일선물을 해주었다. 우리 아이들은 그녀를 금세 '할머니'라고 불렀다.

2004년 크리스마스이브에 하이디의 산고(産苦)가 시작되었다. 이번에 나는 내 두 아이를 이웃의 그리스도인들에게 맡기고 자유롭게 아내의 곁을 지켰다. 아내는 예쁜 여자아이를 낳았고 우리는 그 아이의 이름을 '이닝'('아름다운 평안'이라는 뜻)이라고 지었다. 영어 이름은 '멜리사'라고 지었다. 그 아이를 데리고 집으로 오자 우리를 위해 찜 냄비 요리를 만들어주고 아기를 돌보아주겠다는 제안이 끝없이 이어졌다. 그 제안은 물론 우리가 텍사스로 와서 사귄 친구들이 한 것이었다.

차이나에이드의 성공에 미들랜드가 몇 퍼센트를 기여했는지 나도 모르겠다. 하지만 한 가지 분명한 것은 있다. 그것은 미들랜드 교회들이 지극히 후하게 베풀었기 때문에 우리가 박해 받는 자들의 자유를 위해 더욱 큰 규모로 투쟁할 수 있었다는 것이다! 물론, 지금도 우리의 한계 때문에 더 많은 이들을 도와주지 못하는 것은 안타까운 일이다.

27
백악관을 움직인
중국 시골 출신의 청년

"이것이 중국에서 가장 비싼 술입니다." 중국의 종교부 책임자 예(Ye) 샤오원이 건배를 준비하면서 말했다. "그런데 재미있는 것은 이것이 내 고향에서 왔다는 것입니다."

데보라는 그가 마오타이 주(酒)라는 맑은 알코올을 그녀의 작은 잔에 따르는 것을 지켜보며 마음의 준비를 했다.

중국 청나라 때부터 유래한 마오타이는 중국 역사에서 의미 있는 술이었다. 마오쩌둥과 그의 대장정(중국 공산당이 국민당 군대의 포위망을 뚫고 9,600 킬로미터의 거리를 걸어서 탈출한 사건) 동료들이 전쟁터에서 입은 상처를 마오타이로 소독한 이래 이 술은 중국 전승지식(傳承知識)의 일부가 되었고, 국가적 연회에서 거의 빠지지 않는 술이 되었다. 유명한 일화가 있는데, 1972년 리처드 닉슨(미국의 37대 대통령)이 중국을 방문했을 때 마오쩌둥이 이 술을 그에게 권했고 닉슨은 그의 보좌관들의 만류에도 불구하고 그것을 마음껏 마셨다고 한다.

2008년 1월 데보라는 세계 지도자들과 대면하여 이야기하기 위해 베이징을 특별히 방문했다. 유명해진 미들랜드목회자협의회의 일원으로서 그녀는 에스코트를 받아 예 장관을 만났다. 그는 선한 것이든 악한 것이든 중국의 모든 종교정책을 집행하는 일을 책임지고 있었다. 그는 데보라를 정중히 대했고 예우의 표시로 그녀를 풍성한 연회에 초대했다. 바로 그 연회에서 그녀는 53도짜리 독주 한 잔과 마주 대하게 되었다. 그녀는 그 술을 많이 마시면 안 된다는 걸 알았지만 일단 입술을 잔에 댔다. 그리고 목이 메지 않도록 하겠다고 마음먹었다. 이 술을 '액체 면도날'이라고 부른 댄 래더(전 CBS 뉴스 앵커)의 비유는 아주 유명하다. 아무튼 데보라는 그런 독한 술을 자기에게 건넨 상대방이 지극한 예우의 표시로 그렇게 했다는 걸 잘 알고 있었다. 발효된 사탕수수 시럽에서 증류시킨 그 술을 마시면 간장의 향이 뒷맛으로 오래 남는다. 그 술은 가장 싼 것이 한 병에 3백 달러가 넘는데 1980년 산(產) 한 병이 어느 해에 130만 달러에 팔렸다.

그녀가 예 장관의 건배를 그럭저럭 무사히 넘겼지만 그는 또 건배를 제안했다. 그리고 또 제안했다. 하지만 그녀는 건배할 때마다 많은 술을 마실 수는 없었다. 예 장관은 그녀가 술을 찔끔찔끔 마시는 걸 보고 그녀의 잔에 있는 술의 대부분을 자기의 잔에 따랐다. 중국에서 이런 것은 아주 친한 친구 사이에서나 할 수 있는 것이었다. 아니면 부하가 상관을 위해 할 수 있는 것이었다.

중국 정부가 비용을 아끼지 않고 베푼 그 연회는 정성이 담겼고 화기애애했다. 데보라는 그 연회가 미국 대통령을 배출한 지역에서 온 주부에게 좋은 인상을 심어주기 위한 노력의 결과라고 생각했다. 그런데 한 가지 음식물이 나오고 그 다음 음식물이 나오기를 기다리는 짧은 시간에 예 장관이 그녀에게 고개를 돌리더니 태연히 "혹시 밥 푸라는 사람을 아십니까?"라고 물었다. 갑자기 그녀는 그가 자기를 그토록 정중히 대우하며 고급 음식을 제공한 것이 무엇을 위해서인지 깨달아졌다. 그는 그녀의 환심을 사서 내게 영향을 미치도록 만들려고 했던 것이다!

"압니다." 그녀가 대답했다. "그 사람과 나는 매우 친합니다."

"그래요?" 그는 그녀가 나 같은 사람과 어울리는 것에 충격을 받았다는 듯이 반응했다. "나는 선생님과 친한 친구가 되고 싶습니다. 선생님이 밥 푸와 친하듯이 말입니다."

"밥 푸 씨의 아이들이 나를 할머니라고 부릅니다." 그녀가 덧붙였다.

"저…, 그런데 그 사람이 중국에 대해 나쁘게 말하고 있습니다."

"나는 밥의 마음을 압니다." 데보라가 말했다. "중국에 대해 나쁘게 말하려는 의도가 그에게 없습니다. 그는 그의 조국을 사랑합니다." 텍사스에서 온 이 주부는 자기의 입장을 조금도 굽히지 않았다. "사실, 그는 중국의 종교박해가 다 사라져서 자기가 더 이상 종교박해에 대해 세상에 알리지 않아도 될 날이 오기를 원합니다. 그렇게 되기 위해서는 장관님이 도와주셔야 할 것 같습니다."

연회가 끝날 즈음에 예 장관과 데보라 사이에는 신뢰감이 생겼다. 그녀가 떠나기 직전에 그는 다소간 과장된 제스처를 쓰며 마오타이 두 병을 그녀에게 증정했다. 중국에서는 관리가 뇌물을 줄 수 없기 때문에 마오타이가 그 대용품으로 널리 사용된다. "미국으로 돌아가실 때 가져가시면 좋을 것입니다."

데보라는 그 푸짐한 선물을 받으며 말했다. "장관님은 밥 푸가 중국에 대해 나쁘게 말한다고 말씀하셨는데…, 그렇다면 나는 그가 중국에 대해 제기하는 문제들을 어떻게 다룰지에 대해 의정서(議定書)를 만들 것을 제안합니다. 앞으로 몇 달 동안 몇 가지 사안들이 또 발표될 것입니다. 가정교회 지도자 한 사람이 강제노동수용소로 보내지거나 아니면 새신자 한 명이 투옥될 거라는 전망이 나오고 있습니다. 실제로 그런 일이 일어나면 우리는 언론에 알리지 않고 장관님께 직접 이야기하겠습니다."

언론에 제보하는 걸 잠정적으로 중단할 수 있다는 데보라의 제안에 화답하여 장관은 인권침해 사건들이 일어나면 조치하겠다고 약속했다. 그 후 데보라는 차이나에이드와 예 장관 사이에서 일종의 중재자 역할을 했다. 다시 말해서, 전과 같은 인권침해 사건들이 일어났을 때 중국의 종교부와 사적으로 소통했다. 물론, 약속대로 우리는 인권침해 사안들을 두 달 동안 언론에 알리지 않았다. 하지만 우리가 기대했던 긍정적 결과가 나타나지 않았다. 예 장관은 아무런 조치를 취하지 않았다.

그 후 예 장관이 미국을 방문하게 되었다. 데보라는 수도 워싱턴에 있는 5성급 호텔의 고급 레스토랑으로 그를 초대해 풍성한 만찬을 베풀었다. 그에게 마오타이라는 엄청난 선물을 받았던 그녀는 훨씬 더 귀한 것을 그에게 선물하려고 했다. 그녀는 2개 국어로 된 성경책 한 권을 구입했고, 그녀의 부탁에 따라 나는 '서로 사랑하라'고 가르치는 모든 성경구절에 표시를 했다. 데보라와 식탁에 마주 앉게 된 예 장관은 그녀가 건넨 선물을 넘겨보았다. 그의 얼굴이 갑자기 일그러졌다.

"사랑은 자랑하지 아니하며 교만하지 아니하며 무례히 행하지 아니하며 자기의 유익을 구하지 아니하며…." 고린도전서 13장을 읽던 그가 언성을 높였다. "밥 푸는 이 교훈을 따르지 않습니다!"

그가 나에 대해 정치적 비난을 퍼붓기 시작했다. 방안의 모든 이들은 갑자기 조용해졌다. 주미 중국대사관의 외교관들은 그가 데보라의 선물에 그토록 강한 혐오감을 드러낸 것에 화들짝 놀랐다. 분노가 가라앉자, 그는 방안을 둘러보는 즉시 당혹감에 사로잡혔다. "당신이 나를 초대했는데 내가 정치적 발언을 했군요." 노기(怒氣)가 사라지고 있는 그의 얼굴이 붉으락푸르락했다. "미안합니다."

데보라는 내가 그에게 쓴 편지를 건네주었다. 편지에는 그가 미들랜드로 와서 나와 대면해 중국의 종교자유 문제에 대해 대화하자는 제안이 담겨 있었다. 그는 물론 내 제안에 응하지 않았다.

그러나 예 장관은 나에 대해 계속 생각하고 있었다. 그것은 미국무부 국제종교자유사무국 책임자 존 핸포드가 예 장관에게 우호적인 사적(私的) 정찬을 베풀었을 때 분명히 드러났다. 정찬 중에 존이 그에게 고개를 돌려 말을 꺼냈다. "장관님 나라의 종교박해에 대한 이야기를 좀 하고 싶군요. 작년 한 해에만 해도…." 그리고 존은 박해받는 많은 그리스도인들의 이름을 열거했다. 그러자 예 장관은 "이건 밥 푸에게 듣고서 말씀하시는 것이죠?"라고 말했다.

단언컨대, 그는 마음속으로 '쓰즈위엔 출신의 저 촌놈이 중국 정부의 종교적 치부를 폭로하고 있으니, 내가 이러다가 백악관에도 못 들어가겠구나'라고 생각했을 것이다. 아닌 게 아니라, 내가 부시 대통령으로 하여금 중국 정부의 종교적 치부를 알 게 한 것이 그때가 처음은 아니었다.

중국의 시골지역에 불법 훈련센터를 설립하고 불법 인쇄소를 운영했던 나의 오랜 친구 쭈오화 차이가 2004년에 곤경에 처했다. 그는 그때까지 뛰어난 베이징 가정교회의 지도자로서 성경을 인쇄하여 무료로 배포했다. 경찰청의 눈을 피해 기독교 서적을 창고에 숨겨놓기도 했다. 그런데 9월 11일 그가 버스 정류장에서 기다리고 있을 때 건장한 경찰요원들이 밴(van)을 몰고 나타나 그를 체포했다. '불법 사업체 운영'의 혐의로 기소된 그에게 15만 위안(18,500달러)의 벌금과 감옥살이 3년의 형벌이 내려졌다. 아마도 경찰이 그의 창고를 찾아낸 것 같았다. 그의 창고에는 20만 개 이상의 기독교 인쇄물과 성경책이 있었다. 그것은 중화인민공화국 역사상 최대 규모의 외국 종교서적 밀반입 사건이었다. 그는 아내 그리고 처남과 함께 옥에 갇혀 있을 때 전류가 흐르는 소몰이 막대로 고문을 당했다. 나는 내 옛 친구를 변호하기 위해 즉시 베이징에 있는 징딩 법률회사의 유명한 변호사 짱 싱쑤이를 선임했다.

2005년 4월 나는 차이 목사의 문제를 국제적으로 알릴 수 있는 절호의 기회를 갖게 되었다. 유엔인권위원회는 내게 종교 불관용의 문제를 다루는 유엔총회에서 공식연설을 해달라고 제안했다. 사실 내 개인적인 입장으로는 그런 제안을 받은 것은 영광이었다. 유엔인권위원회는 만인의 인권을 보호하고 증진하는 것을 사명으로 삼겠다고 공언한 세계최고 권위의 인권기관이기 때문이다. 나는 한 무리의 사람들과 함께 제네바로 갔다. 그들 중에는 데보라 파이크스, 내 조력자 멜리사 라스무센, 그리고 우리의 탈주자 구출 지하조직을 통해 최초로 탈출에 성공한 사라 리우도 있었다. 여성의 인권을 위해 일하는 비정부기구 국제 여성의 소리가 친절하게도 그 회의에서 나를 후원했다. 이런 식의 후원은 유엔인권위원회가 초빙연사로 오는 모든 이에게 요구하는 사항이었다. 유엔인권위원회는 유엔의 소회의실 중 하나에서 특별 브리핑을 열었는데 거기서 사라는 남중국교회의 교인으로서 사형선고를 받고 감옥에서 잔인한 고문을 당하고 결국 중국을 탈출한 자신의 체험을 증언했다.

내가 연설할 수 있는 기회는 그 주(週) 후반에 찾아왔다. 연설 장소는 제네바에 있는 팔레 데 나시옹(유엔제네바사무소 건물)의 최대 회의실 중 하나였다. 자리에 앉아 기다리던 나는 사람들이 회의실 안으로 몰려들어오는 걸 보고 약간 긴장되었다. 반원(半圓) 모양으로 배열된 많은 좌석들이 대표들로 점점 채워졌다. 나는 전에도 유엔에서 연설한 적이 있었지만 그때 제네바에서는 특히 분위기가 활기를 띄었다. 많은 비정부기구 대표들, 각국 정부 대표들, 그리고 60여 명의 UN인권위원회 선출 회원들이 그 두 주(週) 동안 연설을 하기로 되어 있었다. 비정부기구 대표에게는 단지 8분 정도의 연설이 허락되었기 때문에 나는 내 연설에 최대한 많은 정보를 담았다.

"의장님, 국제 여성의 소리는 중국 가정교회 운동의 지도자 세 사람이 중화인민공화국에서 국가권력에게 당한 가혹한 박해를 이 위원회에 증언하려고 합니다." 나는 이렇게 말문을 열었다. 중국 정부의 박해 사례들을 중국 대표단 앞에서 상세히 언급한다는 게 약간 어색하기도 했지만, 중국 정부가 사전에 나를 만나기를 거부했다는 걸 생각하고 발언을 계속했다. 우선 내 친구 차이의 사례를 필두로 중국 그리스도인들의 박해와 고문 사례 몇 개를 상세히 언급했다.

그 회의실 안에는 수백 명이 있었다. 그들 모두는 서로 다른 언어를 사용했고 자기 분야를 대표해서 나왔다. 내가 연설하는 동안 회의실의 분위기는 매우 어수선했다. 왔다 갔다 하는 사람들, 메모지를 보는 사람들, 안면이 있는 사람들과 인사를 나누는 사람들, 웃는 사람들, 자기의 연설을 준비하는 사람들…, 아무도 내 연설을 귀담아 듣지 않았다.

"중국이 인권보호를 위해 헌법을 수정했다고는 하지만…." 나는 내 목소리가 더 잘 들리도록 마이크 쪽으로 몸을 더욱 기울이며 말을 이었다. "내가 밝힌 이 사례들은 중화인민공화국의 정의(正義)라는 것이 얼마나 제멋대로인지, 그리고 그곳의 종교자유가 얼마나 열악한 것인지를 여실히 보여줍니다."

내 말을 듣고 있는 사람은 여전히 없었다.

"의장님, 지금 내게 특별히 더 집중해주시기 바랍니다. 지금 나는 중국에서 차이 목사 같은 그리스도인들을 고문하는 데 사용되는 전기충격봉과 똑

같은 전기충격봉을 가지고 있습니다."

이렇게 말하고 나는 내가 중국에서 몰래 가지고 나온 손전등 크기의 전기충격봉을 꺼냈다. 물론, 나는 그 전기충격봉을 유엔 건물 안으로 몰래 들여오진 않았다. 데보라와 나는 내가 연설하기 전에 그것을 반입할 수 있도록 사무국의 허락을 받았다. 그리고 몇 단계에 걸친 보안검색 담당자들에게도 보여주었다. 유엔은 내가 그 전기충격봉을 회의장에서 참석자들에게 보여줄 수 있도록 허락했던 것이다.

내가 전기충격봉을 높이 들고 스위치를 넣자 그때까지 서로 간의 잡담으로 시끄러웠던 장내가 갑자기 조용해졌다. 전기충격봉에 전류가 흐르자 지지직거리는 소리가 6초 동안 장내에 또렷이 울려 퍼졌다. 아무도 말을 하지 않았다. 그때 회의 참석자들은 충격봉의 전류가 자기의 몸에 흐르면 어떤 느낌일지 상상해보았을까? 중국 정부가 죄 없는 사람들에게 그토록 끔찍한 도구를 사용한 것에 분노를 느꼈을까? 그런 것을 입과 은밀한 곳에 넣는 끔찍한 고문을 당했다는 사라의 증언을 기억했을까? 잘 모르겠다. 하지만 나는 아주 여러 해 전 감방에 있을 때 죄수들에게 전기충격봉이 사용되는 걸 내 눈으로 목격했던 일이 생각났다. 그런 경우, 감방의 모든 이들은 너무 충격을 받아 얼음장처럼 얼어붙었다. 나는 고난 받는 내 형제자매들을 위해 무언가 의미 있는 일이 일어나고 있다고 느꼈다.

내가 충격봉의 전류를 끄자마자 참석자들의 대화가 다시 시작되었다. 하지만 다시 시작된 그들의 대화에는 불안감이 배어 있었다. 장내의 모두가 나를 쳐다보는 가운데 나는 연설을 계속했지만, 경비원들이 나를 둘러싸더니 강대상에서 전기충격봉을 낚아챘다.

"무서워요!" 중국 대표단의 한 사람이 소리를 질렀다. 나는 그 여자가 눈하나 깜짝하지 않고 그렇게 말하는 것이 기가 막혔다. 중국 대표단은 즉시 인권위원회 사무국에게 국제 여성의 소리 대표단과 나를 쫓아내라고 압력을 넣었다. 사무국이 국제 여성의 소리 대표단을 쫓아낼 수 없다고 밝혔지만 분노한 중국 대표단 옆에 서 있는 경비원들이 나를 붙잡았다.

나는 경비원의 에스코트를 받아 보안실로 갔다. 거기에 가니까 여자 중국 외교관이 내 옆에 서서 "이 사람 때문에 위협을 느낍니다"라고 불만을 제기했다. 그러나 그 여자가 그렇게 불평하는 바로 그 순간에도 그 여자의 나라에서는 수십만의 양심범에게, 특히 여자들에게 그 고문도구가 사용되고 있었다. 전기충격봉 제조사는 그것이 "중국의 법집행 관리들을 위한 아주 이상적인 도구"라는 어처구니없는 말까지 했다.

"당신의 정부가 사라 리우 같은 사람들의 입에 이 충격봉을 넣는 것은 못 본 체하면서 어찌하여 내가 단지 6초 동안 실연(實演)한 것 가지고 위협을 느꼈다고 주장하는 거요?" 나는 항의했다.

그러나 아무런 조사나 질문도 없이 유엔 직원들은 내 목에 걸린 유엔 배지를 떼어내고 나를 방 밖으로 몰아낸 다음 유엔 경찰차 안으로 몰아넣었다.

물론, 이 모든 과정에는 중국의 배후조종이 있었다. 내가 떠난 후 중국 대표단은 일부러 자꾸 트집을 잡아 사무국이 끼어들도록 만들었고, 그런 식으로 회의시간이 거의 한 시간이나 점점 잠식되었기 때문에 결국 위원회의 정규 회의진행이 불가능해졌다.

후에 미국 하원은 이 사건에 대해 증언해달라고 내게 요청했고 나는 이런 말로 그 사건을 요약해 증언했다.

"약 9년 전에 베이징 경찰청은 내게 불법 종교활동이라는 누명을 씌워 나를 우리 집 앞에서 강제로 경찰차에 태워 감옥으로 끌고 갔습니다. 그런데 슬프게도 이번에 나는 두 번째로 경찰차 안으로 강제로 던져졌습니다. 그렇게 한 것은 유엔 경비원들이었습니다. 내가 그런 대우를 받게 된 유일한 이유는 고문하는 자들을 옹호하는 대표단이 유엔 사무국에 접수한 불평 때문입니다."

슬프게도, 유엔에서의 내 증언은 국제 여성의 소리의 1년 간 활동정지라는 결과만 낳았고, 차이 목사를 위해서는 아무 성과를 내지 못했다. 중국 정부가 차이 목사에게 본래의 형량보다 다섯 배나 많은 15년 형을 내리도록 준비하라는 지시를 법원에게 내렸다는 소식이 차이 목사와 그의 변호사에게 전해졌다.

한편, 배부르고 등 따뜻한 유엔 대표단들의 거짓된 의도적 분노의 소동이 일어난 곳에서 너무나 멀리 떨어져 있는 중국에서는 경찰청 요원이 차이 목사를 변호하도록 고용된 변호사를 체포했다. 부시 대통령이 다가오는 올림픽에 대해 의논하러 베이징을 방문하기로 예정된 가운데 중국은 중국의 인권침해 사건들이 미중 정상 회담의 의제(議題)가 되지 못하도록 갖은 수단을 다 쓰고 있었다. 우리의 변호사는 베이징에서 160킬로미터 떨어진 곳으로 일단 은신했다. 그러나 차이 목사가 감옥에 있고 그의 변호사가 은신했지만 그들은 여전히 자유세계의 지도자의 마음과 생각 속에 있었다.

"내가 중국인들에게 말하고 싶은 것은 … 자유로운 사회가 중국의 이익에 부합된다는 것입니다." 부시 대통령은 일본의 고이즈미 총리와의 회담 때에 말했다. 부시 대통령은 "중국은 국가의 통제 없이 예배하고 처벌에 대한 두려움 없이 성경과 종교문서를 인쇄할 수 있는 자유를 국민에게 허락해야 합니다"라고 말했다. 사실, 그의 아시아 순방의 주제는 종교의 자유였다. 중국에 도착한 후 그는 내가 전에 출석했었던 광와시 교회를 방문했다. 70세 된 목회자가 교회에 난리가 난 가운데 설교단에서 끌려 내려오는 사건이 일어났던 바로 그 교회였다. 헤드폰으로 전달되는 설교의 통역을 듣고 난 후 부시와 퍼스트레이디는 교회의 계단에 서서 말했다. "주님의 영이 이 교회 안에 강하게 임재하십니다. 중국 사회에서 공개적인 예배가 허락되지 않은 것이 그렇게 오래 전의 일이 아닙니다. 나는 중국 정부가 예배를 위해 공개적으로 모이는 그리스도인들에게 두려움을 주지 않기를 바랍니다."

중국 정부의 언론이 종교자유와 성경인쇄에 대한 부시의 언급을 차이 목사와 연결 짓는 데에는 그리 오랜 시간이 걸리지 않았다. 차이 목사는 3년만 복역한 후 출소했다.

부시 대통령은 자기가 종교의 자유를 매우 소중히 여긴다는 걸 여러 차례에 걸쳐 보여 주었다.

2006년 4월 나는 수도 워싱턴에서 열리는 '프리덤 인 차이나'(Freedom in China)의 2006년 수뇌회담에 참석해달라고 일곱 명의 중국 인권운동가에게 초대장을 보냈다. 그 일곱 명 중 네 명이 회의에 참석할 수 있는 입장이었다. 한 사람은 광둥 성(省) 출신의 변호사 꾸오 페이시웅(Guo Feixiong)이었다. 그는 소외된 사람들을 위해 일했기 때문에 '맨발의 변호사'로 알려졌다. 또 한 사람은 법학자 리 바이꽝이었는데 그는 가정교회 지도자들에게 그들의 법적 권리에 대해 가르쳤고 중국 정부에게 정부의 종교정책을 원칙대로 시행하라고 촉구했다. 또 한 사람은 법학과 교수이며 블로그 운영자인 왕 이(Wang Yi)였고 네 번째 사람은 중국 최고의 평론가 중 하나인 위 지에였다. 변호사 까오 지성, 헌법학자 판 야펑 박사, 그리고 변호사 짱 싱쑤이는 중국 경찰당국의 방해로 내 초청에 응하지 못했다. 회담이 끝난 후 네 명의 중국 반체제인사는 나와 함께 미들랜드로 와서 차이나에이드에서 함께 시간을 보내게 되었다. 바로 그때 아주 중요한 전화 한 통이 백악관에서 걸려왔다.

"부시 대통령이 당신과 당신의 동료 반체제인사들을 대통령 집무실로 불러 종교자유 문제에 대해 논의하기를 원합니다." 수화기 저쪽에서 들리는 목소리였다. 나는 매우 기뻤다. 내가 '프리덤 인 차이나'(Freedom in China)의 2006년 수뇌회담 전에 대통령 면담을 공식적으로 요청하고 백악관에서의 고위급 회의에 몇 번 참석한 것은 사실이었다. 하지만 그럼에도 불구하고 대통령과의 면담이 실제로 성사될 것이라는 징후는 사실 없었다.

백악관 관계자는 대통령과의 면담 때에 참석할 사람들의 이름을 알려달라고 요청했다. 통화가 끝난 후 나는 즉시 명단작성에 들어갔다. 내가 초대한 네 명의 손님들의 이름을 써내려갈 때 내 입이 귀에 걸렸다. 백악관 공식 초청이 그들의 삶을 영원히 바꿔놓을 것임을 알았기 때문이다.

세 명의 그리스도인 반체제인사는 우리 차이나에이드 사무실에서 내 스태프와 성경공부를 하고 있었다. 나머지 한 사람 꾸오 씨(氏)는 신자가 아니었기 때문에 성경공부에는 참석하지 않았다. 나는 사무실로 돌아가서 왕이, 위 지에 그리고 리 바이꽝에게 백악관 초대의 소식을 알렸다. 내 목소리는 흥분으로 떨렸다.

"누가 가는 것입니까?" 위 지에와 왕 이가 물었다.

"여러분 모두하고 꾸오 씨(氏)가 갑니다." 내가 신나서 대답했다. 그런데 내 입에서 꾸오 씨의 이름이 떨어질 때 위 지에와 왕 이가 고개를 떨어뜨렸다. 사실, 수도 워싱턴으로 갈 때 나는 반체제인사들 사이에 미묘한 긴장감이 감도는 걸 느꼈었다. 구체적으로 말하면, 위 지에와 왕 이가 꾸오 씨를 좋아하지 않는 것 같다고 느꼈다. 하지만 그 이유를 알 수는 없었다. 위 지에와 왕 이의 반응에 나는 당혹감과 짜증을 느꼈다. 그러다가 그들이 꾸오 씨를 어느 정도로 안 좋아하는지를 알게 되었다. 그들은 점심시간 전에 나를 잠깐 불러내더니 산책을 하며 사적인 대화를 나누자고 했다.

"만일 꾸오 씨가 간다면…." 그들이 말했다. "우리는 가지 않겠습니다."

"무슨 말입니까?" 내가 걱정스러운 표정으로 물었다. 나는 혼란스러웠고, 심지어 협박당한다는 느낌도 약간 들었다.

"꾸오 씨가 백악관 방문자 명단에 들어간다면 우리는 백악관 회의에 불참할 것입니다."

나는 서로 간에 알력이 있는 양측의 싸움에 나도 모르게 휘말리게 되었다고 직감했다. 기독교 인권운동가 위와 왕은 정부의 제도 안에서 일하자는 보다 온건한 노선을 견지한 반면, 비기독교인 꾸오는 제도를 개혁하기 위해 싸우는 인권운동가이었다. 사실, 꾸오는 까오 지성(Gao Zhisheng)과 함께 중국 변호사 인권운동의 선구자이었다.

후에 다른 반체제인사 리 바이꽝 박사가 내게 알려주었다. "꾸오가 백악관 방문자 명단에 포함될 경우에는 백악관 회의에 불참하자고 위와 왕이 내게 로비를 했지만 나는 거절했습니다. 나는 우리를 초청한 당신의 결정에 따를 것입니다."

나는 사무실로 돌아와 앞으로 어떻게 해야 할지 고민했다. 시시한 언쟁과 영역싸움이 지극히 좋은 기회를 망칠 것 같아서 애가 탔다. 꾸오의 초대를 취소하면 그가 몹시 분개할 것이 분명했다. 반면, 백악관에 가서 위(Yu)와 왕(Wang)의 불참에 대해 변명하는 것은 더욱 난처한 경우가 될 것이 뻔했다.

위 지에, 왕 이, 그리고 마침 당시 미들랜드를 방문 중인 타이완의 목사

겸 변호사 데이비드 청이 방으로 들어왔고 나는 백악관 방문 문제를 놓고 기도하자고 제안했다.

기도가 끝난 후 왕 이와 나는 차이나에이드 사무소의 다른 방에 있는 꾸오에게 갔다. 그것은 내 인생에서 가장 곤란한 순간이었다. 왕 이는 꾸오에게 "기도를 해보니까 우리는 당신이 대통령 면담에 가지 말아야 할 것 같다고 느꼈습니다"라고 진지하게 말했다. 그러나 중대한 결정을 앞두고 하나님의 인도를 구한다는 것이 매우 경건한 것처럼 들리겠지만 우리의 행동은 사실 매우 비겁한 것이었다. 어떤 의미에서 우리는 내가 불편한 마음으로 내린 결정을 정당화하기 위해 기도를 이용했다. 꾸오는 엄청 화를 냈고 심지어 판 박사, 까오 지성 변호사, 그리고 짱 싱쑤이에게 전화를 걸어 우리가 결정을 번복하도록 설득해달라고 부탁했다.

나는 머뭇거리며 꾸오에게 직접 말했다.

"페이시옹…." 내가 입을 열었다. "할 말이 있습니다." 마음은 무거웠고 입이 도저히 떨어지지 않았지만 그를 대통령 면담에 초대하지 않는다고 말했다.

그를 백악관 방문자 명단에서 뺀 것은 정말로 내가 원하지 않았던 결정이었다. 그 다음날, 그 전부터 예정된 뉴욕의 약속에 꾸오를 보내면서 나는 내 결정이 어떤 배경에서 내려졌는지를 그에게 설명했다. 그는 내 설명에 동의하지는 않았지만 그래도 우리의 백악관 방문에 어떤 항의로 찬물을 끼얹지는 않았다. 내게 예의를 보인 것이었다! 내가 백악관에 방문자 명단을 새로 제출한 후 그는 내게 편지 한 통을 건넸다.

논쟁이 있었지만 결국 세 명의 반체제인사, 데보라 파이크스, 그리고 내가 워싱턴으로 가게 되었다. 그것은 중국의 가정교회 운동의 역사에서 전례 없는 역사적 사건이었다. 나는 방문자 명단을 둘러싼 사소한 언쟁을 잊어버리고 당면한 대통령 면담에 집중하려고 노력했다. 자유세계의 지도자는 중국에 분명한 메시지를 보내고 있었다. 그가 중국의 종교탄압을 알고 있으며 미국은 자유의 가치를 소중히 여긴다는 것이 그의 메시지였다!

"대통령께서는 당신을 만날 준비가 완전히 되어 있지는 않습니다." 국가안전보장회의의 팻 데이비스가 말했다. 그녀는 대통령 집무실 회의를 내게 통보한 사람이었다. 그녀는 약간 불안해 하는 것 같았다. "정말 죄송하게 되었습니다."

우리는 대통령 집무실 밖에 앉아 있었다. 가장 좋은 옷을 입고 있었지만 편하지는 않았다. 이미 우리의 회의는 몇 번 연기되었다. 내가 볼 때, 국무부의 일부 보좌관들이 우리와의 면담을 강하게 반대하는 것 같았다. 미국 권력의 최고 심장부인 대통령 집무실 안으로 우리를 불러들이면 그동안 공들인 중국과의 관계에 찬물을 끼얹는 것이라고 반대자들이 주장했다. 우리가 백악관에 도착하기 며칠 전부터 그들은 우리를 어떻게 다루는 것이 최선인가를 두고 고심을 거듭했다. 국가안보 보좌관 스티브 해들리가 개입해서 우리는 마침내 초대를 받았다. 하지만 막판에 다시 일이 꼬이는 것 같았다.

"기다리시는 동안 커피나 차를 좀 드시겠습니까?" 한 직원이 우리에게 물었다.

사실, 그날 아침 이른 시간에 주중 미국대사 클라크 T. 랜트가 급히 비밀 전문을 백악관으로 보냈었다. "만일 이 반체제인사들에게 백악관집무실에서 대통령과 면담하는 영예가 주어진다면 그들이 중국에 귀국할 때 그들의 안전을 보장할 수 없다는 중국 고위 관리들의 협박이 있었다"는 것이 그 전문의 내용이었다. 이것이 반체제인사들의 체포나 처형을 의미한다고 해석한 백악관은 대통령 면담이 그들을 위험에 빠뜨리는 것이 아닌가 하고 고민했다.

우리가 워싱턴에 머물 동안 우리를 백악관 서쪽 부속건물에서 만난 대통령 선임보좌관 마이클 거슨은 훗날 그의 책《영웅적 보수주의》에서 그 당시의 막후 스토리를 이렇게 회고했다.

우리에게 전개된 상황은 윤리적 문제를 제기했다. 중국 반체제인사들의 생명이 위험해질 수도 있으므로 회의를 취소해야 하는가? 나는 유사한 경우를 가정해보았다. 과거에 솔제니친(러시아의 소설가, 공산주의 비판가)이나 사하로프(소련의 핵물리학자, 인권운동가)가 소련 공산주의에 대항해 반체제 활동을 벌일 때 내가 그들에게 "당신의 반체제 활동이 세상에 더 많이 알려지면 소련정부의 손에 목숨을 잃을 수도 있으므로 반체제 활동을 자제하십시오"라고 조언했을까? 물론, 아닐 것이다. 전쟁터에서 다른 이들의 목숨을 구하는 위험하고도 영웅적인 작전에 참가할 것인지를 놓고 고민하는 병사에게 "그 작전이 실패하면 당신의 목숨을 잃을 수도 있으므로 참가하지 마십시오"라고 말할 것인가? 그 병사가 그 작전의 위험성을 충분히 알고 있다면 나는 그렇게 말하지 않을 것이다. 내가 인간생명의 가치를 깊이 존중하지만 그럼에도 불구하고 목숨을 건 영웅적 작전에 반대하지 않을 것이다.

_마이클 J. 거슨, 《영웅적 보수주의: 공화당이 미국의 이상을 고수해야 하는 이유》
(뉴욕: HarperOne, 2008), 97.

백악관 관리는 우리를 위해 결정을 내리지 않았다. 대신, 우리가 기다리고 있는 방으로 들어와 그동안 막후에서 벌어졌던 과정을 이야기해주고 우리에게 결정을 맡겼다. "상황이 이렇게 되었는데 그래도 대통령을 만나겠습니까?"

그러나 우리는 고민할 필요조차 없었다. 중국 정부의 전술을 누구보다 더 잘 아는 것은 바로 우리였다. 우리 모두는 감옥살이를 한 경험이 있거나 계속적인 감시를 받아온 사람들이었다. 우리는 중국 정부에게 무릎을 꿇지 않겠다고 이미 오래 전에 결심한 사람들이었다. "물론 대통령을 만나겠습니다." 우리 모두가 말했다. "그래서 여기까지 온 것입니다."

우리의 결정을 전해들은 부시 대통령은 즉시 사람을 보내 우리를 불렀다. 우리가 백악관의 품격 있는 복도로 걸어갈 때 나는 하나님께서 주신 좋은 기회에 머리 숙여 감사했다. 미천한 가정에서 성장한 나는 내가 그저 그런 사람밖에 되지 못할 거라고 믿었던 고등학교 급우들에게 '푸 총리'라고 놀림감이 되었었다. 그랬던 내가 이제 자유세계의 지도자를 만나게 되었다.

"여기서 기다리세요." 한 여자가 내 어깨에 살짝 손을 얹으며 말했다. 우리가 대통령 집무실에서 불과 몇 발자국 떨어진 곳에 서 있다고 생각하니 가슴이 두근두근했다. 그곳은 내가 꼬마시절에 시골마을에서 책을 읽을 때부터 수없이 들어왔던 곳이었다. 바로 그곳에 내가 서 있었다!

"미안합니다." 그녀가 아주 조용히 말했다. "안으로 들어가실 수 없습니다." 보아하니 막판 협상 과정에서 두 가지 양보가 있었던 게 분명했다. 첫째, 대통령 면담장소가 대통령 집무실이 아니라 대통령 사저 안의 '노란 타원체'라고 불리는 방으로 바뀌었다. 둘째, 우리 중 한 사람에게는 대통령 면담이 허락될 수 없었다. 그 한 사람은 정보 누설자요 말썽쟁이인 봅 푸였다!

나는 말로 다 표현할 수 없을 만큼 실망했지만 옆으로 비켜섰고 내 친구들은 부시 대통령, 체니 부통령, 거슨 국가안보보좌관, 그리고 다른 참모들을 만나러 들어갔다. 내가 실망한 것이 사실이지만 어차피 나는 그동안 내가 높아지려고 수고했던 것이 아니었다. 한 가지 분명해진 것은 중국 정부가 여전히 나를 정조준하고 있다는 것이었다. 대통령과의 면담이 끝난 후 내 친구들은 면담의 내용을 완벽하게 요약해서 내게 이야기해주었다. 그들의 말에 따르면, 부시 대통령은 "여러분 모두가 가정교회 교인으로서 자유를 사랑하는 분이라는 이야기를 들었습니다"라고 말하며 반갑게 맞이했다고 한다. 그들이 중국의 인권을 위한 그들의 투쟁에 대해 이야기한 후에 아주 가슴 찡한 일이 있었다. 그것에 대해 거슨은 그의 시각에서 아주 잘 묘사했다.

> 면담이 끝나갈 무렵 중국의 반체제인사들은 대통령과 함께 기도하고 싶다고 말했다. 방안의 모든 이가 일어섰고 대통령은 서로 손을 잡자고 제안했다. 어색함 때문에 힘들어하는 표정이 잠시 부통령의 얼굴을 스쳤다(틀림없이, 부통령 체니의 출신지역에서는 손을 잡고 기도하는 게 흔한 일이 아니었을 것이다). 하나님의 자비와 가호와 보호를 구하는 기도를 짧게 드린 후 대통령은 반체제인사들에게 사진을 함께 찍자고 말했다. 그들이 떠날 때 대통령이 이렇게 말했다. "이제 내가 여러분의 얼굴을 보았고 여러분의 이름을 알게 되었습니다. 이제부터 내가 중국의 인권에 대해 말할 때마다 여러분을 생각하게 될 것입니다."
> _같은 책, 98.

그 후 백악관은 그 반체제인사들을 보호하기 위해 나름대로 조치를 취했다. 부시 정부의 고위관리의 말에 따르면, 대통령은 비공식 루트를 통해 중국 정부에 "나 부시 대통령은 이 세 명의 반체제인사들의 안녕에 개인적으로 지대한 관심을 가지고 있습니다. 만일 이 세 사람에게 무슨 일이 생긴다면 미국과 중국의 관계가 심각히 손상될 것입니다"라는 메시지를 보냈다고 한다. 그 세 사람이 베이징 공항에 도착했을 때 미국의 외교관들이 그들을 만났고 그들과 긴밀히 연락을 유지했다. 사실, 중국의 어떤 특별요원이 리바이꽝 박사에게 다가가 "미국의 대통령이 당신을 친구라고 불렀으니 이제 우리가 더 이상 당신을 육체적으로 해칠 수는 없을 거요. 하지만 당신이 중국의 시민이므로 여전히 조심해야 하오"라고 말했다.

부시 대통령과의 면담이 성공적으로 끝났지만 꾸오는 자신이 홀대받은 것에 대해 그들에게 여전히 화가 나 있었다. 면담 후 8일이 지났을 때 그는 자신이 면담에서 배제된 것에 항의하는 글을 중국어 웹사이트에 올렸다. 그로 인하여 중국 인권운동가 그룹에서는 큰 논란이 일어났다. 충분히 이해가 되는 일이었다. 그의 글이 널리 알려진 후 나는 사과문을 발표했지만 내가 그에게 입힌 피해를 되돌릴 수는 없었다. 내 결정 때문에 그가 고위층 인사들과 교분을 쌓을 수 있는 위치에 올라가지 못했기 때문이다.

부시 대통령 면담에서 제외된 후 몇 달이 못 가서 그는 체포되었다.

하나님께서 준비하신 시간이 되었을 때 나는 결국 부시 대통령을 만나게 되었다. 2008년 7월 29일 정오 직전에 나는 2008년 올림픽을 앞두고 인권문제를 논의하기 위해 부시 대통령과 다른 네 명의 인권운동 지도자를 만났다. 그 다음 주에 베이징올림픽이 개막될 예정인 가운데 우리의 대통령 면담은 미국이 우선적으로 관심을 갖는 것이 무엇인지에 대해 중국에게 강력한 메시지를 보내는 것이었다. 우리와 만났을 때 부시는 이렇게 말했다. "나는 중국 국가주석 후진타오에게 인권침해 사례들에 대해 이야기하고 싶습니다. 그리고 그의 나라의 그리스도인들이 사랑을 베푸는 평화적인 사람들이기 때문에 중국이 그들을 두려워할 필요가 없다고 말해주고 싶습니다."

또한 그는 종교의 자유에 대해 중국 국민에게 말할 수 있는 기회를 만들려고 했다. 나는 '중국을 위해 기도해주세요' 라는 문장이 검은색 글씨의 영어와 중국어로 쓰여 있는 회색 팔찌 몇 개를 그에게 주었다. 차이나에이드가 순교자의 소리와 협력하여 만든 그 팔찌들은 세계의 눈이 총알처럼 빠른 운동선수들과 새로 지은 올림픽 경기장과 고가의 상업광고에 집중되는 순간에도 중국의 신자들이 믿음 때문에 구타와 투옥과 심지어 죽음으로 내몰리고 있다는 걸 사람들에게 상기시키기 위해 만들어졌다.

부시 대통령이 종교의 자유에 대해 그토록 지대한 관심을 보인 것은 정말 감동적이었다. 그는 그의 임기의 마지막 시기까지 계속 그런 관심을 보였다. 대략 비슷한 시기에 아주 유사한 이름을 가진 두 변호사 까오와 꾸오가 박해를 받았다. 그들의 가족들은 중국을 탈출해 미국에 정치망명을 신청하지 않을 수 없었다.

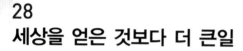

28
세상을 얻은 것보다 더 큰일

　꾸오 페이시옹은 가장 성공적인 중국 인권변호사 중 하나인 까오 지성과 함께 일했다. 베이징의 가정교회 연합체를 위한 변호인단의 일원인 까오 지성은 많은 비방과 박해의 대상이 된 파룬궁 같은 비기독교 소(小)종파의 자유를 옹호했고 차이 목사의 변호에도 도움을 주었다. 그런 활동 때문에 변호사 면허가 취소되었고 그의 사무소가 폐쇄되었다. 그럼에도 불구하고 그가 박해받는 사람들에게 법률자문을 계속 해주자 특별요원들이 박해받는 사람들의 집에 상주하면서 밤새도록 전등을 켜놓아 잠을 자지 못하게 했다. 심지어 그들에게서 정보를 캐내기 위해 그들의 어린 아들을 굶기기까지 했다. 또 그들의 딸을 학교까지 따라가 급우들이 보는 데서 두들겨 팼다.

　차이나에이드의 노력에 힘입어 미국하원은 중국 정부가 까오의 가족을 그만 괴롭히도록 요구하는 결의안을 통과시켰다. 까오는 체포되어 신문을 받고 정신적으로 고문당하고 벌거벗겨지고 신체의 은밀한 부분에 전기봉으로 충격을 당한 다음에 풀려났다. 풀려난 후 그는 그의 자유의 시간이 얼마 가지 않아 끝날 것을 알았기 때문에 그의 가족이 산악지역을 통해 국경을 넘도록 계획을 세웠다. 물론, 그 계획은 종교 때문에 박해를 당하는 사람들을 위한 탈주자 구출 지하조직의 많은 신자들을 도움 위에서 세워졌다.

그 즈음 꾸오 페이시옹도 중국의 남부도시 광쪼우에서 체포되어 불법 사업체 운영이라는 누명을 쓰고 기소되었다. 그것은 그가 그의 동역자 까오의 체포를 세계에 알린 것에 대한 보복조치였다.

∞

어느 날 아침 나는 자유아시아방송(Radio Free Asia)에서 일하는 친구로부터 까오의 가족이 방콕에 도착했다는 소식을 들었다. 나는 백악관과 미국무부로부터 보장을 받고 그날 오후에 방콕 행 비행기 표를 샀다. 그것이 내가 그때까지 구입한 가장 비싼 비행기 표였지만 한 시도 지체할 수 없었기 때문에 어쩔 수 없었다. 방콕에 도착한 나는 까오의 가족이 숨어 있는 한 작은 집으로 갔다. 어떤 파룬궁 신봉자 가족이 종교의 자유를 위해 노력한 까오에게 보답하는 의미에서 까오의 가족에게 은신처를 제공했던 것이다. 침실이 하나 밖에 없는 그 작은 집에는 매트리스조차 없었기 때문에 모든 사람이 바닥에서 잠을 자야 했다. 나는 거기서 까오의 가족과 함께 중국의 신년(新年)을 보냈다.

지하교회의 노력 덕분에 꾸오의 아들도 구조되어 방콕에 도착했다. 태국에 있는 동안 나는 그 어린 아이를 만나 그 아이가 까오의 가족과 함께 지내도록 주선했다.

그들의 중국 탈출과 은신이 여론의 주목을 많이 받았기 때문에 이미 중국 정부가 그들을 붙잡기 위해 혈안이 되어 있을 가능성이 높았다. 그래서 나는 까오의 가족을 파룬궁 신봉자의 집에서 호텔로 옮겼고, 그 후 다시 다른 호텔로 옮겼다. 그때 나는 그들이 위험에 빠지지 않도록 서방의 호텔 체인점에 속한 호텔들만 골라서 그들을 투숙시켰다. 그러다가 결국 외국인들이 많이 사는 국제 지구에 있는 아파트를 빌렸다. 며칠마다 호텔을 옮기느라고 우리 모두가 충분한 잠을 자지 못했고 까오의 가족이 지칠 대로 지쳤기 때문이다.

그러던 어느 날 전화가 걸려왔다. 까오였다! 그는 그의 고향 산시 성에서 열린 친척의 결혼식에 참석하고 있었다. 그런데 자신이 미행당하고 있음을 알고 전화를 빌려 화장실로 가서 그의 가족에게 전화를 건 것이었다. 그 전화통화는 그가 사라지기 전에 그의 가족과 마지막으로 하는 전화통화가 될 가능성이 아주 높았다.

"나는 당신들을 천국에서 보기 원합니다." 그가 말했다.

나는 내가 가져온 '예수님 영화'를 그의 가족에게 보여주었다. 아이들은 어렸고 순수한 믿음으로 충만했다. 영화에서 예수님이 십자가에 못 박혀 죽으신 다음 다시 부활하신 것을 보고 눈물을 흘리며 믿었다. 영화가 끝난 후 어린 남자아이가 내게 오더니 태국 동전 몇 개를 내 손에 쥐어주었다.

"이건 예수님께 드리는 거예요." 예수님을 믿은 지 불과 몇 분밖에 안 되었지만 그 아이는 그의 주님께 헌금을 드린 것이었다! 하지만 까오의 아내는 기독교에 대해 확신이 없었다. "내 아이들이 예수님을 믿을 수 있습니다." 그녀가 내게 말했다. "하지만 파룬궁에서 많은 도움을 얻었기 때문에 나는 파룬궁을 믿을 수 있습니다."

그러나 그녀와 까오 사이의 마지막 대화에서 그는 "나는 당신과 영원히 떨어져 있기를 원하지 않아요. 공산당이 지금 당신에게서 나를 빼앗아간다 할지라도 나는 죽음 후에라도 당신을 다시 만나고 싶어요"라고 말했다. 그 것은 가슴을 찢어놓는 대화였다.

대화가 끝날 때 그는 내게 말했다. "내 가족을 당신에게 맡깁니다."

"우리가 당신도 구해주기를 원하지 않습니까?" 내가 물었다. 나는 그가 갈등하고 있다는 걸 알 수 있었다. 그는 중국에 남아 종교의 자유를 위해 싸우는 게 자기의 소명이라고 느꼈다. 2009년 1월 16일 나는 그의 가족을 태국에서 미국으로 보내기 위해 백악관과 국무부에 전화를 걸었다. "우리는 까오의 가족이 미국에 정치망명을 하게 해야 합니다."

"오늘이 부시 행정부의 마지막 업무일인 걸 모릅니까?" 관계자가 말했다. "지금은 권력 이양기입니다."

"까오의 가족을 전혀 도와줄 수 없습니까?"

수화기 저쪽에 있는 사람이 잠시 말을 멈추었다.

"좋습니다." 그가 말했다. "하지만 당신이 몇 시간 늦게 전화를 했다면 우리의 컴퓨터가 모두 꺼져서 사용할 수 없게 되었을 것입니다."

종교 분야의 반체제인사들이 다시 한 번 더 백악관의 전폭적 협조를 이끌어냈고 백악관은 까오 가족의 망명절차를 시작해서 유엔을 거치지 않고 그들을 직접 난민으로 받아들였다. 그들이 태국에서 위험과 위협에 노출되어 있었기 때문에 미국은 그들을 정치적 난민으로 간주했다. 그 결과, 그들의 미국 입국을 위한 서류처리가 11일 만에 완결되었다. 이것은 정부의 행정업무 처리에 있어서 기적 같은 일이었다!

미국정부가 그들의 입국을 허락했지만, 그러나 태국은 그들에게 여권이 없다는 이유로 출국을 허락하지 않았다. 중국 정부가 혈안이 되어 그들을 쫓고 있는 가운데 나는 태국정부가 그들의 출국을 허락하도록 압력을 넣기 위해 다시 수도 워싱턴으로 날아갔다. 워싱턴에 있는 동안 나는 까오의 가족처럼 꾸오의 가족에게도 신속히 미국 입국허가를 내주라고 국무부를 설득했다. 그러나 백악관의 주인이 바뀌고 새 행정부가 들어섰기 때문에 중국의 박해받는 사람들에게는 모든 게 훨씬 더 어려워졌다.

내가 방콕을 떠난 후 꾸오의 아내와 딸이 도움을 받아 중국을 탈출해 태국에 도착했다. 그러나 미국무부는 그들을 직접 받아들일 수 없으므로 유엔에서 난민 지위를 얻으라고 말했다. 하지만 유엔에서는 중국 정부의 영향력이 매우 컸다. 나는 텍사스에 있으면서 꾸오 가족의 난민 지위 획득을 위한 신청서를 이메일로 꾸오 가족에게 보냈다. 하지만 그들이 유엔에 서류를 접수하려고 했을 때 우리의 우려대로 유엔은 서류접수를 거부했고 오히려 그들에게 중국으로 돌아가라고 말했다.

내가 꾸오의 가족이 처한 어려움에 대해 소식을 들은 것은 내 가족과 함께 오클라호마 주(州)의 친구들을 방문한 후 집으로 돌아가던 중이었다. 우리 가족은 주간(州間) 고속도로를 달리고 있었다. 아이들은 뒷좌석에서 졸고 있고 우리는 음악을 들으며 잡담을 하고 있었다. 그때까지 하이디와 나는 내가 집에 돌아가 처리해야 할 일에 대해 이야기하고 있었다. 좀 더 구체적으로 말하면, 아내는 내가 텍사스로 돌아가 자기와 아이들의 비자 신청을 해야 한다고 상기시켜준 것이다. 아내와 아이들이 홍콩으로 여행하기를 원했기 때문이다.

"내가 우리 가족 모두의 여권을 당신의 여행용 가방에 넣었어." 그녀가 나를 부드럽게 팔꿈치로 찌르며 말했다. "텍사스로 돌아가서 당신이 비자 신청을 할 수 있도록 말이야."

나는 미소를 지었다. 내가 박해받는 교회를 위해 아무리 열심히 싸우는 사람이라 할지라도 남편으로서 아내를 위해 해야 할 일들이 있었다. 잔디를 깎는 일도 역시 내 몫이었다. 그런 대화를 나누던 중 핸드폰 벨이 울렸다.

"유엔이 꾸오의 가족의 난민 신청을 받아주지 않았습니다."

통화를 끝낸 후 나는 내 가족을 쳐다보았다. 우리 가족은 지구 반대편에서 벌어지고 있는 다른 신자들의 안타까운 일을 까맣게 모른 채 우리의 청색 밴(van)에 편안히 앉아 있었다. 물론, 내 가족도 나의 인권보호 사역 때문에 나름대로 대가를 치렀다. 우리 아이들이 태어난 이래 나는 줄곧 인권을 위해 싸웠다. 박해받는 자들을 돕기 위해 동분서주했고, 자신의 고통을 세상에 알릴 수조차 없는 사람들을 위해 대신 세상에 소리쳤다. 다르게 말하면, 나는 무지 바쁘게 살아왔다.

미국에서는 바쁘게 사는 부모가 자녀들에게 빵점 부모이다. 종종 나는 목회자들이 가정을 잘 꾸려나가려고 애쓰는 부모들에게 "우리는 질적으로나 양적으로 좋은 부모가 되어야 합니다"라고 설교하는 것을 들었다. 케빈 요크 목사는 하이디와 내가 미들랜드로 온 이후 우리에게 정말 훌륭한 상담을 해주었다. 우선 그는 내게 일과 가족 사이에서 최적의 균형을 찾으라는 유익한 조언을 해주었다. 사실, 특히 필라델피아에 있을 때 나는 아무리 먼 곳이라도 마다하지 않고 달려가 강연을 해주었었다. 그러다 보니까 주말마다 하이디가 아이들을 혼자 돌봐야 했기 때문에 아내나 아이들 모두 무척 힘들어했다.

나의 가족은 나의 사역을 위해 너무나 많은 헌신을 감당해주었다. 내 옆의 첫째 아들 다니엘(보엔), 둘째 딸 트레이시(야닝), 아내 하이디(보춘 차이), 셋째 딸 멜리사(이닝)와 함께(시계 방향).

나는 내가 언젠가 케빈 목사에게 한 말이 생각난다. "케빈 목사님! 이런 경우를 생각해보죠. 내가 한 밤 중에 잠을 자고 있는데 내 일곱 개의 전화 중 하나가 울립니다. 중국에서 전화를 건 사람은 시차 때문에 그 시간에 전화를 한 것입니다. 수화기 저편에서는 여자의 비명소리가 들립니다. 특수요원들이 집으로 들이닥쳐 아이들을 두들겨 패기 때문에 지르는 비명소리입니다. 그녀는 법적인 도움이 필요해 내게 전화를 한 것입니다. 이럴 경우 내가 어떻게 해야 합니까? 이런 질문은 정말 중요한 질문입니다. 미국의 기독교인들에게 있어서, 좋은 부모란 자녀의 바이올린 독주회와 배구연습에 모두 참석해주는 부모입니다. 그러나 한밤중에 내게 전화를 건 여자는 내가 침대에서 나와 그녀가 즉시 변호사의 도움을 받을 수 있도록 도와주기를 바라기 때문에 전화를 건 것입니다. 그러므로 나는 그녀의 상황에 대해 자세히 알아서 영어와 중국어로 보도자료를 만들어 인권문제에 관심이 있는 상원의원과 하원의원에게 보내야 합니다. 물론, 이것은 문제해결을 위한 첫걸음에 불과합니다."

나를 쳐다보는 케빈의 눈에는 눈물이 맺혀 있었다. 그는 여러 해 목회를 하면서 남편들에게 가족과 좀 더 많은 시간을 보내도록 가르친 사람이었다. 남자들에게 "직업과 관계된 일을 좀 뒤로 미루십시오. 때로는 핸드폰을 꺼 놓으십시오"라고 권했었다.

나는 케빈에게 계속 말했다. "또는, 최근에 이런 일이 있었습니다. 꽝시 성 (省)의 한 목사가 요원들이 그의 아내에게 강제 낙태를 시키려고 그녀를 병원으로 끌고 간 후 내게 전화를 했습니다. 그녀는 임신 7개월이었습니다. 그들이 병원에 도착해보니 48시간 안에 강제낙태를 당해야 할 임신부가 80명이나 있었습니다. 나는 이 사건을 세상에 알리기 위해 전미공공방송협회(NPR) 그리고 다른 기자들에게 전화를 걸었습니다. 그러나 기자들이 그곳에 도착했을 때 요원들은 이미 강제낙태를 시행했고 태아는 죽었습니다." 나는 내 핸드폰을 케빈에게 들어보였다. "이것의 벨이 울릴 때마다 생사의 문제가 발생했다고 말해도 과언이 아닙니다."

케빈은 나를 보며 말했다. "형제에게 무엇이라고 조언해야 좋을지 모르겠군요. 일보다 가족에게 우선권을 주라는 내 미국식 상담 테크닉을 쓸 만큼 썼으니 이제 내게 남은 것이 없습니다. 하지만 분명한 것은 형제가 핸드폰을 꺼놓을 수 없다는 것입니다. 형제의 가족이 좀 더 편하게 생활할 수 있도록 도움을 드리기 위해 노력하겠습니다."

나는 케빈과 나눈 이 대화를 지금도 잘 기억하고 있다. 이제까지 내 가족이 나 없이 식사를 하거나 생일축하 파티를 열었던 적이 많고 종종 내 안전을 걱정해야 했기 때문이다. 하나님은 우리가 우리의 십자가를 지고 그분을 따르라고 말씀하신다. 심지어 부모들도 말이다. 이 말씀대로 살기 위해 어떤 아버지는 그분을 따라 학교 성탄절 연극에 가야 할 것이고, 또 어떤 아버지는 축구경기조차 볼 수 없는 전쟁터로 가야 할 것이다. 하나님을 따른다는 것이 무엇인지는 가족마다 다를 것이다.

내가 박해받는 사람들을 위해 싸우면서 동시에 내 가족과 단란한 시간을 보내낼 수 있는 방법이 무엇인지를 묻는다면 그 대답이 간단하지 않을 것이다. 내가 가족과 사역을 조화시키는 것이 미들랜드로 오면서 어느 정도 쉬워진 것은 사실이지만 그래도 올바른 선택에 따르는 고통을 감수해야 할 순간들이 있었다. 가족여행을 끝내고 집으로 차를 몰고 올 때처럼 말이다.

"꾸오의 가족에게 도움이 필요해." 내가 힘들게 말문을 열었다. 하이디도 꾸오를 알고 있었다. 우리가 2006년에 그를 미들랜드로 초대해서 그와 함께 허드슨연구소(워싱턴에 본부를 둔 미국의 보수적 연구소)의 회의와 워싱턴에서의 회의에 참석했었기 때문이다. 하이디가 미소를 지었지만 그 미소에는 피곤이 배어 있었다. 아이들은 곤히 자고 있었다. "무슨 일이 일어났어?"

"유엔이 그의 가족에게 중국으로 돌아가라고 말했어. 유엔은 그의 정치적 활동이 그 자신의 문제이지 그의 가족의 문제는 아니라고 말하고 있어. 그러면서도 유엔은 중국이 그의 가족에게 몇 년 정도 감옥살이를 시킬 거라고 말해." 내가 믿을 수 없다는 듯이 말했다. "그런데 그 이유가 그들이 정치범이기 때문이 아니라 불법적으로 국경을 넘었다는 혐의 때문이라는 거야."

하이디가 나를 쳐다보았다. "그러면 당신이 그곳에 가야 하는 거야?"

우리는 댈러스의 공항으로 곧장 차를 몰았다. 하이디는 나를 내려주고 나 없이 집으로 돌아갔다. 국제선 탑승입구까지 여행용 가방을 질질 끌며 공항을 통과할 때 나는 내가 꾸오의 체포에 적어도 부분적으로 책임이 있다는 생각을 떨칠 수 없었다. 내가 그를 백악관 방문자 명단에서 빼지 않았다면 중국이 그에게 억울한 누명을 씌워 투옥하는 뻔뻔스런 짓을 하지는 않았을 거라는 생각이 들었다. 나는 그의 가족을 돕기 위해 최선을 다하겠다고 결심했다. 그런데 나의 그런 결심 때문에 내가 큰 죄를 범하게 될 거라는 상상은 전혀 하지 못했다.

∾

나는 방콕의 한 호텔에서 코너를 돌았지만 두 남자와 딱 마주쳤기 때문에 급히 멈추었다. 그들은 검은 머리를 짧게 깎았고 입에서는 냄새가 났다. 비록 그들이 사복을 입고 있었지만 나는 그들이 중국 비밀경찰임을 알았다. 몇 센티미터만 더 앞으로 갔으면 그들과 충돌했을 것이다.

"실례합니다." 나는 내 발을 내려다보며 이렇게 말한 후 호텔의 복도를 계속 걸어가 나의 방, 610호를 그냥 지나쳤다. 그리고 곁눈질조차 하지 않고 엘리베이터를 다시 타고 로비를 빠져나갔다.

우리가 위험에 빠진 것인가? 중국 비밀경찰은 반체제인사들을 찾기 위해 방콕의 길거리를 샅샅이 뒤진다. 그리고 그들을 납치해 중국으로 송환하여 위법 혐의로 기소한 후 영원히 감옥에 쳐 넣는다. 심지어는 미국의 정치망명을 허락받은 사람들까지도 그렇게 한다. 나는 꾸오 페이시옹의 가족을 돕기 위해 아주 큰 모험을 하고 있는 것이었다. 나는 일을 마치고 내 가족에게 돌아가기를 간절히 원했다.

꾸오의 아내의 이름은 짱 칭이었다. 그녀는 열세 살짜리 딸 사라 그리고 여섯 살짜리 아들 피터와 함께 610호에 숨어 있었다. 그리고 태국의 신자 몇 명과 캐서린이라는 영국 선교사가 그들을 도와주고 있었다. 묘한 것이 하나 있었다. 그들의 방 번호가 610호였는데 파룬궁 박해를 담당하는 중국 경찰의 담당부서가 610호실이었다. 그 부서의 이름이 그렇게 된 것은 1999년 6월 10일에 만들어졌기 때문이다. 하지만 나는 두 숫자의 우연한 일치를 우리 작전에 대한 불길한 징조로 해석하지 않으려고 애썼다.

아무튼 그 가족은 그곳에 오래 있지 않을 것이었다. 3일마다 가방도 들지 않고 호텔을 빠져나와 도시 저쪽에 있는 다른 호텔에 투숙하곤 했다. 그들 대신 캐서린이 밤에 그들의 방으로 가서 그들의 짐을 가지고 새 호텔로 왔다. 그 가족의 어머니는 비자가 있었지만 두 아이는 그렇지 못했다. 따라서 그 가족은 중국경찰뿐만 아니라 태국경찰도 피해 다녀야 했다.

호텔 주위를 한 바퀴 둘러본 후 나는 중국 비밀요원과 마주친 것이 우연이라고 결론 내렸다. 만일 내가 누군지 그들이 알았다면 나는 벌써 그들의 밴에 실려 감옥으로 끌려가고 있을 것이었다. 나는 천천히 걸어서 호텔로 돌아가 꾸오 가족의 방문을 노크했다.

"나예요." 그들은 작은 방에 앉아서 내가 왜 더디게 도착했는지 궁금해 했다. "여기서 나가야 할 것 같습니다."

나는 경찰이 그들을 추적하고 있을지 모른다고 말했다. 칭은 그녀의 가족이 사람 많은 곳에 갔다가 겪은 의심스런 경우에 대해 말해주었다.

"유엔에서 거절당한 후 캐서린과 내가 택시 안에 있는데 다른 차가 와서 우리 차를 들이받았어요." 그녀가 말했다. "우리는 경찰이 오기 전에 택시에서 나와야 했지요. 그런데 내 생각에 그것이 단순한 사고가 아닌 것 같아요."

이미 나는 박해를 피해 도망하는 그리스도인들을 도와주는 영국인 변호사한 사람을 만나서 상의를 했었다. 그는 나를 만나기 위해 런던에서 방콕으로 날아왔다. 그와 나는 칭을 상대로 여러 번 면담을 했고 며칠 동안 잠을 별로 자지 못했다. 그 후, 우리는 유엔 난민고등판무관 사무소의 고위관리를 유엔 공관에서 만나 꾸오 가족의 난민 인정 문제에 대해 이야기를 나누었다.

"이 청원이 성공할지, 또는 얼마나 걸릴지 우리는 모릅니다." 그 관리는 단조로운 억양으로 우리에게 말했다.

"하지만 이 가족은 극도로 위험한 상태에 처해 있습니다." 내가 말했다. "그들을 최대한 빨리 안전한 곳으로 옮겨야 합니다."

"몇 달이 걸릴 수도 있고 몇 년이 걸릴 수도 있습니다." 이렇게 말한 후 우리를 쳐다보는 그녀의 표정에는 '다른 방법은 없나요?' 라는 무언의 질문이 담겨 있었다.

"그들 중 두 명은 아이들입니다." 내가 말했다. "부탁입니다."

"내가 할 수 있는 것은 없습니다." 그녀가 말했다.

서류수속이 오래 걸릴 거라고 생각한 우리는 서류접수조차 하지 않았다. 그 가족은 청원 서류수속이 끝날 때까지 기다릴 여유가 없었다. 매일매일 체포의 위험에 노출되어 있었기 때문이다. 더욱이 이미 일주일을 방콕에서 체류한 나는 미국으로 다시 돌아가 차이나에이드의 일을 처리하고 가족을 돌보고 이미 스케줄이 잡힌 약속장소로 가야 했다. 만일 그 가족이 방콕에 몇 년 동안 숨어 지낸다 해도 내가 태국에 몇 년 동안 체류하는 건 불가능했다. 나는 며칠 더 방콕 체류를 연장했지만 시간은 다 지나가버리고 말았다.

"미안합니다." 여행용 가방을 들고 그들의 호텔 방에 서서 내가 말했다. "방콕에서 빠져나가실 수 있도록 백방으로 애썼지만 … 더 이상 방법이 없습니다. 이제 나마저 떠나야 할 것 같군요." 사라의 눈에 눈물이 가득해졌다. 캐서린조차 나와 눈을 마주치지 못했다. 나는 그들을 원망하지 않았다.

우리는 실패했다.

"우리는 체포될 거예요." 칭이 말했다.

여섯 살 된 피터조차 막대기로 바닥을 두드리는 장난을 멈추고 슬픈 눈으로 나를 올려다보았다. 나는 내 가족을 버리는 것 같았다. 내게도 아내와 딸과 아들이 있었다. 만일 내가 꾸오의 입장이라면, 누군가 내 가족을 위해 어느 정도까지 싸워주기를 바랄 것인가? 얼마나 오래 곁에 있어주기를 바랄 것인가? 어디까지 함께 가주기를 원할 것인가?

그런데 바로 그 순간, 내게 한 가지 생각이 떠올랐다. 미국에서 하이디는 나를 공항에 내려주기 직전에 내게 "우리 아이들이 다음에 해외에 나갈 경우에 대비해 아이들 여권에 비자를 받아놓는 것을 잊지 말아요"라고 말했었다. 내가 비자를 받아놓는 일을 처리하지 않고 방콕으로 왔기 때문에 내 가족 전부의 여권이 내 여행용 가방에 있었다. 방콕의 그 호텔 방에서, 꾸오의 가족과 영국인 선교사가 나를 쳐다보고 있는 상황에서 나는 잠깐 양심의 문제에 부딪혔다.

미국 난민법에 대한 내 제한된 지식으로 판단해볼 때, 만일 어떤 사람이 미국 땅에 발을 딛기만 하면 정치망명을 신청할 자격이 있는 것으로 간주되었다. 내 아이들의 여권을 꾸오의 아이들에게 주어 그 아이들의 여권인 척하면 어떻게 될까? 공항의 검색요원이 속아준다면 우리는 그 다음날이면 미국에 있게 될 것이었다!

내 아이디어를 칭과 캐서린에게 조용히 말했을 때 그들은 망설였다.

"선생님의 딸이 몇 살이죠?" 칭이 내 딸의 여권을 살피며 내게 물었다.

"열 살입니다."

"사라는 열 세 살입니다. 사라가 열 살로 보일까요?"

나는 가방에 손을 넣어 아들 다니엘의 여권을 꺼냈다. 그 아이가 이미 열두 살이므로 여섯 살짜리 피터와는 나이 차이가 너무 났다.

"내가 보기에도 이 방법이 좋은 것 같지는 않군요." 내가 말했다. "하지만 이것이 유일한 방법 같아요."

우리가 앉아 있는 사이에 침묵이 흘렀다. "다른 사람의 여권을 사용하는 것은 큰 범죄입니다." 캐서린이 말했다.

"하나님!" 내가 기도했다. "이런 상황에서 어떻게 하는 것이 윤리적으로 옳습니까?"

그 가족이 붙잡히면 중국으로 송환되어 투옥될 것이 뻔했다. 만일 내가 체포되면 중국이 내게 무슨 짓을 할지 몰랐다. 나는 중국의 국가기밀을 온 세상에 폭로한 사람이었다. 내가 붙잡히면 아마 가족을 다시 볼 수 없을 것이었다. 하지만 나는 그 가족을 도저히 버릴 수 없었다.

나는 아이들과 함께 앉아 내 가족환경에 대해 숙지시켰다. 내 아버지의 이름, 내 어머니의 이름, 내 고향의 성(省), 내가 다닌 학교, 내가 일했던 직장 같은 것을 일러주었다. 캐서린과 칭에게는 합법적인 여권이 있었으므로 미국으로 휴가를 떠나는 여행객으로 위장할 수 있었다. 나는 두 아이를 데리고 미국의 집으로 돌아가는 아버지 역할을 맡게 되었다.

"자 해보자!" 내가 사라에게 말했다. "네 할아버지의 이름이 무엇이니?"

"푸 위보?"

"맞았어!" 나는 피터가 막대기를 손에 쥐고 앉아 있는 바닥에 무릎을 꿇고 그 아이에게 차분히 말했다. "내 말 잘 들어. 너는 말을 하면 안 돼. 영어를 못하는 척 해. 공항 직원이 무슨 말을 하더라도 아무 대답도 하지 마. 수줍어하는 척해."

"그런데 공항 직원이 피터를 열두 살로 보지 않을 것 같은데." 캐서린이 말했다. "키가 내 허리 정도도 안 되는 것 같은데." 그녀는 자기 입술을 살짝 깨물며 생각을 해보더니 "좋은 생각이 있어. 피터를 휠체어에 앉히자. 피터가 장애인인 것처럼 휠체어에 앉으면 키가 얼마인지 알 수 없을 것 아냐."

다음날 우리는 피터의 다리를 붕대로 감았다. 그리고 나는 생애 최고의 도박을 준비했다.

∼

"이것은 원하는 방향으로 밀어주기만 하면 그 쪽으로 갑니다." 검은색 머리에 카셈이라는 이름을 가진 태국 대학생이 미소를 띠고 휠체어를 이리저리 밀며 말했다. 그는 그날 방콕 공항에서 휠체어 관리를 맡은 자원봉사자였다. "혹시 이 아이가 넘어졌나요?"

피터는 나를 보고 입을 살짝 벌렸다가 내 경고의 말을 기억하고는 얼굴만 찡그렸다. '잘 했어!' 내가 속으로 생각했다.

"그런데 어디 출신이에요?" 내가 카셈을 사적인 대화에 끌어들였다. 나는 "이 아이는 트레이시이고…"라고 말하며 사라를 가리켰고, "그리고 이 아이는 다니엘이죠"라고 말하며 피터를 가리켰다. 카셈과 나는 이런저런 잡담을 하며 앞으로 조금씩 이동했다. 시간은 점점 흘러갔다.

출국검사를 받기 위해 늘어선 줄에서 우리보다 열다섯 명 정도 앞서 간 캐서린과 칭은 쉽게 공항 직원의 검사를 통과한 후 태연히 옆으로 비켜서 있었다. 카셈이 공항에서의 그의 새로운 일에 대해 잡담을 늘어놓는 동안 사라와 피터는 아무 말도 하지 않았다.

그 공항에 서 있을 때 나는 임신 중인 하이디와 내가 베이징을 빠져나올 때 느꼈던 두려움이 생각났다. 그런데 이상하게도 나는 꾸오의 가족을 방콕에서 탈출시킬 때 더 큰 두려움을 느꼈다. 아마 그것은 체포되어 중국으로 끌려갈 경우 내가 잃어버릴 것이 더 많았기 때문이었을 것이다. 일이 잘못되면 나는 미국에 있는 하이디, 세 아이들, 불의에 대항해 싸우는 비영리 기구, 그리고 가정을 잃게 될 것이었다. 더욱이, 나는 다른 가족의 미래까지 내 어깨에 짊어지고 있었다. 공항직원이 서서 검사하는 곳까지의 거리가 점점 짧아지고 있었다. 드디어 우리 차례가 되었다.

공항직원들이 내게서 세 사람의 여권을 건네받을 때 카셈이 그들 앞으로 피터의 휠체어를 밀었다. 여권 세 개 중 내 여권이 제일 위에 있었다. 그들은 나를 쳐다보고 다시 내 여권을 본 다음에 고개를 끄덕였다. 그 다음에 트레이시의 여권을 펴서 내 딸의 작은 사진을 보고 사라를 보았다. 그리고 다시 여권을 보았다. 약 2초 후 직원은 고개를 끄덕였다. 나는 안도의 한 숨을 쉬거나 흥분하지 않으려고 애썼다.

공항 여직원이 마지막 여권을 펴서 다니엘의 사진을 볼 때 내 목과 양쪽 귀에서 맥박이 뛰는 게 느껴졌다. 다니엘은 피터보다 여섯 살이나 많았고 피터와 전혀 닮지 않았다. 나는 꼼꼼하게 일을 처리하지 않는 공항 직원을 만나기를 학수고대했지만 이 여직원은 내가 고대한 사람이 아니었다. 그녀의 제복은 다림질이 아주 잘 되어 있었고 구두는 광이 났다. 그리고 얼굴의 피부가 땅길 정도로 머리를 너무 단단히 묶었다.

"뭐가 잘못 되었습니까?" 내가 태연한 척하며 물었다. "문제없는 거죠?"

그녀는 고개를 갸우뚱하더니 동료직원에게 태국말로 말했다. 그녀의 말을 이해할 순 없었지만 나는 그녀의 의심스럽다는 말투에서 그녀가 "이 아이가 이 사진 속의 애와 닮은 것 같아?"라고 말한다고 추측했다. 그녀는 여권을 동료직원의 얼굴 앞에 들이댔고 동료직원은 눈을 가늘게 뜨고 사진을 본 다음 고개를 가볍게 끄덕였다.

"네 이름이 무엇이니?" 그녀가 피터에게 물었다. 하지만 피터는 여전히 아무 대답도 하지 않았다. 우리가 그 아이에게 수줍은 척 하라고 일러주었지만 그 아이는 한 걸음 더 나아가 벙어리인 척했다. "으-으-으-으-으." 그 아이의 입에서 흘러나온 소리였다.

"이름이 뭐야?"

"으-으-으-으-으."

"내 아들은 몸이 안 좋습니다." 내가 설명했다.

그 여직원은 손전등을 꺼내 피터의 귀에 비추었다. 마치 아이를 목욕을 시킨 엄마가 아이의 귀를 검사하듯이 말이다. "봐요. 사진 속의 아이의 귀와 이 아이의 귀가 모양이 달라요." 그녀가 말했다.

우리가 이 여직원 앞에 선 이후 공항의 거대한 시계의 초침이 열 바퀴 정도 돌았다. 그녀가 그때까지 이런저런 질문을 했지만 우리를 체포하라는 지시를 아직 내리지는 않았다. 나는 미소를 지으며 말했다. "이제 보내주시죠. 아이들이 피곤합니다."

"너는 왜 휠체어에 앉아 있니?" 여직원이 피터 앞에 무릎을 구부리고 앉다시피 하면서 물었다. 피터가 알아들을 수 없는 말을 중얼거렸다. 그 아이의 연기력은 대단했다. 만일 그토록 피가 마르는 상황이 아니었다면 나는 그 아이의 연기력에 감탄사를 연발했을 것이다. 그렇게 어린 나이였지만 그 순간이 어떤 상황인지를 정확히 간파하고 있었다.

"무슨 일이 있었습니까?" 그녀가 내게 물었다.

"아, 이번 휴가가 아주 끔찍했습니다." 내가 대답했다. "이 아이가 넘어졌습니다." 피터의 사고(事故)에 관한 이야기를 세부적으로 꾸며낼까 하는 생각이 머리를 스쳤지만, 그럴 경우 속으로 켕긴다는 감정이 내 표정에서 드러날까봐 그만두었다. 그녀는 피터의 다리 위에 덮인 담요를 걷더니 여섯 살짜리의 짧은 다리를 보았다. 그리고 피터의 붕대를 유심히 살폈다.

'이제 끝났구나.' 나는 속으로 생각했다. '누가 이 아이를 열두 살짜리로 보겠나?' 내 운명이 어떻게 될까 하는 생각이 머리를 스쳤다. 출입국관리들이 우리를 즉시 체포할까? 캐서린과 칭이 우리를 여기에 둔 채 미국으로 가야 하는 것인가? 그들이 미국에 가서 내게 닥친 일을 설명해주게 될 건가?

바로 그때 피터가 아주 지저분한, 아니 생각하기에 따라서는 아주 재치 있는 행동을 했다. 나는 내 눈을 믿을 수 없었다. 그 아이의 입에서 거품 같은 것이 흘러나오기 시작했다! 그녀가 자기의 다리를 유심히 살피기 시작하자 그 아이는 우리 모두에게 닥친 위험을 직감했던 것 같다. 여직원이 우리의 여권을 검사하기 시작한 때부터 그 아이는 입 안에 침을 모아두었던 것이 분명했다. 그랬다가 그녀가 자기의 붕대를 살피기 시작하자 침을 흘리기 시작한 것이다.

여직원은 얼른 일어났고 침에 대한 혐오감 때문에 눈이 휘둥그레졌다. 직원들은 그녀에게 화장지를 건네면서 다른 직원들에게 와서 보라고 손짓했다. 그들이 우리의 여권들을 세심히 살펴보는 동안 나는 아무 말도 하지 않고 기도만 했다.

"하나님, 우리를 구하소서."

약 30분이 경과되었고 내 셔츠가 땀에 범벅이 되었다. 내가 셔츠 위에 재킷을 입고 있는 게 감사했다. "이제 되지 않았습니까? 아무 문제없죠?" 내가 결국 입을 열었다.

그 여직원은 그동안 내내 피터의 휠체어에 손을 얹은 채 말없이 서 있던 카셈에게 고개를 돌렸다. "당신 생각은 어때요?" 그녀가 그에게 여권을 건네며 물었다. "이 아이가 사진 속의 애라고 생각해요?" 그녀가 사진을 가리키며 말했다.

"물론이죠." 카셈이 활짝 웃으며 말했다. 나는 짧은 시간이지만 그와 친해진 것에 감사했다.

"좋아요!" 공항직원이 자기 입술을 깨물며 말했다. 나는 그녀의 말이 다 끝나기를 기다리지 않았다. 그녀에게 여권 세 개를 건네받자마자 켕기는 듯한 표정을 보이지 않으려고 애쓰며 얼른 그녀 앞을 지나갔다.

"고마워요." 나는 피터가 탄 휠체어를 건네받으며 카셈에게 말했다. "여기부터는 내가 밀고 갈게요."

∽

우리의 비행기가 공중으로 날아올랐을 때 나는 비로소 숨을 제대로 쉴 수 있었다. 비행기를 타고 공중에 떠 있는 것 자체가 기적이었다. 우리의 비행기가 댈러스공항에 착륙했을 때 나는 자리에서 일어나 박수를 치고 싶은 심정이었다. 드디어 해냈다! 우리는 자유를 얻었다! 나는 빨리 하이디를 만나 우리의 무용담을 들려주고 싶었다. 그리고 다니엘의 머리를 쓰다듬어주고 트레이시를 안아주고 멜리사의 발에 키스하고 싶었다. 그러나 세관 직원이 우리의 여권을 보더니 아주 딱딱하게 말했다. "모두 나와 함께 가셔야겠습니다."

아차 하는 생각이 들었다. 우리의 미국 도착이 출입국 관리시스템에 걸려들 거라고 생각했어야 했는데 그러질 못했다. '다니엘 푸'와 '트레이시 푸'가 출국한 기록이 없는데 어떻게 댈러스공항으로 입국할 수 있겠는가? 우리가 안내를 받아 들어간 특별한 방에는 긴 탁자가 있었다. 중국의 감옥으로 갈지도 모르는 아이들을 천신만고 끝에 구해냈는데 결국 미국에서 구류를 당하게 되는 것인가?

"네가 우리와 함께 가야겠다." 세관직원들이 사라에게 말했다. 사라는 말없이 일어나 방에서 걸어 나갔다. 걸어 나가는 모습이 마치 콜로세움으로 들어가는 검투사 같았다. 나는 그 아이가 20분이 지나도 나오지 않으면 내가 솔직히 털어놓겠다고 생각했다. 나는 그들의 정치망명에 관한 서류를 모두 챙겨서 내 가방에 넣어왔다.

사라는 영어를 조금 했지만 많이는 못했다. 세관국경 수비국 직원들은 전화로 연결된 AT&T의 통역자를 통해 그 아이와 대화했다. 그 아이는 내가 자기의 아버지라고 거듭 주장했다. 하지만 나는 그 아이 혼자 신문당하도록 내버려두는 것이 옳지 않다고 느꼈다. 20분이 지났을 때 나는 직원이 서 있는 작은 창문으로 가서 그에게 "사실, 내가 털어놓을 이야기가 있습니다"라고 말했다. 직원들이 모여 앉은 가운데 나는 모든 걸 털어놓았다.

"그러니까 모든 것은 중국에서부터 시작되었습니다." 갑자기 사무실 안이 시끄러워지기 시작했다.

"선생님, 이 아이의 엄마는 어디에 있죠?" 몸집이 아주 큰 직원이 내게 큰 소리로 물었다. 그는 종교박해에 대한 내 이야기에 흥미가 없었다. 내 설명이 절반 쯤 진행되었을 때 나는 아동 인신매매범이 아닌가 하는 의심을 샀다.

"이미 세관을 빠져나갔습니다." 내가 대답했다. "수하물센터나 승하차장에 있을 겁니다."

공항직원은 내게서 몸을 홱 돌리더니 무전기에 대고 말했다. 공항경찰 전체가 내가 설명한 인상착의의 아시아 여자를 찾으려고 공항을 수색했다. 그들은 칭을 발견했을 때 캐서린까지 체포했다.

나는 일곱 시간 동안 그들에게 신문을 당했다. 나를 대하는 그들의 태도에서는 아동유괴범에게나 보일 법한 경멸감이 줄줄 흘렀다.

"이것은 여론의 주목을 받는 사건입니다." 내가 경찰들에게 분명히 말했다. "여러분은 아주 프로답게 수사해야 할 겁니다."

옆에 붙은 방에서 고위 경찰 중 한 사람이 부하들에게 말하는 게 내 귀에 들렸다. "여보게들! 모든 걸 원리원칙대로 수사해야 해. 이건 아주 큰 사건이야."

내 이야기의 신빙성을 높이기 위해 나는 두 아이의 망명 청원서류를 보여주었다. 그리고 두 아이의 망명을 위해 내가 접촉했던 국무부 사람들의 이름을 말해주었다. 결국 나는 풀려났고 꾸오의 가족은 이민국에 구류 조치되었다. 캐서린의 영주권이 몰수되었고 그녀의 여권에는 '7년간 재입국 금지' 라는 스탬프가 찍혔다. 그녀는 가장 엄한 벌을 받은 것이다. 그녀의 형제가 미국에 살고 있지만 아직도 미국에 들어오지 못하고 있다.

꾸오의 가족은 몇 달 후 정치망명을 허락받았다. 그것은 맨해튼에 본부를 둔 휴먼 라이츠 퍼스트(Human Rights First: 비영리 무당파 인권단체)를 통해 댈러스의 한 법률회사의 무료 변론이 제공된 후에 가능했다. 내 아이들의 여권도 몰수당했는데 여권을 재발급 받는 데에는 2년이 걸렸고 휴스턴까지 아홉 번을 갔다 와야 했다. 댈러스 검찰은 나에 대한 아동 인신매매 혐의를 취하했다. 칭과 사라와 피터는 미들랜드에 아주 무난히 정착했다. 두 아이는 기독교 사립학교에 다니는데 2년 후 사라는 미인콘테스트에서 우승하기도 했다.

그리스도를 믿는 신자가 아닌 꾸오는 우리가 그의 가족을 지켜준 이야기를 들었을 때 매우 놀랐다. 감옥에서 풀려난 후 열흘이 지났을 때 그는 내게 편지를 썼다.

"기독교의 거룩한 정신이 앞으로 출현할 자유로운 중국 사회에서 중심적 역할을 할 거라고 나는 믿습니다. 당신의 미덕과 거룩함에 깊이 감동한 나는 당신과 전 세계 그리스도인들이 잘되기를 늘 바라겠습니다."

그의 편지는 내게 큰 힘이 되었다.

예수님은 이 땅에 계실 때 "사람이 만일 온 천하를 얻고도 제 목숨을 잃으면 무엇이 유익하리요"(마 16:26)라고 말씀하셨다. 꾸오의 가족을 구해준 일을 통해 나는 예수님의 말씀을 새롭게 이해하게 되었다. 한 생명을 구원하면 온 세상을 얻은 것보다 더 큰일을 한 것이다!

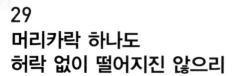

29
머리카락 하나도
허락 없이 떨어지진 않으리

최근에 내가 어려움에 처한 사람을 도와준 일 때문에 내 아이폰(iPhone)이 유명해졌다. 이 사건은 하이디의 고향 산동 성(省) 린이 군(郡) 출신의 시각장애인 천 꽝청(Chen Guangcheng)을 도와준 경우이다. 그는 어린아이 때 시력을 잃었고 20대가 되어서 비로소 문맹에서 벗어났다. 브라유식 점자(프랑스 사람 루이 브라유가 고안한 점자)를 독학으로 배우고 다시 법률을 독학으로 배운 그는 장애인의 권리를 위해 많은 일을 했다. 하지만 그가 린이 군(郡) 사람들의 강제낙태 문제에 대해 상담하기 시작하면서 그 지역 관리들이 분개하기 시작했다.

작은 마을에서부터 전국적 규모에 이르기까지 중국의 정치체제 안에는 가족계획위원회가 설치되어 있는데 이 위원회의 권력은 거의 무제한이다. 만일 어떤 여자가 불법적 임신을 숨기고 가외의 아이를 출산했다가 발각되면 가족계획위원회는 그 가족의 수입의 3–5배를 벌금으로 물리거나 재산을 몰수하거나 여자를 투옥할 수 있다. (중국이 가족계획법 위반자에게서 매년 거두어들이는 벌금은 미국달러로 100억 이상이다.) 그런데 출산까지 못 가고 임신 중에 당국에 들키면 관리들은 수태 이후 아무리 시간이 경과했다 할지라도 독극물 주입으로 강제낙태를 자행했다. 매일 3만 명의 여자에게 강제낙태가 자행되기 때문에 중국의 여성 자살률이 천문학적으로 치솟는다. 중국은 4억명의 아기의 출산을 막았다고 자랑하는데 이 숫자는 미국의 전체 인구보다 많은 수이다.

강력한 산아제한 정책은 연대 책임제를 도입하기에 이르렀다. 천 꽝청의지역에서 신혼부부가 탄생할 경우 그들의 이웃, 그들의 부모, 그리고 그들의 조부모는 그들의 다산(多産)에 책임을 지겠다는 합동가족계획서약서에서명을 해야 한다. 만일 그 부부가 가족계획정책에 위배되는 행동을 하면친구들과 가족구성원들이 책임을 져야 한다. 그러므로 만일 어떤 여자가 임신을 하면 신고를 두려워해서 모두에게 임신을 숨기게 된다. 또한 여자는자기가 임신하지 않았다는 걸 확인시켜주기 위해 매달 당혹감을 주는 검사에 응해야 한다.

천(Chen)이 강제낙태 문제를 놓고 그의 이웃들과 면담을 시작했을 때 그것은 엄청난 충격을 몰고 왔다. '국가근본정책'이라고까지 불리며 헌법조항에 들어 있는 이 신성한 공산당 정책에 의문을 제기한 사람이 그때까지 아무도 없었기 때문이다. 중국의 법원은 이 정책과 관련된 어떤 소송도 접수할 수 없다. 그런데 이 시각장애인이 이곳저곳을 다니며 여자들의 체험담을듣기 시작했을 때 그는 큰 충격을 받았다.

어떤 여자는 임신 7개월 때 강제낙태를 당했고 그 다음에는 강제 불임수술을 받았다. 마을의 어떤 노인은 그의 딸이 수란관(輸卵管) 묶기 불임수술을위한 의료검사에 응하지 않았다는 이유로 납치되어 밥을 굶고 두들겨 맞는고문을 당했다. 불법 임신과 연루된 노인들이 빗자루가 부러질 정도까지 관리들에게 빗자루로 머리를 얻어맞았다. 불법적으로 임신한 어떤 여자의 친척 22명이 체포되었는데 그들 중에는 세 명의 아이, 한 명의 임신부, 그리고늙은 할머니가 포함되어 있었다. 노인 남매가 있었는데 여동생의 며느리가임신하게 되자 관리들은 강제로 남매가 서로를 때리도록 시켰다. 어떤 농부는 그의 아들이 가외의 아이를 가졌다는 이유로 그의 가족과 이웃사람들이 고문당하는 걸 보고 자살했다.

천은 2005년에 그의 지역에서만 13만 건의 강제낙태와 불임수술이 있었음을 보여주는 서류를 공개했다. 그는 그의 조사활동 때문에 공산당과 정면으로 충돌하게 되었다. 2007년, 어이없게도 교통방해 혐의로 체포되어 투옥되었다(그는 결국 4년 3개월 동안 옥살이를 했다). 그가 차이나에이드와 긴밀히 협조하며 일하는 인권변호사들과 연결되었기 때문에 우리는 즉시 그의 석방을 위해 뛰었다. 그의 감옥생활은 다른 죄수들보다 더 고통스러웠을 것이 분명하다. 그를 고문하는 자들을 볼 수 없었기 때문이다. 그가 풀려난 후 우리는 그의 형편이 좋아지기를 원했지만 사실은 그 반대가 되었다. 그는 아내, 어린 딸, 그리고 80세에 가까운 노모와 함께 가택연금에 처해졌다. 정부는 60여 명의 요원을 시켜서 그의 집을 매일 매시간 교대로 둘러싸게 했다. 또한 그의 핸드폰 신호를 방해하고 그의 집 둘레에 담장을 쌓고 방문객은 누구나 두들겨 팼다. 예들 들어 꾸오가 그를 만나려고 시도했을 때 요원들이 그의 차를 전복시켰다.

사실, 5개월의 기간 동안 천에게 무슨 일이 일어났는지 아는 사람은 아무도 없었다. 그 후 2011년 11월에 그와 그의 아내 위엔 웨이징은 그들의 가택연금의 상황을 보여주는 비디오테이프를 몰래 만들었다. 그 비디오테이프에는 황폐해진 농가, 점점 줄어드는 식량과 화목(火木), 그리고 담장 너머로 그의 집을 들여다보는 사람의 모습이 담겼다.

차이나에이드는 그 비디오테이프를 몰래 빼냈고 그것은 즉시 바이러스처럼 퍼졌다. 어떤 웹사이트는 사람들에게 천의 가족을 응원한다는 의미에서 천처럼 선글라스를 쓰고 사진을 찍어서 보내달라고 부탁했다. 프로보(미국 서부, 유타 주 제3의 도시)에서 파두카(미국 동부, 켄터키 주의 도시)까지, 중국에서 아프리카 우간다까지, 뉴질랜드에서 뉴욕까지 전 세계 곳곳에서 수천 장의 사진을 보냈다. 인권에 관심을 가지는 사람들은 그들의 자동차 범퍼에 "천에게 자유를!"이라고 쓴 스티커를 붙였다.

"천 꽝청은 세상의 많은 사람들에게 영웅이며 인권의 평화적 옹호자이며 사회의 약자들과 여자들과 어린이들을 위해 싸우는 전사이다." 나는 언론에 말했다. "지구촌 공동체는 그의 무조건적 석방을 위해 노력해야 한다."

천을 감시하는 자들은 크게 당황했다. 앞을 못 보는 이 사람이 인터넷도 핸드폰 서비스도 심지어 집을 나갈 수 있는 자유도 없는 상황에서 어떻게 비디오테이프를 만들어 온 세상의 주목을 받게 되었는가? 그들은 도저히 이해가 되지 않았다. 그들은 그와 그의 아내가 더 이상 그렇게 못하도록 이 부부를 무자비하게 폭행했다. 그리고 그의 침대 둘레에 수백 개의 유리병을 놓았다. 그것은 만일 그가 침대에서 나오려고 할 경우, 유리병이 쓰러져 경비병들에게 신호를 보내도록 하기 위함이었다.

그러나 그가 자기 집에서 그토록 혹독한 탄압을 받는 중에도 그의 용기 있는 저항에 대한 이야기는 미국을 중심으로 전 세계에 계속 퍼져나갔다. 영화 '배트맨 3부작'의 스타 배우 크리스천 베일은 천을 가리켜 '나의 영웅'이라고 불렀다. 그가 중국 사상 최대의 예산을 쏟아 부은 영화에 출연해 그 영화의 개봉 관계로 중국에 갔을 때 그와 CNN 영화 담당 취재팀은 여덟 시간 차를 몰아 천의 집을 찾아갔다. 그러나 그들이 그의 집에 접근하자 괴한들이 그들을 막았다. 제복조차 입지 않은 괴한들은 신분증을 제시하지도 않고 그들을 가로막았다. 베일의 일행이 그들의 저지를 뚫고 천의 집으로 들어가려고 하자 난투극이 벌어졌다. 베일의 일행이 차를 돌려 빠져나왔지만 괴한들이 밴을 타고 30분 동안 추격했다.

"이런 일은 내 체질에 맞지 않아. 난 이런 거 좋아하지도 않고. 사실, 이건 내 일도 아냐." 베일이 괴한들에게 쫓기면서 말했다. "하지만 이건 내가 외면할 수 있는 일이 아냐. 나는 당국의 지시를 어기고 천과 그의 가족을 방문했다가 두들겨 맞는 이 지역 사람들 편에 서서 노력하고 싶어."

배트맨이 공산당 괴한에게 주먹으로 얻어맞는 일은 자주 일어나지 않는다. 그렇기 때문에 이 사건은 전 세계 언론의 머리기사가 되고 말았다. 천의 집을 지키는 정체불명의 남자들과 크리스천 베일 사이의 난투극이 찍힌 CNN 비디오가 삽시간에 퍼졌다(유튜브에서 'Christian Bale attacked in China'를 검색하면 이 장면을 볼 수 있다). 이것은 그토록 유명한 스타를 출연시킨 영화를 홍보하려는 중국의 전략에 치명타를 가했다. 그 스타가 시각장애인 반체제인사 편에 서고 말았기 때문이다!

∽

한편, 천은 집에서 빠져나올 계획을 짜고 있었다. 두 달 동안 그는 병에 걸린 척하면서 매일 침대에 누워 있었다. 그리고 그가 더 이상 거동할 수 없다고 감시자들이 판단하게 만든 다음 행동을 개시했다. 극도로 주의를 기울여 침대 주변의 유리병들 사이를 성공적으로 지나서 집 밖으로 나왔다. 그리고 여덟 개의 높은 담을 넘어 19시간 동안 들판과 작은 도로를 걸었다. 앞을 보지 못하는 사람이 그의 침실 가까이에, 주요 도로들에, 그리고 심지어 마을에 배치된 100명 이상의 경비원 몰래 빠져나온 것이었다! 그는 늦은 밤에 걷느라고 여러 번 넘어졌고 심지어 그의 발의 뼈 몇 개가 부러졌다. 하지만 그는 계속 걸었다.

그가 도망한 것을 알게 된 공산당은 분노와 당혹감에 사로잡혔다. 2천만 위안, 즉 350만 달러를 사용하고도 그들은 경비원을 볼 수조차 없는 사람에게 허를 찔렸다.

천은 계속 걸어서 친구에게 갔고 친구는 그를 따뜻하게 맞이했다. 그는 당국에 발각되지 않으려고 며칠 동안 지하조직의 몇몇 안전한 집들에서 머물렀다. 하지만 경찰이 자기를 추격하고 있다고 판단했기 때문에 결국 가장 안전하다고 생각되는 미국대사관으로 가기로 결심했다. 바로 그 시점에서 내게 전화가 걸려왔다!

"수도 워싱턴으로 가!" 베이징에 있는 친구가 내게 말했다. 그녀의 말투에서 나는 천과 관련하여 무언가 대형사건이 일어나고 있다고 직감했다. 하지만 그녀가 제공한 작은 정보에 근거해 워싱턴까지 가야 하는지 약간은 고민스러웠다. 그런 고민을 하는 동안 천과 그의 친구들은 미국대사관으로 가고 있었다. 베이징 경찰이 경찰차가 아닌 일반 승용차를 타고 그들을 잠깐 동안 추격했지만 결국 천은 미국대사관으로 걸어 들어갔다. 천이 미국대사관에 들어가기까지 펼쳐진 탈주 드라마는 크리스천 베일의 영화에나 나올 법한 극적인 것이었다.

천은 정치적 망명을 구하지 않고 단지 은신처를 원했다. 그것은 그가 대사관 내부에 있을 때에만 보호를 받을 수 있다는 걸 의미했다. 대사관에서 나오는 순간 체포되는 것이었다.

천이 그의 집에서 탈출했다는 뉴스가 보도된 것은 내가 아직 미들랜드를 떠나지 않고 있을 때였다. 세계 언론은 그가 탈출한 후 어디에 있는지를 놓고 갖가지 추측을 쏟아내었다. 서방세계에서 그를 대변해주는 사람은 오직 나뿐이었기 때문에 차이나에이드로 문의전화가 쇄도했다. 차이나에이드의 모든 직원은 각자 하던 일을 중단하고 전화 받는 일에 매달렸다. 그리고 내 언론 인터뷰의 스케줄을 세 가지로 분류해서 잡았다. 하나는 라디오 인터뷰, 다른 하나는 TV 인터뷰, 그리고 세 번째는 신문 인터뷰였다. 우리의 사무소가 번듯한 것도 아니고 첨단장비가 있는 것도 아니었지만 사무소 벽에는 흰색 글씨로 '차이나에이드'라고 쓰인 붉은색 현수막이 걸려 있었다. 나는 뒷걸음질을 해서 그것을 쳐다보며 직원들에게 물었다. "저걸 배경으로 삼아 인터뷰를 하면 어떻겠어요?"

직원들이 내 질문에 무엇이라고 대답해야 좋을지 모른다는 반응을 보였기 때문에 내가 시편 하나를 살짝 바꿔서 말했다. "어떤 이들은 병거를 의지하고 어떤 이들은 말(馬)을 믿고 또 어떤 이들은 방음장치가 된 첨단 TV 방송국 스튜디오를 내세우지만…." 내가 웃으며 말했다. "우리는 여호와 우리 하나님의 이름을 의지합니다!"

나는 칠레, 멕시코, 필리핀, 타이완, 이스라엘, 유럽, 그리고 미국 등 여러 나라에서 온 기자들과 인터뷰를 했다. 천이 여론의 관심을 받을수록 그 만큼 더 좋은 것이었다. 나는 그가 아직 안전한 상태가 아님을 잘 알았다. 수백 번의 인터뷰에서 기자들이 내게 끊임없이 던진 질문은 천이 어디에 있느냐는 것이었다.

"천은 가장 안전한 곳에 있습니다." 나는 의도적으로 모호하게 말했다. 그가 미국대사관에 있다는 걸 밝힐 단계가 아직 아니었기 때문이다. 당시 국무장관 힐러리 클린턴이 다른 업무 때문에 주중 미국대사관으로 향하고 있었다. 그리고 천은 중국의 원자바오 총리에게 호소하는 비디오를 공개했다.

그 비디오에서 천은 세 가지를 요구했다. 첫째는 그와 그의 가족이 7년 동안 부당하게 박해를 받았다는 걸 인정하라는 것이고, 둘째는 그와 그의 가족의 안전을 보장하라는 것이고, 셋째는 그를 고문한 자들을 기소하라는 것이었다.

그가 미국대사관에 있다는 것이 언론에 의해 알려졌을 때 여론이 들끓었다. 어떻게 시각장애인이 중국을 그토록 정치적 궁지에 몰아넣었는가? 미국은 이런 상황을 어떻게 처리할 것인가?

우리는 머지않아 알게 되었다. 힐러리 클린턴이 도착한 날 대사관 관리들은 천에게 그의 가족이 큰 위험에 빠질 수도 있다고 말했다. 천은 내키지 않는 발걸음으로 대사관에서 걸어 나왔다. 바로 그날, 국무부 차관보가 내게 전화했다.

"우리와 중국 관리들 사이의 협상이 잘 되었습니다. 중국은 천이 대학에 다니도록 허락할 뿐만 아니라 그의 등록금도 내주겠다고 동의했습니다. 심지어 그에게 고통을 준 자들이 지역 당국에 의해 조사를 받게 하겠다고 했습니다." 그가 말했다.

"그가 지금 어디에 있습니까?"

"대사관에서 나왔습니다."

천에게서 아무 소식도 듣지 못했던 나는 중국 정부의 말을 너무 믿지 않는 게 좋을 거라고 차관보에게 말해주었다. 그 후 얼마 안 되어 내 친구들이 내게 두 가지 소식을 전해주었다. 천과 이야기를 해본 그들은 내게 전혀 다른 이야기를 들려주었다. 천의 아내는 미국대사관에서 나온 천에게 "괴한들이 나를 의자에 묶고 구타하면서 죽이겠다고 협박했어요. 심지어 그들은 당신이 대사관에서 나오도록 나를 인질로 사용하려고 했어요"라고 말했다. 그날 밤 천은 울었다. 중국이 미국과의 협상대로 행하지 않을 것을 잘 알았기 때문이다.

∾

나는 '천 사건' 진상규명을 위한 하원 긴급 회기(會期)에서 증언하기 위해 수도 워싱턴으로 날아갔다. 크리스 스미스 하원의원은 미국 국무부를 통해

2012년 5월, 베이징 병원에 있던 시각장애인 반체제인사인 천 꽝청이 나의 아이폰을 통해 미 의회에 증언하고 있다. 위원장 크리스 스미스(가운데)와 프랭크 울프(왼쪽) 하원의원, 그리고 내가 나온 이 사진은 여러 세계적인 신문들의 첫 페이지에 실렸다.

걸려오기로 되어 있던 천의 전화를 기다렸지만 유감스럽게도 전화는 오지 않았다. 우리는 그에게 무슨 일이 일어났는지 알지 못했지만 아무튼 그의 상황이 좋아진 것 같지는 않았다.

"선생님이 청문회 개최 몇 분 전에 나를 만날 수 있다면 우리가 천과의 전화통화를 시도해볼 수 있을 것입니다." 스미스 의원이 내게 말했다.

내가 천의 번호를 눌렀지만 통화가 되지 않았다. 청문회에서 많은 사람들이 중국에서 천에게 일어난 일들에 대해 자기 나름대로 해석을 제시했지만, 그의 마음상태를 정확히 아는 사람은 아무도 없었다. 마지막 증인이 증언할 때 스미스 의원이 내게 문자를 보냈다. "천과의 통화를 다시 시도해보실래요?"

나는 청문회장에서 복도로 나갔다. 그런데 전화기를 보니까 내가 청문회 개회 직전에 천에게 전화를 걸 때 그의 번호를 잘못 눌렀다는 걸 알게 되었다. 그의 번호의 두 숫자를 서로 바꾸어 눌렀던 것이다! 서둘러 정확하게 번호를 누르자 천이 받았다. 나는 스미스 위원에게 손짓을 했고 그는 즉시 청문회를 휴회시켰다. 그와 프랭크 울프 하원의원은 천과 통화하기 위해 청문회장에서 나와 옆방으로 들어갔다.

"천이 증언하기를 원하는지 그에게 물어보세요." 스미스가 내게 말했다.

"그가 증언하는 게 가장 좋은 방법인지 아닌지 나는 잘 모르겠는데요." 내가 말했다. 천의 사건은 이미 국제적 문제로 발전했다. 우선, 그것은 힐러리 클린턴을 중국으로 날아가게 만든 중국과 미국 사이의 경제적, 전략적 대화에 먹구름을 드리웠다. 둘째, 중국은 천의 사건에 끼어든 미국을 이미 공개적으로 비난했다.

"천에게 물어보면 어떨까요?" 울프 의원이 말했다. "그가 결정하게 합시다."

천은 이미 감옥살이를 4년 이상 했고 가택연금을 3년이나 당한 사람이었다. 그로 하여금 미국 하원청문회의 스포트라이트를 받게 하는 게 모험이기는 했지만 달리 방법이 없는 것 같았다. 중국이 그를 침묵하게 하려고 한다면 미국이 그로 하여금 말하게 해야 할 것 같았다.

나는 그를 위해 통역했다. "미국의 의회-행정부 중국위원회 청문회에서 증언하기를 원합니까?"

"물론이죠." 천이 대답했다. "문제없습니다."

스미스 의원은 얼른 강대상으로 돌아가 마이크에 대고 "조금 전 봅 푸가 병실에 있는 천 꽝청과의 통화에 성공했습니다"라고 알렸고 장내는 조용해졌다.

내 아이폰에서 나오는 소리가 마이크로 잘 들어가도록 나는 스미스 의원 옆에 앉아서 내 아이폰을 마이크에 가까이 가져다대었다. 모든 주요 언론들은 그 청문회장에서 천에게 가장 가까이 있는 것, 즉 내 아이폰에 카메라의 초점을 맞추었다. 나는 말을 너무 많이 하기를 원하지 않았고 말을 너무 적게 하기를 원하지도 않았다. 보아하니 그 순간은 천이 미국대사관에서 자발적으로 나왔는지, 중국에서 계속 개혁가로 일하기를 원하는지, 아니면 미국으로 망명하기를 원하는지를 속 시원히 밝힐 수 있도록 하나님께서 마련해 주신 순간 같았다.

"나는 미국에 가기를 원합니다." 그의 이 말을 나는 "나는 내 여행의 자유를 보장해달라고 청구하고 싶습니다"라고 통역했다. 그런 다음 그의 뜻을 조금 자세히 풀어 말했다. "그는 잠시 쉬기 위해 미국에 오기를 원합니다. 그는 지난 10년 간 쉬지 못했습니다."

청문회가 끝난 후 기자들이 내게 너무 많이 몰려들어 약간의 위협감마저 느꼈다. 그로부터 며칠 동안 나는 존 킹의 프로그램 'PBS 뉴스아워'(미국 PBS 텔레비전의 밤 뉴스)를 비롯하여 많은 프로그램에 출연했다.

13일 후 하원은 병상에 있는 천에게 다시 증언해달라고 요청했다. 청문회가 시작되기 전에 두 사람이 내게 브리핑을 해주었다. 한 사람은 국무부 법률고문으로서 협상단 대표를 맡은 사람이었고 다른 한 사람은 국무부 차관보이었다.

"오늘이 청문회 날이기도 하지만 미국과 중국 사이에 고위급 협상이 진행되는 날이기도 하다는 걸 기억해주시면 좋겠습니다." 이렇게 말한 후 잠시 멈추었다가 그는 "신경 좀 써서 해주셔야겠습니다"라고 덧붙였다. 하지만 그때 나는 불안해하지 않았다. 그 전과 마찬가지로 그때에도 천이 그 자신을 위해 스스로 말하는 게 옳은 일이라고 판단했기 때문이다.

내 통역을 통해 그가 쏟아놓은 이야기에 따르면, 그의 고향의 공산당은 그의 가족에게 보복을 했다는 것이다. 예들 들면, 공산당 관리들이 그의 친척 집에 한 밤중에 들이닥쳐 식구들을 모두 두들겨 패기 시작했다. 천의 조카가 자신을 방어하기 위해 주방의 칼을 집어든 것을 가지고 그를 살인미수로 고발했다. 그가 그 자신을 방어하기 위한 것이었을 뿐만 아니라 사실상 아무도 죽이지 않았지만 천은 그의 조카가 고문을 당하고 중형에 처해지지 않을까 걱정했다. 사실, 그의 친척 몇 명이 이미 체포되었다.

두 번의 청문회가 끝난 후 힐러리 클린턴은 중국의 국가 지도자에게 천이 하원에서 증언했고 그의 소망을 분명히 밝혔다고 말했다. 천은 지금 아내와 함께 뉴욕에서 살고 있다. 하지만 그의 조카는 여전히 감옥에 있다.

최근에 〈GQ〉(미국의 남성 월간지)는 천을 '올해의 이단아'로 선정하고 그에 관한 기사에 그의 사진을 실었다. 그 사진에서 천은 붉은색 긴 스카프를 목에 매고 방파제 위에 서 있는 모습으로 나타난다. 중국의 강제낙태 정책에 저항하여 싸우는 것이 영어를 한 마디도 못하는 이 중국인 시각장애인 때문에 갑자기 유행하게 되었다. 이런 현상은 중국 정부가 수백 명의 괴한을 시켜 그의 작은 집을 둘러싸도록 했을 때 결코 예상하지 못했던 일이다.

천은 결국 크리스천 베일을 만났다. 2012년 배우 베일은 휴먼 라이츠 퍼스트의 연례대회에서 그에게 인권상을 수여했고 그를 '사람들 중 거인'이라고 불렀다. 스타 배우가 그를 껴안았을 때, 이제는 유명해진 그의 선글라스 아래로 눈물이 주르륵 흘렀다.

일단 그가 뉴욕에서 안전한 상태에 있게 되었을 때, 그의 뉴욕대학교 아파트를 방문하여 그와 그의 가족을 만날 수 있도록 허락받은 유일한 중국인은 하이디였다. 당시 나는 아시아에서 다른 중요한 구출작전을 벌이고 있었지만 결국 며칠 후에 그를 우연히 만나게 되었다. 자기의 기적 같은 중국 탈출 이야기를 내게 들려주면서, 그는 "내가 중국에서 빠져나오도록 하나님이 도우신 게 틀림없다"라고 말했다.

천과 같은 사람들의 경우를 생각할 때마다 나는 필라델피아의 더운 다락방에서 차이나에이드를 시작한 것에 감사한다. 이제까지 나는 늘 이 단체가 내 멘토 조나단 챠오 박사의 사역의 자연스런 결과라고 느껴왔다. 그와 내가 중국에서 만났을 때 그는 내게 '공부하는 선교사'가 되라고 강조했었다. 중국교회를 위한 그의 원대한 계획을 깊이 귀 담아 들었기 때문에 나는 여러 해 전에 감옥에서 신문을 받을 때 그의 비전에 대해 여러 페이지의 글을 쓸 수 있었다. 내 취조관들은 그의 '삼화'(三化) 비전에 콧방귀도 뀌지 않았지만 그의 비전은 그 후 늘 내 사역에 영향을 끼쳤다. 만일 그가 천의 무용담이 텔레비전 황금시간대에 방영되는 걸 보았다면 매우 자랑스럽게 여겼을 것이다.

슬프게도, 성경 밀반입을 비롯한 여러 가지 비밀 선교활동을 위해 중국을 드나드는 사역을 평생 했던 조나단은 2004년 림프종(腫)으로 세상을 떠났다.

이 책을 쓰고 있던 해에 나도 의사에게 안 좋은 이야기를 들었다.

"종양이 발견되었습니다." 의사가 내게 말했고 하이디가 내 손을 꼭 쥐었다.

그러나 하나님은 선하시다.

때때로 사람들은 내게 묻는다. "두려움을 이겨내고 이제까지 사역을 계속하는 게 어떻게 가능했습니까? 피 말리는 경험을 많이 하지 않으셨습니까?" 이런 질문에 대답하는 게 나로서는 어렵지 않다. 중국 시골의 내 친구에게서 들은 이야기가 있기 때문이다. 안후이 성(省)에 사는 그 친구는 내가 이중비밀요원의 역할을 하고 있을 때, 다시 말해서 낮에는 미래의 공산당 지도자들을 가르치고 밤과 주말에는 불법적 시골 교회의 목회자들을 몰래 훈련시킬 때, 나에게 그 이야기를 들려주었다.

이 이야기의 주인공은 가정교회 사역을 했다는 이유로 강제노동수용소로 보내졌다. 투옥된 첫날 간수들은 새로 들어온 죄수들의 머리를 깎기 위해 정렬시켰다. 그의 어린 딸이 쇠문을 통해 그를 보며 울고 있었다.

"아빠! 아빠는 죄를 범한 게 아냐." 그 아이가 말했다. "하지만 아빠가 풀려나도 사람들은 아빠의 짧은 머리를 보고 범죄자로 생각할 거야."

"성경말씀을 기억하니?" 그는 최대한 조용한 음성으로 말했다. "하나님은 우리의 머리카락도 다 세고 계셔. 그분의 허락이 없으면 머리카락 하나도 땅에 떨어지지 않아."

그가 자기의 줄로 돌아가 머리 깎기에 순순히 응할 준비를 할 때 그의 딸은 쇠문의 차가운 창살에 얼굴을 대었다. 그런데 간수가 그의 머리를 깎을 차례가 되었을 때 이발기계가 제대로 작동하지 않았다. 간수는 신경질을 내며 기계를 이리저리 살폈고, 그것이 제대로 작동하는 걸 보고 다시 그의 머리를 깎으려고 했다.

"이거 문제가 있네." 그 간수가 다른 간수에게 말했다. 그의 머리에 기계를 대자 다시 기계가 말을 듣지 않았기 때문이다. 다른 간수가 화를 내며 내 친구에게 다가와 그의 기계를 그의 머리에 대고 스위치를 눌렀지만 역시 작동되지 않았다.

간수들은 어찌할 줄 몰랐다. 죄수들이 머리를 깎기 위해 길게 늘어선 상황에서 이발 기계 두 개가 모두 작동하지 않았기 때문이다. 결국 간수들은 그의 머리털에 문제가 있다고 투덜대며 그를 그냥 보냈다. 그가 저쪽으로 가자 기계들이 다시 작동하기 시작했다. 그와 그의 딸의 눈길이 서로 마주쳤고 그는 미소를 지었다. 그의 머리카락이 하나도 땅에 떨어지지 않았던 것이다!

지금 44세가 된 나는 이 사람의 어린 딸이 그날에 느꼈을 감정과 아주 유사한 감정을 느낀다. 그것은 우리의 삶이 하나님의 손안에 있음을 알고 기뻐하며 감사하는 것이다! 그분의 허락이 없으면 누구도 우리의 생명을 단 1초도 단축할 수 없고, 우리도 근심걱정으로 우리의 생명을 단 한 시간도 연장할 수 없다.

우리에게 닥칠 일을 두려워하지 않고 그리스도의 복음을 위해 담대히 열심히 일하면 자유를 얻게 된다. 천의 무용담이 내 이야기의 절정이라고, 즉 정의를 위해 싸워온 여정(旅程)의 극치라고 보아도 무리가 아닐 것이다. 하나님께서 오직 이 한 사람만을 위해 나를 어릴 적부터 준비시키셨다 할지라도 나는 내 삶에 대해 감사할 것이다.

하지만 머지않은 미래에 내 전화벨이 또 울릴 것이다. 부패한 권세자들에게 박해받는 주님의 자녀가 절박하게 도움을 구하는 목소리가 수화기 저편에서 들릴 것이다.

온 세상을 떠들썩하게 했던 천의 사건이 우리의 승리로 끝난 후 내가 일의 속도를 좀 늦추고 내 가족과 나 자신을 위해 시간을 좀 더 투자하고 싶은 유혹을 느낀 것이 사실이다.

그러나 나는 아직 여기에 있고 여전히 싸우고 있다. 그리고 하나님의 은혜에 힘입어 전화를 받을 것이다.

형제들아
우리가 아시아에서 당한 환난을
너희가 모르기를 원하지 아니하노니
힘에 겹도록 심한 고난을 당하여 살 소망까지 끊어지고
우리는 우리 자신이 사형 선고를 받은 줄 알았으니
이는 우리로 자기를 의지하지 말고
오직 죽은 자를 다시 살리시는
하나님만 의지하게 하심이라
그가 이같이 큰 사망에서 우리를 건지셨고
또 건지실 것이며
이 후에도 건지시기를 그에게 바라노라
너희도 우리를 위하여 간구함으로 도우라
이는 우리가 많은 사람의 기도로 얻은 은사로 말미암아
많은 사람이 우리를 위하여
감사하게 하려 함이라
고린도후서 1장 8-11절

'그리스도 없는 기독교'는 필요 없습니다

친애하는 독자 여러분!

"중국은 잠자는 거인이다." 나폴레옹이 말했습니다. "중국이 깨어나면 세계를 흔들 것이다." 우리는 선견지명이 있는 이 19세기 사람의 예언이 현실로 이루어진 것을 보았습니다. 점령당하고 분열하고 고립되고 기근을 겪고 풍요를 누리는 체험을 거친 후 중국은 분명히 깨어났습니다.

때때로 미국인들은 현대의 중국을 어떻게 이해해야 좋을지 어리둥절해 합니다. 중국이 군사적으로 위협이 되는 나라인가? 그들의 통화(通貨) 조종에 어떻게 대처해야 하는가? 중국산 제품을 구매하는 것이 부도덕한 일인가? 정치인들이 이런 문제들에 대해 논쟁할 때 모든 정당과 종교의 사람들은 이것 하나에는 절대적으로 동의해야 합니다. 그것은 중국의 인권침해를 용납하거나 간과하거나 은폐해서는 안 된다는 것입니다!

나는 여러 해 전에 필라델피아에 있는 내 집의 다락방에서 차이나에이드를 만들었습니다. 우리 단체는 지금도 더 강해지고 있습니다. 나는 여러분이 중국의 자유와 법치를 위한 우리의 노력에 동참해주시기를 바랍니다. 모든 미국인은 자유의 가치를 위해 협력해야 할 것입니다. 천 꽝청의 경우는 미국 같은 큰 나라가 억압자들에게 용기 있게 맞선 사람을 지원하고 높여주는 것이 어떤 것인지를 완벽하게 보여준 사례입니다. 비록 그리스도인이 아니지만 천 꽝청은 중국의 강제

낙태 정책이 여성들에게 상처를 주고 사회를 도덕적으로 좀먹고 가장 선량한 사람들을 피해자로 만든다는 것을 알았습니다. 그가 뉴욕에 온 이후 미국인들은 그를 따뜻하게 받아주었고 여러 경로를 통해 그를 높여주었습니다.

최근에 그는 수도 워싱턴에 있는 내셔널 대성당에서 이렇게 말했습니다. "종종 사람들은 중국의 민주주의와 법치를 발전시키기 위해 국제사회가 무엇을 해야 하느냐고 내게 묻습니다. 나는 부유하고 강력한 중국을 화나게 하면 어떻게 하나 라고 걱정하는 사람들이 사라지기를 진정으로 바랍니다. 나는 여러분이 중국의 여러 지역에서 박해받는 사람들의 고통을 못 본 체하지 않기를 바랍니다. '이렇게 하면 중국의 통치자들이 기뻐할 것인가 아니면 싫어할 것인가?'라는 기준에 따라 행동하지 마십시오."

차이나에이드는 천 같은 사람들에게 교육과 금전과 법률적 변호를 지원해주고 있습니다. 사실, 지난 10년 동안 우리는 신앙과 자유를 추구하다가 박해를 받고 감옥살이를 하는 천 명 이상의 사람들을 도와주었습니다. 우리와 협력하여 일하는 변호사들은 중국에서 수천 킬로미터를 여행하며 법적 소송을 제기하고 형사재판에서 변호하고 심지어 공개적 시위를 위해 신청서류를 접수합니다. 그들은 엄청난 신변의 위협과 정치적 위험부담을 안고 그렇게 하는 것입니다.

우리가 항상 성공할까요? 그렇지 않습니다. 사실, 대부분의 경우에 우리는 실패합니다. 중국이 여전히 공산당의 지배를 받기 때문에 사법부의 독립은 불가능합니다. 하지만 우리에게서 법률적 변호의 도움을 받은 사람들에게 물어보면 그들은 우리의 승소율이 백 퍼센트라고 말할 것입니다.

이에 대한 예를 한 가지 들겠습니다. 내몽고(중국 북부의 한 지역)의 가정교회 지도자 진 용성 목사와 그의 아내와 두 딸 그리고 다른 21명의 신자들이 지역 주민에게 건강교육을 하고 있을 때 지역 당국이 간섭했습니다. 그들은 진 용성 목사를 혹독하게 다루고 때리고 상처를 주고 벌금을 물리고 15일 간의 행정구류에 처했습니다. 그들은 그가 혈압측정이라는 의료 서비스를 빙자해 복음을 전했다고 주장했습니다. 심지어 그의 교회로 쳐들어가 주일헌금을 포함해서 많은 교회 물건을 몰수해갔습니다. 그 교회가 박해를 받았다는 소식을 듣고 차이나에이드는 중국의 법에 따라 행정적 재심을 요청하기 위해 변호사를 보냈습니다. 하지만 정부가 재심요청을 받아들이지 않았기 때문에 우리는 1라운드에서 패배했습니다.

그러나 차이나에이드는 진 용성 목사를 계속 도왔습니다. 우리 측 변호사는 지역 경찰청의 관리들이 시민의 종교의 자유를 보호하지 못하고 법을 어겼다고 행정소송을 제기했습니다. 11월에 진 목사는 우리에게 "차이나에이드의 노력으로 당국의 박해가 언론을 통해 세상에 알려지고 변호사가 변호를 해주었기 때문에 박해가 상당히 줄어들었습니다"라고 알려주었습니다. 더욱이 성(省) 경찰청과 시(市) 경찰청 관계자들이 그의 집으로 찾아와 그와 그의 가정교회의 인권을 유린한 것에 대해 사과했습니다. 심지어 교회에 쳐들어와 빼앗아갔던 2천 달러 상당의 헌금도 돌려주었습니다.

경찰청과 지역정부를 상대로 신뢰와 호의의 관계를 쌓겠다는 대담한 결단을 내린 진 목사는 경찰청을 상대로 제기했던 행정소송을 취하했습니다. 진 목사와 그의 교회는 이 싸움을 통해 크게 힘을 얻었고 지금은 훨씬 더 자유롭게 그의 마을과 인근지역에서 예배를 드리고 있습니다. 더욱 중요한 것은 그를 핍박했던 자들의 인식이 바뀌었다는 것입니다. 그가 혼자가 아니라는 것, 다시 말해서 그를 핍박하면 전 세계에서 반격이 들어온다는 것을 깨달은 것입니다!

이 사건은 성공에 대한 일반적 개념이 적어도 중국에서는 적용되지 않는다는 걸 아주 분명히 보여줍니다. 진 목사의 용기 있는 저항은 무신론자, 불교신자, 힌두교신자, 파룬궁 추종자 그리고 그리스도인이 모두 인정하고 따라야 할 모범을 보여주었습니다. 종교의 자유는 가장 으뜸가는 자유이므로 다른 모든 기본적 인권들의 기초가 됩니다.

그렇지만 당신이 그리스도 안에서 형제나 자매가 된 사람이라면, 중국 국민에게 우리 구주요 주님이신 예수 그리스도가 필요하다는 것을 잘 알 것입니다. 나는 우리가 중국에서 전도사역을 시작할 때 도움이 될 수 있는 몇 가지 사항을 말씀 드리고 싶습니다.

첫째, 너무 서두르지 않는 게 좋습니다.

인스턴트 식품과 트위터(Twitter) 그리고 '충격과 공포' 군사작전 같은 것에서도 알 수 있듯이, 미국인들은 무슨 일이든 즉시 처리하는 걸 좋아합니다. 언젠가 나는 유명 기독교 잡지에 '1달러, 한 영혼'이라는 광고문구가 실려 있는 것을 보았습니다. 아마도 이 광고 문구에는 "1달러를 기부하면 중국에서 성경책 한 권을 구입할 수 있는데 그렇게 하면 중국의 영혼을 한 명 구원할 수 있거나 적어도 그런 기대감으로 즉시 희열을 느낄 수 있습니다"라는 의미가 담겨 있는 것 같습니다.

미국인들 중에는 중국에 단기선교를 가는 사람들이 있습니다. 그런데 그들이 단기선교를 마치고 중국을 떠나면 중국에는 오직 영어로만 기도할 수 있는 신자들의 '미국화된 중국 기독교'가 남습니다. 인스턴트 식품을 만들어 먹는 식으로 접근하는 것은 생명과 죽음이 걸린 구원의 문제를 놓고 결단하라고 말할 때 거의 효과가 없습니다. 오히려 역효과를 일으킬 수도 있습니다. 사영리는 영혼의 추수를 위해 사용되는 마술적인 판매전략이나 사업수완이 아닙니다. 나는 즉시 효과를 볼 수 있는 묘수를 찾지 말고 대신 중국인들과 그들의 문화를 이해하라고 권하고 싶습니다. 중국의 역사는 미국의 역사보다 거의 20배나 오래 되었습니다. 그러므로 중국에 대해 공부하는 것이 시간적으로 더 오래 걸릴지 모르지만 그래도 그만한 가치가 있습니다. 내가 대학생 때 만난 미국인 교수들도 몇 년에 걸쳐 중국인 학생들과 생활하며 교제했기 때문에 영적 열매를 맺을 수 있었습니다.

둘째, 진실성은 중국인들과 교류할 때 아주 유용한 자산입니다.

60년에 걸친 공산주의 역사 속에서 수많은 계급투쟁을 겪은 중국문화는 신뢰의 기근에 시달리고 있습니다. 내 학급 친구들 대부분은 동료 중국인 학생들보다 미국인 선생들에게 자기의 개인적 비밀을 털어놓기 원했는데 그것은 미국인 선생들이 신뢰가 가고 사랑이 많아 보였기 때문입니다. 내가 결코 잊지 못하는 경험이 있는데 그것은 미국인 교수들이 사는 외국인 전용 건물에 초대받아 놀러갔던 경우입니다. 그곳에서 우리 학생들은 거의 주말마다 어린아이처럼 말하고 웃고 농담을 했습니다. 그런 주말 중 어느 주말에 나는 중국에서 적어도 3년을 생활한 미국인 교수의 아파트에 갔습니다. 그런데 기타를 치며 노래를 부르던 그가 갑자기 울기 시작했습니다. 그는 캘리포니아에 있는 고향과 부모가 보고 싶어서 운 거라고 고백했습니다. 나는 그의 솔직한 고백과 부모를 그리워하는 어린아이 같은 감정에 감동했습니다. 중국인 교수들 같으면 학생들 앞에서 결코 울지 않았을 것입니다. 미국인 선생들의 솔직하고 진실한 모습을 보고 우리는 말 그대로 '자유로움'을 느꼈고, 그런 자유로움 때문에 그들의 냉장고에서 우리가 원하는 걸 자연스럽게 꺼내 먹는 허물없는 관계가 싹텄습니다. 그것이 사랑입니다!

셋째, 우리는 특정 신학에 집착해서는 안 될 것입니다.

언젠가 나는 베이징의 5성급 호텔에서 미국의 유명한 복음전도자를 만났습니다. 그런데 그가 내게 "방언을 말하는 영적 은사를 받은 중국인 그리스도인이 얼마나 많습니까?"라고 물었습니다. 나 자신도 방언을 말한 적이 있으며, 개인적으로 나는 방언 교리와 방언 말하기를 반대하지 않습니다. 하지만 방언 같은 부차적 문제가 그 복음전도자의 핵심적 관심사라는 것을 알았을 때 내 마음이 편하지 않았습니다. 그로부터 몇 년 후 그 목사님은 방언 말하는 법에 대해 책을 썼고, 수만 명의 사람들이 중국의 지하 인쇄소 연결망을 통해 그 책을 퍼뜨렸습니다. 지금 방언 문제는 중국의 교회들에서 사람들을 분열시키는 가장 큰 요인 중하나가 되어버리고 말았습니다.

내가 1997년 웨스트민스터신학교에 등록할 때 받은 서류 한 장은 내가 개신교안에서 어떤 교파에 속했는지를 밝히는 것이었습니다. 그 서류를 보고 나는 입이딱 벌어졌습니다. 교파 수가 무려 200개가 되었기 때문입니다! 다행히 '초교파' 항이 있었기 때문에 거기에 표시했습니다. 그것은 내가 초기에 겪은 문화충격 중하나였습니다.

복음의 본질이 아닌 것들에게 발목이 잡혀 수렁으로 빠져들지 말고 은혜와진리의 참된 복음에 따라 사는 삶을 실천하십시오. 다른 사람들에게 관심을 기울이고 그들을 돌보며 사랑 가운데 예수님의 진리를 제시하십시오. 손글씨로 쓴작은 카드, 집에서 만든 음식, 또는 단순한 방문 같은 것을 통해서도 사랑과 관심이 얼마든지 표현될 수 있습니다. 내 인척들은 외진 마을에 있는 그들의 집에미국인 선생 두 명이 찾아왔을 때 무척 감동했습니다. 미국인 선생들은 먼지가많이 나는 도로를 자전거로 달린 후 그들의 집에 도착했던 것입니다. 그들은 내

처가 식구들과 마을 사람들을 위해 기도해주었습니다. 아마 그들이 그 마을 사람들이 생전 처음 본 '코 큰 사람들'이었을 것입니다. 그들이 떠난 후 내 인척 두 사람이 그리스도를 영접했습니다.

가장 중요한 사실은 이것입니다. '그리스도 없는 기독교'는 중국 사람들에게 필요 없습니다. 그들에게 필요한 것은 지성적(知性的)으로 설득력 있는 논리적인 진리입니다. 인생의 목적이 무엇인가, 또는 서로 믿지 못하는 물질만능의 사회에서 인생의 목적을 어떻게 발견할 것인가 같은 어려운 문제들을 두려워하지 마십시오. 이런 문제들에 대한 그리스도의 교훈을 이해하기 위해 힘씁시다. 하지만 거기서 멈추면 안 됩니다.

중국인들에게 필요한 것은 사랑과 희생과 봉사의 위대한 행동을 통해 감동을 받고 생명을 얻는 것입니다. 진심에서 우러나오는 우리의 사랑과 봉사와 희생은 그들을 감동시킬 것입니다. 하지만 우리는 거기서 멈춰서는 안 됩니다.

우리가 중국 사람들에게 실제적인 도움을 주면 그들이 현실 속에서 복음을 느낄 것입니다. 우리는 우리의 재정적 안정을 위해 사는 법을 배웠습니다. 다른 이들을 돕고 싶은 마음이 우리에게 있을지라도 한편으로는 그것이 '고상한 시간 낭비'로 느껴집니다. 중국의 문화혁명이 사람들의 마음을 얼어붙게 하였고 사람들은 다른 이들을 돕기를 주저합니다. 왜 그렇게 되었습니까? 도움을 주고받으려면 상호 간에 신뢰가 있어야 하기 때문입니다. 복음이 파괴된 결혼생활을 치유하고 고아와 에이즈 환자를 도우면서 크고 작은 공동체를 변화시키는 것은 진정한 사랑의 발로(發露)입니다.

여러분 중 대부분은 중국에 가지 못할 것입니다. 하지만 미국의 대학 캠퍼스에서 생활하는 15만 명의 중국인 학생과 학자에게 직간접적으로 도움의 손길을 내밀 수는 있을 것입니다. 건강한 결혼생활의 모습을 보여주거나 진정한 우정을 쌓거나 그들을 초대해서 그리스도의 교훈을 직접 배워보라고 권하는 것이 그런 방법 중 하나가 될 것입니다. 그들의 삶이 복음으로 변화되면 그들이 중국에 있는 그들의 동포에게 영향을 끼칠 것입니다. 이것은 전략적으로 매우 중요한 방법입니다. 미국에서 유학한 중국인 중 다수가 중국에 돌아가 중요한 직책에서 일하기 때문입니다.

웹사이트 ChinaAid.org를 방문해보십시오. 그러면 박해받는 교회에게 편지를 쓰는 법, 정의를 위한 청원서에 서명하는 법, 권력자들에게 메시지를 보내는 법, 그리고 중국의 박해받는 사람들을 위해 싸우고 복음을 전하는 사역에 돈을 기부하는 방법을 알 수 있습니다.

사람들은 더 이상 잠자는 거인이 아닌 중국의 크기와 힘에 압도당하기 쉽습니다. 하지만 작은 것부터 시작하십시오. 가만히 있지 말고 무언가를 하십시오. 성실과 사랑과 용기의 사람이 되십시오. 과거에 하나님의 사람들은 거인들에 맞서 싸웠습니다.

감사합니다!

밥 푸

CHINAaid
对华援助协会

하나님의 비밀요원

초판 1쇄 발행	2014년 3월 17일
지은이	밥 푸 낸시 프렌치
옮긴이	이용복
펴낸이	여진구
책임편집	이한민
편집	1팀 │ 이영주, 김수미 2팀 │ 최지설, 김나연 3팀 │ 안수경, 유혜림 4팀 │ 김아진, 김소연
책임디자인	마영애, 황혜정 │ 이혜영, 전보영
해외저작권	김나은
마케팅	김상순, 강성민, 허병용, 이기쁨 마케팅지원 최태형, 최영배, 이명희
제작	조영석, 정도봉 경영지원 김혜경, 김경희

이슬비전도학교 최경식, 전우순   303비전성경암송학교 박정숙, 정나영, 정은혜
303비전장학회 & 303비전꿈나무장학회 여운학

펴낸곳	규장

주소 137-893 서울시 서초구 양재2동 205 규장선교센터
전화 02)578-0003   팩스 02)578-7332
이메일 kyujang@kyujang.com   홈페이지 www.kyujang.com
트위터 twitter.com/_kyujang   페이스북 facebook.com/kyujangbook
등록일 1978.8.14. 제1-22

ⓒ 한국어 판권은 규장에 있습니다.
이 출판물은 저작권법에 의해 보호를 받는 저작물이므로 무단 전재와 무단 복제를 할 수 없습니다.

책값 뒤표지에 있습니다.
ISBN 978-89-6097-337-4 03230